Gauger
Commitment-Management in Unternehmen

GABLER EDITION WISSENSCHAFT
Schriften zur Unternehmensentwicklung

Herausgegeben von
Universitätsprofessor Dr. Max J. Ringlstetter

In dieser Schriftenreihe werden aktuelle Forschungsergebnisse im Bereich der Unternehmensentwicklung präsentiert. Die einzelnen Beiträge orientieren sich an Problemen der Führungs- bzw. Managementpraxis. Im Mittelpunkt stehen dabei die Themenfelder Strategie, Organisation und Humanressourcen-Management.

Janett Gauger

Commitment-Management in Unternehmen

Am Beispiel des
mittleren Managements

Mit einem Geleitwort
von Prof. Dr. Max J. Ringlstetter

Springer Fachmedien Wiesbaden GmbH

Die Deutsche Bibliothek - CIP-Einheitsaufnahme

Gauger, Janett:
Commitment-Management in Unternehmen : am Beispiel des mittleren Managements
/ Janett Gauger. Mit einem Geleitw. von Max J. Ringlstetter.
- Wiesbaden : Dt. Univ.-Verl. ; Wiesbaden : Gabler, 2000
  (Gabler Edition Wissenschaft : Schriften zur Unternehmensentwicklung)
  Zugl.: Eichstätt, Kath. Univ., Diss., 1999

Alle Rechte vorbehalten

© Springer Fachmedien Wiesbaden 2000
Ursprünglich erschienen bei Betriebswirtschaftlicher Verlag Dr. Th. Gabler GmbH, Wiesbaden,
und Deutscher Universitäts-Verlag GmbH, Wiesbaden, 2000
Lektorat: Brigitte Siegel / Jutta Hinrichsen

Der Gabler Verlag und der Deutsche Universitäts-Verlag sind Unternehmen der
Fachverlagsgruppe BertelsmannSpringer.

Das Werk einschließlich aller seiner Teile ist urheberrechtlich geschützt. Jede Verwertung außerhalb der engen Grenzen des Urheberrechtsgesetzes ist ohne Zustimmung des Verlages unzulässig und strafbar. Das gilt insbesondere für Vervielfältigungen, Übersetzungen, Mikroverfilmungen und die Einspeicherung und Verarbeitung in elektronischen Systemen.

http://www.gabler.de
http://www.duv.de

Die Wiedergabe von Gebrauchsnamen, Handelsnamen, Warenbezeichnungen usw. in diesem Werk berechtigt auch ohne besondere Kennzeichnung nicht zu der Annahme, dass solche Namen im Sinne der Warenzeichen- und Markenschutz-Gesetzgebung als frei zu betrachten wären und daher von jedermann benutzt werden dürften.

ISBN 978-3-8244-7236-9   ISBN 978-3-663-08309-2 (eBook)
DOI 10.1007/978-3-663-08309-2

Geleitwort

Die Situation des Mittelmanagements in Unternehmen ist – wenigstens was die öffentliche und halböffentliche Diskussion angeht – diffus bzw. unklar: Bereits seit einigen Jahren wird das Mittelmanagement als „Lehm- und Lähmschicht" verunglimpft und als der eigentliche Hemmschuh gegen Innovation und eine dynamische Unternehmensentwicklung identifiziert. Die Folge war in nicht wenigen Fällen eine regelrechte Demontage dieser Managementschicht. Dies gilt sowohl für deren Ansehen und Einfluß, als auch für deren zahlenmäßiges Volumen: Lean-Management-Programme zielten regelmäßig auch auf die zahlenmäßige Reduktion des Mittelmanagements.

Mittlerweile werden in zunehmendem Umfang aber auch Stimmen laut, die darauf hinweisen, daß die Situation der Angesprochenen grundsätzlich schwierig ist. Eingezwängt zwischen einem auf unternehmenspolitische Positionierung bedachten Top-Management in einer meist wohl abgesicherten Position und einem auf operative Abwicklungsprozesse fokussierten unteren Management sind Mittelmanager oft mit hoher persönlicher und positionaler Unsicherheit konfrontiert. Absichernde Verhaltensweisen erscheinen damit nur aus einem spezifischen und einseitigen Blickwinkel als überraschend.

Umgekehrt sind es die Mittelmanager, die die Unternehmensentwicklung vorantreiben können und müssen. Sie stellen die Managementschicht dar, die Innovationen entdeckt und realisiert oder wenigstens zunehmend begleiten soll. Sie sind also entscheidend für den Unternehmenserfolg und damit unentbehrlich. Damit diese Funktionen erfüllt werden können, ist es notwendige aber nicht hinreichende Voraussetzung, ein Mindestmaß an positionaler Sicherheit zu bieten. Entscheidend ist aber die Motivation der Betroffenen zur Erfüllung ihrer Aufgaben. Ein zentraler Stellhebel dabei ist der Aufbau und die Sicherung des Commitments der Betroffenen sowohl zum Unternehmen als auch zu den einzelnen Aufgabenstellungen. Die Verfasserin zeigt hierfür zunächst die Komponenten des psychologischen Konstrukts "Commitment" sowie dessen empirische Einflußvariablen. Davon ausgehend werden systematisch Instrumente zur Förderung des Commitments abgeleitet, die auf die spezifische Situation des mittleren Managements gerichtet sind.

Professor Dr. Max J. Ringlstetter

Vorwort

Erfolgreiche Unternehmen haben hoch motivierte bzw. "committete" Mitarbeiter. Dies ist die Ausgangsthese. Unternehmenserfolg und Mitarbeiter-Commitment bedingen sich zwar nicht zwangsläufig. Der klare empirische Zusammenhang zwischen hohem Mitarbeitercommitment und Phänomenen wie überdurchschnittliches Engagement, Eigeninitiative, geringe Fehlzeiten und Abwanderungsquoten unterstützt die anfängliche Vermutung jedoch stark.

Besondere Bedeutung kommt dem Commitment in den Reihen des Mittelmanagements zu. Erstens angesichts der zentralen Funktion, strategische Vorgaben des Topmanagements zu realisieren. Zweitens in Anbetracht der weitreichenden - und damit schwer kontrollierbaren - Handlungsspielräume, die hierbei zur Verfügung stehen. Drittens aufgrund einer zunehmenden Abwanderungsgefahr besonders fähiger Mittelmanager. Gerade dem Mittelmanagement wird jedoch mangelndes Commitment bescheinigt, was in Attributen des Mittelmanagements wie „Lähmschicht" zum Ausdruck kommt. Stellt sich daher die Frage: Wie motiviert man mittlere Manager nachhaltig und sichert deren Eigeninitiative und Engagement? Durch die explizite Belohnung konkreter Handlungen, wie bei einem Akkordarbeiter? Wohl kaum - berücksichtigt man folgendes: Die inhärent weiten Handlungsspielräume des Mittelmanagements machen konkrete Handlungsvorgaben und damit Handlungsanreize unmöglich oder doch zumindest wenig sinnvoll. Das Ergebnis wären verkürzende oder "falsche" Handlungsanreize. Diese wären zudem von äußerst kurzfristiger Natur, da sie bei Entzug mehr oder weniger augenblick ihre Wirkung verlieren. Der Weg zu einem nachhaltig motivierten, „unternehmerisch" handelnden Mittelmanagement kann daher nur über Formen einer impliziten Handlungssteuerung führen - indem bspw. Commitment aufgebaut wird.

Commitment steht für eine (Selbst-)Bindung an ein Unternehmen mit genannten wünschenswerten Folgen. Diese basiert auf drei "Säulen": Erstens einer emotionalen Zuwendung zu einem Unternehmen, da man sich mit diesem identifiziert, Zweitens der Kalkulation konkreter, etwa finanzieller, Vorteile. Drittens einer normen- bzw. wertbasierten Verpflichtung gegenüber einem Unternehmen, die bspw. aufgrund von Vorleistungen wie einer Ausbildung oder früh gewährter Verantwortung wahrgenommen wird.

Ziel des vorliegenden Buches ist es, das Phänomen Commitment einschließlich seiner Einfluß- und Ergebnisvariablen zu veranschaulichen, um dann in einem nächsten Schritt Gestaltungsmöglichkeiten eines Commitment-Managements zu betrachten. Hierfür werden vor dem Hintergrund des Beispiels des Mittelmanagements konkrete Instrumente untersucht, die einen Aufbau von Commitment auf Basis seiner drei Komponenten ermöglichen.

Ich danke meinem Doktorvater, Prof. Dr. Max Ringlstetter, für die Freiheit, die er mir bei der Bearbeitung dieser Thematik ermöglicht hat, sowie für die vielen konstruktiven Anregungen und die Geduld, die er mir in langen Diskussionen fast immer entgegengebracht hat. Dabei möchte ich mich auch für die wertvollen Erfahrungen bedanken, die ich an seinem Lehrstuhl sammeln durfte. Danken möchte ich auf diesem Wege auch Prof. Dr. Michael Kutschker, der die Aufgabe des Korreferats übernommen hat und mich dabei mehr als einmal durch sein konstuktives Feedback aufmunternd unterstützt hat.

Mein größter Dank gilt jedoch meinen vielen Helfern, allen voran meinen Eltern, die mich – neben unermüdlichen „Redigierarbeiten" in den letzten Wochen während der ganzen letzten Monate so verwöhnt haben, daß ich trotz langer Nächte vor dem PC insgesamt eine schöne, von Alltagssorgen freie und daher auch sehr kreative Dissertationszeit hatte. Mein besonderer Dank gebührt auch Markus Höllmüller "Hölli", der meinen gesamten Dissertationsprozeß mit konstruktiven Diskussionen und wertvollen Anregungen begleitet hat und beständig zu meiner Ausgeglichenheit und guten Laune beigetragen hat. Großer Dank gilt zudem „meinen" beiden studentischen Hilfskräften Jochen Scheuer und Isabell Schäfer, die den Weg in mein ebenso schönes wie lehrstuhlfernes „Promotionsexil" der letzten Monate nicht gescheut haben und mir durch ihre eifrige Hilfe bei der Erstellung von Schaubildern, der Beschaffung von Literatur und der Kontrolle des Literaturverzeichnisses sowie mit ihrer heiteren Stimmung einen nicht schätzbaren Dienst erwiesen haben. Sehr herzlich danken möchte ich auch meinen Freunden Sylvia Borkowski, Dr. Olliver Hackl und Jochen Oelert für die wertvollen inhaltlichen Anregungen sowie Michaela Nappenbach, die aus fachfremder Perspektive die letzte „judikative" Kontrolle übernommen hat. Weiterhin danke ich allen meinen Freunden, daß sie während des gesamten Promotionszeitraumes viel Verständnis für meine notorische Zeitknappheit hatten und viel Geduld damit, daß ich monatelang "immer nur eines im Kopf" hatte.

Janett Gauger

Inhaltsverzeichnis

GELEITWORT V

VORWORT VII

ABBILDUNGSVERZEICHNIS XV

EINFÜHRUNG..1

    (1) Perspektiven von Commitment... 4

    (2) Motivation und Commitment im
        Humanressourcen-Management.. 9

    (3) Erläuterung der weiteren Vorgehensweise 12

TEIL I: HERAUSFORDERUNGEN EINES HUMANRESSOURCEN-
MANAGEMENTS AM BEISPIEL DES MITTLEREN
MANAGEMENTS 15

    I.1 Begriff, Funktionen und traditionelle Rolle des
        mittleren Managements..15

        I.1.1 Begriff des mittleren Managements................................16

            (1) Kritik gängiger Abgrenzungen....................................... 16

            (2) Heuristik einer begriffsstrategischen Abgrenzung 18

        I.1.2 Funktionen und traditionelle Rolle der mittleren
             Managementebene 24

            (1) Spezifizierung grundsätzlicher Funktionen des
                Mittelmanagements... 25

            (2) Informationsfunktion im Rahmen der
                traditionellen Rolle 28

            (3) Transformationsfunktion im Rahmen der
                traditionellen Rolle 28

            (4) Implementierungsfunktion im Rahmen der
                traditionellen Rolle 30

I.2		Wandel der Rolle der mittleren Managementebene 31	
	I.2.1	Auslöser des Rollenwandels der mittleren Managementebene 32	
	I.2.2	Rollenwandel im mittleren Management vor dem Hintergrund seiner Funktionen 34	
		(1) Wandel der Informationsfunktion 36	
		(3) Wandel der Transformationsfunktion 38	
		(3) Wandel der Implementierungsfunktion 40	
	I.2.3	Gegenüberstellung der traditionellen und der neuen Rolle der mittleren Managementebene 43	
I.3		**Implikationen der gewandelten Rolle des Mittelmanagements für ein Humanressourcen-Management** 45	
	I.3.1	Charakterisierung des Mittelmanagements als Schlüsselbelegschaft und seine Verortung im Humanressourcen-Portfolio 45	
		(1) Erweiterte Einflußpotentiale und Handlungsspielräume 46	
		(2) Unabhängigkeit von spezifischen Unternehmen und Gefahr der Abwanderung 47	
		(3) Verortung der Mittelmanager im Humanressourcen-Portfolio 50	
	I.3.2	Herausforderungen für ein Humanressourcen-Management: Nutzung und Bindung des Mittelmanagements 51	
		(1) Nutzung und Bindung der Potentiale des Mittelmanagements als Herausforderungen eines Humanressourcen-Managements 51	
		(2) Präzisierung der Problemstellung 53	

TEIL II: ANSATZPUNKTE EINES COMMITMENT-MANAGEMENTS: EINE GRUNDLAGENTHEORETISCHE BETRACHTUNG DES COMMITMENTS 55

II.1 **Grundlagen der Analyse von Commitment** 63

	II.1.1	Bezugsobjekte von Commitment 65
		(1) Mögliche Bezugsobjekte 65
		(2) Differenzierte Betrachtung von Unternehmen als Bezugsobjekt 69
	II.1.2	Grundlegende Schulen des Commitments 70
		(1) "Irrational School" 70
		(2) "Rational School" 73
		(3) Gegenüberstellung und kritische Würdigung 74

II.2 Erweitertes Commitmentverständnis: Differenzierung von drei Commitmentkomponenten 77

	II.2.1	Affektive Commitmentkomponente - die Perspektive einer emotionalen Zuwendung 81
		(1) Grundkonzepte 82
		(2) Merkmalsdimensionen und Überblick zentraler Konzepte 86
	II.2.2	Normative Commitmentkomponente - die Perspektive einer Verpflichtung gegenüber einer Organisation 90
		(1) Aspekte normativen Commitments 92
		(2) Merkmalsdimensionen und Überblick zentraler Konzepte 94
	II.2.3	Kalkulierte Commitmentkomponente - die Perspektive einer individuellen Kosten-Nutzen-Kalkulation 96
		(1) Kalkulation von Investitionsverlusten - Vermeidung von "Sunk Costs" 97
		(2) Relative Anreizüberlegungen - Vermeidung von Anreizeinbußen 98
		(3) Zentrale Merkmalsdimensionen und Überblick zentraler Konzepte 99

II.3 Erklärungsvariablen von Commitment in Unternehmen 101

	II.3.1	Humanressourcenbezogene Grundsätze und Richtlinien (Policies) 104

	(1) Zuverlässigkeit und Gerechtigkeit	104
	(2) Bereitschaft zu Fürsorge und Unterstützung	106
	(3) Einbeziehung in Entscheidungsprozesse	107

II.3.2 Tätigkeit und Rolle 109
    (1) Einflüsse der Tätigkeit 109
    (2) Einflüsse der individuellen Rolle 113

II.3.3 Sozialer organisatorischer Kontext 116
    (1) Einflüsse durch Vorgesetze 116
    (2) Einflüsse durch Kollegen 120

II.3.4 Vergütung 122
    (1) Gerechtigkeit 122
    (2) Höhe 123
    (3) Aufschiebung in die Zukunft 124

II.4 Ergebnisse von Commitment in Unternehmen 125

II.4.1 Intensivierung der Nutzung von Humanressourcenpotentialen 125
    (1) Auswirkungen im Rollenverhalten 126
    (2) Auswirkungen auf Extra-Rollenverhalten 129

II.4.2 Erhöhung der Bindung von Humanressourcenpotentialen 131
    (1) Erhöhung der Bindungsdauer 131
    (2) Senkung des Absentismus 133

II.5 Zwischenbilanz: Zusammenfassung und Interpretation der zentralen Ergebnisse 134

    (1) Komponenten eines erweiterten Commitmentverständnisses 135
    (2) Übersicht der untersuchten Ergebnisvariablen von Commitment 136
    (3) Darstellung zentraler Erklärungsvariablen von Commitment 138

TEIL III: INSTRUMENTE EINES COMMITMENT-MANAGEMENTS 141

III.1 Vergütung als Instrument des Commitment-Managements 148

III.1.1 Bonusvergütung zum Aufbau der affektiven Commitmentkomponente 150
    (1) Generierung geeigneter Kriterien 152
    (2) Gestaltung des Modus 159
    (3) Überlegungen zu flankierenden Maßnahmen der internen Öffentlichkeitsarbeit 169

III.1.2 "High-Wage" zum Aufbau der normativen Commitmentkomponente 171
    (1) "High-Wage" im High Commitment Ansatz 174
    (2) Aspekte der Vergütungsstruktur des "High-Wage" 175
    (3) Gestaltung des Modus 179

III.1.3 Aktienoptionen zum Aufbau der kalkulierten Commitmentkomponente 185
    (1) Grundlegende Aspekte 186
    (2) Gestaltungsmöglichkeiten 193
    (3) Weiterführende Überlegungen zu flankierenden Maßnahmen 198

III.2 Führung als Instrument des Commitment-Managements 199

III.2.1 Humanressourcenorientierte Unternehmensgrundsätze zum Aufbau der affektiven Commitmentkomponente 202
    (1) Inhaltliche Ausgestaltung 203
    (2) Prozessuale Aspekte: Gewährleistung und Intensivierung der Wirkung 209

III.2.2 Feedback-Gespräche zum Aufbau der normativen Commitmentkomponente 218
    (1) Relevanz von Feedback-Gesprächen zum Aufbau normativen Commitments im Mittelmanagement 219

(2) Inhaltliche und prozessuale Aspekte 221

(3) Exemplarischer Ablauf eines Feedback-
Gesprächs 228

III.2.3 Coaching zum Aufbau der kalkulierten
Commitmentkomponente 231

(1) Relevanz des Coaching für den Aufbau
kalkulierten Commitments im Mittelmanagement 233

(2) Anforderungen an den Coach 240

(3) Darstellung eines Coaching-Prozesses 242

**III.3 Zwischenbilanz: Instrumente eines Commitment-
Managements 246**

SCHLUßBETRACHTUNG: DARSTELLUNG DER ZENTRALEN
ERGEBNISSE UND AUSBLICK **249**

(1) Zusammenfassung der zentralen Ergebnisse der
Arbeit 249

(2) Ausblick 256

ANHANG **261**

LITERATURVERZEICHNIS **267**

SCHLAGWORTVERZEICHNIS **291**

ABBILDUNGSVERZEICHNIS

Einführung

Abb. E-1: Ansatzpunkt eines Commitment-Managements 11

Abb. E-2: Überblick über den Aufbau der Arbeit 13

Teil I

Abb. I-1: Verortung des Mittelmanagements im organisatorischen Gefüge 20

Abb. I-2: Die Entscheidungshierachie als Abgrenzungskriterium der Managementebenen 23

Abb. I-3: Funktionen der mittleren Managementebenen 26

Abb. I-4: Wandel der Rolle des Mittelmanagements vor dem Hintergrund seiner zentralen Funktionen 44

Abb. I-5: Mittelmanagement zwischen entscheidungsautonomen Handlungsbereichen und direkten Durchgriffen des Topmanagements 49

Abb. I-6: Mittelmanagement als Schlüsselbelegschaft des Humanressourcen-Portfolios 50

Abb. I-7: Präzisierung der Problemstellung 54

Teil II

Abb. II-1: Der Harvard-Ansatz 58

Abb. II-2: Einbindung und Commitment bei Etzioni 65

Abb. II-3: Differenzierung und Verortung möglicher Bezugsobjekte von Commitment 67

Abb. II-4: Gegenüberstellung von "Rational School" und "Irrational School" des Commitments 75

Abb. II-5:	Relativierung der Termini "Einstellungscommitment" und "Verhaltenscommitment" aufgrund von Rückkoppelungsprozessen zwischen Einstellungen und Verhalten	77
Abb. II-6:	Grundkonzepte affektiven Commitments und zentrale Merkmalsdimensionen	82
Abb. II-7:	Systematische Darstellung affektiver Commitmentkonzepte nach Referenzkonzepten	88-89
Abb. II-8	Aspekte des normativen Commitments	92
Abb. II-9:	Systematisierung zentraler normativer Commitmentkonzepte	95
Abb. II-10:	Aspekte des kalkulierten Commitments	97
Abb. II-11:	Systematische Darstellung kalkulierter Commitmentkonzepte nach Referenzkonzepten	100
Abb. II-12:	Abgrenzung relevanter Einflußvariablen von Commitment im vorliegenden Kontext (Beispiele)	103
Abb. II-13:	Auswirkungen des Commitments auf eine Intensivierung der Nutzung von Mitarbeiterpotentialen	126
Abb. II-14:	Auswirkungen des Commitments auf eine Intensivierung der Bindung	131
Abb. II-15:	Übersicht der zentralen Ergebnisse einer grundlagentheoretischen Betrachtung der Ansatzpunkte eines Commitment-Managements	135
Abb. II-16:	Mehrdimensionale Konzipierung des Commitments: Affektive, normative und kalkulierte Commitmentkomponente und ihre zentralen Merkmalsdimensionen zwischen fokal emotionaler und kognitiver Basis	136
Abb. II-17:	Übersicht zu den Ergebnissen von Commitment	137
Abb. II-18:	Systematisierung zentraler Erklärungsvariablen von Commitment, differenziert nach seinen Komponenten	139

Teil III

Abb. III-1: Einordnung eines Commitment-Managements in den Bezugsrahmen eines Humanressourcen-Managements...................145

Abb. III-2: Ableitung der Stellhebel eines Commitment-Managements aus den untersuchten Erklärungsvariablen von Commitment...................146

Abb. III-3: Vergütungsinstrumente zum Commitmentaufbau, vor dem Hintergrund der eruierten Einflußvariblen von Commitment...................149

Abb. III-4: Gestaltungsprämissen der Bonusvergütung, abgeleitet aus den vergütungsrelevanten Einflußvariablen affektiven Commitments...................151

Abb. III-5: Berechnungsformel der Rucker-Kennzahl...................161

Abb. III-6: Zentrale Elemente des Rucker-Plans...................162

Abb. III-7: Grundlagen der "High-Wage" Vergütung...................181

Abb. III-8: Aufbau des kalkulierten Commitments durch die Vergütung mit Aktienoptionen...................189

Abb. III-9: Führungsinstrumente zum Aufbau von Commitment...................201

Abb. III-10: Führungsrelevante Unternehmensgrundsätze zur Förderung der affektiven Commitmentkomponente im bestehenden Wertgefüge...................205

Abb. III-11: Exemplarische Ansatzpunkte einer Differenzierung der Ansprache mittlerer Manager...................215

Abb. III-12: Kommunikationswege zur Verbreitung entwickelter Unternehmensgrundsätze...................217

Abb. III-13: Relativierende Komponenten im Rahmen des Feedback-Gesprächs...................223

Abb. III-14: Zentrale Elemente der Vorbereitung und des Ablaufs eines Feedback-Gesprächs...................229

Abb. III-15: Übersicht der untersuchten Instrumente eines Humanressourcen-
Managements zum Aufbau von Commitment in Unternehmen 247

Schluß

Abb. S-1: Veranschaulichung der Argumentationslinie und Übersicht
über zentrale Ergebnisse 250

Abb. S-2: "Drei Säulen" eines Commitment-Managements 252

Abb. S-3: Trade-Off zwischen Reichweite und Individualisierbarkeit der untersuchten
Instrumente im Commitment-Management 256

EINFÜHRUNG

Im Humanressourcen-Management ist seit dem Scientific Management von Taylor[1] eine Wiederentdeckung der Potentiale von Mitarbeitern zur eigenständigen Problemerkennung und -lösung zu beobachten.[2] Diese Potentiale sind im Rahmen streng reglementierter, hierarchischer Bürokratien weitgehend ungenutzt geblieben, um die destabilisierende Wirkung, die von entsprechenden Handlungsfreiheiten ausgeht, zugunsten weitreichender Kontrollmöglichkeiten und hoher Systemstabilität zu begrenzen. Im Zuge der Veränderungen und Dynamik auf den internationalen Märkten wurden dabei Verharrungstendenzen sichtbar, die die erforderliche Flexibilität für ein Bestehen im Wettbewerb kaum mehr ermöglichten. Dabei kamen insbesondere die mittleren Managementebenen in die Kritik, die aufgrund ihrer "Mittlerposition" zwischen Topmanagement und nachgeordneten Hierarchieebenen maßgeblich mit langen Informationswegen, langwierigen Abläufen und bürokratischen Strukturen in Verbindung gebracht wurden.[3] Im Zuge von Anpassungen der Unternehmen an veränderte Marktgegebenheiten und Restrukturierungen ganzer Organisationen wurden die mittleren Managementebenen in großem Umfang abgebaut. Das Motto schien zu lauten

"(...) the fewer middle managers, the better (...) "[4].

Dies führte nicht nur zu erwünschten Effekten auf Wettbewerbsfähigkeit und Flexibilität, sondern auch dazu, daß psychologische Verträge[5] zwischen Unternehmen und Mittelmanagern gekündigt wurden. Damit einher gingen einerseits große Unsicherheit in den mittleren Managementrängen und eine ängstliche bis aggressive Verteidigungshaltung gegenüber den "geretteten Pfründen" und andererseits ein Abwandern insbesondere der fähigsten Mitarbeiter aus den betroffenen Unternehmen.[6] Kurz, die Situation hat sich noch

---

[1] Vgl. Taylors "Grundsätze wissenschaftlicher Betriebsführung" von 1913.
[2] Vgl. zu einer zunehmenden Auseinandersetzung mit dem Potentialbegriff z.B. Domsch (1993), S. 406 ff., zur Bedeutung und Durchführung von Potentialanalysen von Fach- und Führungskräften, Schuler (1993), S. 131, der darauf hinweist, daß Beurteilungsinstrumente wie Assessment Center der Potentialbeurteilung dienen.
[3] Vgl. Horton, Reid (1991), S. 23 f., Knebel (1987), S. 283., Stahl (1997), S. 264 f., Uyterhofen (1989), S. 136, Willis (1987), S. 24.
[4] Horton, Reid (1991), S. 22.
[5] Vgl. zur Thematik der psychologischen Verträge Rousseau (1995).
[6] Vgl. Willis (1987), S. 24 sowie zur zunehmenden Notwendigkeit, Mitarbeiter zu binden, Harkins (1998), S. 75.

verschlechtert. Dadurch wurde erstens die Bedeutung des mittleren Managements für die Umsetzung der Strategien des Topmanagements deutlich und zweitens, daß ein Management der mittleren Managementebene grundlegend zu überdenken war.[7]

In den Vordergrund rückten damit Überlegungen zu einem "Empowerment"[8] der Mitarbeiter, um eigenständiges Problemlösen und unternehmerisches Denken und Handeln der Manager auf den mittleren Ebenen zu ermöglichen. Die so entstehenden Freiräume für eigenständiges, aber eben auch opportunistisch ausnutzbares Handeln, stellten die Unternehmen vor eine neue Herausforderung: Den Umgang mit flexiblen Handlungsfreiräumen ihrer Mitarbeiter. Diese Herausforderung stellt derzeit ein weitgehend ungelöstes Problem eines Humanressourcen-Managements dar, das u.a. in Diskussionen um die Wiederherstellung von psychologischen Verträgen und Loyalität sowie eines "Empowerments" von Mitarbeitern Ausdruck findet.[9]

Ansatzpunkte für ein Management eigenverantwortlich denkender und handelnder Mitarbeiter mit erweiterten Handlungsspielräumen sind in neueren Entwicklungen eines Humanressourcen-Managements erkennbar, die unter Stichworten wie "High Performance"- "High Involvement"- oder "High Commitment"-Management firmieren.[10] Hier wird auf eine Initiierung selbsorganisatorischer Prozesse auf Basis eines hohen "Mitarbeitercommitments" abgestellt. Dies geschieht jedoch weitgehend ohne auf die psychologischen Prozesse und Abläufe zu rekurrieren, die eigeninitiativem, selbstverantwortlichem Handeln zugrunde liegen. Folglich werden die Instrumente im Rahmen dieser Ansätze auch nicht aus konkreten Determinanten entsprechender psychologischer Zustände abgeleitet, sondern eher intuitiv entwickelt.[11]

---

[7] Vgl. Burgelman (1984 b), Esser, Donk (1991), S. 259 ff., Fischer, Risch (1994), S. 115, Guest (1986), S. 63 f., Hanser (1993), S. 62 ff., Miner (1982), S. 414 f.
[8] Vgl. Block (1989), insbesondere S. 1 ff.
[9] Vgl. zur Thematik psychologischer Verträge insbesondere Rousseau (1995), z.B. S. 118 zur Darstellung von Vertragsbrüchen. Vgl. zum Stichwort der Loyalität von Mitarbeitern gegenüber ihren Unternehmen Sattelberger (1998), S. 30, sowie Wunderer, Mittmann (1995), S. 5, die eine zunehmende Zahl von Mitarbeitern konstatieren, die zwar physisch in ihren Unternehmen anwesend sind, jedoch "innerlich gekündigt" haben.
[10] Vgl. Guest (1997), S. 263, Lawler (1986), Titel, Wood (1996 a), S. 52. Die Empowermentdiskussion kann auch in die Reihe von Versuchen eingeordnet werden, das Verhältnis zwischen Organisation und Mitarbeitern, insbesondere Mittelmanagern, zu verbessern, vgl. Block (1989), S. 1 ff.
[11] Vgl. diesbezüglich zu einer Kritik des Humanressourcen-Managements Guest (1997), S. 265 ff.

Die Richtung dieser Bemühungen zur Förderung eigenverantwortlichen Handelns von Mitarbeitern für Unternehmen soll im folgenden eingeschlagen werden. Dabei wird eine Annäherung an ein psychologisch fundiertes Humanressourcen-Management angestrebt. Damit sollen Möglichkeiten erschlossen werden, die eine Nutzung der Potentiale von Mitarbeitern zur eigenständigen Problemerkennung und -lösung ermöglichen und forcieren.

Der Zugang, der hierfür in dieser Arbeit gewählt wird, liegt in der Commitmentforschung, die sich eingehend mit Formen der psychologischen Einbindung von Individuen in Organisationen sowie mit deren Erklärungsvariablen und konkreten Ergebnissen auseinandersetzt. So wird ein "committed employee" im Ergebnis an der Unterstützung der Ziele und Interessen von Unternehmen, verbunden mit niedrigen Fehlzeiten und geringer Fluktuation festgemacht.[12] Staw resümiert diesbezüglich:

> "Ich denke man kann ... sagen, daß man so den idealen Mitarbeiter beschrieben hat ..." (Staw 1977, S. 3; Übersetzung durch die Verfasserin).[13]

Dabei wird in der Commitmentforschung deutlich gemacht, daß die Umfeldbedingungen, denen sich Mitarbeiter gegenübersehen, für den Aufbau von Commitment für Unternehmen maßgeblich sind.[14] Staws Bemerkung kann daher hinzugefügt werden:

> (...) wenn die organisatorischen Umfeldbedingen hierfür bestehen und aufrecht erhalten werden.

Commitment erscheint somit über die Gestaltung von organisatorischen Rahmenbedingungen einem Management zugänglich. Um zu einem ersten Zugang zum Commitment zu gelangen, wird der Begriff zunächst aus unterschiedlichen Perspektiven diskutiert (1). Davon ausgehend werden ein Bezug des Commitments zur Motivationsforschung aufgezeigt und Defizite der Motivation von Humanressroucen diskutiert (2). Anschließend wird die weitere Vorgehensweise dargelegt (3).

---

[12] Vgl. Meyer, Allen (1997), S. 3, die einen "commited employee" als einen Mitarbeiter beschreiben, "who stays with the company through thick and thin".
[13] Vgl. auch Angle, Lawson (1994), S. 1540.
[14] Vgl. beispielhaft Angle, Lawson (1994), S. 1540, Becker (1960), S.32 ff., Buchanan (1974), S. 533, Caldwell, Chatman, O'Reilly (1990), S. 245, Hrebiniak, Alutto (1972), S. 555 f., Mowday, Porter, Steers (1982), S. 28 ff.

(1) Perspektiven von Commitment

Zur ersten Annäherung an den Commitmentbegriff wird dieser zunächst exemplarisch aus unterschiedlichen Forschungsperspektiven beleuchtet (a). Anschließend wird der Commitmentbegriff vor dem Hintergrund seiner etymologischen Herkunft und seiner Verwendung in der englischen Alltagssprache betrachtet (b). Davon ausgehend wird das vorläufige Commitmentverständnis im Rahmen dieser Arbeit erläutert und eine Abgrenzung zu verwandten Begriffen vorgenommen (c).

(a) Exemplarische Betrachtung des Commitments aus unterschiedlichen Forschungsperspektiven: Der Commitmentbegriff erhält auch jenseits psychologischer Betrachtungen Bedeutung, beispielsweise im Rahmen *der mikroökonomischen Vertragstheorie*, die sich mit Commitment zur Stabilisierung von Vereinbarungen auseinandersetzt.[15] Verträge im ökonomischen Sinne bedeuten jegliche Art impliziter oder expliziter Vereinbarungen, die den Austausch von Gütern oder Leistungen betreffen und die Zielsetzung einer Besserstellung der Vertragsparteien haben.[16] Erforderlich sind dabei wenigstens zwei Parteien, die sich auf die Inhalte einer Vereinbarung verbindlich festlegen.[17] Da selbst die einfachsten Verträge zwischen einer Organisation und ihren Mitgliedern relativ komplexer Natur sind, sind diese ex ante nicht vollständig regelbar. Damit treten "unvollständige" Verträge in den Vordergrund.[18] Unvollständigkeit von Vertragsvereinbarungen resultiert dabei aus Informationsasymmetrien zwischen den Vertragsparteien. Diese schaffen opportunistisch ausnutzbare Handlungsspielräume.[19] Commitment wird in diesem Zusammenhang zur Erklärung von

---

[15] Die mikroökonomische Vertragstheorie beschäftigt sich mit dem organisatorischen Kontext unter dem spezifischen Blickwinkel verschiedener Vertragsarten. Eine theoretische Differenzierung von Vertragsarten erfolgt insbesondere hinsichtlich klassischer, neoklassischer und relationaler Verträge, vgl. Wolff (1995), S. 34 ff. Letzteren sind die psychologischen Verträge zuordenbar, vgl. hierzu Rousseau (1995). Hier bestimmt gewissermaßen das Commitment der Vertragsparteien die Stabilität der Verträge, vgl. Lafont, Tirole (1990).

[16] Vgl. Milgrom, Roberts (1992), S. 127. Ein Vertrag im juristischen Sinne ist dagegen als Bündel von Versprechen zu beurteilen, das gesetzlich einklagbar ist, vgl. McNeil (1974), S. 693.

[17] Vgl. zur Notwendigkeit übereinstimmender, freiwilliger Willenserklärungen der beteiligten Parteien Gauch (1991), S. 45.

[18] Hierunter fallen erstens die neoklassischen Verträge, die insbesondere das Vertragsziel festlegen, ohne präzise hinsichtlich der anzuwendenden Mittel zu sein. Zweitens gehören hierzu die relationalen Verträge, die sich nicht auf explizite Regelungen erstrecken, sondern auf implizite Regelungen, bspw. im Sinne eines stillschweigenden Einverständnisses, ohne formale Regelung. Vgl. Wolff (1995), S. 37 ff., 40.

[19] Zunächst ist dabei zu prüfen, welche Ursachen Informationsasymmetrien haben. Mit diesen beschäftigt sich neben der Transaktionskostentheorie im wesentlichen die Principal-Agent-Theorie. Vgl. zu einer Übersicht über Quellen dieses Ansatzes Eisenhardt (1989).

Sicherheit von Vertragsbeziehungen trotz solcher ungeregelten Spielräume der Parteien herangezogen.[20] Denn *Commitment* führt, so die Überlegung, zu *längerfristigen, verbindlichen Festlegungen der Parteien auf die Vertragsinhalte,* basierend auf beiderseitig befriedigenden Verhandlungsergebnissen. Commitment wird dann als Festlegung auf implizite und explizite Vertragsinhalte verstanden,[21] die für die Effizienz der Beziehung zwischen Vertragspartnern wesentlich sind.

Eine ähnliche Bedeutung des Commitmentbegriffs wird auch im betriebswirtschaftlichen Kontext eines *Strategischen Managements* sichtbar. Hier wird der *Commitmentbegriff* im Sinne einer *Stabilisierung von Vereinbarungen oder Festlegungen* verwendet, *die auf einer Knüpfung an Ressourcen* basiert. So spricht etwa Kirsch in seinem Theorieansatz einer Strategischen Unternehmensführung von Commitment als einer Festlegung, die er präzisiert als

"Ziele, kurz: (...) symbolische Vorstellungen von etwas Angestrebtem, auf dessen Verwirklichung Ressourcen festgelegt sind" (Kirsch 1990, S. 28).

Damit werden zwei konstitutive Aspekte des Commitments angesprochen: Zum einen die "Vorstellung" des "Angestrebten", die gewissermaßen den Gegenstand oder das Objekt des Commitments darstellt und zum anderen die Bindung von Ressourcen - oder auch Sanktionen - an die Realisierung dieser Vorstellung. Ein Beispiel hierfür ist die Gewährung eines konkreten Budgets (Bindung an Ressourcen) für die Erreichung eines bestimmten Ziels (Vorstellung des angestrebten zukünftigen Zustands), etwa im Rahmen einer MbO-Vereinbarung oder eines Projekts.[22] Dadurch wird deutlich, daß dem Commitment - wenigstens implizit - eine weitreichendere Bedeutung als jene zugesprochen wird, die einer Festlegung im alltagsweltlichen Sprachgebrauch zukommt. Denn die Festlegung per se betrachtet, kann - theoretisch wie praktisch - recht kurzfristiger Natur sein, schnell wieder in

---

[20] Vgl. hierzu und im folgenden Lafont, Tirole, (1990).

[21] Dadurch, daß Commitment aus den verhandelten Vertragsinhalten resultiert, wird zudem deutlich, daß Commitment durch die Rahmenbedingungen der Beziehung beeinflußbar ist, Vgl. Wolff (1995), S. 59 f. Damit entsteht analog ein Zusammenhang des Commitments zur Gestaltung effizienter Anreizsysteme in Organisationen. Denn die impliziten Verträge zwischen der Organisation und ihren Mitgliedern führen hiernach nur unter der Bedingung der Anreizeffizienz zu Commitment und erwünschtem Verhalten. Dementsprechend sind die Anreizsysteme so auszurichten, daß eine Festlegung der Mitarbeiter auf die tatsächlich angestrebten Ziele erreicht wird. Milgrom und Roberts (1992), S. 228, 408 ff. betonen diesbezüglich das "equal compensation principle". Danach sind Anreize entsprechend der tatsächlichen Gewichtung von Unternehmenszielen zu setzen. Es wird also angenommen, daß ein Commitment auf bestimmte Zielsetzungen durch geeignete Anreizgebung erreicht werden kann. Vgl. Wolff (1995), S. 61.

Vergessenheit geraten oder gar nicht erst handlungswirksam werden. Eine psychologische Fundierung des Commitmentphänomens unterbleibt jedoch, ebenso wie in der angloamerikanischen, strategischen Managementliteratur. Letztere läßt trotz des alltagsweltlichen Sprachgebrauchs von Commitment einen sparsamen Umgang mit dem Begriff konstatieren.[23] Eine der wenigen Ausnahmen bildet Mintzberg, der Commitment ebenfalls im Sinne einer Festlegung oder Ausrichtung auf Etwas versteht. Beispielhaft hierfür sind die Ausrichtung des Topmanagements auf die Implementierung einer professionellen, strategischen Planung im Unternehmen, die Festlegung eines Managers auf die Durchführung eines Projekts oder die Umsetzung einer Strategie zu nennen.[24] Mintzberg weist in diesem Zusammenhang explizit auf die Bedeutung des Mitarbeitercommitments für die Realisierung von Strategien und Richtlinien hin,[25] und deutet damit gleichzeitig die psychologische Komponente des Commitments an, die bereits im Rahmen der Stabilisierung unvollständiger Verträge erkennbar wurde.

(b) Etymologische Betrachtung des Commitmentbegriffs und seine Verwendung in der Alltagssprache: Um das Verständnis für den Commitmentbegriff zu erweitern, wird im folgenden auf die etymologische Wurzel des Begriffs eingegangen, die im Lateinischen begründet ist. Die transitive Form "committere" bedeutet hier, etwas "zusammenfügen" oder "vereinigen", bspw. von Standpunkten oder Interessen. In der intransitiven Form, "se committere", bedeutet der Begriff "sich getrauen", "sich wagen" bzw. sich auf etwas einlassen. Es wird also eine Unterscheidung zwischen einer interindividuellen Perspektive und einer intraindividuellen Perspektive getroffen. Übertragen auf die vorangehenden Überlegungen zum Commitment in der mikroökonomischen Vertragstheorie und im Strategischen Management bedeutet Commitment eine "Vereinigung" von Interessen, auf deren Einhaltung man, riskanterweise, "traut". Ein Handeln im Vertrauen auf die Einhaltung der Vereinbarung durch die Vertragsparteien stellt aufgrund der - beinahe zwangsläufigen -Unvollständigkeit von Vereinbarungen und damit von Möglichkeiten zu opportunistischem Verhalten durchaus ein Wagnis dar. Aus individualpsychologischer Sicht setzt Commitment dann erstens eine

---

[22] Vgl. zu den Managementtechniken - bzw. den "Management-by-" Techniken Hentze (1991), S. 203-209.
[23] Vgl. bspw. Bartlett, Goshal (1992), Burgelmann, Maidique, Wheelright (1996), Goold, Campbell, Alexander (1994), Hill, Jones (1992), Porter (1983, 1992a, 1992b, 1993), die den Begriff zumindest nicht explizit verwenden.
[24] Vgl. Mintzberg (1994), S. 125, 160 ff.

geistige Auseinandersetzung mit der Frage voraus, ob ein Vertrauen gerechtfertigt ist und zweitens eine Wahrnehmung von Interessenkongruenz. Drittens verbindet sich mit Commitment eine Bindung an die Konsequenzen des Commitments zu der Beziehung, die in irgendeiner Weise bindend sind. Andernfalls könnte nicht von einem "Wagnis" gesprochen werden.

Der Eintritt eines Mitarbeiters in eine Organisation stellt so gesehen ein "Wagnis" dar. Denn mit dem Eintritt investiert und bindet er für eine gewisse Zeit Ressourcen in Form seiner Arbeitskraft. Dabei kann er nicht explizit und vollständig wissen, ob die Organisation diese Investition, relativ zu alternativen Unternehmen, bestmöglich lohnt, bspw. in Form von Karrieremöglichkeiten oder Vergütung.

Ausgehend von dieser Wortwurzel bedeutet Commitment auch in seiner aktuellen Bedeutung im Englischen "to commit somebody/oneself to" unter anderem, jemanden oder sich selbst auf etwas festzulegen bzw. sich für etwas zu engagieren sowie jemanden oder sich für etwas zu verpflichten.

(c) Vorläufiges Begriffsverständnis und begriffliche Abgrenzung: Den vorangehenden Überlegungen zur etymologischen Bedeutung des Commitments folgend, hat der Begriff auch in seiner neueren Verwendung einen selbst- und einen fremdverpflichtenden bzw. -bindenden Charakter.

> Commitment wird daher vorläufig vereinfachend als prinzipiell handlungswirksame und relativ stabile Selbstbindung an ein Objekt verstanden.

In der sozialpsychologischen Commitmentforschung ist aus diesem Begriff ein psychologisches Konstrukt gebildet worden, das mit einer psychologischen Selbstbindung in Zusammenhang steht und prinzipiell in Handlungen Ausdruck findet, z.B. im Engagement für ein Unternehmen aufgrund einer Bindung (Commitment) an dieses.[26] Commitment wird dabei in der Fachliteratur unter verschiedensten Blickwinkeln beleuchtet. Eine allgemein anerkannte Begriffsdefinition liegt nicht vor. Eine Abgrenzung gegenüber verwandten Konstrukten erweist sich deshalb als problematisch, wie im folgenden exemplarisch gezeigt wird:

---

[25] Vgl. Mintzberg (1994), S. 160 ff.
[26] Vgl. z.B. Becker (1960), S. 32 ff., Meyer, Allen, Smith (1993), S. 538 ff., Mowday, Steers, Porter (1979), S. 224 ff., O'Reilly, Chatman (1986), S. 492 ff., Scholl (1981), S. 589, Sheldon (1971), S. 143.

- Die Begriffe *Involvement* und *Identifikation* stehen dem Commitment besonders nahe. Identifikation bezieht sich auf eine Kongruenz mit Interessen und Zielen. Involvement bedeutet die Auseinandersetzung mit einem Objekt und eine Einbindung in dessen Kontext, bspw. den einer Organisation. Beide Phänomene werden in Bereichen der Commitmentforschung unter das Commitmentkonstrukt subsumiert und als konstitutive Elemente des Commitmentphänomens betrachtet.[27] Etzioni verwendet Involvement, das er im Sinne einer Einbindung in eine Organisation versteht, unter bestimmten Umständen auch synonym mit dem Commitmentbegriff.[28]

- Eine Abgrenzung von verwandten Konstrukten, die in weniger direktem Bezug zum Commitment stehen, erscheint aufgrund der Multidimensionalität von Commitment schwierig.[29] Bspw. korreliert Commitment mit *Zufriedenheit*.[30] Zufriedenheit ist dabei als psychischer Zustand und Ausdruck einer positiven, affektiven Orientierung zu verstehen,[31] der auch aus Commitment resultieren kann.[32] Zufriedenheit ist dabei weniger stabil, da sie eher gefühlsmäßiger Natur ist. Sie ist daher eher als relativ spontane, affektive Reaktion zu betrachten.[33] Dagegen beruht Commitment, wie erläutert wurde, auf einer relativ stabilen Selbstbindung.

- Ein verwandtes Phänomen stellt schließlich auch die *Loyalität* dar, die ein psychologisches Konstrukt repräsentiert, das vor allem in Zusammenhang mit Zuverlässigkeit und Treue gebracht wird.[34] Diese werden auch als Ergebnisse von Commitment

---

[27] Vgl. Buchanan (1974), S. 533, Caldwell, Chatman, O'Reilly (1990), S. 247, 250, Etzioni (1961), S. 10 f., Gouldner (1959), S. 468, Hulin (1991), S. 489, Morris (1981), S: 515, Mowday, Steers, Porter (1979), S. 226.
[28] Vgl. Etzioni (1973), S. 96 f.
[29] Vgl. Caldwell, Chatman, O'Reilly (1990), S. 247.
[30] Vgl. zu Abgrenzung und Gemeinsamkeiten von Commitment mit Zufriedenheit Allen, Meyer (1996), S. 262, Mathieu, Zajac (1990), S. 176, 182 ff., Mayer, Schoormann (1992), S. 671.
[31] Vgl. Curry, Wakefield (1986), S. 847 f. Vgl. zum Begriff der Zufriedenheit Lersch (1956), S. 210, der Zufriedenheit auf die Erfüllung von Bedürfnissen zurückführt.
[32] Vgl. Moser (1996 a), S. 3.
[33] Vgl. Mathieu, Zajac (1990), S. 183.
[34] Vgl. Buchanan (1974), S. 533.

diskutiert.[35] Folglich ist auch hier eine klare Abgrenzung vom Commitmentbegriff nicht möglich.[36]

- Auch zur *Motivation* treten Überschneidungen auf. Jenseits eines alltagsweltlichen Sprachgebrauchs, der Motivation häufig mit Leistungswille konotiert, wird Motivation in der Psychologie als Aktivierung vorhandener Dispositionen verstanden.[37] Motivation bedeutet also eine Aktivierung konkreten Verhaltens bzw. konkreter Leistungen, wobei die vorhandenen Dispositionen, wie z.b. Motive der Selbstverwirklichung, determinieren, wozu ein Mensch grundsätzlich motivierbar ist.

Im Gegensatz dazu wurde Commitment eher als Selbstbindung dargelegt, die prinzipiell handlungswirksam werden kann. Commitment stellt daher eine Disposition dar, die sich in konkreten Motivationen äußert, wenn sie durch einen Umfeldreiz aktiviert wird. Z.B. löst das Erkennen eines Handlungsbedarfs bei vorhandenem Commitment tendenziell Problemlösungsverhalten aus. Commitment kann also der Motivation zugrunde liegen. Motivation kann jedoch auch ohne Commitment auf Basis anderer Dispositionen entstehen.

(2) Motivation und Commitment im Humanressourcen-Management

Entsprechend der begrifflichen Differenzierung zwischen Motivation und Commitment ist die Motivation von Humanressourcen auf die Aktivierung konkreten Handelns gerichtet.[38] Eine Aktivierung erfolgt dabei durch Anreize, die z.B. im Rahmen von Aufgabengestaltung, Führung oder Vergütung gesetzt werden. Das Verhalten von Mitarbeitern soll daher durch

---

[35] Vgl. Steers (1977), S. 52, O'Reilly, Chatman (1986), S. 496, Mayer, Schoorman (1992), S. 679.
[36] Vgl. zu weiteren Abgrenzungen beispielhaft das "central life interest" Konzept bei Dubin, Goldman (1972), S. 134, welches das Ausmaß der Arbeits- und Leistungsorientierung thematisiert. Vgl. weiterhin Scholl (1981), S. 590 ff., der normativ und kalkulativ basiertes Commitment über Erwartungswerten abgrenzt; Randall, Cote (1991), S. 196 ff. zu einer Differenzierung von Formen der psychischen Einbindung in das Arbeitsumfeld sowie Tubbs (1994). Zudem werden bspw. Abgrenzungen zwischen Commitments zu unterschiedlichen Bezugsobjekten, wie etwa Gewerkschaften, Unternehmen oder Bezugspersonen vorgenommen, vgl. hierzu Mathieu, Zajac (1990), S. 182.
[37] Die Aktivierung einer grundsätzlichen Bereitschaft (vereinfacht für Disposition) unterliegt dabei zur Vermeidung von Überreaktionen einer Regulierung, die in Form eines Abgleichs mit den Erfahrungen eines Individuums funktioniert. Vgl. hierzu im folgenden Ford (1992), S. 3, 124, 363, Heckhausen et al. (1985), S. 250, 580, Kroeber-Riel (1992), S. 49 ff., Rosenstiel (1992), S. 214.
[38] Motivation setzt folglich aufgrund einer Einsatzbereitschaft (Disposition) in Verbindung mit einem selbst zu erkennenenden und zu interpretierenden Reiz ein. Das bedeutet, daß Motivationen im Rahmen von Commitment auch eine Rolle spielen und daher auch korrelieren können. Vgl. z.B. Caldwell, Chatman,

eine möglichst geschickte Verknüpfung von individuellen und organisationalen Zielen gesteuert werden.[39] Dagegen ist ein Management von Commitment als Aufbau einer selbstbindenden Dispostion zu verstehen. Da Dispositionen als Vorbedingung von Motivation erläutert wurden, setzt der Aufbau von Commitment aus psychologischer Sicht einen Schritt vor der Motivation an. Prinzipiell kann dann jeder Umfeldreiz, der die Disposition des Commitments aktiviert, Motivation auslösen. Durch diesen selbstbindenden, stabilen Charakter von Dispositionen[40] steht Commitment daher im Zusammenhang mit selbstorganisatorischen, eigenmotivierten Prozessen seitens einer "commiteten" Person. Dies gilt für die Motivation i. S. einer situationsabhängigen Aktivierung einer Disposition nicht.[41] Beispielsweise kann eine aktuelle Aktivierung zur Erfüllung einer Aufgabe, die ausschließlich durch einen Geldbetrag X ausgelöst ist, schnell aufgehoben werden, wenn von anderer Seite ein höherer monetärer Anreiz zur Erfüllung einer anderen Tätigkeit geboten wird. Eine grundsätzliche Bereitschaft und positive Einstellung zur Erreichung eines bestimmten Ziels, wie sie das Commitment darstellt, ist folglich *wesentlich stabiler und weniger leicht durch konkurrierende Einflüsse korrumpierbar*.

Es kann daher festgehalten werden, daß *Commitment eine verhaltensstabilisierende Wirkung* hat,[42] von der im Rahmen der Motivation nicht auszugehen ist. Für ein Management von Humanressourcen bedeutet dies, daß eine Verhaltenssteuerung durch Motivation die Darbietung expliziter Anreize erfordert, um spezifische Verhaltensweisen zur Erreichung von Organisationszielen herbeizuführen. Um eine Aktivierung des "richtigen" Verhaltens zu gewährleisten, wären diese Anreize erstens an der Gewichtung der angestrebten Ziele auszurichten und zweitens flexibel an die jeweils aktuellen Unternehmensanforderungen anzupassen. Angesichts der Veränderlichkeit des Geschäftsgeschehens in modernen Wirschafts-

---

[39] O'Reilly (1990), S. 245 sowie Mayer, Schoormann (1992), S. 671, die Commitment als eine Art mehrdimensionales Motivationsmodell auffassen.

[40] Vgl. DeCotiis, Summers (1987), S. 447.

Vgl. zur Stabilität von Commitment die Ergebnisse von Curry, Wakefield (1986), S. 852, sowie Hulin (1991), S. 488.

[41] So weist bspw. auch Scholl (1981), S. 593 darauf hin, daß die Motivation nicht den stabilisierenden Effekt, wie ihn Commiment aufweist, zeigt.

[42] Vgl. hierzu Abschnitt II.4, wo die stabilisierende Wirkung von Commitment auch in Zusammenhang mit erhöhter Zuverlässigkeit und Kontinuität bei der Erfüllung der Rollenerwartungen dargelegt wird. Vgl. zur erhöhten Stabilität der Fokussierung von Zielen und deren Erreichung durch Commitment auch Wright et al. (1994), S. 795 ff.

systemen erscheint dies schwierig, um nicht zu sagen unmöglich. Ein zweckmäßiger Zugang zur Steuerung von Verhalten zur Erreichung von Unternehmenszielen ist vor diesem Hintergrund die Förderung einer grundsätzlichen Einsatz- und Leistungsbereitschaft der Mitglieder, die auf eine selbstorganisatorische Handhabung der aktuellen Anforderung zielt. Dies gilt insbesondere für Mitarbeiter, wie z.B. Mittelmanager, an die komplexe Anforderungen gestellt werden, die nur sehr begrenzt ex ante explizierbar sind. Denn damit erhöht sich die Bedeutung einer selbstbindenen Einsatzbereitschaft von Mitarbeitern, aus der selbstorganisatorische Prozesse im Sinne der Organisation resultieren können.

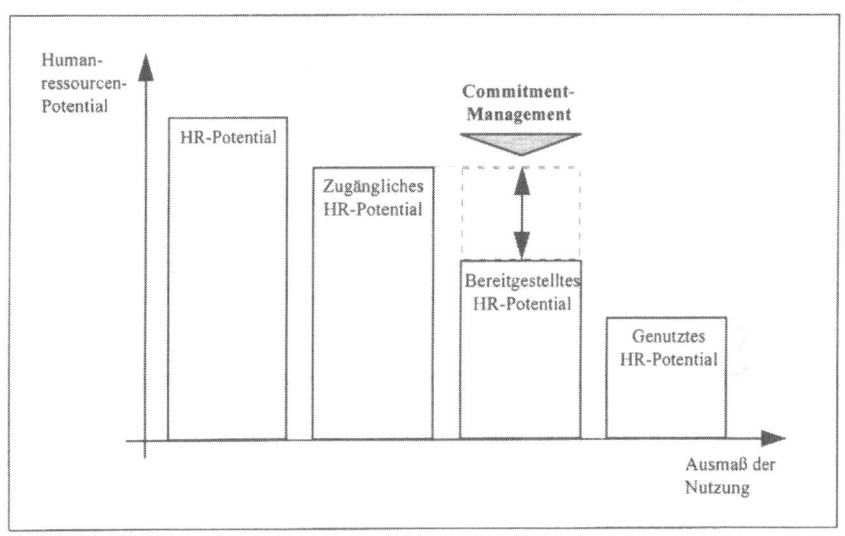

Abb. E-1:   *Ansatzpunkt eines Commitment-Managements*

Dabei ist zu bemerken, daß diese eher implizite Form der Verhaltenssteuerung Kontroll- und Sanktionsmöglichkeiten zugunsten einer Aktivierung selbstorganisatorischer Prozesse reduziert. Zentrales Element einer Verhaltenssteuerung über Commitment ist daher der Aufbau einer positiven Haltung gegenüber den Zielen und Belangen der Organisation. Sie ist elementare Voraussetzung dafür, daß eine grundsätzliche Einsatzbereitschaft - Disposition - aufgebaut bzw. erhalten wird, Verhaltensspielräume, die im Rahmen einer impliziten Steuerung bestehen, im Sinne der Organisation zu nutzen. Es kann daher festgehalten werden, daß ein Commitment-Management an der Bereitschaft von Mitarbeitern zur Bereitstellung von Potentialen ansetzt. Im Gegensatz dazu setzt die Motivation von Humanressourcen tendenziell direkt an der Erhöhung des genutzten Potentials an. In Abbildung E-1 wird dieser Ansatzpunkt eines Commitment-Managements dargestellt.[43]

Es kann festgehalten werden, daß ein Commitment-Management bzw. die Erhöhung der Einsatzbereitschaft und Selbstbindung insbesondere für Manager, die mit komplexen Anforderungen und Handlungsspielräumen konfrontiert werden, einen zweckmäßigen Zugang für ein Humanressourcen-Management diese Zielgruppe darstellt.

(3) **Erläuterung der weiteren Vorgehensweise**

In den folgenden Ausführungen soll eine Annäherung an die Möglichkeiten eines Commitment-Managements zur Nutzung der Potentiale insbesondere von Mittelmanagern erreicht werden. Hierfür wird in Teil I dieser Arbeit anhand der Situation des mittleren Managements aufgezeigt, daß sich insbesondere bzgl. Schlüsselbelegschaften Herausforderungen eines Humanressourcen-Managements ergeben, die eine Handhabung über den Aufbau von Commitment nahelegen. In Teil II werden Ansatzpunkte eines Commitment-Managements auf Basis einer grundlagentheoretischen Betrachtung untersucht. Hierbei wird, auf Grundlage einer Spezifizierung des Konstrukts, eine Analyse und Systematisierung der Ergebnisse und der Einflußvariablen von Commitment vorgenommen, um daraus Ansatzpunkte für ein Commitment-Management abzuleiten. Zur Diskussion konkreter Möglichkeiten zum Aufbau von Commitment in Unternehmen werden darauf aufbauend in Teil III exemplarisch Instrumente eines Humanressourcen-Managements im Hinblick auf ihre Ausgestaltung zur Förderung von Commitment im Mittelmanagement betrachtet. Der Aufbau der Arbeit ist in der Abbildung E-2 graphisch veranschaulicht.

---

[43] Während Motivationsmanagement direkt spezifisches Verhalten aktiviert, was insbesondere angesichts ex ante nicht spezifizierbarer Anforderungen zu einer dysfunktionalen Verkürzung von Verhalten führen kann.

Einführung

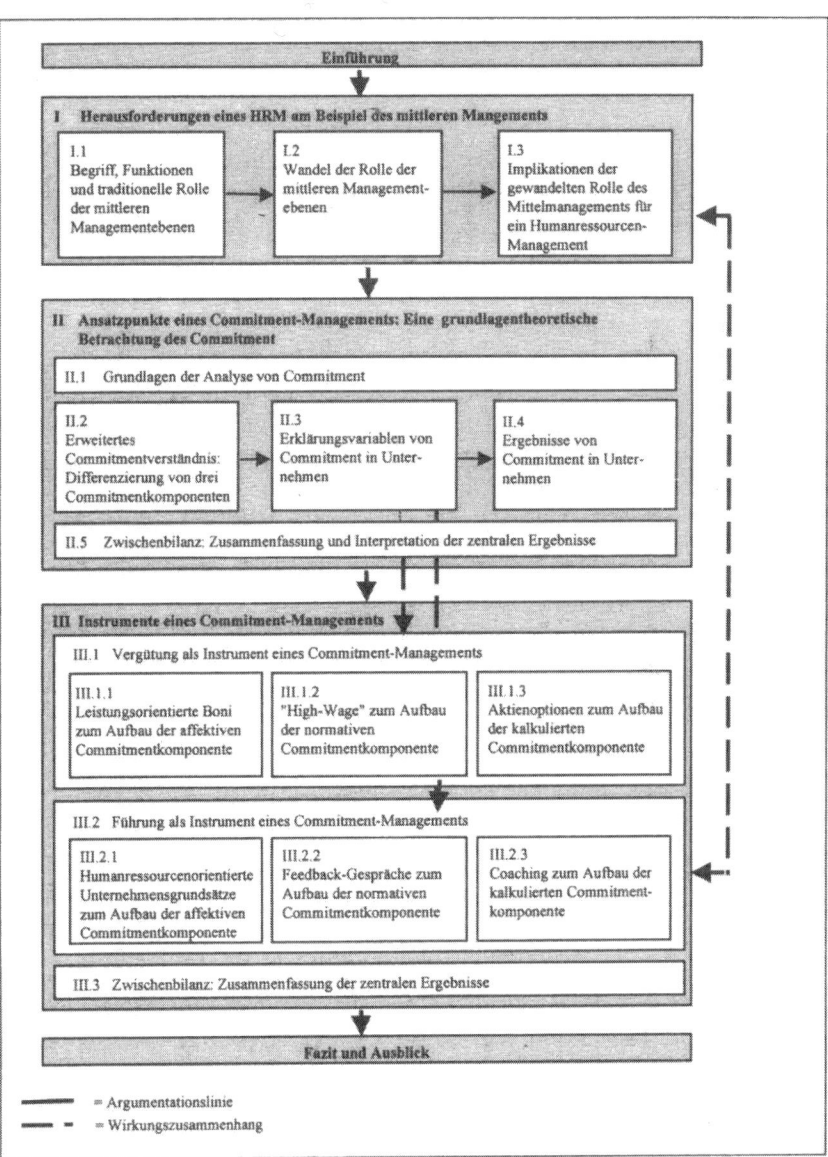

Abb. E-2: Überblick über den Aufbau der Arbeit

TEIL I: HERAUSFORDERUNGEN EINES HUMANRESSOURCEN-MANAGEMENTS AM BEISPIEL DES MITTLEREN MANAGEMENTS

Betrachtet man die Humanressourcen-Situation vor dem Hintergrund der aktuellen Veränderungen im Unternehmensumfeld stellt sich die Frage, welche Humanressourcen in Zukunft Schlüsselpositionen in Unternehmen einnehmen werden. Vor dem Hintergrund der Diskussion um das mittlere Management erhält diese Frage besondere Bedeutung. Einerseits wird für die mittleren Managementebenen eine schwindende Bedeutung diagnostiziert. Andererseits wird eine Art Renaissance des Mittelmanagements als neue Triebfeder der Unternehmensentwicklung prognostiziert.[44] Sicher ist, daß sich das Umfeld, in dem ein Mittelmanagement heute agiert, intern wie extern verändert. Das sich daraus neue Anforderungen ergeben, ist unabdingbar. Ob sich daraus auch eine größere Bedeutung des Mittelmanagements in der Zukunft ableiten läßt, bleibt jedoch zunächst fraglich. Die Beantwortung dieser Frage bedarf einer genaueren Betrachtung des Begriffs und der Bedeutung der traditionellen Rolle der mittleren Mangementebenen (Abschnitt I.1). Auf dieser Grundlage wird analysiert, inwiefern die Rolle des Mittelmanagements im Wandel begriffen ist und welche Auslöser hierbei wirksam waren (Abschnitt I.2). Abschließend werden die resultierenden Implikationen der gewandelten Rolle der mittleren Managementebenen untersucht, die sich hier für ein Humanressourcen-Management ergeben (Abschnitt I.3).

I.1 Begriff, Funktionen und traditionelle Rolle des mittleren Managements

Um die Entwicklung der Bedeutung der mittleren Managementebenen nachzuvollziehen, erscheint es zunächst geboten, den Begriff des Mittelmanagements zu analysieren und einzugrenzen. Hierfür ist eine Heuristik zweckdienlich, da ein mittleres Management aufgrund seiner Inhomogenität kaum sinnvoll in einer Definition abbildbar ist, ohne dabei Konzessionen an Präzision oder Allgemeingültigkeit zu machen (Abschnitt I.1.1). Diese

---

[44] Vgl. hierzu beispielhaft Fulop (1991), S. 28 ff., Schirmer (1987), S. 354, Stahl (1997), S. 264 ff., Steidinger (1990), S. 35 ff., Stewart (1987), S. 390, Walgenbach, Kieser (1995), S. 259 ff.

Abgrenzungsheuristik dient einer grundlegenden - und daher relativ abstrakten - Charakterisierung des Mittelmanagements, die bspw. von Unternehmens- und Branchenspezifika, insbesondere jedoch im Hinblick auf Veränderungen im internen und externen Organisationsumfeld relativ unabhängig ist. Vor diesem Hintergrund werden in einem nächsten Schritt die grundsätzlichen Funktionen und die traditionelle Bedeutung des Mittelmanagements analysiert (Abschnitt I.1.2).

I.1.1 Begriff des mittleren Managements

Im folgenden wird der Begriff des Mittelmanagements einer analytischen Betrachtung unterzogen. Hierfür wird zunächst kritisch auf gängige Abgrenzungen eingegangen (1). Anschließend wird eine Begriffsheuristik hergeleitet (2).

(1) Kritik gängiger Abgrenzungen

In der *Managementforschung* fand das Mittelmanagement bisher wenig Beachtung.[45] Vielmehr ist hier eine Fokussierung auf das Topmanagement beobachtbar,[46] die sowohl in der deutschsprachigen als auch in der angloamerikanischen Literatur wenig Raum für eine präzise Auseinandersetzung mit den mittleren Managementebenen ließ.[47] Im Zuge von Restrukturierungsprozessen und neueren Managementtrends hat sich dennoch eine rege Diskussion um

---

[45] Vgl. Walgenbach, Kieser (1995), S. 260.
[46] Vgl. z.B. Dopson, Stewart (1990), S. 9, sowie Torrington, Weightman, Johns (1989), S. 5, die darauf verweisen, daß "... the job of the manager is typically described in terms of the job of the chief executive ...", ungeachtet der Erkenntnis, daß sich dessen Aufgaben weitgehend von denen anderer Manager unterscheiden.
[47] In einem ersten Zugriff erscheint die Managementforschung im Hinblick auf eine Abgrenzung des Mittelmanagements vielversprechend. Diese differenziert einerseits nach Managementfunktionen; bspw. nach Fayol (1959): Planung, Organisation, Leitung, oder personen- und sachbezogene Funktionen, z.B. nach Blake, Mouton (1980) etc. Dies geschieht jedoch häufig unabhängig von einer Differenzierung nach Managementebenen bzw. bringt sehr unterschiedliche Ergebnisse hervor. Desweiteren wird im Kontext der work activity school nach Tätigkeiten differenziert. Stewart (1976, 1987) unterscheidet bspw. vier Tätigkeitsmuster von Managern, nimmt dabei jedoch nur geringen Bezug auf die Differenzierung nach Managementebenen, z.B. S. 37 ff. Ebensowenig differenziert Mintzberg (z.B. 1973, 1975) in diesem Kontext nach Managementebenen. In seiner Studie nimmt er auf fünf befragte Topmanger Bezug und leitet daraus zehn Managerrollen ab. Er kommt dabei jedoch nicht zu dem Ergebnis, daß sich die Aktivitäten in Abhängigkeit von der Hierarchieebene unterscheiden. Vgl. hierzu auch Walgenbach (1994), S. 35. Eine Trennung von Hierarchieebenen nimmt Mintzberg dann jedoch aus der hierarchischen Perspektive der Organisationsstruktur vor (1979, bzw. 1992). Ebensowenig Ansatzpunkte bietet die personenbezogene Perspektive der Managementforschung, da hier primär nach Eigenschaften und Orientierungen von Managern unterschieden wird, vgl. beispielhaft die Typologie nach Cassier (1962).

das mittlere Management gebildet. Es erscheint daher zunächst erstaunlich, daß kaum klare Abgrenzungen zum Begriff des Mittelmanagements existieren.[48] Hierbei gilt es sich allerdings bewußt zu machen, daß die Gruppe der mittleren Manager äußerst heterogen ist. Beispielsweise können sich Mittelmanager hinsichtlich ihres Gehalts, der Anzahl unterstellter Mitarbeiter und der Aufgabenstellung sehr deutlich unterscheiden. Diese Merkmale sind unter anderem abhängig von Größe, Struktur und Branche des Unternehmens. Eine allgemeingültige, präzise und zugleich konkrete Charakterisierung, die auf alle Mittelmanager (aller Unternehmen) Anwendung finden kann, ist somit kaum denkbar.[49]

Dementsprechend stellt diese Abgrenzungsthematik ein weitgehend ungelöstes Problem dar.[50] Vielfach werden Abgrenzungskriterien diskutiert, die kaum eine Eingrenzung erlauben und teilweise deutlich vom jeweiligen Kontext des Autors bzw. vom spezifischen Untersuchungsdesign und der jeweilig erhobenen Stichprobe empirischer Studien geprägt sind. Exemplarisch sind hier folgende Kriterien zu nennen:

- Die Befunde bzgl. der *Gehaltshöhe* von Mittelmanagern, die als Kriterium für die Abgrenzung herangezogen werden, reichen weit auseinander. Walgenbach siedelt z.B. das Gehalt von Mittelmanagern im Bereich von 65.000 bis 125.000 DM an.[51] Zudem sind die Gehälter stark zeitgebunden.[52]

- Auch wird *das Ausmaß der Arbeitssegmentierung*, also die Anzahl der zu bearbeitenden Einzelaufgaben, im Vergleich zu anderen Mitarbeitergruppen zur Abgrenzung diskutiert. Hier wird bspw. festgestellt, daß im Mittelmanagement durchschnittlich mehr unterschiedliche Aktivitäten (pro Tag) verrichtet werden als im Topmanagement.[53] Dies mag darauf zurückzuführen sein, daß das Mittelmanagement direkter Ansprechpartner

---

[48] Vgl. Lepper (1985), S. 270, der zugleich einen der wenigen Versuche unternommen hat, Mittelmanagement konkret zu definieren. Jedoch läßt auch seine Definition wichtige Fragen, z.B. nach der hierarchischen Verortung, offen. Vgl. zudem Wattenhofer (1996), S. 119.
[49] Vgl. Macharzina, Engelhard (1982), S. 168.
[50] Vgl. z.B. Mintzberg (1979), S. 20, Stewart (1987), S. 385, Walgenbach, Kieser (1995), S. 262, Stahl (1997), S. 264.
[51] Vgl. Walgenbach (1994), S.122 ff. Weitgehende Einigkeit besteht hier allenfalls bspw. hinsichtlich einer tendentiellen Einordnung in den außertariflichen Bereich, vgl. Witte, Bronner (1974), S. 56 f., 93.
[52] Vgl. z.B. Hören (1997).
[53] Vgl. dazu die bekannte Studie von Stewart (1967).

für eine größere Gruppe von Personen, wie z.B. Kunden, Mitarbeiter und Kollegen anderer Bereiche, ist. Jedoch unterscheiden sich die Ergebnisse auch hier weitgehend.[54]

- Die Abgrenzung über das *Qualifikationsniveau* kann als weiterer Versuch einer Abgrenzung des Mittelmanagements angeführt werden.[55] Hierbei wird aber deutlich, daß Mittelmanager sowohl im Bereich der "Praktiker" als auch der Akademiker angesiedelt werden können und dementsprechend verschiedene Ausbildungsniveaus bzw. auch Bildungswege beobachtbar sind.[56] Bei einer internationalen Betrachtung weicht sich die Bedeutung dieses Abgrenzungskriteriums zusätzlich auf, da z.B. im englischsprachigen Raum die Ausbildung tendenziell eher generalistisch ausgerichtet ist, als im deutschen Raum.[57]

- Zudem sei auch auf *formaljuristische* Abgrenzungsversuche verwiesen. Das Betriebsverfassungsgesetz schließt Mittelmanager aus dem Schutzbereich der betrieblichen Mitwirkung und Mitbestimmung aus (§5 Abs. 3 BetrVerfG), da Führungskräfte nicht vor Entscheidungen zu schützen sind, die sie selbst getroffen haben.[58] Nichtsdestotrotz sind diese über § 3 Abs. 3 II des Mitbestimmungsgesetzes (MitBestG) in die Mitbestimmung der Arbeitnehmer mit einbezogen. Die Widersprüchlichkeit und zudem schwierige Operationalisierbarkeit dieses Abgrenzungskriteriums bietet somit wenig Potential für eine Abgrenzung der mittleren Managementebene.

Als weitere Abgrenzungskriterien werden unter anderem Arbeitszeit[59] oder Alter diskutiert,[60] die jedoch unter anderem aufgrund der Ergebnisabweichungen in empirischen Studien kaum einen sinnvollen Eingang in die vorliegende Abgrenzungsdiskussion finden können.

(2) Heuristik einer begriffsstrategischen Abgrenzung

Es wird deutlich, daß ein Zugang zum Begriff des Mittelmanagements allenfalls annäherungsweise über abstrakte Kategorien erfolgen kann. Im Rahmen der folgenden Ausführungen soll

---

[54] Vgl. z.B. Stewart (1967) sowie Walgenbach (1994), S. 21, 194 ff., 205, 209.
[55] Vgl. Guest (1986), S.63
[56] Vgl. Walgenbach (1994), S.123.
[57] Vgl. Poensgen (1982), S.23ff. und Bröcker (1991), S.94.
[58] Vgl. Macharzina, Engelhard (1982), S. 166.
[59] Vgl. Kieser, Walgenbach (1993), S. 519.

versucht werden, die hierarchische Stellung in der Organisation (a), die Autonomie (b) und Autarkie (c) der mittleren Managementebenen als Heuristik für ein begriffliche Abgrenzung fruchtbar zu machen.[61]

(a) *Charakterisierung des Mittelmanagements anhand seiner Verortung in der hierarchischen Struktur:* Ein naheliegender Zugang ergibt sich aus der hierarchischen Stellung der mittleren Managementebene innerhalb der Organisation. Ihre Einordnung in der "Mitte" zwischen "oberem" Management und einer wie auch immer gearteten unteren Ebene im hierarchischen Gefüge liegt freilich schon auf Grund des Begriffs "Mittelmanagement" nahe.[62] Über Reichweite und Art dieser Mitte herrscht jedoch Uneinigkeit. Dennoch soll versucht werden, diese über die Verortung der mittleren Managementebenen in der Unternehmenshierarchie zu präzisieren (vgl. Abb. I-1):

- Mintzberg siedelt das Mittelmanagement zwischen der strategischen Spitze - also der Geschäftsleitung - und dem operativen Kern an.[63] Dabei trägt die strategische Spitze die Verantwortung auf Unternehmensebene. Eine Eingliederung leitender Angestellter in die Ränge des Topmanagements erscheint daher zumindest aus Gründen der analytischen Differenzierbarkeit nicht sinnvoll.[64] Damit kann eine Abgrenzung nach "Oben" vorgenommen werden.

---

[60] Vgl. dazu Eberwein, Tholen (1990), S. 147, Witte, Kallmann, Sachs (1981), S. 3 f. und Walgenbach (1994), S. 123-133.

[61] Vgl. zu den Kriterien der Autonomie und der Autarkie analog Ringlstetter (1995), S. 43 ff., der diese Kriterien zur Charakterisierung der Eigenständigkeit von Teileinheiten analysiert, wobei Ringlstetter darüber hinaus das Kriterium der Souveränität anführt, das im Wesentlichen die Existenz eines eigenen Leitungsorgans von Teileinheiten beschreibt. Dies ist jedoch auf Individuen kaum übertragbar und wird daher zur Abgrenzung des Mittelmanagement nicht betrachtet. Die vorliegende Abgrenzung erfolgt aus einer organisatorischen Binnenperspektive. Grundsätzlich kann eine Abgrenzung des Mittelmanagements jedoch auch aus anderen Perspektiven, bspw. einer sozialen, gesellschaftlichen oder juristischen, wie bereits dargelegt wurde, erfolgen.

[62] Vgl. hierzu Stahl (1997), S. 264.

[63] Vgl. Mintzberg (1979), S. 20 f. bzw. Mintzberg (1992), S. 27 ff.

[64] Es gibt jedoch auch Meinungen, die leitende Angestellte dem Topmanagement zuordnen, da sie auf die Vorgabe des Betriebsverfassungsgesetzes zurückgreifen, vgl. z.B. Schirmer, Staehle (1990), S. 709 f. Wie jedoch oben erläutert wurde, ergibt sich auch formaljuristisch keine eindeutige Abgrenzung des Mittelmanagements, da bspw. das Mitbestimmungsgesetz in gewissem Widerspruch zu dieser Abgrenzung des Betriebsverfassungsgesetzes steht.

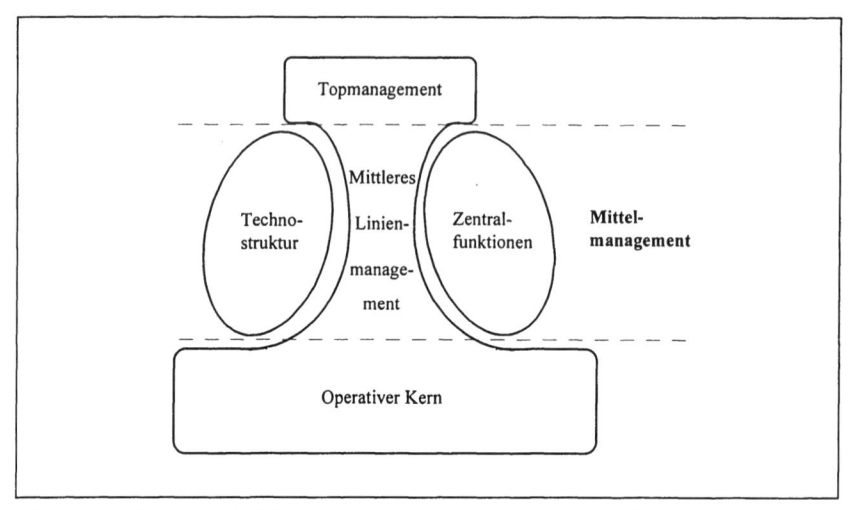

```
                    ┌─────────────────┐
                    │  Topmanagement  │
                    └─────────────────┘
           ╱Mittleres╲
  Techno-  │ Linien- │ Zentral-    Mittel-
  struktur │ manage- │ funktionen  management
           │  ment   │
           ╲         ╱

         ┌──────────────────┐
         │  Operativer Kern │
         └──────────────────┘
```

Abb. 1-1:   *Verortung des Mittelmanagements im organisatorischen Gefüge*
             (Quelle: in Anlehnung an Mintzberg 1979, S. 20)

- Eine Abgrenzung nach "Unten" erweist sich bereits als schwieriger. So wird das Mittelmanagement zu einem *Lower Management* abgegrenzt, indem der Schwerpunkt im Mittelmanagement auf der Steuerung von Bereichen konstatiert wird. Im Gegensatz zum Lower Management ist das mittlere Management dann nicht mehr fokal mit der Steuerung einzelner Mitarbeiter im Sinne der Weisung und Kontrolle konkreter Handlungsweisen betraut.[65] Diese Aufgabe wird dann einer vertikal nachgeordneten Ebene zugeordnet, die als "Lower Management" bezeichnet werden kann.[66] Das Lower Management bezieht sich bspw. im Industriebereich auf die Ebene der Meister.[67] In Abhängigkeit von Unternehmensgröße und -struktur erscheint die Abgrenzung dieser Managementebene jedoch nicht in jedem Fall zweckmäßig und möglich.[68] Der Über-

---

[65] Vgl. hierzu und im folgenden Beiträge von Lepper (1985), S. 271 sowie auch Mintzberg, der innerhalb der mittleren Managementebene auf eine unterste Führungsebene hinweist, die z.B. im Werksmeisterbereich anzusiedeln ist, vgl. Mintzberg (1992), S.32. Gewisse Ähnlichkeit zu dieser Form der Abgrenzung weist die positionale Abgrenzung nach der Subtraktionsmethode auf. Hiernach sind Mittelmanager die Gruppe, die weder Top- noch Lowermanagement angehört, vgl. hierzu Walgenbach, Kieser (1995), S. 262. Diese Vorgehensweise birgt jedoch zahlreiche Probleme, bspw. die mangelnde Differenzierung nach Stab- und Linie.

[66] Vgl. Kirsch (1975), S. 28 ff.

[67] Vgl. Stahl (1997), S. 264.

[68] Vgl. hierzu Wunderer (1970), S. 2441 ff., der diesbezüglich eine Unterscheidung von Spezialisten anführt. Aufgrund ihrer Vergleichbarkeit mit der hier gegebenen Sichtweise vom Lower Managern läßt auch dies

gang zwischen mittlerem- und unterem Management erscheint daher fließend.[69] Die Abgrenzung wird daher im vorliegenden Kontext als nachrangig betrachtet und nicht weiter aufgegriffen.

- Die Diskussion um die Einordnung mittlerer Manager in die Organisationsstruktur wird zudem hinsichtlich der Unterscheidung in *Stab und Linie* geführt. Bspw. grenzt Mintzberg die Zentralfunktionen der Technostruktur und die Serviceeinheiten der Hilfsstäbe von einem mittleren Linienmanagement ab.[70] Macht man sich deutlich, daß ein Manager über die formal verliehene Autorität und Verantwortung einschließlich der Personalverantwortung bezüglich einer organisatorischen Einheit - bspw. einer Abteilung - definierbar ist,[71] wirft diese Abgrenzung Probleme auf. Um mit einem Beispiel zu argumentieren, sei die Stelle eines zentralen Controllingleiters angeführt, der üblicherweise einer Zentralfunktion zuzuordnen ist. Dieser hat durchaus formale Autorität und trägt Personalverantwortung für seinen Bereich, ein Kriterium, das üblicherweise das Management kennzeichnet.[72] Danach kann der Controllingleiter also durchaus dem Managementbereich zugerechnet werden. Eine Ausgrenzung der Service- und Zentralfunktionen aus dem mittleren Managementbereich erscheint somit nicht sinnvoll.[73]

(b) Entscheidungsautonomie: "Die Entscheidungsautonomie ... kommt im Umfang der zugeordneten Autorisierungsrechte zum Ausdruck."[74] Diese sind im Bereich des Mittelmanagements durch den Einfluß des Topmanagements eingeschränkt. Deutlich wird dies anhand des Entscheidungssystems[75] einer Organisation. Hier wird die Autonomie der mittleren Managementebenen formal durch die politischen Entscheidungen des Topmanagements

---

eine Abgrenzung eines Lower Managements fragwürdig erscheinen. Vgl. zu einer - allerdings recht spezifischen und damit wenig verallgemeinerbaren - Differenzierung von mittlerem und unterem Management, Schirmer, Staehle (1990), S. 709.

69 Vgl. Mintzberg (1992), S. 32, der auf diese Abgrenzung als Möglichkeit hinweist.
70 Vgl. Mintzberg (1992), S. 30 ff., sowie zu weiterführenden Überlegungen zu Technostruktur und Hilfsstäben Steidl (1998), S. 107.
71 Vgl. Isele (1991), S. 15, sowie Walgenbach (1994), S. 31.
72 Vgl. Lepper (1985), S. 270 f., Mintzberg (1979), S. 20 ff. und Stahl (1997), S. 264.
73 Vgl. hierzu auch Schirmer, Staehle (1990), S. 709.
74 Ringlstetter (1995), S. 51.
75 Vgl. zu diesen Überlegungen, in Anlehnung an Kirsch, Macharzina, Engelhard (1982), S. 170, Kirsch (1975), S. 28 ff., Stahl (1997), S. 264.

beschränkt.[76] Die Kategorie politischer Entscheidungen wird auf Unternehmensebene getroffen. Diese geben die Richtung des Unternehmens vor, bspw. in Form allgemeiner Leitsätze oder der grundlegenden strategischen Ausrichtung des Unternehmens - z.B. die Diversifikation der Unternehmensaktivitäten im Gegensatz zu einer Konzentration auf Kernkompetenzen. Diese Art von Entscheidungen beruht wesentlich auf individuellen Wertprämissen des Topmanagements.[77]

Die Umsetzung solcher eher global gehaltener Entscheidungen mit hohem Abstraktionsniveau erfordert gewissermaßen eine "Übersetzung" in Programme und Maßnahmen.[78] Deren Entwicklung und Modifikation fallen in den Bereich administrativer Entscheidungen. Diese unterliegen den verbindlichen Richtlinien und Prämissen, die durch hierarchisch und zeitlich vorgelagerte, unternehmenspolitische Entscheidungen gesetzt wurden. Dies bedeutet, daß sich administrative Entscheidungen innerhalb des Rahmens bewegen, der durch "unternehmenspolitische" Vorgaben gesteckt wird.[79] Administrative Entscheidungen werden insbesondere auf mittlerer Managementebene getroffen. Ein weiterer Typ von Entscheidungen betrifft die Realisierung der Programme und Maßnahmen des Mittelmanagements, bspw. in Form konkreter Handlungsanweisungen. Dieser Entscheidungstyp kommt daher im Rahmen der unmittelbaren Steuerung der Ausführungsprozesse zum Tragen. Solche operativen Entscheidungen fallen entweder in den Bereich eines "Lower Management" bzw., in Ermangelung einer Abgrenzung dieser untersten Managementebene, ebenfalls in den Bereich des Mittelmanagements.[80] Eine systematische Übersicht des Entscheidungssystems als Abgrenzungskriterium ist in Abbildung I-2 dargestellt.

---

[76] Vgl. Walgenbach (1994), S. 54, 62, der bspw. auf das zunehmende Ausmaß an Selbstbestimmung mit steigender Hierarchieebene verweist.

[77] Hier ist konkret auf eine Hierarchisierung von Entscheidungen abgestellt. Es sei jedoch der Vollständigkeit halber erwähnt, daß politische Entscheidungen nicht nur "...Entscheidungen über langfristige Ziele, grundlegende Strategien und Strukturen ..." betreffen. Vielmehr können die meisten in einer Organisation wahrgenommenen Probleme Gegenstand von "Politik" werden, und diese reicht "...normalerweise weit ins Tagesgeschehen hinein." Kirsch, (1990), S. 76.

[78] Vgl. Kirsch (1975), S. 28 ff., Macharzina, Engelhard (1982), S. 170.

[79] Vgl. Macharzina, Engelhard (1982), S. 170, Kirsch (1989), S. 30 f.

[80] In der Differenzierung des Entscheidungssystems nach Kirsch (1975), die sich auch in Macharzina, Engelhard (1982) wiederfindet, werden die operativen Entscheidungen einem "Lower Management" zugeordnet. Andere Autoren machen in ihrer Erläuterung der vom Mittelmanagement zu treffenden Entscheidungen deutlich, daß auch auf dieser Ebene operative Entscheidungen von zentraler Bedeutung sind, vgl. z.B. Walgenbach (1994), etwa S. 192 f.

Teil I: Herausforderungen eines Humanressourcen-Managements 23

Prämissen	Entscheidungstyp	Inhalte	
Werte und Normen des Topmanagements	Politische Entscheidungen	Grundsätze, Ziele des Unternehmens, Strategien	Topmanagement
Politische Entscheidungen	Administrative Entscheidungen	Maßnahmen und Programme	Mittelmanagement
Administrative Entscheidungen	Operative Entscheidungen	Ausführung der Programme und Maßnahmen	

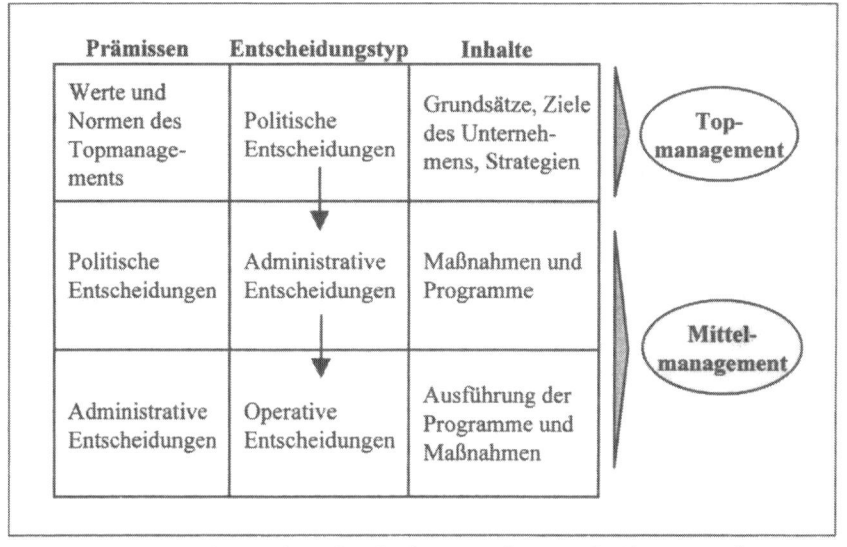

Abb. I-2: Die Entscheidungshierachie als Abgrenzungskriterium der Managementebenen (Quelle: in Anlehnung an Kirsch, 1989, S. 30f., Macharzina, Engelhard 1982, S. 170)

Angesichts der eingeschränkten Entscheidungsautonomie ist auch der Verantwortungsbereich begrenzt. Während das Topmanagement die Verantwortung für die Entwicklung des Unternehmens trägt, verantwortet das mittlere Management die Realisierung der vorgegebenen unternehmenspolitischen Entscheidungen und Zielvorgaben innerhalb der Bereiche.[81]

Eine weitere Restriktion der Entscheidungsautonomie des Mittelmanagements resultiert auch jenseits politischer Vorgaben aus den Erwartungshaltungen anderer relevanter Anspruchsgruppen, insbesondere der Mitarbeiter. Dieser Aspekt geht aus der Bereichsverantwortung hervor. Denn diese Verantwortung steht mit zusätzlichen Entscheidungsprämissen für Mittelmanager in Zusammenhang, z.B. der Berücksichtigung der Mitarbeiterinteressen bei Entscheidungen oder der Einhaltung spezifischer Procedere und Vorgaben bei der Entwicklung von Programmen und Maßnahmen.[82]

---

[81] Vgl. Mintzberg (1992), S. 30 ff.
[82] Vgl. Walgenbach (1994), S. 184, 186, 204. An dieser Stelle sei ergänzend bemerkt, daß die Autonomie, über die das Mittelmanagement verfügt, bspw. zwischen USA/GB und Deutschland variiert. Stewart (1982) verweist in diesem Zusammenhang auf das Konstruktionsprinzip von Organisationen. Dieses entspricht bspw. in Großbritannien eher einem "implicit model", in dem mittleren Managern tendentiell relativ größere Handlungsspielräume eingeräumt werden, im Vergleich zu Deutschland, wo eine stärkere Orientierung an explizierten Regeln und Vorgaben herrscht, vgl. Walgenbach (1994), S. 188.

(c) Autarkie: Die Autarkie bestimmt sich maßgeblich über den Umfang von Input- und Outputbeziehungen, die sowohl mit unternehmensinternen als auch mit -externen Kooperationspartnern bestehen.[83] Die Autarkie erhöht sich dabei mit dem (relativen) Ausmaß der Input- und Outputbeziehungen mit Unternehmesexternen. Die Einbindung des Mittelmanagements in die Gesamtaufgabe eines Unternehmens impliziert jedoch einen verstärkten Abstimmungsbedarf mit unternehmensinternen Bereichen,[84] bspw. anderen Teileinheiten oder Servicebereichen. Damit sind immer auch Input- und Outputbeziehungen verbunden, bspw. in Form von Informationsaustausch oder dem Fluß von Produktionsmitteln. Das bedeutet, daß neben der Autonomie auch die Autarkie des Mittelmanagements eingeschränkt ist.[85] Eine Konkretisierung dieser spezifischen Einschränkung der Autarkie des Mittelmanagements ist erst in Bezug auf die Charakteristika eines konkreten Unternehmensbereichs auszumachen.

I.1.2 Funktionen und traditionelle Rolle der mittleren Managementebene

Im vorangehenden Abschnitt wurde das Mittelmanagement anhand zentraler Kriterien abgegrenzt. Die Annäherung über hierarchische Stellung, Autonomie und Autarkie dienen einer grundlegenden, abstrakten Charakterisierung des Mittelmanagements, die von internen und externen Umfeldbedingungen relativ unabhängig ist. Um die Herausforderungen eines Managements dieser Mitarbeitergruppe zu spezifizieren, wird vor dem Hintergrund dieser Begriffsheuristik nachfolgend untersucht, welche Rolle das Mittelmanagement in Unternehmen traditionell wahrnimmt. Zur Veranschaulichung der traditionellen Rolle wird dabei eine gewisse Extremposition eingenommen, die Mittelmanager im Hinblick auf ihre historische Entwicklung traditionell als sehr reaktionär darstellt. Es sei daher an dieser Stelle darauf hingewiesen, daß die Darstellungen als Tendenzaussagen zu verstehen sind, von denen zu jedem Zeitpunkt individuelle Abweichungen bestehen können.

---

[83] Vgl. Ringlstetter (1995), S. 44 ff.
[84] Vgl. Walgenbach (1994), S. 178, 181.
[85] An dieser Stelle ist anzumerken, daß das Ausmaß der Autarkieeinschränkung darüber hinaus bspw. auch durch Faktoren wie die Organisationsform determiniert wird. Bspw. bedingt eine verrichtungsorientierte Organisationsform im Gegensatz zu einer objektorientierten eine wesentlich stärkere Einschränkung der Autarkie. Vgl. zu den Kriterien der Autonomie und Autarkie analog Ringlstetter (1995), S. 42-52.

Die Rolle des Mittelmanagements ist historisch in den Kontext einer traditionellen Philosophie der Unternehmenssteuerung einzuordnen.[86] Deren Fokus ist auf Stabilitätsorientierung und kurzfristige Gewinnmaximierung gerichtet. Damit verbinden sich bspw. eine Orientierung an risikominimierendem, vergangenheitsorientiertem Problemlösungsverhalten sowie eine Tendenz zur detaillierten Explikation von Vorgaben, verbunden mit einer entsprechenden Gestaltung der Sanktionssysteme.[87] Vor dem Hintergrund dieser Steuerungsphilosophie hat sich die traditionelle Rolle der mittleren Managementebenen entwickelt. Diese prägt teilweise auch heute noch das Bild des mittleren Managements.

Ein möglicher Zugang zur Analyse der Rolle des Mittelmanagements ist die Betrachtung seiner Funktionen und der daraus resultierenden Anforderungen.[88] Funktionen bilden Aufgabenbündel ab. Diese Aufgabenbündel resultieren aus der Reflexion von Rollen. Die Bedeutung der Rolle spiegelt sich folglich maßgeblich in den Funktionen wider, die mit einer Rolle verknüpft sind, sowie in den Anforderungen, die sich daraus ergeben.[89] Zur Verdeutlichung der Argumentationslinie werden diese Funktionen im folgenden knapp anhand ihrer wesentlichen Charakteristika dargestellt Punkt (1). Davon ausgehend wird die traditionelle Rolle des Mittelmanagements anhand der spezifischen, traditionellen Ausrichtung im Rahmen der Informations,- (2), der Transformations- (3) und der Implementierungsfunktion (4) sowie der speziellen Anforderungen, die sich damit verbinden, analysiert.

(1) Spezifizierung grundsätzlicher Funktionen des Mittelmanagements

Vor dem Hintergrund der Abgrenzungsheuristik, in der das Mittelmanagement im Sinne bereichsverantwortlicher Mitarbeiter mit administrativen Entscheidungskompetenzen und umfangreichen Input- Outputbeziehungen charakterisiert wurde, werden im folgenden die Funktionen beleuchtet, die diese Mitarbeitergruppe erfüllt. Die vorgenommene Differenzierung der Funktionen des mittleren Managements dient einer systematischen Darstellung der

---

[86] Vgl. zur traditionellen Steuerungsphilosophie Ansoff (1973), S. 2 ff.
[87] Vgl. Macharzina, Engelhard (1982), S. 172 ff.
[88] Die "Rolle" ist zu verstehen als Bündel von Erwartungshaltungen gegenüber Einstellungen und Verhalten, in Abhängigkeit von der Position bzw. Stelle, die ein Mitarbeiter bekleidet, vgl. Mintzberg (1973), S. 54.
[89] Im Rahmen der traditionellen Rolle ist hier primär von einem reaktiven Lernen von Rollenerwartungen auszugehen, im Gegensatz zu einer eigenständigen Gestaltung und Interpretation der Rolle. In diesem Zusammenhang wird auch vom "role taking" gesprochen, vgl. hierzu Ringlstetter (1997), S. 63, Turner (1962), S. 21 ff.

Aufgabenbündel dieser Mitarbeitergruppe. Diese werden im folgenden charakterisiert (vgl. Abb. I-3).

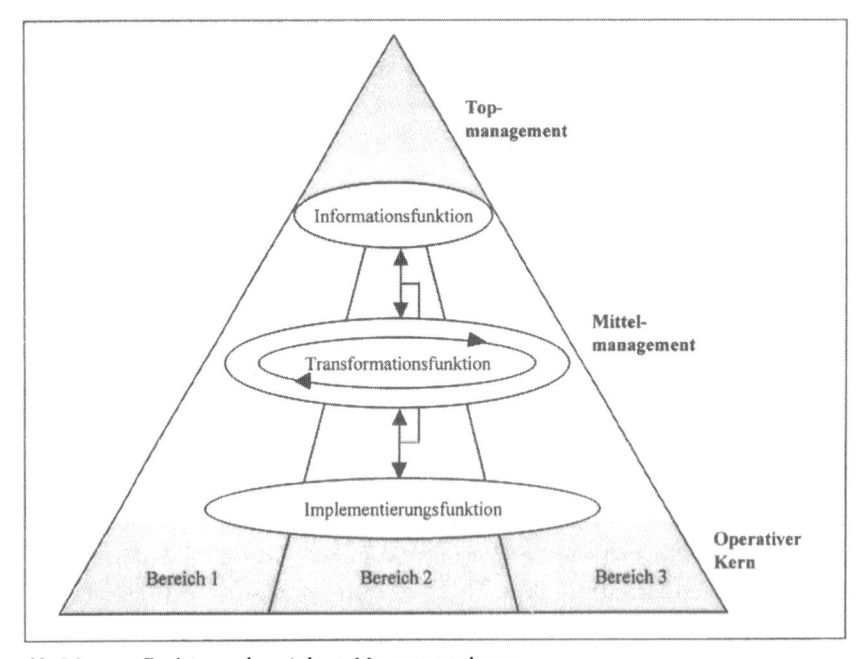

Abb. I-3:   *Funktionen der mittleren Managementebenen*

Eine zentrale Stellung nimmt die *Informationsfunktion* der mittleren Managementebenen gegenüber übergeordneten Stellen ein.[90] Diese zielt auf eine Entlastung des Topmanagements bzw. auf die Handhabung der Informationsflut, der sich ein Unternehmen und seine Leitungsorgane gegenübersehen.[91] Die Informationsfunktion ist dabei im Wesentlichen durch vier zentrale Elemente charakterisierbar: *Generierung, Interpretation, Selektion und Weitergabe* von Informationen. Sie determinieren maßgeblich die Informationen, die in die Entscheidungsgrundlage übergeordneter Stellen, insbesondere des Topmanagements, einfließen.[92] Mittelmanager entscheiden bspw. darüber, welche Störungen oder Pannen in der eigenen

---

[90]   Vgl. Wooldridge, Floyd (1990), S. 232.
[91]   Vgl. Kirsch (1995), S. 9.
[92]   Vgl. Staehle (1992), S. 93, Wooldridge, Floyd (1990), S. 232.

Teileinheit an übergeordnete Stellen weitergeleitet werden - bzw. ob diese überhaupt weitergeleitet werden.[93] Damit stellt das Mittelmanagement eine Art "Filter" dar.[94] Auf der Grundlage der im Rahmen der Informationsfunktion zur Verfügung gestellten Informationen werden auf Ebene des Topmanagements politische, respektive strategische Entscheidungen getroffen. Daraus gehen die - expliziten und impliziten - Prämissen und Vorgaben für das Mittelmanagement hervor. Diese determinieren Autonomie und Autarkie des Mittelmanagements. Aufgabe der mittleren Managementebenen im Rahmen ihrer *Transformationsfunktion* ist die *Übersetzung* dieser abstrakten und teilweise nur impliziten Prämissen und *Vorgaben in konkrete Programme und Maßnahmen*.[95] Auf diese Weise werden die Vorstellungen und Vorgaben des Topmanagements operationalisierbar gemacht.[96]

Die *Implementierungsfunktion* manifestiert sich maßgeblich in der *Realisierung der Programme und Maßnahmen*, die im Rahmen der Transformationsfunktion auf Basis administrativer Entscheidungskompetenzen formuliert werden.[97] Hierbei sind insbesondere zwei Aspekte zentral. Zum einen steht bei der Implementierung der Aspekt der *Mitarbeiterführung* im Vordergrund, da Programme und Maßnahmen, die den eigenen Bereich betreffen, nur mit diesem, bzw. durch diesen, umgesetzt werden können. Zum anderen ist die *Koordination* mit Unternehmensinternen und -externen von Bedeutung, die durch die Programme betroffen sind oder an diesen teilhaben.

---

[93] Vgl. Mintzberg (1992), S. 32.
[94] Vgl. Lepper (1985), S. 271, Stahl (1997), S. 265.
[95] Vgl. auch Steidinger (1990), S. 35 ff.
[96] In der Diskussion des Entscheidungssystems als Abgrenzungskriterium der mittleren Managementebenen (Abschnitt I.1.1) wurde dieser Aufgabenschwerpunkt bereits aus dem Fokus auf administrative Entscheidungen erkennbar. Es wurde dort erläutert, daß dieser Entscheidungstyp primär auf die Umsetzung politischer Entscheidungen in Programme gerichtet ist. Vgl. hierzu zudem Uyterhoeven (1998), S.139.
[97] Die Implementierungsfunktion wird in der Literatur und entsprechenden Studien am intensivsten diskutiert. Vgl. z.B. Esser, Donk (1991), S. 255, Fischer, Risch (1994), S. 112 f., Hodgetts (1985), S. 12 f., Wetli (994), Walgenbach (1994), S. 155 ff., 167, Wooldridge, Floyd (1990). Vgl. hierzu auch die empirische Studie von Kirsch (1995), S. 105 ff., der in etwa 160 der größten deutschen Unternehmen Befragungen hinsichtlich der Priorität von Funktionen der mittleren Manager vornimmt. Der Vollständigkeit halber sei angemerkt, daß die Befragung an Personen aus den Bereichen der Personalrekrutierung gerichtet ist, mit der Begründung, daß diese Personengruppe die Rekruten über ihre zukünftigen Aufgabenschwerpunkte zu informieren hätte und daher diesbezüglich über einen guten Informationsstand verfüge, vgl. S. 104.

(2) Informationsfunktion im Rahmen der traditionellen Rolle

Im Rahmen der traditionellen Rolle des Mittelmanagements steht die Stabilisierung des Bestehenden im Mittelpunkt. Damit verbinden sich zwei zentrale Charakteristika der traditionellen Informationsfunktion: Zum Zweck der Stabilisierung erfolgt eine Fokussierung auf kommensurable Informationen, die mit den bestehenden Strategien, Strukturen und Abläufen in Einklang stehen. Die Ausrichtung auf Stabilität steht zudem in Zusammenhang mit einer Orientierung an bewährten Selektions- und Interpretationsschemata,[98] die einer Vermeidung von Unsicherheiten dient. Auf diese Weise wird das Bestehende im Rahmen der Generierung, Interpretation, Selektion und Weitergabe von Informationen ständig reproduziert. Daraus resultiert eine Stabilisierung des Systems.[99]

Die zentrale *Anforderung*, die sich damit verbindet, ist eine Bereitstellung von Informationen,[100] die Bestehendes nicht in Frage stellen, sondern stabilisieren. Dies geht freilich zulasten der Flexibilität. Die Bereitstellung stabilisierender Informationen ist daher zum einen auf eine eindeutige *kognitive Schematisierung* des Bestehenden bzw. auf das Lernen entsprechender Denk- und Verarbeitungsschemata gerichtet. Zum anderen steht eine gewissenhafte *Überprüfung neuer Informationen auf Kommensurabilität* mit dem organisatorischen Kontext und die Kompatibilität mit den herrschenden Denk- und Handlungsschemata, die unter anderem diesen Kontext konstituieren, im Mittelpunkt.

(3) Transformationsfunktion im Rahmen der traditionellen Rolle

Jenseits von Schwierigkeiten, die per se mit einer Übersetzung abstrakter und teilweise nur impliziter Vorgaben in konkrete Programme und Maßnahmen verknüpft sind, stellt sich im Rahmen der Transformationsfunktion das Problem des Verständnisses und der Interpretation von Prämissen und Vorgaben in der vom Topmanagement gewollten Weise.[101] Denn der

---

[98] In einer etwas erweiterten Form ist diese Funktion mit einer Beratung des Topmanagements verknüpft. Vgl. Lepper (1985), S. 272. Damit wächst zwar das strategische Einflußpotential des Mittelmanagements, traditionell verbindet sich mit dieser Beratung jedoch keine explizite Integration in die Strategieentwicklung.
[99] Vgl. Walgenbach (1994), S. 176.
[100] Vgl. z.B. Stahl (1997), S. 266.
[101] Diese Problematik ist maßgeblich auf einen Kontextpluralismus zurückzuführen, von dem in Unternehmen grundsätzlich auszugehen ist. Vgl. zur Thematik des Kontextpluralismus, der mit Inkommensurabilitäten zwischen Kontexten einhergeht, Kirsch (z.B. 1989), S. 84. Inkommensurabilität ist dabei im Sinne der Unmöglichkeit einer logisch deduktiven Überführung von Sachverhalten des einen Kontextes in einen

Kontext, vor dessen Hintergrund das Topmanagement entscheidet und agiert, unterscheidet sich von dem der mittleren Managementebenen. In der Konsequenz entwickeln sich daraus divergierende Eigenlogiken, die zu Inkommensurabilitäten zwischen den Kontexten führen. Dadurch wird eine gewisse Übersetzungsleistung vom Kontext des Topmanagements in den des Mittelmanagements notwendig.[102] Diese "Transformation" hat das mittlere Management zu erbringen.[103] Im Rahmen der traditionellen Rolle ist diese Übersetzungsleistung an bekannten, nach Möglichkeit formalen Mustern orientiert. Damit soll die *Formulierung von Programmen und Maßnahmen* gewährleistet werden, die *mit dem Unternehmens- und Topmanagementkontext konform* sind. Auf diese Weise wird die Fortsetzung der traditionellen Strategien und Maßnahmen fokussiert.[104] Folglich wird auch im Rahmen der Transformation auf eine Stabilisierung bestehender Strukturen und Abläufe gezielt.

Die Transformationsfunktion ist mit hohen *Anforderungen* an das Mittelmanagement verbunden. Diese sind erstens in dem *Denken in unterschiedlichen Kontexten* zu sehen. Dies erfordert ein Verständnis der Intentionen des Topmanagements in seiner ganzen Tragweite, d.h. bspw. im Zusammenhang mit der gesamten Unternehmensstrategie und damit über den eigenen, unmittelbaren Kontext hinaus. Zweitens erfordert die Konzipierung von Programmen und Maßnahmen fundierte *Fachkenntnisse* und *Wissen* bezüglich der Situation des *Unternehmensbereichs*,[105] um die Realisierbarkeit von Programmen und Maßnahmen zu gewährleisten. Bspw. ist die Ausstattung einer Teileinheit mit finanziellen - wie auch mit Humanressourcen zu berücksichtigen. Unter der Maßgabe, daß sich die Situation einer Teileinheit

---

anderen zu verstehen, bspw. aufgrund der verschiedenen Perspektiven etwa eines Technikvorstandes und eines marketingorientierten Produktmanagers.

[102] Vgl. Kirsch (1989), S. 101.

[103] Der Terminus ist im Sinne dieser Übersetzungsleistung und der daran geknüpften Formulierung von Maßnahmen und Programmen zu verstehen, die eine "Transformation" darstellen.

[104] Hierin birgt sich die Gefahr der Fehlinterpretation von Zielen und Vorgaben. Diese kann sich bspw. in Maßnahmen niederschlagen, die im Kontext der unternehmenspolitischen Vorgaben nicht zweckdienlich, bzw. suboptimal ausgerichtet sind. Im Rahmen der traditionellen Rolle der mittleren Managementebenen wird diesem Problem in gewisser Weise entgegengewirkt. Denn durch die traditionelle Formalisierung, die im Rahmen der Transformationsfunktion im Vordergrund steht, - z.B. durch Richtlinien für die Gestaltung von Maßnahmen - ist das Verhalten der Manager relativ eingegrenzt. Dennoch bieten sich Spielräume für Fehlinterpretationen von Zielen und Vorgaben. Diese Eingrenzung von Handlungsspielräumen steht ganz im Sinne des Kontrollparadigmas einer traditionellen Philosophie der Unternehmenssteuerung, die bereits einleitend zu diesem Abschnitt angesprochen wurde. Vgl. zum Kontrollparadigma auch Walton (1985).

[105] Vgl. Walgenbach (1994), S. 143 f. Er spricht in diesem Zusammenhang auch von einem "Management by Fachwissen" (ebda., S. 143) als dominantem Konzept zumindest im Mittelmanagement deutscher Provenienz.

auch verändert, ist darüber hinaus eine kontinuierliche Kontrolle der nachhaltigen Eignung dieser Programme erforderlich, die gegebenenfalls auch Modifikationen derselben notwendig werden läßt.[106]

(4) Implementierungsfunktion im Rahmen der traditionellen Rolle

Im Rahmen der traditionellen Implementierungsfunktion erfolgt eine Ausrichtung auf vorhandene Problemlösungsmuster und Routineabläufe, um einen reibungslosen Ablauf des Geschäftsgeschehens zu gewährleisten. Im Rahmen der Mitarbeiterführung steht dabei eine Ausrichtung an expliziten Weisungen und Kontrolle im Vordergrund.[107] In Bezug auf die Koordination mit internen und externen Bereichen bedeutet dies eine Orientierung an formalen Abläufen sowie an hierarchischen Strukturen im Geschäftsgeschehen. Die mittleren Managementebenen tragen daher auch im Rahmen der Implementierungsfunktion traditionell zu einer Stabilisierung und laufenden Reproduktion vorhandener Strukturen, Abläufe und Systeme bei.[108]

Damit verbinden sich auch hier spezifische Anforderungen: Analog zur Problematik der Transformationsfunkion ist bei der Führung der Mitarbeiter die Gefahr von Fehlinterpretationen der Programme und Maßnahmen durch untergeordnete Stellen zu berücksichtigen. Hieraus leitet sich die Notwendigkeit einer geeigneten *Vermittlung* dieser *Vorgaben an die Mitarbeiter* ab. Dies bedeutet traditionell eine möglichst explizite Kommunikation zur *Vermeidung von Unsicherheiten und Interpretationsspielräumen*.[109] Darauf aufbauend ist die Umsetzung der Programme und Maßnahmen zu initiieren[110] und nach bewährten Mustern zu

---

[106] Vgl. Stahl (1997), S. 266.
[107] Vgl. Staehle (1992), S. 92 f. Diese Orientierung in der Mitarbeiterführung steht bspw. im Gegensatz zu einer Konsensorientierung. Eine offene und flexible Einbeziehung der Mitarbeiterinteressen kann vor diesem Hintergrund kaum erfolgen. In diesem Zusammenhang ist daher von einer aufgabenorientierten Führung im Rahmen der traditionellen Rolle des Mittelmanagements auszugehen. Vgl. zur Differenzierung von Führungsstilen Steinle (1992), Sp. 966 ff. Dennoch stellt das Mittelmanagement einen wichtigen Ansprechpartner und Vermittler zwischen Topmanagement und operativem Kern dar. Vgl. Knebel (1987), S. 285, der die Problematik des Ausgleichs zwischen Topmanagementvorgaben und Bedürfnissen der Mitarbeiter aufzeigt. Vgl. zudem Lepper (1985), S. 271, der in diesem Zusammenhang die vermittelnde Funktion der mittleren Managementebenen zwischen Topmanagement und operativem Kern hervorhebt.
[108] Vgl. Stahl (1997), S. 266 ff., Walgenbach (1994), S. 176, 204.
[109] Vgl. Walgenbach (1994), S. 174, 204, der diesbezüglich zudem die aktive Unterstützung der Mitarbeiter durch vorgesetzte Mittelmanager fordert.
[110] Vgl. Lepper (1985), S. 271.

kontrollieren.[111] Die Implementierung der Ziele und Vorgaben des Topmanagements erfordert neben der Mitarbeiterführung die *Koordination unternehmensexterner und -interner Schnittstellen der fokalen Teileinheit*.[112] Dies schließt die Kontaktpflege bspw. zu Führungskräften und Mitarbeitern anderer Teileinheiten, aber auch zu Unternehmensexternen mit ein, soweit diese in direktem Bezug zur eigenen Teileinheit stehen.[113] Dabei steht eine Berücksichtigung der relevanten hierarchischen Strukturen sowie der formalen Regeln und Ablaufschemata im Vordergrund, um eine kontinuierliche Fortführung der bestehenden Beziehungen zu gewährleisten.

I.2 Wandel der Rolle der mittleren Managementebene

Im vorangehenden Abschnitt wurden Charakteristika der traditionellen Ausrichtung der Rolle des Mittelmanagements anhand seiner Informations-, Transformations- und Implementierungsfunktion verdeutlicht. Die Betrachtung der Orientierung und Schwerpunkte im Rahmen dieser Funktionen wirft die Frage auf, ob das damit ausgedrückte Rollenverständnis den heutigen Anforderungen an ein Management genügen kann. Dementsprechend haben sich im Bereich des Mittelmanagements einschneidende Veränderungen ergeben. Im folgenden wird betrachtet, welche Auslöser zu den Änderungen auf mittlerer Managementebene geführt haben (Abschnitt I.2.1). Davon ausgehend wird analysiert, in welcher Form sich ein Wandel dieser Rolle der mittleren Managementebenen vollzieht und welche Schwerpunkte sich daraus neu ergeben (Abschnitt I.2.2). Abschließend erfolgt eine Gegenüberstellung der neuen Rolle mit der traditionellen Rolle der mittleren Managementebenen zur Veranschaulichung ihrer fundamentalen Veränderung (Abschnitt I.2.3).

---

[111] Das Topmanagement kann diese Funktion nicht selbst übernehmen, da dies zu einer Überdehnung seiner Leitungsspannen und damit zu seiner Überlastung und suboptimalen Ausführung der Führungsfunktion führen würde. Folglich wird ein Teil dieser Führungsaufgaben an die mittleren Managementebenen delegiert. Vgl. hierzu auch Mintzberg (1979), S. 26

[112] Vgl. zur koordinierenden Funktion des Mittelmanagements Staehle (1992), S. 66 ff.

[113] Vgl. Mintzberg (1992), S. 33.

1.2.1 Auslöser des Rollenwandels der mittleren Managementebene

Die Betrachtung des traditionellen Managements hat eine ausgeprägte Orientierung an Stabilität und damit verbunden an formalen Regeln, Strukturen und Abläufen sowie an etablierten Deutungsschemata offengelegt. Damit ist eine geringe strategische Ausrichtung verbunden.[114] Auf diese Weise wird traditionell die Reduktion von Komplexität und die Stabilisierung des Bestehenden angestrebt.[115] Dem steht eine wachsende Dynamik interner und externer Veränderungsprozesse im Unternehmensumfeld gegenüber. Dies hat Veränderungen im Mittelmanagement eingeleitet, für die zwei wesentliche Auslöser angeführt werden können:

- Ein Grund für die Einleitung von Veränderungen im Mittelmanagement ist in der Problematik strukturinhärenter *Verharrungstendenzen und Ineffizienzen in den mittleren Rängen* steiler Hierarchien zu sehen. Beispielhaft sind hierfür lange Informationswege, eine ausufernde Bürokratie und damit verbundene Flexibilitätseinschränkungen sowie Widerstände gegen Neuerungen, die ihren Ursprung in der benannten Stabilitätsorientierung des Mittelmanagements haben. Diese Orientierung war von den mittleren Managern traditionell gefordert. Sie geht mit einem Selbstverständnis des Mittelmanagements und Erwartungshaltungen gegenüber diesem einher, die in Attributen wie "Verwalter" und "Kontrolleur" zum Ausdruck kommen.[116] Dies hat den mittleren Managementebenen auch den Beinamen der *"Lähmschicht"* eingebracht.[117]

- Angesichts der zunehmenden *Dynamik und Kompliziertheit im Unternehmensumfeld* wurden diese Phänomene um so klarer sichtbar.[118] Die zunehmende Komplexität des Unternehmensumfeldes resultiert aus erhöhten organisationsexternen Herausforderungen, wie etwa schnellen technologischen Entwicklungen, zunehmender Internationalisierung der Geschäftstätigkeit und umfangreicheren strategischen Überraschungen. Auf der Suche nach Möglichkeiten, diesen Entwicklungen erfolgreich zu begegnen, sind

---

[114] Vgl. Hodgetts (1985), S. 12 f., die ursprünglichen Überlegungen Mintzbergs (1973), S. 79 ff., sowie Walgenbach (1994), S. 139 ff.
[115] Vgl. Stahl (1997).
[116] Vgl. z.B. Walgenbach (1994), S. 139 ff.
[117] Vgl. z.B. Fischer, Risch (1994), S. 112.
[118] Vgl. Stahl (1997), S. 267 f.

daraus auch organisationsinterne Herausforderungen entstanden.[119] Zu nennen sind hier etwa weitreichende organisatorische Veränderungen im Zuge neuer Managementtrends wie Lean-Management, Business Reengineering oder der Dezentralisierung von Organisationsstrukturen.[120] Verbunden mit diesen Veränderungen sind unter anderem ein Fokus auf die Flexibilisierung von Unternehmen sowie auf die Optimierung der Strategieimplementierung. Dies wird bspw. durch Prozeßoptimierung und die Nutzung latenter Potentiale bzw. die Eliminierung von ungewollten "organizational slacks" erreicht.[121] Damit waren umfangreiche Eliminierungen im Mittelmanagement verbunden. So herrschte zu Beginn der achtziger Jahre der Tenor "je weniger Mittelmanager, desto besser". Dies resultierte in großzahligen Entlassungswellen auf mittlerer Managementebene in den USA.[122] In Deutschland vollzog sich diese Entwicklung zeitlich versetzt und etwas sanfter. Dennoch verzichtete Anfang der Neunziger bspw. Lufthansa auf etwa 30% und die Daimler-Benz AG auf etwa 20% ihrer Führungspositionen. VW reduzierte seine ursprünglich acht Hierarchieebenen auf drei Führungskreise.[123]

Mit den aufgezeigten Veränderungen stellte sich kritisch die Frage nach der *Legitimierbarkeit der bisherigen Rolle* der mittleren Managementebenen im Rahmen der traditionellen Steuerungsphilosophie.[124] Denn diese konnte - und kann - in vielen Bereichen den Erfordernissen an ein flexibles, marktnahes Agieren von Unternehmen und ihren Teileinheiten nicht mehr entsprechen.[125] Das Resultat war ein grundlegendes Überdenken der Rolle dieser

---

[119] Weitere Ursachen, die zu organisationsinternen Veränderungen führen, sind z.B. unternehmerischer Gestaltungswille und eine Art "Modebewußtsein" gegenüber neuen Managementtrends.

[120] Vgl. bspw. zur Reduzierung von Mittelmanagementpositionen im Zuge radikaler Dezentralisierung Fulop (1991), S. 29. Vgl. zur Diskussion des Lean Managements, z.B. Fallgatter (1995), des Business Reengineering, z.B. Hammer, Champy (1994) sowie Theuvsen (1996) und zur Dezentralisation bspw. Drumm (1996).

[121] Vgl. zum Abbau von "slacks" im Humanressourcenbereich, der die genannten Managementtrends weitgehend begleitet, beispielhaft Jackson, Humble (1994), S. 15, Willis (1987), S. 24.

[122] Vgl. Willis (1987), S. 24. Dieser radikale Abbau von Stellen im mittleren Management nahm seinen Ausgangspunkt in den USA, vgl. hierzu Fischer, Risch (1994), S. 115.

[123] Vgl. Horton, Reid (1991), S. 22 ff.

[124] Vgl. zu den Implikationen einer sich wandelnden Steuerungsphilosophie Guest (1986) und auch Macharzina, Engelhard (1982).

[125] Vgl. Esser, Donk (1991), S. 265.

Mitarbeitergruppe.[126] Dies führte zu einer Spaltung der Diskussion um das mittlere Management.[127] Während teilweise ein fundamentaler Bedeutungsverlust vorhergesagt wurde,[128] prognostizierten einige Autoren einen grundlegenden Bedeutungswandel, der allenfalls mit einer quantitativen Reduzierung des mittleren Managements einhergeht. Qualitativ gingen diese Autoren von einem Bedeutungszuwachs aus.[129] Denn die umfangreichen Dispensationen[130] auf mittlerer Managementebene stehen in Zusammenhang mit wachsenden Leitungsspannen und Anforderungen. Mit dieser Diskussion wurde eine grundlegende Redefinition der Rolle dieser Mitarbeitergruppe eingeleitet.[131] Die Redefinition der Rolle des Mittelmanagements manifestiert sich zum einen im Wandel seines Selbstverständnisses sowie der Erwartungshaltungen bspw. des Topmanagements gegenüber dem Mittelmanagement. Zum anderen findet diese in einer deutlichen Erweiterung und Schwerpunktverschiebung der Funktionen des Mittelmanagements Ausdruck. Diese Veränderungen der Funktionen des Mittelmanagements werden nachfolgend analysiert.[132]

I.2.2 Rollenwandel im mittleren Management vor dem Hintergrund seiner Funktionen

Die neue Rolle des Mittelmanagements ist mit Termini wie "Unternehmer im Unternehmen" oder "Intrapreneur" bzw. "Entrepreneur" zu benennen.[133] Dies wird in der *"Entrepreneur"-Diskussion* deutlich.[134] Hier wird dem Mittelmanagement in stark dezentralisierten Organisationsstrukturen teilweise eine - relativ zur traditionellen Rolle - stärker unternehmerisch geprägte Rolle zugedacht. Dies spiegelt sich in vielfältigen Vorschlägen zur Etablierung

---

[126] Horton, Reid (1991), S. 22 ff.
[127] Vgl. Horton, Reid (1991) S. 22 ff.
[128] Vgl. Jackson, Humble (1994), S. 15 ff., Schirmer (1987), Willis (1987), S. 24.
[129] Vgl. z.B. Fulop (1991), S. 30, 33, 37, Kieser, Walgenbach (1993), S. 518, Schirmer (1987), Stahl (1997), S. 264, Wooldridge, Floyd (1990), S. 232.
[130] Vgl. zum Begriff der Dispensation den Bezugsrahmen eines HRM von Ringlstetter z.B. Ringlstetter, Gauger (1999), Ringlstetter, Kniehl (1995).
[131] Vgl. Fulop (1991), S. 30 ff., Schirmer (1987), Stahl (1997), S. 264, Wooldridge, Floyd (1990), S. 232.
[132] Vgl. zur Differenzierung von Aufgaben und Rollen Kirsch (1992), S. 155 ff.
[133] Vgl. z.B. Reich (1987), S. 77.
[134] Vgl. hierzu Fulop (1991), S. 27 ff.

weitestgehend selbständig organisierter Teileinheiten wider, für die mittlere Manager zunehmend eigenverantwortliche Handlungsspielräume erhalten.[135] Damit verbindet sich eine Erwartungshaltung an ein aktives Mitgestalten der eigenen Teileinheit und zwar auch in Form eines Engagements, das über die Inhalte konkreter Stellenbeschreibungen und Vereinbarungen, aber auch über konkrete implizite Erwartungen hinausgeht. Denn erwartet wird eine kreative Handhabung auch solcher Situationen, die prinzipiell nicht vorhersehbar sind, so daß diesbezüglich auch kaum Anforderungen expliziert werden könnten. Die Erwartungshaltungen gegenüber dem Mittelmanagement sind dabei jedoch eher auf "unternehmerisches" Handeln im Rahmen inkrementaler Verbesserungen denn auf radikale Veränderungen im Geschäftsgeschehen gerichtet.[136] Das strategische Verhalten der Mittelmanager kann daher ungeachtet ex ante nicht explizierbarer Komponenten auch im Rahmen der "neuen Rolle" als vom Topmanagement induziert verstanden werden.[137]

Auch im Kontext eines verwandten Ansatzpunktes, der von Überlegungen zur *Mobilisierung* organisatorischer Ressourcen ausgeht,[138] wird dem Mittelmanagement eine Rolle zugewiesen, in der es selbständig Probleme definiert und zu deren Handhabung Koalitionen bildet und Ressourcen mobilisiert.[139] Diese Rolle scheint der des "Unternehmers" in der Excellence Literatur durchaus vergleichbar.[140] Strategisches Verhalten des Mittelmanagements wird jedoch auch hier als vom Topmanagement induziert betrachtet, indem von diesem entsprechende Rahmenbedingungen in Form politischer Vorgaben gesetzt werden.[141] Den-

---

[135] Vgl. bspw. Drucker (1988), S. 51 ff.
[136] Radikale Änderungen im Rahmen der eigenen Teileinheit können zwar auch auf Initiativen des Mittelmanagements zurückgehen. Ungeachtet dieser zentralen Rolle werden jedoch radikale Innovationen und fundamentale Änderungen auf Unternehmensebene auch in der Excellence Literatur dem Topmanagement vorbehalten. Vgl. hierzu bspw. Minkes (1987), S. 94 ff.
[137] Vgl. Conrad, (1985), S. 426 ff., Kimberly (1981), sowie Burgelman (1984 b), S. 155, der dem Mittelmanagement jedoch eine weitgehendere Bedeutung zugesteht. Burgelman (1984), S. 34 f. differenziert nach Innovationsarten und untersucht die Bedeutung des Mittelmanagements im Hinblick auf die Durchsetzung von Innovationen. Dabei geht er so weit, dem Mittelmanagement auch eine Schlüsselrolle im Hinblick auf radikale Innovationen zuzusprechen, die sie mittels der Entwicklung und Forcierung von Strategien vorantreiben. Vgl. ähnlich auch Cauwnbergh, Cool (1982), S. 252 f.
[138] Überlegungen dieser Art werden auch unter dem "Resource Mobilization Approach" diskutiert, vgl. z.B. Fulop (1991). Vgl. zum Gedanken der Ressourcenmobilisierung zudem analog Ringlstetter (1995), S. 99 ff., der das Potentiale der Mobilisierung von Teileinheiten als Ansatzpunkt der Mehrwertsteigerung durch die Konzernleitung untersucht.
[139] Vgl. hierzu Kanter (1983), S. 217.
[140] Vgl. hierzu die Ausführungen zu einem Intrapreneurship bei Pinchot (1985).
[141] Vgl. Kanter (1983). Das bedeutet, daß sich die mittleren Managementebenen auch im Rahmen ihrer neuen Rolle nur bis zu einem begrenzten Grad in Richtung eines "role making" bewegen, etwa im Rahmen

noch können weitreichende Veränderungen des Selbstverständnisses und der Erwartungshaltung gegenüber dem Mittelmanagement konstatiert werden. Diese werden im folgenden hinsichtlich der Informationsfunktion (1), der Transformationsfunktion (2) und der Implementierungsfunktion (3) konkretisiert.

(1) Wandel der Informationsfunktion

Angesichts der veränderten Umfeldbedingungen und organisationsinternen Anforderungen, die sich für das gesamte Management ergeben, ist die Bereitstellung stabilitätsorientierter Informationen an das Topmanagement, wie sie im Rahmen der traditionellen Rolle des Mittelmanagements charakteristisch ist, kaum ausreichend. Verbunden mit dem Rollenwandel ist daher erstens eine erhöhte Komplexität der Informationsbereitstellung; zweitens schlägt sich die zunehmend strategische Ausrichtung der mittleren Managementebenen in einer Erweiterung der Informationsfunktion hin zu einer Beratung nieder:

- Im Rahmen der geänderten Erwartungshaltungen gegenüber dem Mittelmanagement kann im Rahmen der Informationsfunktion nicht mehr nur eine Generierung, Selektion und Weitergabe stabilitätsorientierter Informationen erfolgen. Bei der Bildung der informatorischen Entscheidungsgrundlagen für übergeordnete Stellen - und auch der eigenen Entscheidungsgrundlage - wird vielmehr verstärkt eine Orientierung an Chancen und Risiken des Umfeldes wie auch die Berücksichtigung interner Stärken und Schwächen erwartet.[142] Um der Komplexität des Unternehmensumfeldes dabei Rechnung zu tragen, wird es erforderlich, auch *komplexere Informationen* aufzugreifen und bereitzustellen, die nur schwer in vorhandene Denkmuster integrierbar sind oder nicht ohne weiteres mit den existierenden Strukturen und Prozessen verknüpft werden können. Im Zuge der Nutzung dieser Informationen im organisatorischen Kontext ist

---

kreativer Strategiebeiträge und erweiterter Entscheidungs- und Handlungsspielräume im Rahmen der administrativen Entscheidungskompetenz. Grundsätzlich ist dabei allerdings nach wie vor von einem "role taking" der mittleren Managementebenen auszugehen. Vgl. zur Unterscheidung von "role taking", das eher auf Rollenreflexionen zurückgeht und "role making", das vor allem auf Rollenlernen basiert Turner (1962, S. 21 ff.), auf den diese Überlegungen zurückgehen. Vgl. auch Ringlstetter (1997), S. 63.

[142] Vgl. Wooldridge, Floyd (1991).
Vgl. zur Analyse des internen und externen Umfeldes in Form von Stärken (strengths) und Schwächen (weaknesses), Chancen (opportunities) und Risiken (threats), auch als "SWOT"-Analyse bezeichnet, Porter (1992 b).

auch die Hinterfragung dieser unterschiedlichen Informationen erforderlich. Damit verbindet sich eine gewisse destabilisierende Wirkung.

- Die Bereitstellung zunehmend komplexer und auch inkommensurabler Informationen erhöht zudem den Erklärungsbedarf gegenüber dem Topmanagement. Denn das Topmanagement muß sich mit neuartigen Informationen zumindest teilweise auseinandersetzen, um diese kognitiv zu verarbeiten und gegebenenfalls in Entscheidungsprozesse integrieren zu können. Damit tritt der Aspekt der *Beratung des Topmanagements* durch die mittleren Managementebenen in den Vordergrund.[143] Diesbezüglich ist eine zunehmende Einbeziehung der mittleren Managementebenen in die Strategiefindungsprozesse übergeordneter Stellen zu konstatieren.[144] Hier wird zunehmend ein aktives und kreatives Mitgestalten ermöglicht und auch erwartet.[145] Dadurch wird ein erhöhter Einbezug des Know-how und der spezifischen Kenntnisse der mittleren Manager in die Planung und Formulierung politischer Entscheidungen und strategischer Vorgaben forciert.

Mit der Veränderung der Informationsfunktion verbinden sich zugleich umfangreiche *Anforderungen* an das Mittelmanagement. Diese werden nachfolgend betrachtet.

- Zum einen werden die Akzeptanz und der positive Umgang mit der *Mehrdeutigkeit von Informationen* und ihren möglichen Implikationen für eine Änderung der bestehenden Ordnung - und folglich mit Unsicherheit - notwendig.[146]

- Zum anderen erfordert die Interpretation und Nutzung neuartiger und mehrdeutiger Informationen eine *Erweiterung und Modifikation gewohnter Deutungsschemata und Denkmuster*.[147]

- Darüber hinaus wird im Zuge der Beratung des Topmanagements die Durchführung eines *konstruktiven Dialogs* notwendig, der mit dem Topmanagement zu führen ist.

---

[143] Vgl. zur Beratungsfunktion des Mittelmanagements Lepper (1985), S. 272.
[144] Vgl. Esser, Donk (1991), Steidinger (1990), Thakur (1998), S. 733, Wooldridge, Floyd (1990). Diese Entwicklung wurde zum Teil auch durch die technologische Entwicklung ermöglicht. Bspw. ermöglichen Informations- und Kommunikationstechnologien Entlastungen von einer Reihe von Routineaufgaben, die Freiräume z.B. für ein größeres strategisches Engagement schaffen. Vgl. z.B. Allerbeck (1985), S. 312, Mitrenga (1985), S. 249 ff.
[145] Vgl. Horton, Reid (1991), Jackson, Humble (1994).
[146] Vgl. Stahl (1997), S. 267 f.

Diese Anforderung stehen auch in Zusammenhang miteinander, da bspw. die Fähigkeiten zum Umgang mit Mehrdeutigkeit und zu einem Ausbrechen aus inflexiblen Denkmustern auch Voraussetzungen für einen konstruktiven Dialog in Form einer Beratung des Topmanagements sind.[148]

(3) **Wandel der Transformationsfunktion**

Auch die Transformationsfunktion vollzieht einen Wandel. Der Grundstein dieser Veränderung wird bereits durch eine zunehmende Einbeziehung der mittleren Managementebenen in die Strategieformulierung im Rahmen der Beratung des Topmanagements (Informationsfunktion) gelegt. Das Mittelmanagement ist damit verstärkt an der Gestaltung seiner eigenen Prämissen für die Erstellung von *Programmen und Maßnahmen* in seinem Organisationsbereich beteiligt.[149]

Ein augenfälliges Merkmal des Wandels der Transformationsfunktion ist dabei eine abnehmende Reglementierung. Die *Handlungsspielräume* auf mittlerer Managementebene werden *vergrößert*.[150] Denn um das Know-how und das bereichsspezifische Verständnis der mittleren Manager für ihren Bereich optimal zu nutzen, werden bewußt Spielräume für *eigenständiges, strategisches Planen und Handeln* im Rahmen der jeweiligen Teileinheiten eröffnet.[151] Traditionell waren Spielräume dieser Art dem Topmanagement vorbehalten.[152] Ihre Einrichtung ist eng mit Dezentralisierungstendenzen verknüpft und zielt auf Schnelligkeit

---

[147] Fähigkeiten dieser Art sind auch als "interpretative Kompetenz" zu bezeichnen, Stahl (1997), S. 268.

[148] Erst mit einer Erfüllung entsprechender Anforderungen, die Stahl als "heuristische Kompetenz" bezeichnet, kann eine beratende Rolle des Mittelmanagements für das Topmanagement letztendlich gerechtfertigt und möglich werden, vgl. Stahl (1997), S. 267. Vgl. auch Kanter (1983), S. 217.

[149] Das Mittelmanagement erlangt dadurch Einblick in den Entstehungsprozeß der strategischen Ziele sowie in die bestehenden Restriktionen und Alternativen. Im Laufe dieses Beratungs- und Abstimmungsprozesses ist eine gewisse Annäherung der Interessen und der Kontexte von Top- und Mittelmanagement zu erwarten. Die Problematik des Kontextpluralismus wird damit tendenziell reduziert. Damit wird im Rahmen der Informationsfunktion eine Grundlage für die Transformationsfunktion geschaffen, die Probleme einer "eigensinnigen" Übersetzung von Zielen und Vorgaben reduziert. Vgl. hierzu analog Ringlstetter (1995), S. 62, der sich mit dem Problem des Eigensinns im Kontext der Konzernentwicklung auf der Ebene organisatorischer Teileinheiten auseinandersetzt. Diese Entwicklung läßt zunächst eine gewisse Vereinfachung der Transformationsfunktion vermuten. Dieser stehen jedoch gegenläufige Effekte entgegen, die zugleich den Wandel der Rolle des Mittelmanagements zu einer unternehmerischen, strategischen Funktion auch im Rahmen der Transformationsfunktion sichtbar machen.

[150] Vgl. z.B. Fulop (1991), S. 33 ff.

[151] Vgl. z.B. Fulop (1991), S. 33 ff.

[152] Vgl. Drucker (1985), S. 17, Fulop (1991), S. 32 ff., Mintzberg (1972), S. 78 ff.

und Adäquanz der Reaktionen auf ein komplexes Unternehmensumfeld sowie der organisationsinternen Abläufe.[153]

Die Konsequenz dieser Spielräume ist ein *wachsender Einfluß* der mittleren Managementebenen auf intendierte Strategien in den *Unternehmensbereichen*,[154] bspw. durch zunehmende Eigenständigkeit hinsichtlich der Formulierung von Geschäftsfeldstrategien.[155] Daraus erwachsen aber auch neue Anforderungen an das Mittelmanagement im Rahmen der Transformationsfunktion:

- Durch die Erweiterung von Handlungsspielräumen entstehen neue Unsicherheiten sowie eine Vergrößerung der Verantwortung des Mittelmanagements. Hieraus resultieren hohe Anforderungen für das Mittelmanagement. Denn eine stabilitätsorientierte Ausrichtung an bewährten Handlungs- und Problemlösungsmustern ist für die Umsetzung abstrakter, strategischer Vorgaben und Ziele angesichts erweiterter Handlungsspielräume und der benannten Komplexität des internen und externen Unternehmensumfeldes kaum mehr zweckmäßig.[156] Dementsprechend liegt auch die Intention einer Erweiterung von Handlungsspielräumen für das Mittelmanagement auf einer *Initiierung eigenständigen und kreativen Problemlösungsverhalens*.[157] Die gewandelte Transformationsfunktion des Mittelmanagements ist daher auf die eigenverantwortliche und flexible Generierung und Abwägung von Handlungsalternativen gerichtet. In diesem Rahmen wird eine Realisierung der impliziten und expliziten Erwartungen des Topmanagements in Form situationsgerechter Programme und Maßnahmen angestrebt.

- Die Entwicklung bedarfsgerechter, effizienter Programme und Maßnahmen erfordert zudem die *kontinuierliche Reflexion* der aktuellen Situation. Bspw. ermöglicht erst die Reflexion der Nutzung des kreativen Potentials der zur Verfügung stehenden Mitarbeiter, eventuelle Defizite zu *erkennen* und einen Bedarf für die Einrichtung von

---

[153] Vgl. auch Drucker (1988), S. 51 ff., der diesbezüglich die Eliminierung der traditionellen Mittelmanagementpositionen zugunsten einer stärkeren Dezentralisierung und kleineren Teileinheiten beschreibt.

[154] Vgl. zu intendierten, im Gegensatz zu emergenten Strategien Butler, Ferris, Napier (1991), S. 38 - 59. Es ist in diesem Zusammenhang differenzierend zu berücksichtigen, daß ein Einfluß auf die tatsächlich im Geschäftsgeschehen "emergierenden" Strategien, unabhängig von neueren Entwicklungen hinsichtlich einer Einbeziehung der mittleren Managementebenen in die Entwicklung und Formulierung intendierter Unternehmensstrategien, von jeher gegeben ist.

[155] Vgl. zu Geschäftsfeldstrategien Porter (1992 a), S. 22-61, 173-207.

[156] Vgl. hierzu auch Jackson, Humble (1994), S. 17.

[157] Vgl. Jackson, Humble (1994), S. 15, 17, 21, Stahl (1997), S. 268.

Kommunikationsplattformen wie Vorschlagwesen oder Qualitätszirkel im Rahmen der Teileinheit festzustellen. Die Reflexion des Geschäftsgeschehens ist zudem bedeutsam, da sie eine zentrale Voraussetzung für kontinuierliches *Lernen* darstellt.[158] Angesichts einer raschen Wissensvermehrung, die die Entwicklungen der Wettbewerbsarenen begleitet, ist dieses wesentliche Voraussetzung für die Generierung geeigneter Programme und Maßnahmen - und damit letztlich für ein Fortbestehen am Markt. Die Fähigkeit zu Reflexion und Lernen stellt damit eine der zentralen Anforderungen an die neue Rolle des Mittelmanagements dar.[159]

(3) Wandel der Implementierungsfunktion

Es wird deutlich, daß der Wandel von Informations- und Transformationsfunktion durch eine zunehmende Einbeziehung des Mittelmanagements in die Entwicklung politischer Entscheidungen, bspw. von Unternehmensstrategien, geprägt ist.[160] Daraus folgen ein zunehmender Einblick in den Strategiefindungsprozeß sowie eine Annäherung der Kontexte und Interessen von Top- und Mittelmanagement. Hieraus sind positive Auswirkungen auf die Umsetzung der Ziele und strategischen Vorgaben des Topmanagements zu erwarten. Denn es ist davon auszugehen, daß Strategien, die in Kooperation mit dem mittleren Management entwickelt wurden, von diesem tendenziell auch eher verstanden und akzeptiert werden. Die Einbeziehung zur Erhöhung des gegenseitigen Verständnisses ist insbesondere hinsichtlich impliziter Erwartungshaltungen des Topmanagements von Bedeutung.[161] Vor allem angesichts wachsender Informationsasymmetrien, die in der Regel mit erweiterten Handlungsspielräumen einhergehen, gewinnt eine "echte" Unterstützung durch das Mittelmanagement, im Sinne einer - verinnerlichten - Verpflichtung zu deren Realisierung wesentlich an Relevanz.

Damit verbindet sich die Erfordernis eines veränderten Implementierungsverständnisses, das eine *eigeninitiative, "unternehmerische" Umsetzung* von Programmen und Maßnahmen

---

[158] Stahl bezeichnet diese Fähigkeit als "reflexive Kompetenz", Stahl (1997), S. 268.
[159] Vgl. Rieker (1994), S. 121.
[160] Zu berücksichtigen ist hier, daß diese Aussagen deutlich normativen Charakter tragen. In der betrieblichen Praxis kann von einem Verhalten entsprechend solcher Richtlinien nicht immer ausgegangen werden. Einen empirischen Hinweis bietet hierfür die Studie von Donaldson (1985), z.B. S. 8 ff.
[161] Vgl. Wooldridge, Floyd (1990), S. 232 ff. Damit werden eigensinnige Abweichungen von strategischen Vorgaben reduziert, respektive wird die Unterstützung der Ziele und Strategien des Topmanagements im Rahmen der Implementierung intensiviert

ermöglicht. Denn die komplexitätsreduzierende Orientierung an Routinen und vorgegebenen Handlungsmustern zur Implementierung von Plänen, wie sie im Rahmen der traditionellen Rolle vorherrscht, ist angesichts erweiterter Handlungsspielräume und -möglichkeiten nicht mehr ausreichend: Damit verbinden sich insbesondere drei neue Anforderungen:

- Ein wesentlicher Aspekt der gewandelten Implementierungsfunktion ist in einem *flexiblen und kreativen Problemlösungsverhalten* zu sehen, das sich auch jenseits von vorgefertigten Problemlösungsmustern, eindeutigen Kompetenzen und bestehenden Regeln bewegt.[162] Auf diese Weise wird wesentlich zur Flexibilität organisationalen Handelns beigetragen. Insbesondere durch kaum vorhersehbare Detailprobleme im Laufe von Implementierungsprozessen erhält die Flexibilität im Rahmen dieser Funktion einen besonderen Stellenwert. Auch hier wird eine kontinuierliche Reflexion notwendig, um Rückkoppelungs- und Lernprozesse im Zuge der Implementierung in Gang zu setzen. Diese sind für eine fortlaufende Anpassung und Optimierung der Implementierung bedeutsam. Darüber hinaus bilden sie auch eine Grundlage für die flexible Ausrichtung der Entscheidungsprozesse auf situative Gegebenheiten im Rahmen von Informations- und Transformationsfunktion.

- Die zunehmende Bedeutung einer laufenden Reflexion der aktuellen Programme und Maßnahmen in Verbindung mit flexiblem und kreativem Problemlösungsverhalten schlägt sich auch in einem veränderten Verständnis von *Mitarbeiterführung* nieder.[163] Hier steht zunächst die Gewinnung von Verständnis und Akzeptanz geplanter Strategien und Maßnahmen im Vordergrund.[164] Dies erfordert zum einen die Moderation und Steuerung des Gruppenverhaltens, bspw. durch die Definition und Verteilung von Gruppenaufgaben. Zum anderen ist die Abstimmung innerhalb von Arbeitsgruppen oder Teams zu gewährleisten, bspw. durch eine geeignete Besetzung von Stellen innerhalb der Teams. Es wird daher zunehmend eine *konsensorientierte, partizipative Führung* notwendig, bei der zugleich die Unterstützung der Mitarbeiter bei der Erfüllung ihrer

---

[162] Floyd und Wooldridge sprechen in diesem Zusammenhang von der Förderung der Anpassungsfähigkeit der Organisation bzw. "Facilitating adaptability", als einer zentralen Funktion des Mittelmanagements, vgl. hierzu und zu weiteren Funktionen des Mittelmanagements im Rahmen der Strategieentwicklung Floyd, Wooldridge (1992).

[163] Vgl. Hanser (1993), S. 62 ff.

Aufgaben fokussiert wird. Im Vordergrund steht dabei die Aktivierung eigenverantwortlichen, selbstorganisatorischen Handelns der Teammitglieder.[165] So werden bspw. bei der Handhabung auftretender Konflikte innerhalb eines Teams eher indirekte Eingriffe getätigt. Direkte Durchgriffe auf das Verhalten von Teammitgliedern sind - analog dem Führungsprinzip des "management by exception" - vorrangig auf Ausnahmefälle beschränkt, bspw. zur Schlichtung von Konflikten.[166] Damit stellen sich dem Mittelmanagement erhöhte Anforderungen an soziale Integrität und Kompetenz. Diese sind eine zentrale Bedingung für die Akzeptanz durch Teammitglieder. Die Bedeutung formaler Autorisierungsrechte tritt demzufolge in den Hintergrund.

- Zur Förderung der Akzeptanz ist dabei jenseits hierarchischer Macht auf "weiche" Integrationsmechanismen wie Reputation, Vertrauen und Solidarität zurückzugreifen.[167] Denn eine Koordination über Weisungsrechte ist z.B. wenig geeignet, innere Widerstände von Mitarbeitern oder Kollegen, die einem Verständnis und einer Akzeptanz von Regelungen im Wege stehen, zu erkennen und zu lösen. Dies gilt insbesondere auch für die Koordination und Zusammenarbeit mit anderen Teileinheiten. Die *Koordination* des Mittelmanagements mit *internen und externen Bereichen* gewinnt angesichts einer zunehmenden Eigenständigkeit und Eigenverantwortlichkeit des Mittelmanagements an Bedeutung. Dem Mittelmanagement obliegt es hierbei zusehends, seine Bereiche eigenverantwortlich nach außen zu vertreten und Beziehungen mit dem inner- und außerorganisatorischen Umfeld zu knüpfen und zu pflegen.[168] Im Gegensatz zur traditionellen Funktion treten formalisierte, explizite Vereinbarungen dabei zunehmend in den Hintergrund. Vielmehr nimmt die Bedeutung flexibler Abstimmungsprozesse zu. Diese stehen teilweise in Zusammenhang mit der Notwendigkeit einseitiger Vorleistungen, die eine wesentliche Grundlage für den Aufbau von Vertrauen und die Ermöglichung flexiblen

---

[164] Vgl. hierzu bspw. die Studie von Mitrenga (1985), insbesondere S. 295 ff. Dabei wird teilweise die Rolle des Mittelmanagements als "Teamleader" betont, vgl. Fischer, Risch (1994), S. 116.
[165] Vgl. hierzu beispielhaft Wellins, Byham, Dixon (1994), S. 286 ff., insbesondere S. 294.
[166] Vgl. hierzu Horton, Reid (1991), S. 23, Schirmer (1987), Uyterhoeven (1989), S.137 f.
[167] Vgl. zu den Integrationsmechanismen analog Ringlstetter (1995), S. 142 ff.
[168] Vgl. Horton, Reid (1991). Im Kontext genereller Managementrollen spricht Mintzberg (1990), S. 66, in vergleichbarem Zusammenhang von der Rolle des Managers als Repräsentant und Beziehungsmanager ("Liaison"-Rolle) sowie als Verhandler seines Bereichs. Mit dieser Eigenverantwortlichkeit kommt lediglich zum Ausdruck, daß Mittelmanager faktische Repräsentationsaufgaben übernehmen. Eine formale

Agierens zwischen Teileinheiten sowie mit externen Kooperationspartnern darstellen. Auch in diesem Zusammenhang stellen sich dem Mittelmanagement erhöhte Anforderungen an soziale Kompetenzen und Integrität.[169]

I.2.3 Gegenüberstellung der traditionellen und der neuen Rolle der mittleren Managementebene

In den vorangehenden Abschnitten wurde die Rolle des Mittelmanagements anhand seiner zentralen Funktionen untersucht. Hierbei werden weitreichende Veränderungen sichtbar, die sich in den charakteristischen, inhaltlichen Schwerpunkten der Funktionen sowie auch in den Erwartungshaltungen und Anforderungen an das Mittelmanagement niederschlagen. Zur Veranschaulichung werden die zentralen Aspekte des Rollenwandels, wie er in den vorangehenden Abschnitten dargelegt wurde, in Abbildung I-4 zusammengefaßt. Dabei wird jeweils zunächst auf die inhaltlichen Schwerpunkte der "alten" und "neuen" Rolle eingegangen, bevor dann die Ausrichtungen und Anforderungen der traditionellen und der gewandelten Rolle gegenübergestellt werden.

Dabei wird ersichtlich, daß sich das Mittelmanagement deutlich erweiterten Anforderungen gegenübersieht, die insbesondere aus einer erhöhten Notwendigkeit zu eigenverantwortlichem, "unternehmerischen" Handeln resultieren. Damit stehen erweiterte Handlungsspielräume und Einflußmöglichkeiten des Mittelmanagements in Zusammenhang, die Anlaß zu der Frage nach den Implikationen einer gewandelten Rolle des Mittelmanagements für ein Humanressourcen Management geben.

---

[169] Repräsentation, die einer Souveränität eines Bereichs (nicht eines Mittelmanagers, wie festgestellt wurde) entspräche, ist damit jedoch nicht zwangsläufig verknüpft.
Vgl. Stahl (1997), S. 267. Bspw. erfordert eine Akzeptanz durch unterschiedliche Anspruchsgruppen die Fähigkeit zur Handhabung vielfältiger sozialer Beziehungen. Damit verbindet sich auch die Notwendigkeit, sich in den Kontext der Ansprechpartner gewissermaßen "hineinzuversetzen" und eine gewisses Maß an Verständnis gegenüber den Eigenheiten anderer Kontexte und den mit diesen verknüpften Eigenlogiken und Argumentationslinien zu entwickeln.

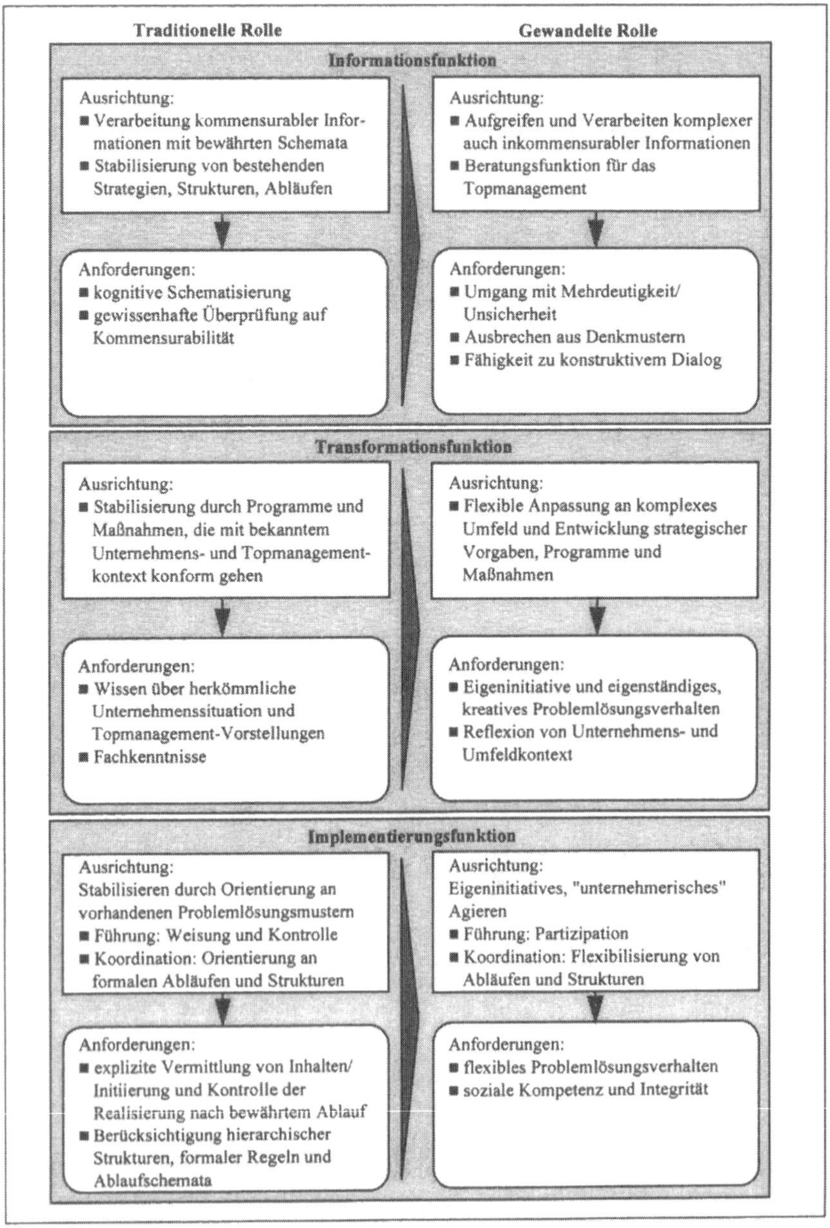

	Traditionelle Rolle	Gewandelte Rolle
Informationsfunktion	Ausrichtung: • Verarbeitung kommensurabler Informationen mit bewährten Schemata • Stabilisierung von bestehenden Strategien, Strukturen, Abläufen	Ausrichtung: • Aufgreifen und Verarbeiten komplexer auch inkommensurabler Informationen • Beratungsfunktion für das Topmanagement
	Anforderungen: • kognitive Schematisierung • gewissenhafte Überprüfung auf Kommensurabilität	Anforderungen: • Umgang mit Mehrdeutigkeit/ Unsicherheit • Ausbrechen aus Denkmustern • Fähigkeit zu konstruktivem Dialog
Transformationsfunktion	Ausrichtung: • Stabilisierung durch Programme und Maßnahmen, die mit bekanntem Unternehmens- und Topmanagementkontext konform gehen	Ausrichtung: • Flexible Anpassung an komplexes Umfeld und Entwicklung strategischer Vorgaben, Programme und Maßnahmen
	Anforderungen: • Wissen über herkömmliche Unternehmenssituation und Topmanagement-Vorstellungen • Fachkenntnisse	Anforderungen: • Eigeninitiative und eigenständiges, kreatives Problemlösungsverhalten • Reflexion von Unternehmens- und Umfeldkontext
Implementierungsfunktion	Ausrichtung: Stabilisieren durch Orientierung an vorhandenen Problemlösungsmustern • Führung: Weisung und Kontrolle • Koordination: Orientierung an formalen Abläufen und Strukturen	Ausrichtung: Eigeninitiatives, "unternehmerisches" Agieren • Führung: Partizipation • Koordination: Flexibilisierung von Abläufen und Strukturen
	Anforderungen: • explizite Vermittlung von Inhalten/ Initiierung und Kontrolle der Realisierung nach bewährtem Ablauf • Berücksichtigung hierarchischer Strukturen, formaler Regeln und Ablaufschemata	Anforderungen: • flexibles Problemlösungsverhalten • soziale Kompetenz und Integrität

Abb. I-4: Wandel der Rolle des Mittelmanagements vor dem Hintergrund seiner zentralen Funktionen

I.3 Implikationen der gewandelten Rolle des Mittelmanagements für ein Humanressourcen-Management

In den Ausführungen der ersten beiden Abschnitte wurde eine Annäherung an den Begriff des Mittelmanagements und seine Bedeutung vorgenommen. Die Entwicklung der Bedeutung des Mittelmanagements wird dort anhand seiner zentralen Funktionen beleuchtet. Dabei wird deutlich, daß das Mittelmanagement im Rahmen seiner gewandelten Rolle eine herausragende Stellung in Unternehmen einnimmt. Um die besondere Notwendigkeit eines Managements des mittleren Mangements aufzuzeigen, wird nun zudem eine relativierende Betrachtung des Mittelmanagements im Kontext des gesamten Humanressourcenpotentials von Organisationen vorgenommen (Abschnitt I.3.1). Vor diesem Hintergrund werden dann Implikationen für die zentralen Herausforderungen eines Humanressourcen-Managements abgeleitet (Abschnitt I.3.2). Diese sind für den weiteren Aufbau der Arbeit wesentlich, da sie die Ausgangssituation und Herausforderung eines Commitment-Managements veranschaulichen.

I.3.1 Charakterisierung des Mittelmanagements als Schlüsselbelegschaft und seine Verortung im Humanressourcen-Portfolio

Um aus der Analyse des Rollenwandels Implikationen für das Management dieser Mitarbeitergruppe und insbesondere für eine Rechtfertigung von Investitionen in das Management des Mittelmanagements abzuleiten, werden nachfolgend der "Wert" und die Notwendigkeit eines Managements dieser Mitarbeiter relativ zu anderen Mitarbeitergruppen betrachtet.

Um dabei zu einer realistischen Einschätzung zu gelangen, wird die Bedeutung des Mittelmanagements aufgrund seiner neuen Rolle reflektiert. Dabei treten die wachsenden Einflußpotentiale des Mittelmanagements, verbunden mit seinen erweiterten Handlungsspielräumen in den Vordergrund (1). Ein zweiter Aspekt, der die Bedeutung eines Managements des mittleren Managements unterstreicht, resultiert aus den Anforderungen des Mittelmanagements im Rahmen seiner neuen Rolle. Denn diese implizieren relativ unternehmensunabhängig einsetzbare Managementqualifikationen, die zu einer erhöhten Unabhängigkeit mittlerer Manager von spezifischen Unternehmen führen (2). Aus diesen beiden Perspektiven kann eine zentrale Stellung der Mittelmanager im Humanressourcen-Portfolio deutlich gemacht werden (3).

(1) Erweiterte Einflußpotentiale und Handlungsspielräume

Aus der veränderten Situation der mittleren Managementebenen haben sich größere *Einflußpotentiale* auf die intendierten und emergenten Strategien ergeben, die mit erweiterten Handlungsspielräumen des Mittelmanagements einhergehen. Vor dem Hintergrund des Wandels der zentralen Funktionen des Mittelmanagements sind hierfür insbesondere folgende Aspekte ausschlaggebend:

- Größere Einflußpotentiale und Handlungsspielräume des Mittelmanagements ergeben sich im Rahmen der Informationsfunktion bereits aus der Entscheidung über Art und Umfang der Umfeldinformationen, die berücksichtigt, in den Unternehmenskontext übersetzt und an das Topmanagement weitergegeben werden. Zusätzliche Einflußpotentiale der neuen Rolle ergeben sich dabei insbesondere aus der Erweiterung dieser Funktion um einen Beratungsaspekt. Denn aus der Beratung des Topmanagements leiten sich zusätzliche *Einflußpotentiale auf die strategische Unternehmensentwicklung im Rahmen politischer Entscheidungen* im Unternehmen ab.

- Im Rahmen der Transformationsfunktion werden die *Handlungsspielräume und Einflußpotentiale in den Bereichen* erweitert, um ein eigenverantwortliches Handeln und Planen von Programmen und Maßnahmen zu ermöglichen. Daraus gehen zugleich größere Einflußpotentiale in den Bereichen hervor.

- *Handlungsspielräume und Einflußpotentiale* schlagen sich zugleich in *der Implementierung* nieder, die flexibler gehandhabt werden kann.

Angesichts komplizierter und veränderlicher Umfeldbedingungen ist es kaum mehr möglich, ex ante präzise, detaillierte Zielkataloge aufzustellen, anhand derer Mittelmanager handeln und beurteilt werden können. Die Gewährung von erweiterten Handlungsspielräumen und Einflußpotentialen erscheint damit trotz der Gefahr einer opportunistischen Ausnutzung solcher Handlungsspielräume unabdingbar. Eine Nutzung dieser Handlungsspielräume durch das Mittelmanagement im Sinne der Organisation erscheint von herausragender Bedeutung.

Damit wird zugleich die hohe Bedeutung des Aufbaus von Commitment bei dieser Mitarbeitergruppe deutlich.

(2) Unabhängigkeit von spezifischen Unternehmen und Gefahr der Abwanderung

Darüber hinaus ist die neue Rolle des Mittelmanagements mit hohen Anforderungen an *Fähigkeiten und Einsatzbereitschaft* verknüpft.[170] Diese spiegeln sich insbesondere in einem hohen Maß an Eigenverantwortlichkeit und Eigeninitiative bei Problemlösungen sowie Kompetenzen im Rahmen sozialer Interaktionen wider. Angesichts der zunehmenden Handlungsspielräume erscheinen diese Anforderungen unabdingbar.

Entsprechende Fähigkeiten und Einstellungen sind als Schlüsselqualifikationen in Unternehmen zu beurteilen. Dabei weist die Art dieser Qualifikationen eine "generalistische" Richtung auf. Diese sind weitgehend unternehmens- und branchenübergreifend einsetzbar. Hieraus leitet sich folglich tendenziell eine hohe *Unabhängigkeit von spezifischen Unternehmen* ab. Dabei stellt die genannte Unabhängigkeit für das fokale Unternehmen solange kein Problem dar, wie die Mittelmanager motiviert sind zu bleiben.[171] Diesbezüglich gilt es, zwei Aspekte zu berücksichtigen, die eine Gefahr der Abwanderung mittlerer Manager erhöhen:

- Erstens ist der Wandel der Rolle vor dem Hintergrund einschneidender *organisatorischer Veränderungen* entstanden, z.B. Umstrukturierungen und großzahligen Entlassungen. Diese haben teilweise Verunsicherungen geschaffen, die Unzufriedenheit und Konflikte mit dem Topmanagement geschürt haben. Damit erhöht sich die Gefahr der Demotivation und inneren Kündigung im Mittelmanagement, die sich einerseits in opportunistischem Verhalten andererseits in Abwanderungen äußert.[172]

---

[170] Dies spiegelt sich auch in einem gewandelten Selbstverständnis der mittleren Managementebenen wider. Das Selbstverständnis der Mittelmanager schwankt jedoch insbesondere im interkulturellen Vergleich deutlich. Vgl. hierzu Walgenbach (1994), S. 139-153.

[171] Eine "Motivierung" hängt dabei von den Anreizen ab, die den gewünschten Beiträgen des Mittelmanagements gegenübergestellt werden. Vgl. diesbezüglich zu Anreizbegriff und Komponenten von Anreizsystemen Ringlstetter (1995), S. 214 ff.

[172] Vgl. zur Ausbreitung der inneren Kündigung Wunderer, Mittmann (1995), S. 5. Vgl. hierzu auch Meyer, Allen (1997), S. 82 ff., die eine Reduzierung des Engagements sowie eine Abwanderung besonders fähiger Mitarbeiter als Reaktion auf umfangreiche Entlassungen im Zuge organisatorischen Veränderungen und Downsizing konstatieren.

- Zweitens entstehen zusätzliche Demotivationspotentiale aus der "Mittelposition" im hierarchischen Gefüge. Diese führt zu einem gewissen *Spannungsfeld, zwischen relativ weiten Handlungsfreiräumen* und der *Möglichkeit direkter Durchgriffe von übergeordneten Stellen.* Denn Mittelmanager verfügen einerseits über eine zunehmendes Maß an Entscheidungsautonomie, die sie im Rahmen der Steuerung ihrer Domäne[173] benötigen, beispielsweise um die Entwicklung von Programmen und Maßnahmen voranzutreiben oder Abstimmungen mit internen Bereichen und externen Kooperationspartnern vorzunehmen. Andererseits sehen sie sich - wenigstens potentiell - politischen Durchgriffen von oben gegenüber, die ihre Entscheidungen und Vorhaben modifizieren oder aufheben. In diesem Fall bewegt sich das Topmanagement außerhalb seines fokalen, politischen Entscheidungsbereichs und nimmt - qua seiner umfassenden Entscheidungskompetenz - direkten Einfluß auf administrative oder operative Entscheidungen des Mittelmanagements (vgl. Abb. I-5). Solche Durchgriffe reduzieren die Autorität und damit die Handlungsfähigkeit des mittleren Managements innerhalb und außerhalb der Domäne. Mit abnehmender Strukturiertheit der strategischen Vorgaben verschärft sich diese Problematik, da Durchgriffe von übergeordneten Stellen zunehmend weniger kalkulierbar sind. Diese Ambiguität erschwert die Tätigkeit mittlerer Manager potentiell. Zugleich erhöht sie ihre Verletzlichkeit innerhalb der Organisation.

Die Verletzlichkeit kann angesichts der relativ hohen Position im hierarchischen Gefüge und den damit verbundenen limitierten Aufstiegsmöglichkeiten, zudem durch eine intensive Konkurrenz um Aufstiegspositionen erhöht werden. Durch solche Faktoren der Verletzlichkeit von Mittelmanagern erhöht sich die Gefahr ihrer Demotivierung und letztlich ihrer Abwanderung.

---

[173] Von Domänen kann dann gesprochen werden, wenn Mittelmanager in der Lage sind, eigene Entscheidungen zu fällen, die sie als Vorgabe für ihre Bereiche - Domänen - setzen, vgl. Ringlstetter (1995), S. 248. Dies erfolgt fokal im Rahmen administrativer Entscheidungen, maßgeblich durch die Vorgabe von Programmen und Maßnahmen, die innerhalb einer Domäne realisiert werden.

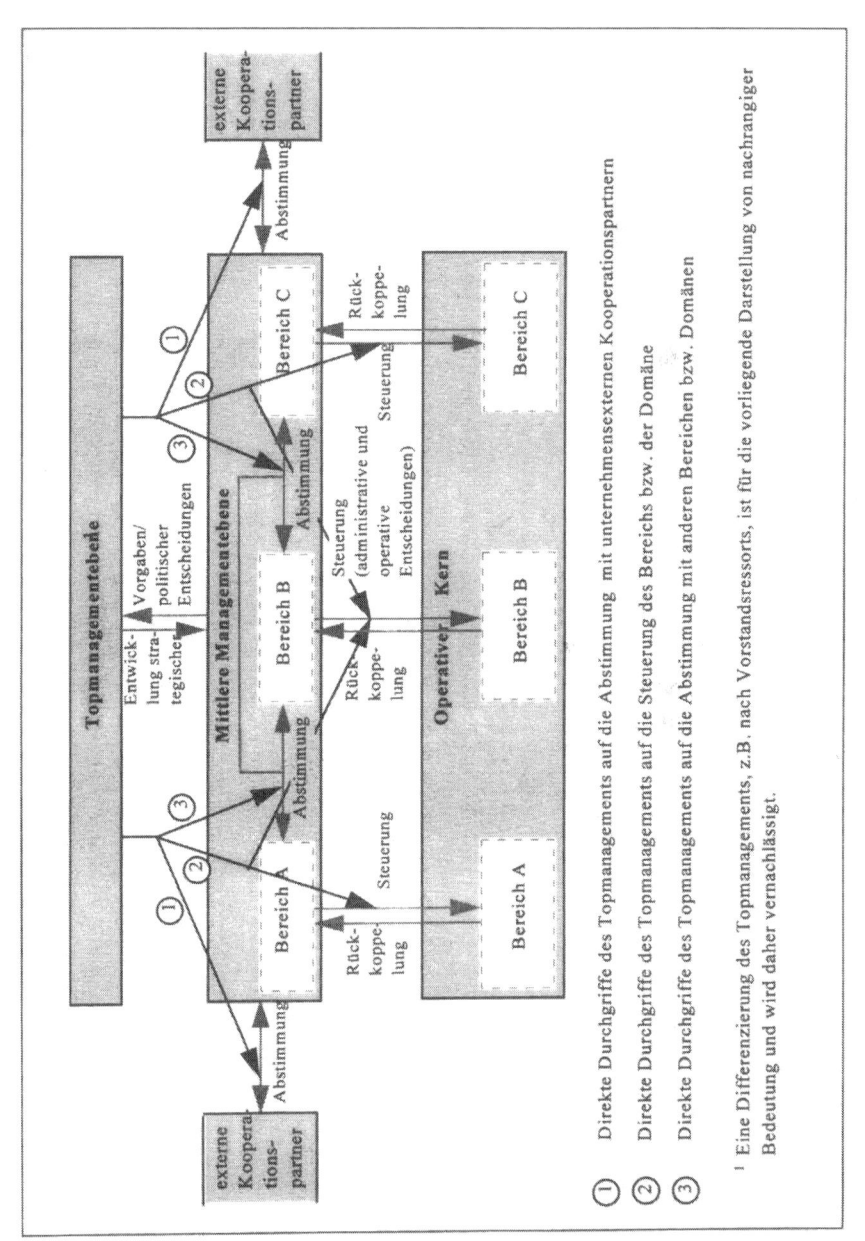

Abb. I-5: *Mittelmanagement zwischen entscheidungsautonomen Handlungsbereichen und direkten Durchgriffen des Topmanagements*

(3) Verortung der Mittelmanager im Humanressourcen-Portfolio

Angesichts der hohen Bedeutung des mittleren Managements und der relativ geringen Abhängigkeit von spezifischen Unternehmen erscheint es gerechtfertigt, dieser Mitarbeitergruppe eine Stellung im Humanressourcen-Portfolio zu zuordnen, die sie als zentrale Schlüsselbelegschaft ausweist. Dies wird an Hand der folgenden Abbildung I-6 dargestellt.

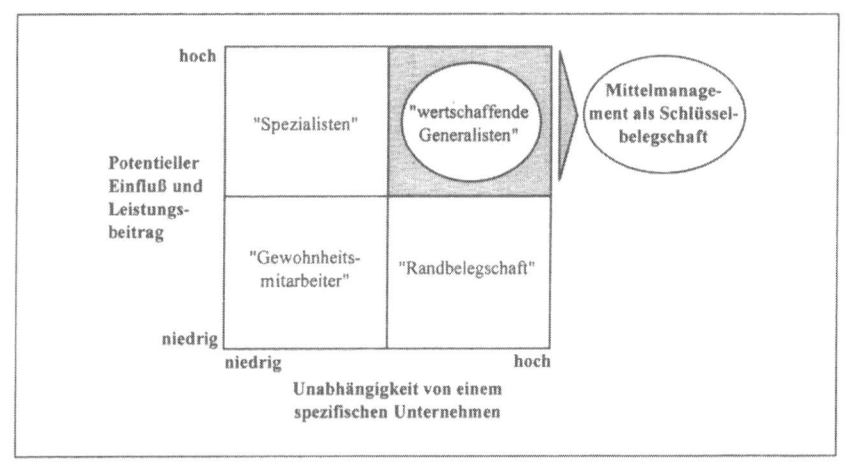

Abb. I-6: Mittelmanagement als Schlüsselbelegschaft des Humanressourcen-Portfolios (Quelle: in Anlehnung an Sattelberger, 1998, S. 30 ff.)

Das Schaubild verdeutlicht die zentrale Stellung des Mittelmanagements, die diesem angesichts seiner gewandelten Rolle im Humanressourcen-Portfolio zukommt. Die Einordnung als "wertschaffende Generalisten" resultiert einerseits aus dem potentiell hohen Leistungsbeitrag im Rahmen seiner Funktionen und andererseits aus der relativ hohen Unabhängigkeit von spezifischen Unternehmen.[174] Letztere basiert auf den generalistisch ausgerichteten Managementqualifikationen, die unternehmensübergreifend einsetzbar und damit leicht transferierbar sind. Ein Beispiel für "Spezialisten", die einen hohen Leistungsbeitrag in einem Unternehmen liefern, jedoch eine relativ hohe Abhängigkeit von bestimmten Arbeitgebern aufweisen, sind Experten für unternehmensspezifische Problemstellungen und Systeme,

---

[174] Wie im vorangehenden Abschnitt dargestellt wurde, erhöht die Unabhängigkeit von spezifischen Unternehmen aufgrund generalistischer Qualifikationen die Abwanderungsgefahr mittlerer Manager, die angesichts nachhaltiger Demotivationspotentiale noch vergrößert wird. Hierbei ist anzumerken, daß grundsätzlich auch Topmanager im Feld der "wertschaffenden Generalisten" einordenbar sind. Im Vordergrund der Betrachtung der vorliegenden Arbeit steht das Mittelmanagement.

z.B. individuell zugeschnittene EDV-Systeme.[175] "Gewohnheitsmitarbeiter" sind bspw. im Bereich reaktionärer Verwaltungskräfte zu suchen, die weder einen besonderen Leistungsbeitrag liefern, noch in der Lage sind, umfangreich attraktive Beschäftigungsalternativen zu generieren. Mitarbeiter einer "Randbelegschaft", die sich durch geringe relative Leistungsbeiträge und hohe Unabhängigkeit von spezifischen Unternehmen auszeichnen, sind bspw. im Bereich gering beschäftigter Aushilfskräfte im Lebensmitteleinzelhandel zu finden. Vor dem Hintergrund dieser Systematisierung der Humanressourcen kann konstatiert werden, daß das Mittelmanagement im Rahmen seiner gewandelten Rolle eine herausragende Rolle im Humanressourcen-Portfolio einnimmt.

I.3.2 Herausforderungen für ein Humanressourcen- Management: Nutzung und Bindung des Mittelmanagements

Es wird deutlich, daß dem Mittelmanagement eine zentrale Stellung im Humanressourcen-Portfolio zukommt. Es liegt daher nahe, daß besondere Anstrengungen für ein Management dieser Mitarbeiter notwendig sind. Dies stellt angesichts der Situation des Mittelmanagements im Rahmen seiner neuen Rolle eine erhebliche Herausforderung dar. In den Vordergrund treten dabei insbesondere die Aspekte einer intensiven Nutzung des Potentials dieser Mitarbeitergruppe sowie deren Bindung an ein Unternehmen (Punkt 1). Aus der Betrachtung dieser beiden Aspekte wird nachfolgend eine Präzisierung der Problemstellung der Arbeit vorgenommen (Punkt 2).

(1) Nutzung und Bindung der Potentiale des Mittelmanagements als Herausforderungen eines Humanressourcen-Managements

Die Analyse der Situation im Mittelmanagement macht tiefgreifende Probleme deutlich, die sich für ein Management dieser Schlüsselbelegschaft ergeben. Als zentral sind dabei zwei Aspekte hervorzuheben:

---

[175] Ein Beispiel für die "Spezialisten" kann - positiv interpretiert - in den "traditionellen Mittelmanagern" gesehen werden. Denn angesichts ihrer zentralen Funktionen ist ihr Beitrag durchaus bedeutsam. Ihre Ausführung ist jedoch an den spezifischen Strukturen, Systemen und Abläufen bestimmter Unternehmen ausgerichtet, wodurch die Transferierbarkeit ihrer Qualifikationen beträchtlich eingeschränkt ist. In Anbetracht der traditionellen Rolle als "Lähmschicht" erscheint jedoch eine Einordnung "links unten", in

- Angesichts der geschilderten Handlungsspielräume und der Möglichkeit ihrer opportunistischen Ausnutzung, auch gegen die Interessen einer Organisation, stellt sich zunächst die Frage nach Möglichkeiten zur Gewährleistung einer *Nutzung* dieser Verhaltensspielräume für die Organisation, und zwar unter weitgehender Ausschöpfung der Potentiale dieser Mitarbeitergruppe. Dies stellt auch vor dem Hintergrund nachhaltig eingeschränkter Kontrollmöglichkeiten eine wesentliche Herausforderung für das Humanressourcen-Management dar.[176] Eine intensive Nutzung der Potentiale des Mittelmanagements wird zudem angesichts nachhaltiger Demotivationspotentiale und der Verbreitung von Phänomenen wie der inneren Kündigung im Mittelmanagement erheblich erschwert. Um die Nutzung der Potentiale dieser Schlüsselbelegschaft zu optimieren, gilt es, umfangreiche Anreize für ein eigenverantwortliches und eigeninitiiertes Handeln zu setzen, das auf eine Nutzung dieser Spielräume im Sinne eines Unternehmens ausgerichtet ist. Eine Handhabung dieses Problems, die auf einer expliziten Handlungskontrolle des Mittelmanagements basiert, ist schon angesichts der vorliegenden Informationsasymmetrien wenig zweckmäßig. Die Herausforderung der Nutzung der Potentiale des Mittelmanagements ist daher viel eher im Aufbau und in der Erhöhung einer grundlegenden Einsatzbereitschaft des Mittelmanagements für eine Organisation zu sehen.

- In Hinblick auf die hohe Bedeutung dieser Schlüsselmitarbeiter einerseits und der relativ hohen Unabhängigkeit von spezifischen Unternehmen in Verbindung mit hohen Demotivationspotentialen andererseits, stellt die Bindung mittlerer Manager eine weitere zentrale Herausforderung dar.[177] Verschärft wird diese Problematik durch einen zunehmend intensiven Wettbewerb auf dem Markt für hochqualifizierte Managementkräfte.[178] Ein Ansatzpunkt zur Erhöhung der Bindung kann auch hier in der Gestaltung von Anreizen gesehen werden, die die Einsatzbereitschaft und das Engagement für die Organisation fördern. Denn diese sind in Zusammenhang mit positiven Einstellungen zu

---

[176] den Bereich von "Gewohnheitsmitarbeitern" mit geringem Leistungsbeitrag und geringen Beschäftigungsalternativen realistischer.
Vgl. hierzu analog auch Armstrong (1992), S. 99, der diesbezüglich die Notwendigkeit eines "wholehearted commitment of the workforce" postuliert.

[177] Vgl. zur wachsenden Bedeutung der Bindung von Schlüsselmitarbeitern auch Harkins (1998), S. 75 ff.

[178] Vgl. z.B. Chambers et al. (1998).

einem Unternehmen zu sehen, die auch die Wahrscheinlichkeit eines Wunsches zum Verbleib erhöhen.

(2) Präzisierung der Problemstellung

Ein geeigneter Ansatzpunkt zur Erhöhung einer grundsätzlichen Einsatzbereitschaft und des Wunsches, in einem Unternehmen zu verbleiben, kann in einer impliziten Verhaltenssteuerung gesehen werden. Diese ist auf den Aufbau einer verinnerlichten - respektive internalisierten - Verpflichtung oder Bestrebung der Schlüsselbelegschaft ausgerichtet, sich eigenverantwortlich und initiativ für ein Unternehmen einzusetzen und in diesem zu verbleiben.

Damit wird auf eine *intensive, selbstorganisatorische Nutzung der Potentiale des Mittelmanagements* abgezielt, die *auch in Ermangelung erschöpfender Kontrollpotentiale* eine bedarfsgerechte Nutzung zentraler Humanressourcen-Potentiale ermöglicht.[179] Dieser Zugang zu einem Humanressourcen-Management basiert auf einer grundlegenden Akzeptanz und Handhabung organisatorischer Spielräume. Denn erst durch diese wird auch in Ermangelung erschöpfender Kontrollpotentiale eine bedarfsgerechte Nutzung zentraler Humanressourcenpotentiale ermöglicht. Ein entsprechender Zugang steht damit in klarem Gegensatz zu einem Streben nach der Beseitigung organisatorischer "Schlupflöcher" und einer Realisierung umfassender Kontrollen. Die zentrale Herausforderung, die sich daraus für ein Management von Humanressourcen ergibt, kann daher wie folgt formuliert werden:

> Die Problemstellung für ein Humanressourcen-Management für Schlüsselbelegschaften wird im vorliegenden Kontext im Aufbau einer psychologischen Bindung an und Ausrichtung auf ein Unternehmen gesehen. Diese dienen dem Zweck einer nachhaltigen Bindung und Förderung von Einsatzbereitschaft und Engagement für ein Unternehmen und zwar auch jenseits expliziter Kontrollen und Kontrollmöglichkeiten (vgl. Abb. I-7).[180]

---

[179] Steinle, Ahlers, Riechmann (1999), S. 226, sprechen in diesem Zusammenhang von der Forcierung eines "Selbstmanagements".

[180] Hier wird eine Parallele zur Diskussion um die (Wieder-)Herstellung psychologischer Verträge deutlich. Denn es ist davon auszugehen, daß eine Ausrichtung von Mitarbeitern auf und psychologische Bindung an

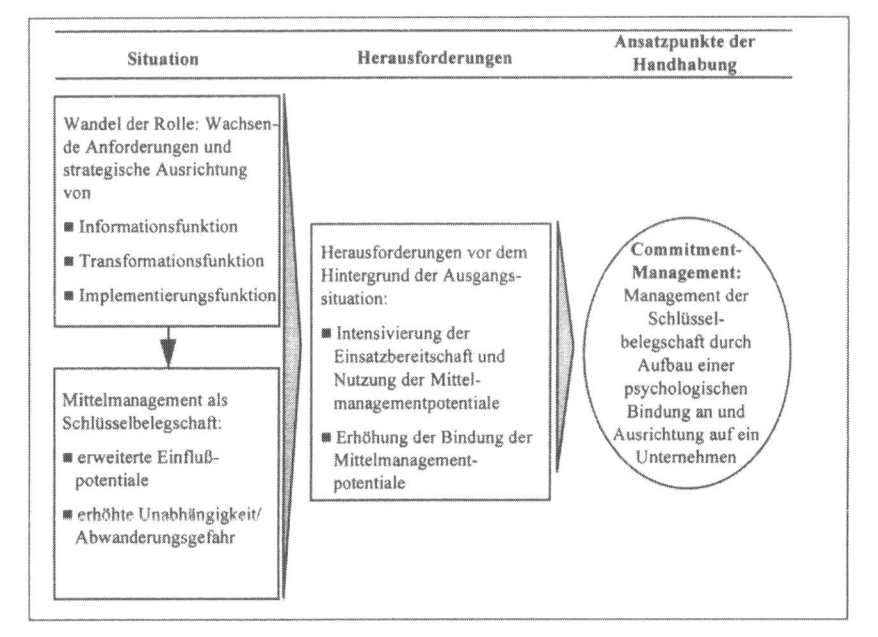

Situation	Herausforderungen	Ansatzpunkte der Handhabung
Wandel der Rolle: Wachsende Anforderungen und strategische Ausrichtung von ■ Informationsfunktion ■ Transformationsfunktion ■ Implementierungsfunktion Mittelmanagement als Schlüsselbelegschaft: ■ erweiterte Einflußpotentiale ■ erhöhte Unabhängigkeit/ Abwanderungsgefahr	Herausforderungen vor dem Hintergrund der Ausgangssituation: ■ Intensivierung der Einsatzbereitschaft und Nutzung der Mittelmanagementpotentiale ■ Erhöhung der Bindung der Mittelmanagementpotentiale	Commitment-Management: Management der Schlüsselbelegschaft durch Aufbau einer psychologischen Bindung an und Ausrichtung auf ein Unternehmen

Abb. I-7:   *Präzisierung der Problemstellung*

Die Förderung einer nachhaltigen Bindung und grundlegenden Einsatzbereitschaft für eine Organisation ist in engem Zusammenhang mit einer positiven Einstellung gegenüber dieser zu sehen. Folglich sind zum einen bspw. Möglichkeiten für die betroffenen Mitarbeiter zu schaffen, sich mit einem Unternehmen und dem, was dieses Unternehmen repräsentiert, zu identifizieren und daraus Potentiale zur individuellen Selbstdefinition zu gewinnen. Zum anderen erscheint es naheliegend, daß bspw. die Belohnungen oder Anreize strategisch so auszurichten sind, daß sie eine Ausgestaltung der erläuterten Handlungsspielräume im Interesse einer Organisation positiv sanktionieren. Es gilt daher zu betrachten, wie entsprechende Ansatzpunkte und Gestaltungspotentiale eines Humanressourcen-Managements generiert werden können.

---

eine Organisation mit einem bestehenden psychologischen Vertrag einhergehen, vgl. Rousseau (1995), S. 106.

TEIL II: ANSATZPUNKTE EINES COMMITMENT-MANAGEMENTS: EINE GRUNDLAGENTHEORETISCHE BETRACHTUNG DES COMMITMENTS

Die Darstellung des Rollenwandels des Mittelmanagements im vorangehenden Teil I hat dessen Zuordnung zu den neuen Schlüsselbelegschaften von Unternehmen ergeben.[181] Es wurde deutlich, daß ein Management dieser Mitarbeiter erhebliche Herausforderungen für ein Humanressourcen-Management darstellt. Ein Ansatzpunkt zu deren Handhabung ergibt sich - vor dem Hintergrund der Commitmentforschung - aus einem psychologisch verstandenem Commitment.

Commitment wurde eingangs mit einer psychologischen (Selbst-)Bindung in Zusammenhang gesetzt.[182] Daraus läßt sich ein möglicher Zugang zur Handhabung der Herausforderungen eines Humanressourcen-Managements ableiten. Denn wie dargelegt wurde, bestehen fokale Herausforderungen eines Humanressourcen-Managements in der Notwendigkeit einer Intensivierung der Nutzung der Potentiale des Mittelmanagements sowie in deren Bindung.[183] Vor diesem Hintergrund wird der Commitmentbegriff im folgenden präzisierend wie folgt verstanden:[184]

> Commitment wird als psychologische Ausrichtung und Festlegung auf ein Bezugsobjekt im Sinne einer Selbstbindung verstanden, das mit einer erhöhten Einsatzbereitschaft und Bindung von Individuen einhergeht.

Wenn es also möglich ist, Commitment insbesondere bei solchen Mitarbeitern zu etablieren, die über umfangreiche Handlungsspielräume verfügen und gegebenenfalls noch nachhaltig demotiviert sind,[185] würde das Risiko einer opportunistischen Ausnutzung möglicher Weise reduziert. Damit könnte ein Ansatzpunkt zur Handhabung der Herausforderungen eines Mittelmanagements aufgezeigt werden.

---

[181] Vgl. zu Schlüsselbelegschaften im Kontext einer Humanressourcen-Portfoliobetrachtung Sattelberger (1998), S. 32.
[182] Vgl. hierzu die Einführung dieser Arbeit.
[183] Vgl. Abschnitt I.3.2.(2).
[184] Vgl. hierzu beispielhaft die Auffassungen von Becker (1960), S. 32, 36 f., Salancik (1977), S. 27, Wiener (1982), S. 421, sowie die empirischen Ergebnisse von Caldwell, Chatman, O'Reilly (1990), S. 245, Marsh, Mannari (1977), S. 59, Mayer, Schoorman (1992), S. 679, Mowday, Steers, Porter (z.B. 1979), S. 239, die maßgebliche Vertreter divergierender Richtungen der Commitmentforschung darstellen, auf die im folgenden noch differenziert eingegangen wird.
[185] Vgl. hierzu Abschnitt I.3.2.(1).

Betrachtet man allerdings die Forschungsschwerpunkte im Rahmen des Personal- bzw. Humanressourcen-Managements, findet man bisher kaum umfangreiche Hinweise auf eine fundierte und differenzierte Auseinandersetzung mit dem Phänomen des Commitments. Besonders deutlich wird dies im deutschsprachigen Raum. Dort findet das Konstrukt im Kontext eines Personalmanagements kaum Verwendung, wie bei Betrachtung der einschlägigen Fachliteratur deutlich wird.[186] In der angloamerikanischen Humanressourcen-Management-Literatur findet der Commitmentbegriff wesentlich häufigere Verwendung.[187] Zur Beleuchtung des Commitmentbegriffs im Kontext eines Humanressourcen-Managements wird daher die Thematisierung von Commitment im Humanressourcen-Management exemplarisch anhand von zwei zentralen Ansätzen angloamerikanischer Provenienz beleuchtet (a). Bei einem Blick auf die Entwicklungslinie des Humanressourcen-Managements wird allerdings ein "Paradigmenwechsel"[188] deutlich, vor dessen Hintergrund eine zunehmende Bedeutung des Commitments erkennbar wird (b). Dies wird in einem weiteren Schritt auch in Zusammenhang mit neueren Forschungsansätzen eines Humanressourcen-Managements deutlich gemacht (c). Anschließend wird der weitere Aufbau des zweiten Teils dargestellt (d).

---

[186] Vgl. Bisani (1995), Drumm (1995), Hentze (1991, 1994), Scholz (1994), die das Commitment im Rahmen ihrer Standardwerke zum Personalmanagement nicht thematisieren. Auch Bühner (1994) verwendet das Konstrukt in seinem Standardwerk kaum. Lediglich ein Verweis ist im Zusammenhang mit der Schilderung eines Praxisbeispiels zu finden. Hier wird beschrieben, daß "persönliches Commitment" besonders qualifizierter Mitarbeiter Teil des Leitbildes einer entwicklungsorientierten Personalpolitik sein kann, vgl. Bühner (1994), S. 259. Eine Erläuterung des Begriffs unterbleibt jedoch. Es sei erwähnt, daß teilweise verwandte Konstrukte des Commitments thematisiert werden, wie Involvement und Identifikation. Vgl. z.B. Wunderer, Mittmann (1995). Vgl. zudem zur Involvement-Forschung beispielhaft Conrad (1988).

[187] So bediente sich bspw. House bereits 1967 im Rahmen seines Commitment-Approach dieses Konstrukts. Dieser bezieht sich jedoch lediglich auf die Schritte bis zur Implementierung eines Management-Training-Programms, die unter anderem den Aufbau des Commitments des Top-Managements - also dessen Festlegung auf eine Unterstützung des Programms - enthält. Verwendung findet Commitment auch in der englischsprachigen Humanressourcen-Managementliteratur etwas neuerer Provenienz, vgl. z.B. Armstrong (1992), Beer, Spector, Lawrence, Mills, (1985), Gomez-Mejía, Balkin, Cardy (1995), Hendry (1995), Lundy, Cowling (1996), Odiorne (1984). Allerdings findet hier kaum eine explizite und intensive Auseinandersetzung mit dem psychologischen Konstrukt statt. Andere Autoren, wie z.B. Butler, Ferris, Napier, (1991), Pfeffer (1994), nehmen keinen explizten Bezug auf ein Commitment. Dennoch wird auch dort die Bedeutung einer Einbindung der Mitarbeiter in die strategische und operative Planung - im Gegensatz zu einer ex post Mitteilung von Planungsergebnissen - deutlich, vgl. z.B. Butler, Ferris, Napier (1991), S. 9 ff., Pfeffer (1994), S. 16.

[188] Einschränkend sei zum Begriff des Paradigmenwechsels erwähnt, daß dieser hier nur bedingt verwendet werden kann. Denn im Sinne Kuhns (1970), S. 43 ff., der den Begriff prägte, steht ein Paradigmenwechsel für tiefgreifende Veränderungen und Neuerungen, wie etwa von der klassischen, newtonschen Physik zur Quantenphysik bzw. zur Relativitätstheorie. Es mag daher strittig bleiben, ob im vorliegenden Fall tatsächlich von einem Paradigmenwechsel gesprochen werden kann.

(a) Commitment im Humanressourcen-Management Ansatz: Der Michigan-[189] und der Harvard-Ansatz[190] zielen beide auf eine Integration von Humanressourcen- und Unternehmensstrategie und eine strategische Ausrichtung des Humanressourcen-Managements ab, die ihrerseits eine Konsistenz der Einzelmaßnahmen erfordert.[191] Damit kann in diesen beiden Humanressourcen-Management-Ansätzen bereits eine implizite Postulierung eines Commitments bezüglich der Unternehmensstrategie vermutet werden.[192]

Im *Michigan-Ansatz* kann aus der Integration von Strategie, Struktur und Humanressourcen implizit darauf geschlossen werden,[193] daß auch eine Ausrichtung der Mitarbeiter im Sinne eines Commitments auf die Ziele des Unternehmens intendiert ist. Dies läßt sich auch aus der strategischen Orientierung innerhalb der Handlungsfelder, etwa den Bewertungs- und Anreizsystemen, ableiten. Explizit wird ein Commitment der Mitarbeiter dabei jedoch nicht zum Ausdruck gebracht.[194] Dies ist wohl darauf zurückzuführen, daß eine Festlegung der Mitarbeiter auf die strategischen Unternehmensziele im Michigan-Ansatz fokal reaktiv zu verstehen ist.[195] Ein Commitment im Sinne einer psychologischen Festlegung auf die Belange eines Unternehmens, das mit eigenverantwortlichem, initiativem Verhalten für die Organisation in Zusammenhang steht, ist damit kaum fokussiert.

Eine weiterreichende Bedeutung erhält das Commitment im *Harvard-Ansatz.* Hier wird explizit Bezug auf das Commitment als wesentliches Merkmal eines Humanressourcenpools genommen. Commitment ist in diesem Kontext als Festlegung der Mitarbeiter auf die Ziele der Organisation und deren Verbundenheit gegenüber der Organisation zu verstehen.[196] Es stellt neben Kompetenz, Kongruenz und Kosteneffektivität der Humanressourcen eines der vier zentralen Ergebnisse eines Humanressourcen-Managements dar, die im Rahmen der Handlungs- oder Aufgabenfelder eines Humanressourcen-Managements angestrebt werden. Hierzu gehören die Mitarbeitereinbindung (Employee Influence), die ständige Anpassung des

---

[189] Vgl. insbesondere Tichy, Fombrun, Devanna (1982), Fombrun, Tichy, Devanna (1984).
[190] Vgl. insbesondere Beer et al. (1985).
[191] Vgl. Garnjost, Wächter (1996), S. 794.
[192] Diese Schlußfolgerung ist analog der Argumentationslinie im Kontext des Strategischen Managements. Auch dort wird ein Commitment aller Managementaktivitäten auf die Unternehmensstrategie postuliert, wenn auch ohne Verwendung dieses Terminus.
[193] Vgl. Tichy (1982), S. 48.
[194] Vgl. exemplarisch auch Fombrun, Tichy, Devanna (1984).
[195] Vgl. zu dieser kritischen Einschätzung auch Hiltrop (1996), S. 630.
[196] Vgl. Beer et al. (1985), S. 20.

Humanressourcenbestandes einschließlich Neueinstellungen und Entlassungen (Human Resource Flow), die Entlohnungssysteme (Reward Systems) und die Arbeitsorganisation (Work Systems). Der Ansatz ist in der folgenden Abbildung II-1 graphisch dargestellt.

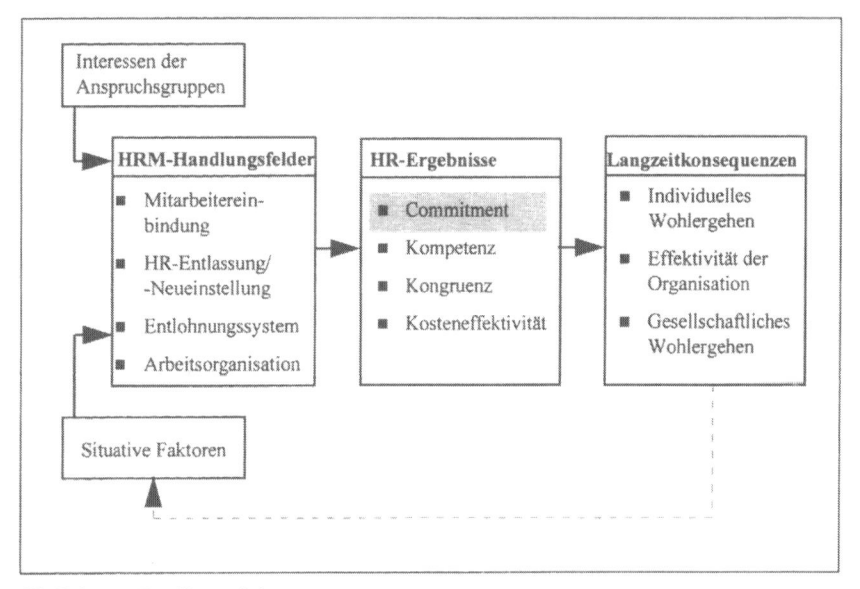

```
┌─────────────────────────────────────────────────────────────────────────┐
│  Interessen der                                                          │
│  Anspruchsgruppen                                                        │
│         │                                                                │
│         ▼                                                                │
│  ┌─HRM-Handlungsfelder─┐   ┌─HR-Ergebnisse─┐   ┌─Langzeitkonsequenzen─┐ │
│  │ ■ Mitarbeiterein-   │   │ ■ Commitment  │   │ ■ Individuelles      │ │
│  │   bindung           │   │ ■ Kompetenz   │   │   Wohlergehen        │ │
│  │ ■ HR-Entlassung/    │──▶│ ■ Kongruenz   │──▶│ ■ Effektivität der  │ │
│  │   -Neueinstellung   │   │ ■ Kosten-     │   │   Organisation       │ │
│  │ ■ Entlohnungssystem │   │   effektivität│   │ ■ Gesellschaftliches│ │
│  │ ■ Arbeitsorganisation│  └───────────────┘   │   Wohlergehen        │ │
│  └─────────────────────┘                       └──────────────────────┘ │
│         ▲                                                                │
│  Situative Faktoren                                                      │
└─────────────────────────────────────────────────────────────────────────┘
```

Abb. II-1: *Der Harvard-Ansatz*
(Quelle: Beer et al. 1985, S. 17; Hervorhebung und Übersetzung durch die Verfasserin)

Es findet jedoch auch im Rahmen dieses Ansatzes kaum eine grundlagentheoretische Auseinandersetzung mit den psychologischen und sozialen Aspekten, etwa unterschiedlichen Konzeptualisierungen oder Erklärungsvariablen des Commitments, statt. Der Zusammenhang zwischen den dargelegten Handlungsfeldern sowie deren Instrumenten und den angestrebten Ergebnissen von Commitment ist daher eher als hypothetisch zu beurteilen.[197] Es kann jedoch konstatiert werden, daß Commitment als zentrales Element im Kontext des Humanressourcen-Managements betrachtet wird.[198] Es wird dabei als erstrebenswerter Zustand der Humanressourcen einer Organisation verstanden, der in gewisser Weise als Leitbild fungiert.[199]

---

[197] Vgl. Beer et al. (1985), S. 17 ff. sowie die Kritik von Guest (1997), S. 265.
[198] Vgl. Guest (1989), S. 49.
[199] Vgl. zur Funktion eines Commitments als Leitbild beispielhaft Bühner (1994), S. 259. Vgl. zudem zu einer expliziten Hervorhebung des Commitments im Rahmen eines Humanressourcen-Managements

(b) Wandel der Bedeutung des Commitments vor dem Hintergrund eines "Paradigmenwechsels" im Humanressourcen-Management: Der Humanressourcen-Management-Ansatz hat seinen Ursprung im angloamerikanischen Raum.[200] Dieser Ansatz ist gewissermaßen als Weiterentwicklung des traditionellen Personal- bzw. Personnel-Managements zu verstehen, die sich im deutschsprachigen Raum erst mit gewisser Verzögerung etabliert.[201] Im Zuge der Entwicklung dieses Ansatzes hat sich ein grundlegender Wandel vollzogen,[202] der als Übergang von einem "Kontroll-" zu einem *"Commitment-Paradigma"* bezeichnet werden kann.[203] In diesem Wandel ist der wesentliche Unterschied zwischen einem Humanressourcen-Management und dem traditionellen Personalmanagement begründet. Denn die Beziehung zwischen Organisation und Mitarbeitern ist im klassischen Personalmanagement tendenziell auf Anordnungen und Weisungen und damit auf eine Einbindung der Mitarbeiter über Kontrolle und Zwang ausgerichtet.[204] Dagegen gewinnen im Humanressourcen-Management implizite, psychologische Verträge zwischen der Organisation und ihren Mitgliedern an Bedeutung. In deren Rahmen wird eine höhere Kongruenz zwischen Unternehmens- und Mitarbeiterinteressen sowie eine höhere Identifikation mit dem Unternehmen in Verbindung mit einer Stärkung der Eigenverantwortung fokussiert.[205] Damit wird auf eine eigenverantwortliche, innere Festlegung der Mitarbeiter auf die Ziele der Organisation abgestellt,[206] die

---

Armstrong (1993), S. 97, der allerdings davon ausgeht, daß kein klarer Zusammenhang zur Einsatzbereitschaft von Mitarbeitern hergestellt werden kann.

[200] Vgl. hierzu bspw. Guest (1991), S. 152, Poole (1990), S. 1 f. und auch Torrington (1989), S. 60, der den Humanressourcen-Management Ansatz ansonsten eher kritisch betrachtet, vgl. bspw. Torrington (1989), S. 64.

[201] Vgl. bspw. bei Bisani (1995), Drumm (1995), Hentze (1991, 1994), Scholz (1994). Liebel, Oechsler (1994) richten sich dagegen bereits verstärkt auf die neuere Entwicklung im Management von Humanressourcen aus.

[202] Vgl. Arthur (1994), S. 671, Guest (1991), S. 151 ff. Lundy, Cowling (1996), S. 50 ff., Walton (1985 a). Die Ursachen dieses Paradigmenwechsels liegen zum einen insbesondere in wachsendem Wettbewerbsdruck und zunehmender Bedeutung der Humanressourcen als strategischer Wettbewerbsfaktor, vgl. z.B. Liebel, Oechsler (1994), S.1. Zum anderen ist die Form, in der sich der Paradigmenwechsel im Humanressourcen-Management vollzogen hat, auch vor dem Hintergrund japanischer Managementerfahrungen zu sehen, die im westlichen Raum zumindest anfänglich überaus positiv wahrgenommen wurden, vgl. hierzu z.B. Garnjost, Wächter (1996), S. 792.

[203] Vgl. die Beiträge von Arthur (1994), S. 672, Koopman (1991), Lawrence (1985), S. 28 ff., sowie den maßgeblichen Beitrag von Walton (1985 a).

[204] Vgl. hierzu und im folgenden Guest (1991), S. 151 ff., sowie den Beitrag von Walton (1985 a). Vgl. auch Punkt I.1.2. Hier wird dieser Aspekt der Mitarbeiterführung im Rahmen der traditionellen Implementierungsfunktion des Mittelmanagements ebenfalls deutlich.

[205] Vgl. Lawrence (1985), S. 31.

[206] Vgl. Guest (1991), 151 ff., Lundy, Cowling (1996), S. 54, Sisson (1990), S. 5.

eine Orientierung am Aufbau von Commitment der Mitarbeiter verdeutlicht. Dies steht in deutlichem Gegensatz zur herkömmlichen Ausrichtung an expliziten Vereinbarungen und der expliziten Kontrolle ihrer Einhaltung.[207] Hierin kommt ein grundlegender Wandel im Humanressourcen-Management zum Ausdruck, im Zuge dessen Commitment zentrale Bedeutung erlangt.[208]

(c) Commitment im Kontext neuerer Forschungsansätze des Humanressourcen-Managements: Das zunehmende Interesse an Commitment, das sich im Zuge eines Paradigmenwechsels im Personalmanagement herausgebildet hat, wird auch an Ansätzen sichtbar, die in den letzten Jahren entwickelt wurden.[209] Diese sind unter Schlagworten wie "High-Commitment-Management", "Commitment-HRM- Systems" oder "High-Involvement-Management" bekannt geworden.[210] Der Fokus liegt bei diesen Ansätzen - in Forschung und Praxis - auf der Konzipierung von Praktiken und Instrumenten, die auf die Etablierung und Förderung eines Mitarbeitercommitments abzielen.[211] Im Vordergrund dieser neueren Ansätze stehen dabei Themen wie:

- der Einbezug der Mitarbeiter in Entscheidungsprozesse,[212]

---

[207] An dieser Stelle sei zudem an die Empowerment-Diskussion erinnert, die im Rahmen der Rolle des Mittelmanagements betrachtet wurde. Auch dort kann der erläuterte Paradigmenwechsel anhand der zunehmenden Erweiterung von Handlungsspielräumen und Verantwortungsbereichen mittlerer Manager nachvollzogen werden.

[208] Die Ausrichtung eines Humanressourcen-Managements ist zumindest in Großbritannien auch als Anti-Gewerkschafts-Strategie zu verstehen. Die Intensivierung der Zusammenarbeit zwischen Management und Mitarbeitern zielt gewissermaßen auf eine Reduzierung der Bedeutung der Gewerkschaften, vgl. Garnjost, Wächter (1996), S. 794 ff., Lawrence (1985), S. 28.

[209] Vgl. Lawrence (1985), S. 30 f.

[210] Vgl. Javidan (1991), Lawler (1986, 1992), Wood (1998), S. 485. Diese Ansätze gründen, ähnlich wie das Humanressourcen-Management u.a. im System der Industrial and Labor Relations, insbesondere soweit sie britischer Provenienz sind. Demenstsprechend stehen freiwillige Vereinbarungen zwischen Unternehmen und Gewerkschaften im Vordergrund, die - wie ein Humanressourcen-Management - als Gegeneinfluß zur ursprünglich starken Position der britischen Gewerkschaften verstanden werden können, vgl. hierzu Garnjost, Wächter (1996), S. 795. Dabei ist jedoch im High-Commitment Management ein Fokus auf die operative Ebene zu konstatieren, vgl. bspw. Wood (1996 a), S. 59 f

[211] Vgl. bspw. die Beiträge von Wood (1996 a, b) zum "High Commitment Management", von Lawrence (1985), S. 30 zum Begriff des "Commitment HRM System" und zum "High Involvement Management" Lawler (1986).

[212] Vgl. Lawrence (1985), S. 28 ff., der eine langfristige Karriereperspektive sowie die Organisation der Arbeit in Teams als zentrale Instrumente eines High Commitment Systems anführt. Aus deutscher Perspektive interessant ist die Anführung Deutschlands als Beispiel besonders hohen Mitarbeitercommitments. Eine empirische Unterlegung bleibt allerdings aus, vgl. ebda. S. 31.

[212] Vgl. zur Partizipation im Rahmen eines High-Commitment Managements z.B. Armstrong (1993), S. 103, Fisher (1989), S. 33, Lundy, Cowling (1996), S. 54, Thakur (1998), S. 737.

- die Gewährung langfristiger Karriereperspektiven,
- die Organisation der Arbeit in Gruppen bzw. Teams sowie eine
- adäquate Vergütung.[213]

Dabei besteht hinsichtlich einer geeigneten Ausgestaltung der Instrumente weitgehende Uneinigkeit.[214] Abgesehen von der divergierenden Verwendung dieser Begriffe[215] ist darüber hinaus auch hier kaum eine systematische Berücksichtigung der theoretischen und empirischen Grundlagen der Commitmentforschung festzustellen.[216] Auf eine systematische Auseinandersetzung bspw. mit den Erklärungsvariablen organisationalen Commitments und seinen vielschichtigen Wirkungsweisen wird weitgehend verzichtet.[217] Der Zugang zum Verständnis des Commitmentbegriffs erscheint daher auch im Rahmen dieser Ansätze eher intuitiv gewählt.[218] Dadurch entstehen Unklarheiten hinsichtlich der Verknüpfung von Zielen und Mitteln, die im Rahmen eines Humanressourcen- oder High-Commitment- bzw. High-Involvement-Managements postuliert werden.[219] Die Konzipierung eines Managements von Humanressourcen ist daher auch hier als vorwiegend hypothesenbasiert zu betrachten, was angesichts der durchaus als umfangreich zu bezeichnenden Commitmentforschung, erstaunt. Es erscheint daher geboten, den Zugang zu einem Commitment nicht ausschließlich über den betriebswirtschaftlichen Kontext zu wählen.

(d) Zum weiteren Vorgehen: Im Rahmen von Ansätzen eines Humanressourcen-Managements und daraus hervorgehenden neueren Ansätzen konnte mitunter ein Bedeutungszuwachs des Commitments festgestellt werden. Eine psychologische Fundierung des Commitments steht

---

[213] Vgl. Lawrence (1985), S. 30 ff.
[214] Vgl. Lawrence (1985), S. 31, Wood (1996 a), S. 56.
[215] Teilweise wird High-Commitment-Management zur Bezeichnung einer strategischen Herangehensweise an ein Humanressourcen-Management verwendet. Vgl. zu der heterogenen Verwendung dieser Begriffe bspw. Wood (1996a), S. 73.
[216] Vgl. Fisher (1989), Javidan (1991), Walton (1985 a), Wood (1996a, 1998),
[217] Bspw. stellt Wood (1996a), S. 59 fest, daß die Praktiken, die mit einem High-Commitment-Management in Verbindung gebracht werden, von den entsprechenden Autoren eher assoziativ mit bestimmten Vorstellungen von "commiteten" Mitarbeitern verknüpft werden. Dementsprechend wird der Zusammenhang zwischen den Zielen eines High-Commitment-Managements und den entsprechenden Praktiken nicht expliziert, vgl. Wood (1998), S. 3 ff., sowie Guest (1997), S. 266. Vgl. dazu auch Fisher (1989), Javidan (1991), Wood (1996 a, 1998) sowie Walton (1985 a), dessen Ausführungen zu einem Commitment-Ansatz des Humanressourcen-Managements im Kontext des Harvard-Ansatz zu sehen sind. Vgl. bspw. auch Walton (1985 b), S. 64, der diesbezüglich weiteren Forschungsbedarf konstatiert.
[218] Vgl. Guest (1997), S. 265.

hier, wie angesichts der eher intuitiven Verwendung des Begriffs deutlich wurde, weitgehend aus.[220] So entsteht in weiten Bereichen der Humanressourcen-Management-Literatur der Eindruck, daß offensichtlich implizit davon ausgegangen wird, daß das Konstrukt des Commitments entweder selbsterklärend oder zumindest ohne weiteres intuitiv erfaßbar ist.[221] Die Vielschichtigkeit, in der dieses Konstrukt bei genauerer Betrachtung im Kontext anderer Forschungsdisziplinen, insbesondere der Soziologie und der Psychologie, diskutiert und eingesetzt wird, steht dieser impliziten Annahme jedoch entgegen.

Im folgenden wird daher eine Annäherung an den Commitmentbegriff auf Basis einer grundlagentheoretischen Betrachtung der Commitmentforschung vorgenommen. Wie bereits angedeutet wurde, wird das Konstrukt hier kaum einheitlich verwendet. Vielmehr besteht eine Vielfalt unterschiedlicher Begriffsauffassungen.[222] In der Konsequenz führt dies bspw. zu gleichen Begriffsbelegungen unterschiedlicher Konzepte und zu unterschiedlichen Bezeichnung sehr ähnlicher Konstrukte.[223] Um in diesem Kontext zu einer begrifflichen Klärung des Commitments zu gelangen, wird es zunächst erforderlich, wesentliche Grundlagen der Commitmentforschung zu erläutern. Damit soll ein Zugang zum Kontext der Commitmentforschung geschaffen werden (II.1). Auf dieser Grundlage werden dann die umfangreichen und überaus heterogenen Konzepte und Begriffsauffassungen von Commitment systematisiert und in ein erweitertes Commitmentverständnis integriert (II.2). Abschließend werden die Erklärungs- (II.3) und Ergebnisvariablen von Commitment untersucht (II.4), die schließlich eine Präzisierung der Potentiale eines Commitments für die Herausforderungen eines Human-

---

[219] Vgl. Guest (1997), S. 265.
[220] Vgl. hierzu auch den Beitrag von Weber (1996), S. 280 ff., zur Problematik einer mangelhaften theoretischen Fundierung der Personalwirtschaftslehre durch Theorien des Verhaltens.
[221] Vgl. Becker (1960), S. 35, der diese Äußerung 1960 allerdings noch auf die Diskussion im Rahmen der soziologischen und psychologischen Forschungsdisziplinen bezog, wo sich diese Situation in den letzten Jahrzehnten deutlich geändert hat. Die Humanressourcen-Managementforschung scheint diese Entwicklung mit gewisser Verzögerung aufzugreifen, wie die dargestellten neueren Ansätze eines Humanressourcen-Managements andeuten.
[222] Seit den Anfängen der Commitmentforschung in den fünfziger und sechziger Jahren wird die unstrukturierte und heterogene Form bemängelt, in der dieses Konstrukt diskutiert und verwendet wird. Vgl. hierzu bspw. Allen, Meyer (1997), S. VIII, 10, Becker (1960), S. 32, Guest (1989), S. 50, Hopfl (1992), S. 25, Morrow (1983), S. 486 ff., Scholl (1981), S. 589, Steers (1977), S. 46.
[223] Bspw. haben Meyer, Allen (1991) Commitment-Formen identifiziert, die in ihrer Bezeichnung teilweise mit der Begriffsbelegung nach Caldwell, Chatman, O'Reilly (1990) übereinstimmen. Was aber bspw. bei Meyer, Allen (vgl. z.B. 1991, S. 67) unter "normative commitment" firmiert, entspricht nicht, wie vermutet werden könnte, der Form des "normative commitment" bei Caldwell, Chatman, O'Reilly (1990), S. 250, 252, 255, sondern eher deren Form des "affective commitment". Hierauf wird im Abschnitt II.2.2. noch spezifischer eingegangen.

ressourcen-Managements ermöglichen. Abschließend werden in einer Zwischenbilanz zentrale Ergebnisse zusammengefaßt und interpretiert (II.5).

II.1 Grundlagen der Analyse von Commitment

Einen Grundstein der Commitmentforschung bilden die Überlegungen Etzionis zu unterschiedlichen Formen der Einbindung von Individuen in Organisationen.[224] Etzioni unterscheidet dabei nach Organisationsformen und ordnet diesen typische Formen der Einbindung von Mitarbeitern zu. Eine Auseinandersetzung mit der Einbindung von Mitarbeitern in eine Organisation wird seiner Ansicht nach deshalb notwendig, da die individuellen Ziele nicht zwangsläufig denen der Organisation entsprechen oder mit diesen konform gehen.[225] Folglich kann eine mangelnde Einbindung zu dysfunktionalem Handeln der Mitglieder führen.

Während dabei in *koerziven* Organisationen - auch physischer - Zwang als Kontrollinstrument eingesetzt wird, dominieren in *utilitaristischen* Organisationen die pretiale Form der Machtausübung[226] bzw. materielle Anreize.[227] Mitarbeiter werden dann bspw. unter Ausnutzung ihrer individuellen Nutzenkalküle gesteuert. Im Rahmen *normativer* Organisationen wie etwa der Kirche herrschen entsprechend normative oder moralisch begründete Einflußpotentiale vor. Bspw. werden Mitglieder einer Kirche durch den gezielten Aufbau innerer Überzeugungen in ihren Glaubenskontext eingebunden und moralisch verpflichtet, dem Credo ihrer Gemeinschaft entsprechend zu handeln.[228]

---

[224] Vgl. hierzu beispielhaft Hopfl (1992), S. 25, Morris (1981), S. 513 f., Kidron (1978), S. 241, die auf die grundlegende Rolle Etzionis in diesem Zusammenhang verweisen. Vgl. auch Etzioni (1973), S. 96 f.

[225] Vgl. Etzioni (1973), S. 17. Dies geht analog auch aus Luhmanns Ausführungen (1995), S. 222 f. hervor, der das Auseinanderfallen von Zweck und Funktion erläutert. Der Zweck dient danach der Orientierung. Die Funktion, die nicht Grund für die Existenz von Institutionen ist, kann jedoch völlig getrennt von einem spezifischen Zweck gesehen werden. Es liegt folglich nahe, daß im Rahmen der Ausübung (arbeitsteiliger) Funktionen eine Entfremdung vom (Organisations-)Zweck und damit eine eigendynamische, individuelle Entwicklung abweichender Zweckvorstellungen enstehen kann. Dies gilt umso stärker, je weiter die Ausübung von Funktionen von dem Kontext entfernt ist, in dem der institutionelle Zweck festgelegt wurde.

[226] Dies entspricht der Übersetzung der deutschen Ausgabe, vgl. Etzioni (1973), S. 96, die an Schmalenbach angelehnt ist. Im Original wird der Terminus "utilitarian power" verwendet, vgl. ebda.

[227] Vgl. hierzu und im folgenden bswp. Etzioni (1973), S. 96 ff.

[228] Das bedeutet, daß diese Form der Einbindung durch eine enge Verknüpfung der originären, privaten und der derivaten Lebenswelt der "Organisation" eine umfassende Einflußnahme auf Handeln und Denken anstrebt, vgl. Etzioni (1975), S. 10 f.

Es ist offensichtlich, daß die Form der Einbindung Einfluß auf die Art der Disziplin hat, die unter den Mitgliedern einer Organisation erzeugt wird. Die Form einer normativen, sozialen Einbindung betrachtet Etzioni dabei als ausgeprägtes "Commitment".[229] Dieses versteht er im Sinne einer Bindung und Ausrichtung an Organisationen auf Basis von "Pflicht- und Ehrgefühl".[230] In der Form der kalkulierten, pretial gelenkten Einbindung sieht er allenfalls noch eine schwache Form des Commitments, während er mit der zwangbasierten Einbindung in Organisationen keinen Commitmentaspekt mehr verbindet.[231] Im Rahmen der Commitment-Forschung wird - wenn auch nicht immer mit Verweis auf Etzioni - auf diese Formen der Einbindung Bezug genommen. Sie können als Grundstein der Commitment-Forschung betrachtet werden (vgl. Abb. II-2).[232]

Aus der Differenzierung des Commitments von Etzioni läßt sich bereits ein erster Hinweis auf die Mehrdimensionalität des Commitments ableiten. Um im folgenden eine weitere Annäherung an den Begriff zu ermöglichen, werden zentrale Grundlagen der Commitment-Forschung dargelegt. Dabei ist vor einer genauen Analyse spezifischer Auffassungen von Commitment zu klären, auf welche Bezugsobjekte Commitment potentiell gerichtet sein kann (III.1.1). Davon ausgehend werden zwei grundlegende Richtungen der Commitment-Forschung dargestellt (III.1.2).

---

[229] Etzioni (1975), S. 9 f. Etzioni bezeichnet die Formen der Einbindung als "Involvements". Wie bei Etzioni deutlich wird, sind diese nicht mit Commitment gleichzusetzen, jedoch in engem Zusammenhang mit diesem. Denn die "Einbindung" stellt offensichtlich eine notwendige Bedingung für Commitment dar. Die hinreichende Bedingung für Commitment resultiert bei Etzioni aus der Art dieser Einbindung, wobei die normative Form der Einbindung dieser Bedingung besser genügt als die pretiale, wogegen bei Einbingung durch Zwang kein Commitment besteht. Eine Gleichsetzung von Involvement und Commitment, wie sie bspw. bei Kidron (1978), S. 241 erfolgt, ist vor diesem Hintergrund kritisch zu beurteilen. Vgl. hierzu beispielhaft die Differenzierungen von Involvement und Commitment bei Buchanan (1974), S. 533, Porter et al. (1974), S. 604. Die Autoren sehen Involvement ebenfalls als Voraussetzung für Commitment.
[230] Etzioni (1973), S. 97.
[231] Vgl. Etzioni (1975), S. 9 f.
[232] Sie werden teilweise auch synonym mit dem Commitment-Begriff verwendet, vgl. beispielhaft Kidron (1978), S. 241. Es sei bereits darauf hingewiesen, daß Involvement an anderer Stelle eher eine Komponente und Bedingung von Commitment darstellt, denn ein Synonym von Commitment, vgl. z.B. Buchanan (1974), S. 533.

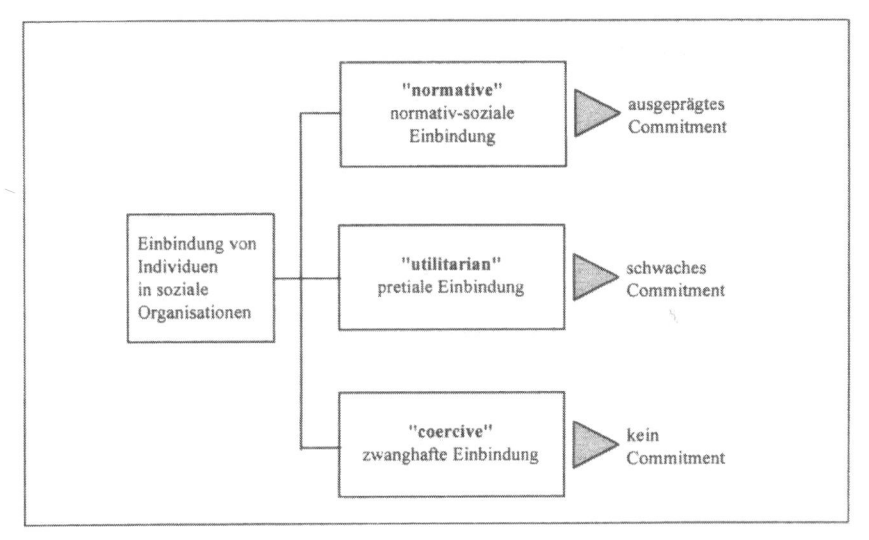

Teil II: Ansatzpunkte eines Commitment-Managements 65

Abb. II-2: Einbindung und Commitment bei Etzioni
(Quelle: In Anlehnung Etzioni, 1973, S. 96 ff., Etzioni, 1975, S. 9 ff.)

II.1.1 Bezugsobjekte von Commitment

Commitment wurde vorerst vereinfachend als eine Art psychologischer Bindung und Festlegung von Mitgliedern auf ein Bezugsobjekt im organisatorischen Kontext erläutert. Als mögliche Objekte wurden hier bereits die Festlegung auf ein Ziel oder eine Strategie angeführt.[233] Commitment kann dabei auch eine Festlegung von Mitarbeitern auf eine bestimmte Organisation bedeuten, die sie dann im Rahmen ihrer Rolle und Funktionen voranzutreiben bereit sind. Im folgenden werden zunächst mögliche Bezugsobjekte erörtert (1). Darauf aufbauend werden in einem nächsten Schritt speziell Unternehmen als Bezugsobjekt differenziert betrachtet (2).

(1) Mögliche Bezugsobjekte

Menschen sind in eine Reihe sozialer Netzwerke eingebunden. In einem weiteren Bezugsrahmen erfolgt eine Einbindung in den soziokulturellen Kontext, in dem bspw. ein Commitment gegenüber den Belangen und dem Wohlergehen der Gesellschaft bestehen kann

(Vermeidung von Krieg und Umweltverschmutzung etc.).[234] Im engeren Kontext des unmittelbaren sozialen Umfeldes sind Menschen in ihren originären lebensweltlichen Kontext der Familie, in Vereine oder in religiöse Gemeinschaften eingebunden. Commitment kann hier hinsichtlich deren Zielen, Werten, Normen etc. bestehen.[235] Diese repräsentieren die unterschiedlichen Commitmentobjekte.[236] Prinzipiell kann auch Commitment gegenüber den Belangen sozialer Gruppen und Organisationen in der derivativen Lebenswelt bestehen.[237] Im vorliegenden betriebswirtschaftlichen Kontext liegt es nahe, daß Organisationen im Sinne gewinnorientierter Unternehmen als fokales Bezugsobjekt betrachtet werden.

Unternehmen weisen gewisse Strukturen auf, aus denen sich "Sub-Bezugsobjekte" ableiten lassen. Nachgeordnete Bezugsobjekte innerhalb eines Unternehmens können Abteilungen, Teams, aber auch konkrete Bezugspersonen oder Ziele etc. sein. Auf diese kann sich eine Person festlegen ("committen").[238] Mögliche Bezugsobjekte von Commitment sind in Abbildung II-3 dargestellt.

Vor dem Hintergrund des vorliegenden Kontextes erscheint jedoch das Unternehmen als Gesamtheit als geeignetes Bezugsobjekt. Hierfür lassen sich folgende zentrale Aspekte ins Feld führen:

---

[233] Vgl. die Einführung dieser Arbeit.

[234] Hier kann teilweise das soziale Mäzenatentum von Privatpersonen zugeordnet werden, bspw. in Form der Gründung wohltätiger Stiftungen.

[235] Eine Person hat sich dann in gewisser Weise auch festgelegt bspw. die Vereinsregeln und die Pflichten, die aus der Mitgliedschaft entstehen, zu achten und sich für die Gemeinschaft in gewisser Form zu engagieren.

[236] Solche Formen der Einbindung und die damit verknüpften Verhaltensweisen basieren auf einer psychologischen Grundlage, bspw. in Form von kognitiven Reflexionen oder Emotionen. Die Psychologie stellt hierbei drei zentrale Ansätze zur Erklärung von Verhalten bereit: 1.) Die Psychoanalyse, eine Richtung der Tiefenpsychologie, geht von einer weitgehend unbewußten Verhaltenssteuerung, z.B. durch Triebe, aus. Vgl. z.B. Freud (1984), S. 7 ff., Ross (1987), S. 83 ff. 2.) Den Kognitivismus: Hier wird von einer rationalen - also kognitiven - Verhaltenssteuerung ausgegangen, vgl. z.B. Heckhausen (1973), S. 217 - 242. 3.) Den Behaviorismus, der Verhalten fokal als Umfeldreaktionen beobachtet, und die Psyche somit als "Blackbox" betrachtet, vgl. z.B. Pavlov (1927), Skinner (1971).

[237] Vgl. z.B. Beyer (1990), S. 24. Es werden teilweise aber auch noch weiter gefaßte Commitmentobjekte diskutiert, wie bspw. spezifische Branchen, vgl. Stevens, Beyer, Trice (1978), S. 394, die für den vorliegenden Kontext jedoch unerheblich sind.

[238] Vgl. z.B. Beyer (1990), S. 24.

Teil II: Ansatzpunkte eines Commitment-Managements 67

```
soziokultureller Kontext
  ▷ Gesellschaft
  ▷ Umwelt
  ▷ ...

  unmittelbares soziales Umfeld

    originäre Lebenswelt        derivate Lebenswelt        Im vorliegenden
                                                           Kontext
      ▷ Familie                 ▷ Organisation   ◀────     betrachtetes
      ▷ Freunde                   ▪ Teileinheit            Bezugsobjekt von
      ▷ ...                         - Vorgesetzter         Commitment
                                    - Team
                                    - ...
                                  ▪ ...
```

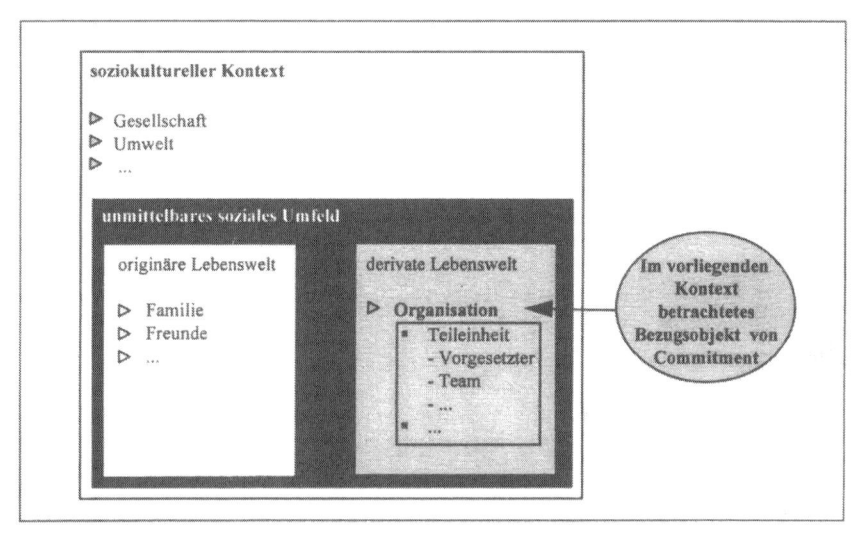

Abb. II-3:   *Differenzierung und Verortung möglicher Bezugsobjekte von Commitment*

- Die Etablierung einer psychologischen Bindung an und Festlegung auf Unternehmen und ihre Belange wurde als Zugang zur Handhabung zentraler Herausforderungen eines Humanressourcen-Managements dargelegt. Insbesondere vor dem Hintergrund opportunistisch ausnutzbarer Handlungsspielräume soll damit eine Festlegung auf die Verfolgung der Belange der Organisation induziert werden. Die Belange eines Unternehmens stimmen nicht zwangsläufig mit denen seiner Teileinheiten und Aktoren überein. Um daher Dysfunktionalitäten durch eine einseitige, "egoistische" Ausrichtung auf einzelne Bereiche zu vermeiden, ist zunächst eine übergreifende Orientierung eines Commitments an Unternehmen als Ganzes zweckmäßig. Besonders deutlich wird dies bspw. im Zusammenhang mit Ressortegoismen, die durch ein starkes Commitment für bestimmte Teilbereiche eines Unternehmens tendenziell eher gefördert denn reduziert werden könnten.[239] Damit können eigendynamische Inter- und Intrateileinheitenprozesse verbunden sein, die eine Auseinanderentwicklung der Interessen von Organisation und Bereichen fördern. Die Zielsetzung der Aktivierung einer eigenverantwortlichen

---

[239] Diese Argumentation läßt sich analog bspw. auch auf Teams oder einzelne Vorgesetzte etc. als potentielle Bezugsobjekte eines Commitments übertragen. Wird bspw. ein Commitment fokal auf einen bestimmten Vorgesetzten erreicht, können damit die Anreize eines Mitarbeiters reduziert werden, auch jenseits dessen Vorschriften oder Interessen Engagement zu entwickeln.

Nutzung von Handlungsspielräumen für die Interessen des Gesamtunternehmens, auch jenseits von Abteilungs- oder Ressortinteressen, könnte also mit der Bestimmung eng abgegrenzter Bezugsobjekte konterkarriert werden. Eine Orientierung an Unternehmen als Gesamtheit als Bezugsobjekt erscheint daher zweckmäßig.

- Darüber hinaus wurde Commitment bisher vorrangig im Sinne eines organisationsbezogenen Commitments untersucht.[240] *Empirische Studien* zu einer Differenzierung von Commitmentobjekten wurden bis dato erst in geringem Umfang durchgeführt.[241] Soweit verfügbar, ergeben diese jedoch eine relativ klare Differenzierbarkeit von organisationalem Commitment zu Commitment für andere Bezugsobjekte.[242] Dadurch erhöht sich die Attribuierbarkeit von Erklärungs- und Ergebnisvariablen organisationalen Commitments.[243] Dies ist hinsichtlich einer Analyse von Gestaltungspotentialen eines Commitments positiv zu beurteilen, da eindeutige Erklärungsvariablen einen möglichen Zugang zur Gestaltung eines Commitment-Managements darstellen können. Zudem ist eine relativ klare Zuordnung von Ergebnisvariablen unter Aspekten der Ergebniskontrolle und Rechtfertigung eines Commitment-Managements bedeutsam.[244] Eine Fokussierung der Organisation als Bezugsobjekt für die weitere Untersuchung von Commitment erscheint daher auch unter den Aspekten der empirischen Belegbarkeit als geeignet.[245]

---

[240] Vgl. hierzu, beispielhaft für die Mehrzahl der Untersuchungen, Buchanan (1974), S. 533, Caldwell, Chatmann, O'Reilly (1990), S. 251, DeCotiis, Summers (1987), S. 448, Gouldner (1959), S. 468, Hall, Schneider, Nygren (1970), S. 176 f., Hrebiniak, Alutto (1972), S. 556, Mowday, Steers, Porter (1979), S. 226, O'Reilly, Chatman (1986), S. 493, Sheldon (1971), S. 143, Wiener (1982), S. 421.

[241] Vgl. hierzu auch Meyer, Allen (1997), S. 19.

[242] Vgl. bspw. die Analyse von Morrow (1983), S. 488 und Abschnitt II.4.

[243] Vgl. zur Attribution von Erklärungsvariablen bspw. Mathieu, Farr (1991), Meyer, Allen, Smith (1993) und von Ergebnisvariblen bspw. Blau, Boal (1989), Meyer, Allen, Smith (1993).

[244] Dies ist bspw. bei Commitments für bestimmte Werte, eine bestimmte Arbeitsstelle oder eine spezifische Laufbahn und andere arbeitsbezogene Objekte aufgrund ihrer hohen Interkorrelationen kaum gegeben. Vgl. Morrow (1983), S. 488. Eine hohe Korrelation weist organisationales Commitment dabei auch mit Commitment für das Topmanagement einer Organisation auf. Vgl. Reichers (1986), S. 513. Dies ist jedoch darauf zurückzuführen, daß das Topmanagement auch als Repräsentant der Organisation fungiert und mit dieser assoziiert wird. Da das Topmanagement für die Mittelmanager ein recht unmittelbares Bezugsobjekt darstellt, erscheint diese Korrelation allerdings unproblematisch.

[245] Vgl. hierzu auch Grusky (1966), S. 489, der Commitment in diesem Sinne als Beziehung zur Organisation als Gesamtheit betrachtet.

(2) Differenzierte Betrachtung von Unternehmen als Bezugsobjekt

Mit der Fokussierung auf Organisationen bzw. Unternehmen als Gesamtheit findet eine klare Eingrenzung des untersuchten Bezugsobjekts statt. Die Komplexität[246] eines Commitment-Managements reduziert sich damit allenfalls auf den ersten Blick. Denn anders als in einer Reihe von Beiträgen zum organisationalen Commitment soll die Organisation hier nicht als monolytischer und undifferenzierter Block betrachtet werden, auf den Commitment gerichtet ist.[247]

Die Organisation wird vielmehr als übergeordnetes Bezugsobjekt verstanden, das Commitment für nachgeordnete Teilbereiche oder Ziele etc. einschließen kann.[248] Die Orientierung an der Organisation als Bezugsobjekt zielt damit auf eine Ausrichtung auf das Unternehmen, auch im Kontext untergeordneter Bezugsobjekte.[249] Diese können dabei durchaus hohe Bedeutung für den Aufbau organisationalen Commitments haben und Ansatzpunkte eines Commitment-Managements darstellen. Wie bereits angesprochen wurde, sind Beispiele für solche nachgeordneten Bezugsobjekte spezifische Unternehmensbereiche, Teams oder die Beziehung zu Vorgesetzten (vgl. Abb. II-3).[250] Die Tätigkeit[251] oder die Karriere[252] können in diesem Kontext weitere Commitmentobjekte darstellen.

---

[246] Hierzu sie angemerkt, daß Komplexität sowohl den Aspekt der Kompliziertheit als auch der Dynamik umfaßt, vgl. Ringlstetter (1997), S. 27. Im vorliegenden Kontext wird der Aspekt der Kompliziertheit hervorgehoben. Es wird dabei dennoch von Komplexität gesprochen, da im Zusammenhang von Unternehmen realistisch kaum von einer Unveränderlichkeit ausgegangen werden kann. Der Aspekt der Dynamik soll daher nicht ausgeklammert werden.

[247] Vgl. hierzu auch Reichers (1985), S. 469, die ebenfalls diese teilweise verkürzende Sichtweise der Forschung zum organisationalen Commitment bemängelt.

[248] Vgl. Gregersen (1993), S. 35 ff.

[249] Vgl. hierzu auch Armstrong (1993), S. 99.

[250] Von besonderem Interesse erscheinen hier die impliziten und expliziten Vereinbarungen, die im Rahmen dieser Beziehung getroffen werden, und auf die eine Festlegung erfolgen soll.

[251] Vgl. zum Commitment gegenüber der Tätigkeit analog das Konzept des Job Involvement z.B. bei Lodahl, Keijner (1965). Zudem kann Commitment nicht nur gegenüber einer spezifischen Tätigkeit, sondern allgemein auf die Arbeit gerichtet sein. Vgl. hierzu bspw. das Konzept der "work ethic", z.B. Blood (1969). Das Konzept der "work ethic" ist auch in Zusammenhang mit der protestantischen Ethik zu sehen, die immer wieder in Verbindung mit Leistungsverhalten gebracht wurde, vgl. z.B. Mc Clelland (1961), S. 48 ff. oder Vontobel (1970), S. 96 ff. Diese Art der Einstellung zur Arbeit kann gewissermaßen als ausgeprägte Disposition etwa zu Leistungsverhalten in einer Organisation aus moralischer Überzeugung verstanden werden. Sie steht damit dem Konstrukt des Commitments nahe, vgl. hierzu Abschnitt [II.2.1 (3)] zu den Formen eines Commitments.

[252] Vgl. bspw. Darden, Hampton, Howell (1989).

II.1.2 Grundlegende Schulen des Commitments

Zur weiteren Annäherung an ein organisationales Commitment wird nachfolgend auf zentrale Grundbegriffe der Commitmentforschung und deren Entwicklungshintergründe eingegangen. Die Commitmentforschung hat ihren Ursprung in den fünfziger und sechziger Jahren und brachte überaus unterschiedliche Ansätze zur Belegung des Commitmentbegriffs hervor. Wie gezeigt wurde, haben die Überlegungen Etzionis Anfang der sechziger Jahre die Ausdifferenzierung des Commitmentbegriffs mitgeprägt. Offenbar relativ unabhängig davon entstand eine grundlegende Differenzierung des Verständnisses von Commitment, die sich in zwei Richtungen der Commitment-Forschung widerspiegelt. Diese beiden Forschungsrichtungen nähern sich dem Commitment aus unterschiedlichen Perspektiven,[253] die als "Irrational School"(1) und "Rational School" (2) bezeichnet werden. Sie können gewissermaßen als Eckpfeiler der Commitment-Forschung betrachtet werden. In einem anschließenden Punkt werden diese beiden Richtungen knapp gegenübergestellt und vor dem Hintergrund synonymer Bezeichnungen - insbesondere des Verhaltens- und des Einstellungscommitments - relativiert (3).

(1) "Irrational School"

Ein Grundstein für die Untersuchung von Commitment im sozialpsychologischen Kontext resultiert aus der Forschungsrichtung der "Irrational School".[254] Hier werden Entscheidungen von Individuen fokussiert, die zu Verhalten im Sinne einer Aufrechterhaltung der Mitgliedschaft in einer Organisation führen ("membership decision"). Einer ihrer bekanntesten Vertreter ist Becker.[255] Er begründet diese Mitgliedsentscheidungen über bereits getätigte Investitionen ("side bets", oder "Nebenwetten") von Organisationsmitgliedern.[256] Diese "Nebenwetten" werden in Form von individuellen Investitionen bspw. in das Erlernen der bestehenden Regeln und Normen oder in den Aufbau sozialer Beziehungsgefüge getätigt. Auf deren positive Auswirkungen "wettet" ein Organisationsmitglied gewissermaßen. Bei einem

---

[253] Dies steht im Gegensatz zu Etzioni. Wie gezeigt wurde, betrachtet der Autor gleichzeitig unterschiedliche Formen des Commitments - aus der Perspektive einer normativen und einer pretialen Einbindung, vgl. die Einführung zu Abschnitt II.2.1.
[254] Vgl. hierzu und im folgenden Scholl (1981), S. 589 f.
[255] Vgl. Becker (z.B. 1960). Ein weiterer Vertreter dieser Forschungsrichtung ist Kiesler (z.B. 1971).

Austritt aus der Organisation gehen die positiven Effekte dieser Investitionen, wie die Einbindung in ein soziales Gefüge, jedoch großteils verloren. Um im Kontext Beckers zu argumentieren, ist damit die eingegangene Wette verloren.

Die Investitionen oder "side bets" erhöhen folglich die Austrittsbarrieren aus der Organisation. Auf diese Weise werden die Mitglieder an die Organisation gebunden. Commitment kann damit als Bindung an die Organisation verstanden werden, das auf der Entscheidung zur Aufrechterhaltung der Mitgliedschaft aufgrund von "Nebenwetten" basiert. Becker typisiert diese "side bets" nach drei Gruppen: Generalisierte Erwartungshaltungen, Akzeptanz und Erlernen des bürokratischen Systems und die Anpassung an die individuelle Position:[257]

- *Generalisierte Erwartungshaltungen* werden im Laufe des persönlichen Sozialisationsprozesses erworben.[258] Dabei internalisiert ein Individuum bestimmte soziokulturelle Normen und lernt, daß bspw. ein Verstoß gegen diese Normen sanktioniert wird. Es kann z.B. einer soziokulturellen Norm entsprechen, wenigstens etwa zwei Jahre bei einem Arbeitgeber zu verweilen, bis man ihn verläßt. Bei einem Verstoß gegen diese soziokulturelle Norm ist mit Sanktionen zu rechnen, etwa in Form eines "Karriereknicks". Bei einem Eintritt in eine Organisation entsteht also eine "Nebenwette" auf die Einhaltung der beruflich relevanten, sozialen Normen, im Fall des gewählten Beispiels einer zeitlichen Mindestverweildauer in der Organisation. Der Wetteinsatz ist dann die berufliche Reputation des Betroffenen. Verliert er die Wette, indem er das Unternehmen vor der normativen Mindestverweildauer verläßt, verliert er diesen Einsatz.[259]

---

[256] Vgl. hierzu und im folgenden Becker (1960), S. 36. Die zugrundeliegende Theorie Beckers wird als "sidebet-theory" bzw. "Seitenwetten-Ansatz" bezeichnet. Vgl. zu dieser Übersetzung auch Moser (1996 b), S. 1.

[257] Vgl. hierzu und im folgenden Becker (1960), S. 36 ff.

[258] Vgl. zum Konzept generalisierter Erwartungshaltungen Hagen (1964), S. 125 ff., Rotter (1966), S. 2. Generalisierung bedeutet hier, daß eine Person die Zusammenhänge zwischen ihrem Handeln und darauffolgenden Reaktionen wahrnimmt und - meist unbewußt - bestimmte Elemente aus diesen Erfahrungen abstrahiert. Tritt dann eine Situation ein, der eine Person gedanklich diese abstrahierten Merkmale zuordnet, überträgt sie ihre Erfahrungen auf die Erwartungshaltungen gegenüber der neu eingetretenen Situation. Auf diese Weise entstehen generalisierte Erwartungshaltungen gegenüber spezifischen Situationstypen.

[259] Auch wenn heute noch immer normativ gewisse Mindestzeiträume für eine Tätigkeit in einem Unternehmen gelten, sind die Überlegungen Beckers in dieser Form doch klar vor dem zeitlichen Hintergrund zu sehen, vor dem diese Überlegungen entstanden sind. Ein vorzeitiger Austritt aus einem Unternehmen ist heute sicherlich in geringerem Umfang mit dem Verlust beruflicher Reputation verbunden als etwa vor 40 Jahren, als Beckers Beiträge entstanden.

- Ein zweiter Typ von "Nebenwette", durch den nach Becker Commitment aufgebaut wird, entsteht dadurch, daß ein Individuum mit dem Eintritt in eine Organisation stillschweigend auch die *bürokratischen Systeme und Regeln* derselben *akzeptiert* und in gewissem Maße auch *erlernen* muß. Es wird also eine Verpflichtung gegenüber diesen Regeln eingegangen.[260] Diese können neben allgemeinen Verhaltensvorschriften auch Vereinbarungen zur Gewährung ökonomischer Vorteile beinhalten, bspw. zu Pensionsfonds etc. Beim Verlassen derselben tritt ein Mitglied zugleich aus dem Wirkungskreis dieser Regeln aus. Im Fall der Regelungen zum Pensionsfond heißt das, daß diese Ansprüche verfallen. Der Wetteinsatz im Sinne von Zeit und Engagement für die Organisation im Laufe der Mitgliedschaft im Unternehmen geht damit ebenso wie die Aussicht auf den "Gewinn" verloren. Damit erhöht sich das Commitment gegenüber einer Organisation - im Sinne einer Aufrechterhaltung der "membership decision".

- Eine dritte Kategorie von "side bets" ist schließlich die *individuelle Anpassung an die organisatorische Position*. Diese umfaßt erstens die fachliche Ausrichtung und Spezialisierung, mit deren Ausmaß sich tendenziell das Spektrum möglicher Beschäftigungsalternativen reduziert. Sie stellt somit eine Investition dar, die Commitment aufbaut. Zweitens erfordert die soziale Integration Investitionen, bspw. das Kennenlernen anderer Organisationsmitglieder, das Gewähren von Hilfeleistungen und den Aufbau einer Reputation im Unternehmen. Letztere reduziert die Komplexität von Interaktionen und ermöglicht Vertrauensvorschüsse. Beim Austritt aus der Organisation verlieren diese Investitionen ihren Wert und ihre positiven Effekte gehen verloren.

Diese Sichtweise von Commitment wird insofern als "irrational" verstanden, als daß diese Investitionen auch unbewußt getroffen werden können. Commitment besteht dann so lange latent, bis bspw. die Entscheidung zum Austritt aus der Organisation ansteht.[261] Dies kann darauf zurückgeführt werden, daß entsprechende Investitionen bei der Entscheidung, in eine Organisation einzutreten, nicht Hauptgegenstand des Interesses sind und daher quasi übersehen bzw. unbewußt getätigt werden. Die aktuellen und zukünftigen Konsequenzen der gewählten Alternative, einschließlich aller "Nebenwetten" werden also nicht vollständig

---

[260] Eine psychologische Festlegung auf entsprechende Regeln und Systeme ist dann unter ein organisationales Commitment subsumierbar.
[261] Vgl. Becker (1960), S. 38.

abgewogen. Eine solche Eintrittsentscheidung auf Basis einer unvollständigen Informationsgrundlage kann dann als irrational bezeichnet werden.

(2) "Rational School"

Eine zweite grundlegende Forschungsrichtung des Commitments gründet auf späteren Überlegungen, die maßgeblich auf Porter, Mowday, Steers und Kollegen zurückgehen.[262] Sie bilden den zentralen Ausgangspunkt dieser Richtung, was auch auf das Meßverfahren der Forschungsgruppe zurückzuführen ist, dem Organizational Commitment Questionnaire (OCQ).[263] Auf dieses Meßverfahren des Commitmentkonstrukts wird in einer Reihe von Studien zurückgegriffen,[264] so daß sich schon hieraus eine hohe Akzeptanz des zugrundeliegenden Commitmentkonstrukts erklärt.[265]

Im Gegensatz zur "Irrational School", die sich auf Verhalten im Sinne der Aufrechterhaltung einer Mitgliedschaft richtet, fokussiert sich das Forschungsinteresse der "Rational School" auf den psychologischen Zustand, der Commitment konstituiert. Commitment wird hier dementsprechend als multidimensionales Einstellungskonstrukt verstanden. Es umfaßt Phänomene wie die Identifikation mit der Organisation, die Einsatzbereitschaft für diese sowie den Wunsch, die Mitgliedschaft in der Organisation aufrecht zu erhalten.[266] Trotz der Betonung der Einstellungen erfolgt daher auch eine Berücksichtigung korrespondierender Verhaltensweisen - des Einsatzes und des Verbleibs in der Organisation.

Einstellungen, die Commitment konstituieren, basieren dabei auf einer Kongruenz zwischen den Wertvorstellungen und Interessen eines Mitglieds und seiner Organisation. Sie entstehen im Laufe der Mitgliedschaft durch positive Erfahrungen mit der Organisation und sind relativ stabil. Langfristig kann Commitment folglich jedoch nur unter der Bedingung der

---

[262] Vgl. z.B. Mowday, Porter, Steers (1982), Mowday, Steers, Porter (1979), Porter et al. (1974).
[263] Vgl. Porter et al. (1974), deren Meßskala im Anhang zusammen mit anderen zentralen Meßskalen abgebildet ist. Weiter sind in diesem Kontext Meßverfahren z.B. von Allen, Meyer (1990), Caldwell, Chatman, O'Reilly (1990) und Sheldon (1971) bekannt geworden.
[264] Vgl. zur Verwendung des OCQ und des zugrunde liegenden Commitmentbegriffs beispielhaft Bateman, Strasser (1984), S. 95 und Reichers (1985), S. 467, die ebenfalls auf die zentrale Bedeutung des Ansatzes von Porter und seinen Kollegen und die umfangreiche Verwendung des OCQ hinweisen.
[265] Auch Angle und Lawson (1994), S. 1539 f. verweisen auf die Pionierrolle von Porter und seinen Kollegen im Rahmen der Commitmentforschung und greifen auf deren Commitment-Begriff zurück.
[266] Vgl. Mowday, Porter, Steers (1982), S. 27, Mowday, Steers, Porter (1979), S. 226, Porter et al. (1974), S. 604, Steers (1977), S. 46.

Aufrechterhaltung der Wert- und Interessenkongruenz, aus der positive Einstellungen resultieren, bestehen. Commitment steht im Rahmen der "Rational School" also in engem Zusammenhang mit der Wahrnehmung oder Erwartung individueller Bedürfnisbefriedigung.[267] Dies kann in Verbindung mit einer rationalen Kalkulation individuellen Nutzens gesehen werden.[268] Die Bezeichnung als "Rational School" ist vor dem Hintergrund dieser Argumentationslinie einleuchtend.[269]

(3) **Gegenüberstellung und kritische Würdigung**

Die dargelegten Grundrichtungen der Commitmentforschung werden nachfolgend relativiert. Zur Veranschaulichung ihrer gegensätzlichen Ausrichtung werden dabei auf Grundlage der vorangehenden Erläuterungen vier Aspekte gegenübergestellt: Der Forschungsfokus, die Art der Einbindung, die Commitment jeweils konstituiert, der zugrunde liegende Antrieb für diese Einbindung, sowie der Rationalitätsaspekt, der damit verknüpft und ursächlich für die Bezeichnungen der Forschungsrichtungen ist (vgl. Abb. II-4).

---

[267] Die Befriedigung von Bedürfnissen durch die Organisation erfolgt z.B. durch die Wahrnehmung der Einbindung in ein soziales Gefüge, die mit der Identifikation mit Zielen und Werten einer Organisation verknüpft sein kann. Vgl. zum Bedürfnis sozialer Einbindung auch Maslows Bedürfnishierarchie (1954), S. 80 - 92 und McClellands (1987), S. 333 ff. need for affiliation seiner Bedürfniskategorien.

[268] Dabei ist anzumerken, daß dieser Nutzenbegriff schwer operationalisierbar ist, da die individuellen Wahrnehmungen von Nutzen bspw. durch Identifikationspotentiale oder Möglichkeiten, einen Beitrag zur Gesamtorganisation zu leisten, stark divergieren.

[269] Anhand dieser Argumentation wird eine gewisse Parallelität zur Erwartungs-Wert-Theorie sichtbar, die Verhalten auf subjektive Wertattributionen in Verbindung mit der wahrgenommenen Wahrscheinlichkeit der Erlangung dieser Werte zurückführt, vgl. Vroom (1964). Weitere Ansätze zu dieser Theorie stammen bspw. von Porter, Lawler (1968), Graen (1969). Die Erwartung, also die subjektive Wahrscheinlichkeit, einen Wert (valence) zu erlangen, wird hier differenziert in die Instrumentalität einer Handlung für die Erreichung des Wertes (instrumentality) und die wahrgenommene Wahrscheinlichkeit, dieses Handeln auch zu äußern. Sie resultieren bspw. aus Identifikationsmöglichkeiten mit den Zielen und Werten der Organisation oder aus Möglichkeiten der Selbstentfaltung. Diese Effekte werden mit der subjektiven Wahrscheinlichkeit relativiert, mit der ein Mitglied annimmt, in den Genuß dieser Effekte zu gelangen. Die Wahrnehmung solcher Wahrscheinlichkeiten resultiert aus generellen Erwartungshaltungen. Diese gehen maßgeblich aus den Erfahrungen hervor, die ein Mitglied in seiner Organisation macht, bspw. ob ein Organisationsmitglied in der Vergangenheit wahrgenommen hat, daß berufliches Engagement zu einer Verbesserung seiner Möglichkeiten zur Selbstentfaltung führt. In der Konsequenz bilden Erwartungshaltungen Einstellungen und führen zu konkretem Verhalten. Dies wird auch im Fall von Commitment unterstellt, so daß die Argumentation der "rational school" hier relativ verwandt erscheint. Vgl. hierzu auch Scholl (1981), S. 590.

Charakteristika	"Rational School"	"Irrational School"
Fokus	psychologischer Zustand	Verhalten, i.S. der Aufrechterhaltung der Mitgliedsentscheidung
Art des Commitments	gewollte Bindung durch Belohnung sowie Werte- und Zielkongruenz	erzwungene Bindung durch Austrittsbarrieren
Antrieb	aktuelle Bedürfnisbefriedigung, positive Erwartungen	Angst vor Verlusten bei Austritt aus der Organisation
Rationalität	hoch, Basis sind individuelle Bedürfnisse	niedrig, Basis sind ex ante nicht kalkulierte Austrittsbarrieren

Abb. II-4:   Gegenüberstellung von "Rational School" und "Irrational School"des Commitments

Diese beiden Forschungsrichtungen werden synonym auch als Einstellungs- (rational) und Verhaltenscommitment (irrational) bezeichnet. Diese begriffliche Trennung erscheint jedoch bei genauerer Betrachtung fraglich.[270] Einstellungscommitment, oder das Commitment der "Rational School", reflektiert das Verhältnis einer Person bspw. zu einer Organisation im Sinne eines mehrdimensionalen Einstellungskonstrukts.[271] Die Begründung für die Bezeichnung als "Einstellungscommitment" ist zunächst im Fokus auf den Einstellungen zu sehen, sowie in der Annahme, daß der Aufbau gewisser Einstellungen zu spezifischen Verhaltensweisen führt. Im Gegensatz dazu beruht die Bezeichnung des Verhaltenscommitment auf der Annahme, daß Commitment durch bestimmtes Verhalten entsteht.[272]

Wie nachfolgend gezeigt wird, erscheint diese Differenzierung aufgrund von Rückkoppelungsprozessen zwischen Verhalten und Einstellungen wenig zweckmäßig:

- Einstellungcommitment kann auf Verhalten zurückgeführt werden. Einstellungen sind als erlernte Dispositionen zu verstehen, in bestimmten Situationen auf bestimmte Art

---

[270] Vgl. beispielhaft Meyer, Allen (1997), S. 9 f., Mowday, Porter, Steers (1982), S. 26, Reichers (1985), S. 468.

[271] Vgl. Mowday, Steers, Porter (1979), S. 226.

[272] Darüber hinaus setzen wenige Autoren Commitment teilweise auch mit Verhalten gleich, so z.B. Steinle, Ahlers, Riechmann (1999), S. 223, wenn sie Commitment unter anderem als "... gezeigtes Verhalten im Sinne der Unternehmung ..." beschreiben.

und Weise zu reagieren.²⁷³ Einstellungen werden demnach handlungswirksam. Bspw. kann eine hohe Identifikation mit den Unternehmenszielen Commitment und schließlich Engagement fördern. Dabei ist jedoch zu berücksichtigen, daß Verhaltensweisen wiederum zu Konsequenzen im organisatorischen Umfeld führen können, bspw. in Form von Sanktionsmechanismen. Deren Wahrnehmung führt zu Erfahrungen, die - in einem Rückkoppelungsprozeß - wieder Einfluß auf die bestehenden Einstellungen nehmen. Damit wird deutlich, daß Einstellungscommitment auch durch Verhalten und seine Konsequenzen geprägt wird.

- Verhaltenscommitment wird auch durch Einstellungen bedingt. Gegenstand des Interesses des Verhaltenscommitments sind beobachtbare Verhaltensweisen,²⁷⁴ bspw. die Anpassung an die organisatorischen Anforderungen oder Regeln.²⁷⁵ Deren Konsequenzen werden wahrgenommen und interpretiert und führen so zu Commitment und entsprechenden Einstellungen, z.B. dem Wunsch, die Mitgliedschaft zu erhalten.²⁷⁶ Da gezeigt wurde, daß Einstellungen handlungswirksam werden (können), ist hier wiederum von einem Rückkoppelungseffekt auszugehen, der zur Förderung entsprechender Verhaltensweisen beiträgt.²⁷⁷

Es wird deutlich, daß Verhalten und Einstellungen über gegenseitige Rückkoppelungsprozesse in engem Zusammenhang stehen: Einstellungen bedingen Verhalten, und Verhalten und seine Konsequenzen führen zur Bildung, Verstärkung oder Modifizierung commitmentrelevanter Einstellungen. Folglich ist davon auszugehen, daß sowohl Einstellungen als auch Verhaltensweisen als Ausgangspunkt eines Commitments fungieren können. Dies wird in der folgenden

---

[273] Vgl. hierzu Zimbardo (1995), S. 708 f.
[274] Vgl. Mowday, Steers, Porter (1979), S. 225.
[275] Vgl. hierzu ausführlich bspw. Salancik (1977a), S. 285, der die Bindungswirkung von Verhaltensweisen als maßgebliche Grundlage für den Aufbau von Commitment nennt. Diese Wirkung erhöht sich mit der Unmöglichkeit, Verhaltensweisen zu negieren (explicitness) und zu widerrufen (revocability), dem Ausmaß freien Willens, die zu einer Handlung führte (volition) und der Öffentlichkeit dieser Handlung (publicity). Nimmt ein Individuum diese Attribute seines Verhaltens wahr, fühlt es sich an diese gebunden, bspw. an den Eintritt in eine Organisation. In der Konsequenz entsteht damit Commitment gegenüber der Organisation und das Bestreben, in dieser zu verbleiben.
[276] Z.T. in Anlehnung an Hulin (1991), S. 490.
[277] So weist Becker sogar eindeutig darauf hin, daß Commitment eine Variable ist, die Verhalten erklärt und keinesfalls mit spezifischen Verhaltensweisen gleichzusetzen ist, vgl. Becker (1960), S. 37. Becker wird in der einschlägigen Fachliteratur als maßgeblicher Vertreter der "Irrational School" und des Verhaltenscommitments zitiert, vgl. z.B. Meyer, Allen (1997), S. 9 f., Scholl (1981), S. 590, ohne daß dieser den Begriff jedoch selbst verwendet.

Abbildung II-5 anhand der Darstellung der Argumentationslinien von Einstellungscommitment (1) und Verhaltenscommitment (2) veranschaulicht.[278]

Die Unterscheidung zwischen Einstellungs- und Verhaltenscommitment ist daher kritisch zu betrachten. Sie erscheint kaum als geeigneter Zugang zu einer grundlegenden Systematisierung von Commitment.

```
                    Commitment:
                    Psychologische Fest-
                    legung auf und Bindung
          ②         an eine Organisation         ①
               ①                        ②
                    ① Wahrnehmung (positiver)
                       Rückmeldungen

    Einstellungen                               Verhalten

    Beispiel:         ② Wahrnehmung von        Beispiel:
    ① Identifikation mit Zielen   Sanktionsmechanismen   ① Engagement
       und Werten     des Systems

    ② Wunsch in der                            ② Anpassung an die
       Organisation zu bleiben                    Organisations-
                                                  anforderungen

    ① Argumentation des Einstellungscommitments
    ② Argumentation des Verhaltenscommitments
```

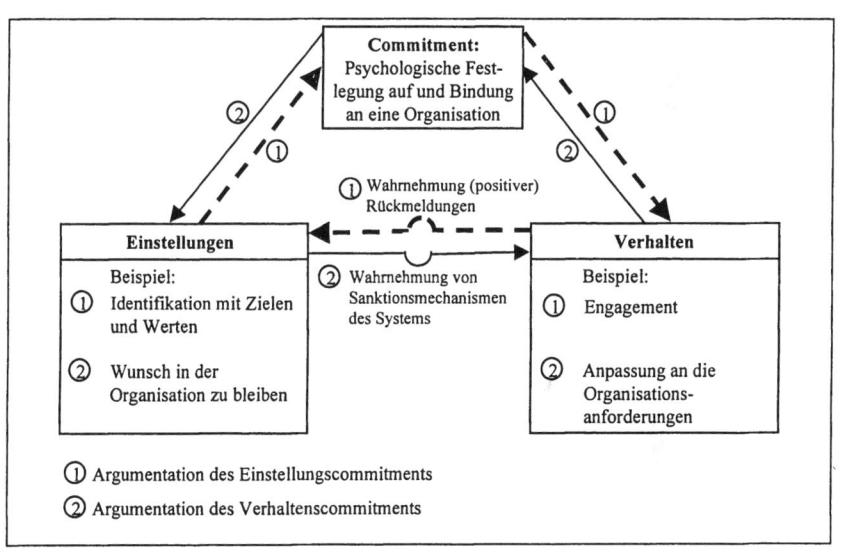

Abb. II-5:   Relativierung der Termini "Einstellungscommitment" und "Verhaltenscommitment" aufgrund von Rückkoppelungsprozessen zwischen Einstellungen und Verhalten

II.2 Erweitertes Commitmentverständnis: Differenzierung von drei Commitmentkomponenten

Im vorangehenden Abschnitt wurden zentrale Grundbegriffe der Commitment-Forschung kritisch betrachtet, die grundlegende Sichtweisen von Commitment im sozialpsychologischen Kontext beleuchten. Maßgeblich vor dem Hintergrund dieser Ausgangsbasis haben sich umfangreiche und divergierende Begriffsauffassungen von Commitment entwickelt. Diese

---

[278] Vgl. hierzu auch Reichers (1985), S. 468. Die auf diese Weise getroffene Unterscheidung zwischen Einstellungs- und Verhaltenscommitment wird darüber hinaus fraglich, wenn man berücksichtigt, daß

spiegeln sich in unterschiedlichen Schwerpunkten (Einstellungen versus Verhalten)[279], abweichenden Perspektiven (z.b. Wertekongruenz versus kalkulierte Mitgliedschaft) und heterogenen Merkmalsdimensionen selbst innerhalb ähnlicher Konzeptionen (z.B. Involvement, Identifikation), wider. Im folgenden wird Commitment unter Berücksichtigung unterschiedlicher Konzeptionen in der Commitmentforschung beleuchtet. Um hieraus geeignete Ansatzpunkte für die Gestaltung eines Commitment-Managements abzuleiten, wird dabei versucht, zu einem umfassenderen Begriffsverständnis von Commitment zu gelangen als beispielsweise in der "Rational School" oder "Irrational School". Hierbei ist es zweckmäßig, die divergierenden Commitmentkonzeptionen zunächst zu systematisieren.

Als Ausgangspunkt wurde Commitment als (Selbst-)Bindung an und Festlegung auf eine Organisation dargelegt.[280] In diesem Sinne ist *Commitment* präzisierend als *ein psychologischer Zustand* zu verstehen, *der die Beziehung eines Individuums zu seiner Organisation beschreibt*. Die "Scientific Community" ist sich hinsichtlich dieser Auffassung bis zu einem gewissen Grad einig.[281] Hinsichtlich der Frage nach der Art dieses psychologischen Zustandes herrscht jedoch angesichts der angesprochenen Perspektivenvielfalt größte Uneinigkeit.[282] Dies rührt sicherlich auch von den unterschiedlichen Perspektiven und Forschungsinteressen her.

Im vorliegenden Kontext soll ein weites Begriffsverständnis erlangt werden, um in Hinblick auf die Generierung von Gestaltungsmöglichkeiten eines Commitment-Managements möglichst umfassende Potentiale des Commitments zu erschließen. Im Rahmen der nachfolgenden Systematisierung sollen zu diesem Zweck Commitmentformen unterschieden und als Komponenten in ein erweitertes Begriffsverständnis integriert werden. Commitment ist dann als mehrdimensionales Konstrukt zu verstehen, das unterschiedliche Commitmentformen - etwa Aspekte der Identifikation mit Zielen und Werten oder der Kalkulation von

---

bspw. im Rahmen des Einstellungscommitments auch eine explizite Auseinandersetzung mit commitmentbedingten Verhaltensweisen stattfindet. Vgl. z.B. Mowday, Steers, Porter (1979), S. 226.
[279] Vgl. Abschnitt II.1.
[280] Vgl. die einführenden Erläuterungen zu Abschnitt II.2..
[281] Vgl. hierzu beispielhaft die zentralen Commitmentauffassungen von Allen, Meyer (1991), S. 67, Becker (1960), S. 33, Buchanan (1974), S. 533, Mowday, Steers, Porter (1982), S. 226, Meyer, Allen (1997), S. 10, Morris (1981), S. 514, O'Reilly, Chatman (1986), S. 493, Sheldon (1971), S 143, Wiener (1982), S. 418.
[282] Vgl. Allen, Meyer (1991), S. 67, Becker (1960), S. 33, Buchanan (1974), S. 533, Mowday, Steers, Porter (1982), S. 226, Meyer, Allen (1997), S. 10, Morris (1981), S. 514, O'Reilly, Chatman (1986), S. 493, Sheldon (1971), S. 143, Wiener (1982), S. 418.

"Austrittsbarrieren" - einschließt. Unterschiedliche Commitmentauffassungen werden auf diese Weise nicht (mehr) in Konkurrenz um den Anspruch auf einen allgemeingültigen Erklärungsansatz betrachtet. Vielmehr werden die verschiedenen Formen von Commitment als Bausteine in ein *erweitertes Verständnis von Commitment* eingebunden. Unterschiedliche Erklärungsansätze und *Formen von Commitment erhalten damit den Charakter konstituierender Komponenten*, die durchaus parallel wirken und Interdependenzen aufweisen können.[283] Unter Berücksichtigung der unterschiedlichen Konzeptualisierungen von Commitment in der Fachliteratur sollen drei zentrale, inhaltliche Aspekte eines Commitments als konstitutive Bestandteile eines erweiterten Commitmentverständnisses verstanden werden. Diese werden nachfolgend erläutert:[284]

- Zunächst kann Commitment aus der Perspektive einer positiven Einstellung eines Mitglieds zu seiner Organisation betrachtet werden. Das bedeutet, daß eine Einbindung in und Festlegung auf eine Organisation aufgrund einer *emotionalen, positiven Zuwendung* zu einer Organisation besteht, wie sie etwa die Identifikation mit Zielen und Werten darstellt.[285] Commitment basiert dann auf affektiver Grundlage und wird im folgenden als affektive Commitmentkomponente bezeichnet, was das mehrdimensionale Begriffsverständnis zum Ausdruck bringt, bzw. kurz als *affektives Commitment*.

---

[283] Wie bereits deutlich wurde, werden in der sozialpsychologischen Commitmentforschung unterschiedliche Commitmentformen thematisiert, die z.T. auch als parallel auftretende Phänomene betrachtet werden. Vgl. z.B. Buchanan (1974), S. 542, Caldwell, Chatman, O'Reilly (1990), S. 247, 250, Mayer, Schoormann (1992), S. 673, Meyer et al. (1989), S. 152, Meyer, Allen (1997), S. 10 ff., O'Reilly, Chatman (1986), S. 493. Die Konzeptualisierungen unterschiedlicher Commitmentformen divergieren dabei bspw. hinsichtlich Foki und Begriffsfindungen. Tendenziell ist dabei zu konstatieren, daß unterschiedliche Commitmentaspekte als unterschiedliche, unabhängige Formen von Commitment behandelt werden und nicht als Komponenten eines psychischen Zustands. Dennoch findet sich die Komponentenbetrachtung in einigen Beiträgen wieder, vgl. etwa Randall, Fedor, Longenecker (1990), S. 214 und Somers (1995), S. 49, die sich an Meyer, Allen (1984, 1991) anlehnen, sowie Dunham, Grube, Castaneda (1994).

[284] Wie bereits erläutert, bestehen in der Literatur unterschiedliche Auffassungen über Reichweite und Aspekt des Commitments. Die herangezogenen Aspekte finden dabei in impliziter, als auch in expliziter Form mit diesen Bezeichnungen sowie auch mit ähnlichen Begriffen Beachtung. Vgl. bspw. Meyer, Allen (1997), S. 11, die diese drei Aspekte aufgreifen, wenngleich sie diese nebeneinander diskutieren und nicht im Sinne eines integrierten Konstrukts darlegen. In den nachfolgenden Ausführungen werden zu den differenzierten Komponenten des Commitments jeweils Übersichten zu zentralen Konzepten gegeben, in denen dargestellt wird, welche Commitmentaspekte betrachtet werden und mit welcher Begriffsterminologie jeweils gearbeitet wird.

[285] Aufgrund der positiven Beurteilung der Beziehung zur Organisation und der Freiwilligkeit, aufgrund der Commitment besteht, wird deutlich, daß Commitment auf dieser Basis den Überlegungen der "Rational School" nahe steht. Vgl. hierzu auch Punkt II.2.1(2b).

- Eine weitere denkbare Perspektive von Commitment ist eine Einbindung oder Festlegung eines Mitglieds, die aus der *Wahrnehmung einer Verpflichtung gegenüber der Organisation* resultiert. Eine auf diese Weise begründete Beziehung ist bspw. aufgrund von Vorleistungen des Unternehmens etwa in Form von Ausbildungsmaßnahmen denkbar. Ein Organisationsmitglied nimmt dann etwa entsprechend sozialer Normen wahr, daß es sich gewissermaßen in die "Schuld" der Organisation begeben hat und wird sich tendenziell um einen Ausgleich bemühen.[286] Commitment resultiert vor diesem Hintergrund also aus der Wahrnehmung einer normativen Verpflichtung gegenüber der in Vorleistung gegangenen Organisation. Commitment, das auf dieser Grundlage entsteht, wird daher mit dem Terminus *normatives Commitment bzw. normative Commitmentkomponente* gerecht.

- Darüber hinaus kann Commitment im Rahmen einer Beziehung zwischen einem Mitglied und seiner Organisation vor dem Hintergrund *individuell kalkulierter Kosten-Nutzenüberlegungen* betrachtet werden. Commitment dieser Art besteht dann bspw. aufgrund der Wahrnehmung von Kosten, die beim Austritt aus einer Organisation resultieren.[287] Eine Einbindung in und Festlegung auf eine Organisation entsteht hier also aufgrund individueller Kalkulationen. Commitment dieser Art soll folglich als *kalkuliertes Commitment* - bzw. als kalkulierte Commitmentkomponente - bezeichnet werden.[288]

---

[286] Vgl. hierzu bspw. Walton (1985 a), S. 35, der diesbezüglich von einer relativ hohen Bereitschaft der Mitarbeiter ausgeht, Leistungen der Organisation zu erwidern.
Soziale Normen, die auf dieses Ausgleichsprinzip rekurrieren, sind interkulturell relativ verbreitet und haben ihren Ursprung im sozio-kulturellen, oft religiösen Kontext. Bspw. entspringt es dem Kern protestantisch-calvinistischer Lehre, zum Dank für die von Gott gegebenen Talente - als gewissen Ausgleich - diese Talente zu Ehren Gottes auch einzusetzen. Zeigt sich eine Person in dieser Weise dankbar, darf sie - im Gegensatz zu zahlreichen anderen Weltanschauungen - im Gegenzug auch bereits im Diesseits die "Früchte" ihrer Bemühungen "ernten", z.B. in Form weltlichen Wohlstands. Vgl. z.B. Vontobel (1970), S. 98. Das Prinzip des Ausgleichs liegt zahlreichen anderen Religionen und Weltanschauungen zugrunde, etwa dem Hinduismus, der die Daseinsform des aktuellen Lebens gewissermaßen als Ausgleich für Wohl- oder Fehlverhalten in vorangehenden Leben betrachtet.
Dieses Ausgleichsprinzip findet bspw. Ausdruck in Aussprüchen wie dem englischen "tit for tat" oder dem Deutschen "Gleiches mit Gleichem vergelten". Es prägt auch die modernen Formen westlichen Zusammenlebens. Bspw. ist es üblich, Geschenke und Einladungen zu erwidern.

[287] Vgl. hierzu auch Punkt II.2.1 (2a).

[288] Diese dritte Perspektive der Kalkulation ist vor dem Hintergrund der Tradtion der "Irrational School"zu sehen, deren Problematik erläutert wurde. Vgl. zur Problematik dieser Sichtweise, die insbesondere aus der relativ hohen Ähnlichkeit zur Erwartungswert-Theorie und der Frage nach dem Mehrwert des Commitments gegenüber den dort angestellten Überlegungen resultiert, Abschnitt [II.2.1.(2 b)].

Der psychologische Zustand des Commitment wird daher im folgenden anhand seiner drei Komponenten affektives Commitment (II.2.1), normatives Commitment (II.2.2) und kalkuliertes Commitment (II.2.3) untersucht, die die oben dargestellten Zugänge und inhaltlichen Schwerpunkte eines Commitments repräsentieren.[289] Sie dienen als Gerüst für die nachfolgende Systematisierung des Begriffskomplexes. Diese Systematisierung erfolgt auf Grundlage der zentralen Konzeptionen von Commitment in der einschlägigen Fachliteratur, die anhand der drei erläuterten Komponenten relativiert werden. Gemeinsam sollen diese Blickwinkel zu einem erweiterten Begriffsverständnis beitragen. Zugleich soll auf diese Weise dem weithin kritisierten Mangel an Systematisierung und Strukturierung des Status Quo der Commitmentforschung ein Stück weit entgegengetreten werden.[290]

II.2.1 Affektive Commitmentkomponente - die Perspektive einer emotionalen Zuwendung

Als Basis des affektiven Commitments wurde soeben eine subjektiv empfundene, positive innere Zuwendung zu einer Organisation auf emotionaler Basis erläutert. Zur Spezifizierung von Commitment aus der affektiven Perspektive werden im folgenden zentrale Grundkonzepte affektiven Commitments diskutiert (1). Davon ausgehend werden dann die zentralen Merkmalsdimensionen des affektiven Commitments abgeleitet, in Zusammenhang mit einem Überblick über weiterführende Konzepte und Studien, die auf die erläuterten Grundkonzepte Bezug nehmen (2).

---

[289] In der psychologischen Vertragsliteratur wird hier insbesondere die Existenz affektiven Commitments als Grundlage respektive Effekt intakter psychologischer Verträge betrachtet, wobei jedoch kein Fokus auf die Commitmentforschung gelegt wird. Vgl. hierzu beispielhaft eine der Hauptvertreterinnen der psychologischen Vertragstheorie, Rousseau (1995), S. 105.

[290] Vgl. hierzu bspw. Becker (1960), S. 32, Guest (1989), S. 50, Hopfl (1992), S. 25, Meyer, Allen (1997), S. VIII, 10, Morrow (1983), S. 486 ff., Scholl (1981), S. 589, Steers (1977), S. 46. Vgl. zudem zu uneinheitlichen Verwendung gleicher Commitmentbegriffe beispielhaft Caldwell, Chatman, O'Reilly (1990), S. 250, 252, 255 und Meyer, Allen (1991), S. 67. Vergleiche beispielhaft auch Buchanan (1974), S. 533, der Involvement etwa als eine Merkmalsdimension von Commitment neben anderen sieht, Etzioni (1975), S. 10, der Commitment als spezifische Form des Involvements beschreibt und Kidron (1978), S. 241, der in Anlehnung an Etzioni eine synonyme Verwendbarkeit von Commitment und Involvement angibt.

(1) Grundkonzepte

Analysiert man die Commitmentliteratur in Hinblick auf Konzepte, die Commitment auf Basis einer affektiven Zuwendung thematisieren, treten Konzept und Meßverfahren von Porter, Mowday und Kollegen in den Vordergrund[291] (a). Dieses grundlegende Konzept wird dargelegt und anhand von zwei weiteren, zentralen Konzepten affektiven Commitments kritisch betrachtet (b).Vergleiche zu den Grundkonzepten Abb. II-6.

(a)

Porter et al. (1974)
- Involvement in die Belange der Organisation
- Identifikation mit Zielen, Werten, Normen
- Wunsch, Mitglied der Organisation zu bleiben

(b)

O`Reilly, Chatman (1986)
- Internalisierung
- Identifikation mit Zielen, Werten, Normen

Allen, Meyer (1984)
- Involvement in die Belange der Organisation
- Identifikation mit der Organisation
- emotionale Bindung an die Organisation

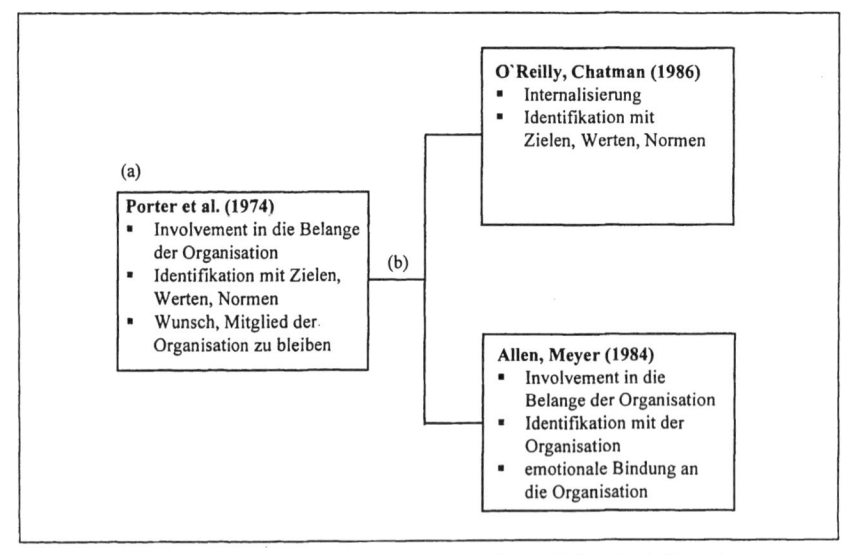

Abb. II-6:   Grundkonzepte affektiven Commitments und zentrale Merkmalsdimensionen

(a) Konzept von Porter und Kollegen: Die Autoren haben Commitment anhand des "Organizational Commitment Questionnaire" operationalisiert.[292] Sie definieren das Konstrukt als *relative Stärke der Identifikation eines Individuums mit einer Organisation und des*

---

[291] Wie bereits deutlich wurde, stellt das Konzept einen zentralen Ausgangspunkt der "rational school" dar. Vgl. Mowday, Porter, Steers (1982), Mowday, Steers, Porter (1979), Porter et al. (1974). Vgl. auch Punkt I.2.1.(2b). Auf diese wird in zahlreichen nachfolgenden Studien affektiv basierten Commitments zurückgegriffen, so z.B. bei Bateman, Strasser (1984), S. 95, Curry, Wakefield (1986), S. 847, DeCotiis, Summers (1987), S. 448, Huselid, Day (1991), S. 383, Mayer, Schoormann (1992), S. 673, Meyer, et al. (1989), S. 152, Meyer, Allen (1997), S. 11, Morris (1981), S. 515 etc.

[292] Vgl. Porter et al. (1974) und zum Meßverfahren des OCQ den Anhang.

*Involvements in eine Organisation.*²⁹³ Dieser Begriffsauffassung legen die Autoren dementsprechend drei konstitutive Merkmale zugrunde:

- Ein starker Glaube an die Ziele und Werte der Organisation und deren Akzeptanz: Dieser drückt die *Identifikation* mit der Identität einer Organisation und deren Akzeptanz aus.²⁹⁴ Dies führt zu einer Orientierung eines Mitglieds an der Organisation.

- Die Bereitschaft, sich für die Organisation zu engagieren: Hierin findet das *Involvement* Ausdruck. Es steht für einen Zustand intensiver, geistiger Befassung und Auseinandersetzung mit den Zielen, Werten und Normen der Organisation.²⁹⁵ Es geht mit einer starken Einbindung eines Mitglieds in seine Organisation einher.²⁹⁶

- Der *Wunsch, Mitglied der Organisation zu bleiben*. Dieser dritte Aspekt ist jedoch eher als Korrelat affektiven Commitments zu betrachten,²⁹⁷ das tendenziell den Konsequenzen eines organisationalen Commitments zuzuordnen ist.²⁹⁸

Identifikation und Involvement sind in engem Zusammenhang zu sehen. Denn es ist naheliegend, daß ohne ein gewisses Maß an geistiger Involvierung eine Identifikation mit einem Objekt - mangels seiner Wahrnehmung - schwierig vorstellbar ist. Bspw. erfordert die Identifikation mit bestimmten Zielen und Normen deren Kenntnisnahme und eine gewisse Auseinandersetzung, etwa in Form eines Vergleichs mit persönlichen Zielen und Wertvorstellungen.

---

[293] Vgl. hierzu und im folgenden Mowday, Porter, Steers (1982), S. 27, Mowday, Steers Porter (1979), S. 225 ff., Porter et al. (1974), S. 604 f.
[294] Vgl. hierzu auch Foote (1951), S. 17.
[295] Vgl. zur Involvierung z.B. Lodahl, Kejner (1965), S. 24 f.
[296] Vgl. hierzu und im folgenden Mowday, Porter, Steers (1982), S. 27, Mowday, Steers Porter (1979), S. 225 ff., Porter et al. (1974), S. 604 f.
[297] Vgl. bspw. Allen, Meyer (1991), S. 67, Meyer, Allen (1997), S. 93.
[298] Vgl. hierzu bspw. auch Mayer, Schoormann (1992), S. 671 ff. Die Autoren greifen zwar das Konzept von Porter, Mowday und Kollegen auf, differenzieren jedoch Identifikation, Involvement und Einsatzbereitschaft - als eigentliche affektive Aspekte - von dem Wunsch, in der Organisation zu bleiben. Diesen Aspekt beurteilen die Autoren nicht als konstitutives Merkmal eines affektiv bedingten Commitments, das sie als "value commitment" bezeichnen, vgl. ebda. S. 673. Sie ordnen den Wunsch zu bleiben eher einem Commitment auf kalkulierter Grundlage zu - entsprechend der Argumentation von "Irrational School"und Verhaltenscommitment. Sie bezeichnen dieses als "continuance commitment", vgl. ebda. S. 671. Hierzu ist jedoch kritisch anzumerken, daß der Wunsch, in einer Organisation zu bleiben, durchaus auf Affektion beruhen kann und nicht zwingend auf Kalkül gründet. Es wird jedoch auch hier deutlich, daß der Wunsch, in einer Organisation zu bleiben, als konstitutives Element affektiven Commitments kritisch betrachtet werden kann.

Die Involvierung in die Organisation stellt damit einerseits eine Voraussetzung für die Identifikation dar. Andererseits macht ein hohes Maß an Identifikation die Bereitschaft zur Auseinandersetzung mit dieser wahrscheinlicher. Im Commitment von Porter und Kollegen stellen diese interdependenten Merkmalsdimensionen - Identifikation und Involvement - die Grundlage einer affektiven, psychologischen Bindung an und Ausrichtung auf die Organisation und ihre Ziele, Werte und Normen dar. Sie bilden damit auch den Kern des affektiven Commitmentkonzepts der empirischen Studien, die auf diesem Konzept aufbauen.[299]

(b) Betrachtung des Konzepts von Porter und Kollegen vor dem Hintergrund anderer, zentraler Grundkonzepte affektiven Commitments: Um sich der affektiven Komponente des Commitment weiter anzunähern, werden im folgenden exemplarisch zwei weitere, zentrale Konzeptualisierungen diskutiert.[300] Dies geschieht unter Bezugnahme auf die eben dargestellten Merkmalsdimensionen von Commitment nach Porter und Kollegen - der Identifikation und des Involvements, wobei aus den erläuterten Gründen, die Bindung nicht weiter als Merkmal betrachtet wird. Diese wird im Rahmen der Konsequenzen von Commitment wieder aufgegriffen,[301] unter denen letzlich auch Porter und Kollegen die Bindung darstellen.[302]

Die betrachteten Commitmentkonzepte von Allen und Meyer[303] sowie von Caldwell, Chatman und O'Reilly[304] zeichnen sich durch ein eigenes Meßverfahren zur Operationalisierung von affektivem Commitment sowie durch ihre Weiterverwendung in nachfolgenden Studien aus.[305] In wesentlichen Bereichen dieser Beiträge ist jedoch eine inhaltliche Kongruenz zu den Überlegungen und Ergebnissen der Studien von Mowday, Porter und Kollegen zu

---

[299] Vgl. z.B. bei Bateman, Strasser (1984), S. 95, Curry, Wakefield (1986), S. 847, DeCotiis, Summers (1987), S. 448, Huselid, Day (1991), S. 383, Mayer, Schoormann (1992), S. 673, Meyer et al. (1989), S. 152, Meyer, Allen (1997), S. 11, Morris (1981), S. 515 etc. Vgl. bspw. zu einer weiteren Verwendung der Identifikation als zentrale Merkmalsdimension die Studie von Hall, Schneider und Nygren (1970), die Identifikation als zentralen Aspekt in ihrer eigens konzipierten Meßskala anführen.

[300] Weitere Skalen wurden bspw. von Buchanan (1974), Gouldner (1959), Kanter (1968) und Sheldon (1971) enwickelt, sowie von Hall, Schneider (1972), letztere unter Fokussierung der Identifikation.

[301] Vgl. Abschnitt II.4.

[302] Vgl. die Darstellung der Bindung als hochsignifikantes Ergebnis bei Mowday, Steers, Porter (1979), S. 239.

[303] Vgl. z.B. Allen, Meyer (1991), Meyer, Allen (1997), S. 116 - 121. Allen, Meyer entwickeln ihr Konzept affektiven Commitments unter Bezugnahme auf Mowday, Porter und Kollegen, vgl. bspw. Meyer et al. (1989), S. 152. Beiträge, die sich auf Allen und Meyer beziehen, nehmen folglich implizit oder explizit auch Bezug auf das Konzept von Mowday, Porter und Kollegen, wie bspw. McGee, Ford (1987), S. 638.

[304] Vgl. z.B. O'Reilly, Chatman (1986), Caldwell, Chatman, O'Reilly (1990).

konstatieren.[306] Um affektives Commitment weiter zu verdeutlichen, erscheint es jedoch zweckmäßiger, Aspekte herauszugreifen, die - jedenfalls auf den ersten Blick - eine Unterscheidung zum Konzept von Mowday, Porter und Kollegen und damit potentiell eine weiterführende Spezifizierung des affektiven Commitment ermöglichen.

Auch *Allen und Meyer* operationalisieren affektives Commitment mehrdimensional. Neben Identifikation und Involvement führen sie eine emotionale Bindung an die Organisation ("emotional attachment", Übersetzung durch die Verfasserin)[307] zur Erläuterung des Konstrukts ins Feld. Die Explizierung der emotionalen Komponente mag gerechtfertigt erscheinen, wenn man bedenkt, daß emotionale Bindung einen wesentlichen Kern jeder "Affektion" bildet. Bei genauerer Betrachtung bildet die emotionale Bindung jedoch eher das Resultat starker Ausprägungen von Involvement und Identifikation. Denn erstens geht eine Identifikation mit spezifischen Zielen oder Werten mit Wiedererkennungseffekten der eigenen Selbstkonzeption und des eigenen Wertesystems einher. Damit kann gleichzeitig eine positive Redefinition des Selbst initiiert werden. Auf diese Weise entsteht eine emotionale Beziehung. Denn wenn die Organisation eine Quelle der Selbstdefinition darstellt, bedeuten ein Verlassen dieser Organisation, aber auch Einflüsse und Ereignisse, die der Organisation schaden, eine Beeinträchtigung dieser Quelle und damit des Selbst. Darüber hinaus werden durch die Kongruenz von Zielen und Werten zweitens kognitive Dissonanzen reduziert und somit die Wahrnehmung einer positiven und harmonischen Beziehung zum organisatorischen Umfeld gefördert. Auf diese Weise wird der Aufbau positiver Emotionen, wie das Gefühl des Geborgenseins, der persönlichen Wertschätzung und der persönlichen Freiheit, sich entsprechend seiner Selbstkonzeption verhalten und entwickeln zu können, gefördert.

Folglich resultiert emotionale Bindung maßgeblich aus der Identifikation mit der Organisation. Emotionale Bindung wird daher als wesentliches Merkmal des Zustands eines

---

[305] Vgl. zu einer Weiterverwendung der Commitmentskala von Allen, Meyer (z.B. 1990, 1991) etwa Morrison (1994), S. 1551, und zur weiteren Nutzung der Skala von O'Reilly, Chatman (1986) beispielhaft Hulin (1991), S. 488

[306] Bspw. stellen Hall und Schneider Commitment als zunehmende Kongruenz von Zielen der Organisation und des Individuums dar, die zu einer Identifikation des Individuums mit der Organisation führt. Vgl. Hall, Schneider (1972), S. 176 f. Aufgrund der relativ eindimensionalen Ausrichtung auf Identifaktion zur Darstellung von Commitment werden die Autoren auch dem Identification Approach zugeordnet, vgl. z.B. bei Meyer, Allen (1997), S. 11 f. Generell werden Beiträge, die eine Orientierung an der Identifikation von Individuen an Zielen und Werten der Organisation aufweisen, auch unter dem Identification Approach subsumiert. Hierzu können bspw. auch Buchanan (z.B. 1974) oder Gouldner (1959) gerechnet werden. Vgl. zum Identification Approach auch Wiener (1982), S. 418.

affektiven Commitments betrachtet. Es befindet sich jedoch logisch auf einer anderen Ebene als Identifikation und Involvement. (Letztere stellen gewissermaßen die Operationalisierung der emotionalen Bindung dar). Mit den Studien von Allen und Meyer kann daher eine Bestätigung der *Merkmalsdimensionen Involvement und Identifikation*, wie sie von Mowday, Porter und Kollegen festgestellt werden, konstatiert werden, wobei zudem hervorgehoben wird, daß es sich bei affektivem Commitment um eine emotionale Bindung handelt.

Eine weitere zentrale Konzeption stellt in diesem Zusammenhang die Differenzierung nach den zwei Dimensionen Internalisierung und Identifikation nach *O'Reilly, Chatman (1986)* dar.[308] Diese ist der Unterscheidung zwischen Involvement und Identifikation sehr ähnlich. Denn sie zielt auf die Differenzierung zwischen der Auseinandersetzung und Verinnerlichung bestimmter Ziele und Werte und der Identifikation mit diesen. Wie gezeigt wurde, erscheint die Auseinandersetzung mit Zielen und Werten als notwendige (wenn auch nicht hinreichende) Bedingung für die Identifikation. Die Internalisierung als Merkmalsdimension eines affektiven Commitments trägt dieser Überlegung Rechnung. Denn die Internalisierung von Zielen und Werten bedeutet deren Verinnerlichung, die als Ergebnis eines Involvement oder einer Auseinandersetzung betrachtet werden kann. Aufgrund dieser engen Verknüpfung haben die Autoren Caldwell und Chatmann diese Differenzierung später auch relativiert, indem sie die Internalisierung von Zielen und Werten und die Identifikation mit diesen, zusammengefaßt und unter eine affektive Commitmentkomponente subsumiert haben.[309] Das Konzept von Caldwell, O'Reilly und Kollegen kann damit ebenfalls in Einklang mit den Merkmalsdimensionen Involvement und Identifikation gebracht werden.

(2) Merkmalsdimensionen und Überblick zentraler Konzepte

Ausgehend von der exemplarischen Darstellung der untersuchten Grundkonzepte stellt sich affektives Commitment als psychologische Festlegung auf und Bindung an ein Unternehmen dar, die auf emotionaler Zuwendung basieren. Die emotionale Zuwendung ist dabei charakterisiert durch

---

[307] Vgl. hierzu z.B. Meyer Allen (1991), S. 67.
[308] Vgl. hierzu O'Reilly, Chatman (1986), S. 493.
[309] Vgl. Caldwell, Chatman, O'Reilly (1990), S. 247, 250, die diese Commitmentkomponente trotz ihrer affektiven Basis aufgrund des Aspekts der Verinnerlichung von Werten allerdings mit dem Terminus "normative commitment" belegt haben.

- Involvement in die Belange des organisatorischen Kontexts und
- Identifikation mit dem Unternehmen.

Diese beiden Komponenten stellen die zentralen Merkmalsdimensionen affektiven Commitments dar. Dies bestätigt sich auch in zahlreichen weiteren empirischen Studien. Zur Untermauerung der dargelegten Merkmalsdimensionen wird daher ein exemplarischer Überblick über bekannte, affektive Commitmentkonzepte in der Fachliteratur gegeben. Dabei wird ein Fokus auf solche Konzeptualisierungen gerichtet, die in ihren zugrundeliegenden Studien Bezug auf die drei eben erläuterten Grundkonzepte und deren Meßverfahren zur Operationalisierung von Commitment nehmen. Diese werden jeweils als "Referenzkonzept" gekennzeichnet. Der unterschiedliche Umfang zitierter Studien je Referenzkonzept spiegelt die unterschiedliche Häufigkeit wider, in der die Referenzkonzepte zitiert werden. Die überwiegende Mehrheit greift auf die Meßverfahren nach Porter und Kollegen zurück. Der Überblick in Abbildung II.7 macht deutlich, daß die Merkmalsdimensionen der Identifikation und des Involvements weitgehend explizit als zentral aufgeführt werden.

In einigen Begriffsfestlegungen, wie bspw. bei Huselid, geht dies jedoch nur implizit hervor. Huselid bringt die Identifikation mit den Zielen und Werten einer Organisation mit der wahrgenommenen "...congruence between ... goals..." zum Ausdruck,[310] Mayer Schoormann sprechen von "...acceptance of organizational goals and values and a willingness to exert considerable effort on behalf of the organization...".[311]

In der Übersicht werden nach Nennung der Autoren die divergierenden Begriffsbezeichnungen von Commitment in den jeweiligen Studien und die jeweilige Kernaussage zur Bedeutung affektiven Commitments dargelegt (Spalten 1-3). In den Spalten vier und fünf wird dann auf etwaige Abweichungen vom Referenzkonzept sowie auf weitere, untersuchte Commitmentformen im Rahmen der betrachteten Studie eingegangen.[312]

---

[310] Huselid (1991), S. 381.
[311] Mayer, Schoorman (1992), S. 697.
[312] Die Meßverfahren der Referenzkonzepte wurden weitgehend übernommen, wobei bspw. von Mayer, Schoormann (1992), S. 673 Modifikationen dahingehend vorgenommen wurden, daß das Konzept von Mowday, Porter und Kollegen nochmals untergliedert wurde in "value commitment" und "continuance commitment".

Bezug-nehmender Autor	Bezeichnung des Commitment	Definition	Modifika-tion des Referenzkonzepts	Weitere, betrachtete Aspekte
Referenzkonzept: Porter et al. (1974), [Mowday, Steers, Porter (1979) / Mowday, Porter, Steers (1982)]				
Angle, Lawson (1994)	affective commitment	"*identification* ... and *involvement*" (S. 1539, 1543) "... an affective ... bond which constitutes a positive psychological attachment to the system ... " (S. 1540)	-	affective commitment
Aryee (1991)	commitment	" ... strong bonding between individual and organiziation." (S. 107)	-	-
Curry, Wakefield (1986)	commitment	"... extent to which an employee *identifies* with and is involved in an organization." (S. 847)	-	-
DeCotiis, Summers (1987)	commitment	"extent to which ... individual accepts and *internalizes* ... goals and values of an organization and views his ... role in terms of ... contributions ... apart from ... personal instrumentalities..." (S. 448)	"Internalisierung" statt Identifikation	-
Huselid, Day (1991)	attitudinal commitment	" ... *affective* in nature", "employee becomes ... emotionally attached ... and perceives a congruence between ... his ... goals and those of the organization" (S. 381)	-	continuance commitment
Mathieu, Zajac (1990)	attitudinal commitment	Zitat der Commitmentdefinition nach Mowday, Porter, Steers (1982), S. 27; (S. 172)	-	calculative commitment
Mayer, Schoorman (1992)	value commitment	"...*acceptance* of organizational goals and values and a willingness to exert considerable effort on behalf of the organization..." (S. 697)	Differenzierung nach value - und continuance commitment	Zufrieden-heit
Morris, Sherman (1981)	commitment	"...*affective* response ... relative strength of ... *identification* ... involvement..." (S. 23)	-	-

Fortsetzung

Referenzkonzept: Allen, Meyer (z.B. 1984, 1991), [Meyer, Allen (1997)]				
McGee, Ford (1987)	affective commitment	"... individual *identifies* with the organiziation, and, therefore, is committed ..." (S. 638)	-	continuance, normative commitment
Morrison (1994)	affective commitment	"... *emotional attachment* to an organization." (S. 1546)	-	normative commitment
Referenzkonzept: O'Reilly, Chatman (1986), [Caldwell, Chatman, O'Reilly (1990)]				
Hulin (1991)	commitment	"...attitude like *attraction* to an organization..." (S. 489)	-	-

Abb. II-7: *Systematische Darstellung affektiver Commitmentkonzepte nach Referenzkonzepten (Hervorhebungen in den Zitaten durch die Verfasserin)*

So nehmen bspw. DeCotiis, Summers in ihrer Studie auf das Konzept nach Porter und Kollegen Bezug, differenzieren jedoch die Merkmalsdimensionen Internalisierung und Identifikation.[313] Wie auch für das Konzept von O'Reilly, Chatman (z.B. 1986) gezeigt wurde, steht die Internalisierung jedoch in unmittelbaren Zusammenhang zum Involvement.

Neben den aufgeführten Studien liegen durchaus weitere Beiträge vor, die eigene Meßskalen entwickelt haben, jedoch in weiterführenden Studien kaum mehr aufgegriffen wurden.[314] Auch hier, sowie in theoretischen Beiträgen zur Konzeptualisierung affektiven Commitments, kann eine relativ hohe Übereinstimmung mit den angeführten Studien konstatiert werden.[315] So nehmen bspw. DeCotiis, Summers in ihrer Studie auf das Konzept nach Porter und Kollegen Bezug, differenzieren jedoch die Merkmalsdimensionen

---

[313] Vgl. DeCotiis, Summers (1987), S. 448.

[314] Bspw. gehen Identifikation und Involvement als maßgebliche Merkmale affektiven Commitments aus der empirischen Studie Buchanans (1974), S. 533 ff. hervor. Zwei von drei Dimensionen sind hier - neben genereller Loyalität - Identifikation und Involvement, vgl. ebda. S. 542. Auch Gouldner (1959), S. 476 ff. nimmt in seinem Meßverfahren explizit Bezug auf Identifikation als Merkmalsdimension des Commitment. DeCotiis, Summers, die in ihrer 1987 entwickelten Skala auf die Verfahren von Mowday, Porter und Buchanans zurückgreifen, eruieren in Einklang mit den obigen Ausführungen ebenfalls Internalisierung und Involvement als maßgebliche Merkmalsdimensionen organisationalen Commitments auf affektiver Basis, vgl. DeCotiis, Summers (1987), S. 458. Darüber hinaus thematisiert bspw. die Studie Kanters (1968) eine Commitmentform auf affektiver Basis, die sie mit dem Begriff "cohesion commitment" belegt, etc.

[315] Bspw. greifen Etzioni (1975), S. 10 f., Hulin (1991), S. 488 sowie Scholl (1981) die Dimensionen der Identifikation oder des Involvements auf. Begin (1997), S. 20, stellt zumindest implizit auf eine Auseinandersetzung und Identifikation mit den Unternehmenszielen ab, indem er Commitment im Sinne einer Unterstützung der Organisationsziele beschreibt etc.

Internalisierung und Identifikation.[316] Wie auch für das Konzept von O'Reilly, Chatman (z.B. 1986) gezeigt wurde, steht die Internalisierung jedoch in unmittelbaren Zusammenhang zum Involvement.

Neben den aufgeführten Studien liegen durchaus weitere Beiträge vor, die eigene Meßskalen entwickelt haben, jedoch in weiterführenden Studien kaum mehr aufgegriffen wurden.[317] Auch hier, sowie in theoretischen Beiträgen zur Konzeptualisierung affektiven Commitments, kann eine relativ hohe Übereinstimmung mit den angeführten Studien konstatiert werden.[318]

Mitarbeiter mit starkem affektivem Commitment sind daher veranschaulichend als begeisterte und überzeugte Organisationsmitglieder zu beschreiben, die in ihrer organisatorischen Rolle "aufgehen" und "Spaß haben".[319]

II.2.2 Normative Commitmentkomponente - die Perspektive einer Verpflichtung gegenüber einer Organisation

Als Basis des normativen Commitments wurde eingangs zu diesem Abschnitt eine wahrgenommene Verpflichtung gegenüber der Organisation festgestellt. Die Grundlage dieses Commitmentaspekts ist die wertbasierte Wahrnehmung einer Person, daß sie Mitglied einer Organisation bleiben und entsprechende Verhaltensweisen, wie pflichtbewußtes Handeln, zeigen sollte. Betrachtet man allerdings das reale, organisatorische Geschehen, erscheint eine Orientierung an Werten und Normen nicht die zentrale Handlungsgrundlage zu sein. Dies

---

[316] Vgl. DeCotiis, Summers (1987), S. 448.
[317] Bspw. gehen Identifikation und Involvement als maßgebliche Merkmale affektiven Commitments aus der empirischen Studie Buchanans (1974), S. 533 ff. hervor. Zwei von drei Dimensionen sind hier - neben genereller Loyalität - Identifikation und Involvement, vgl. ebda. S. 542. Auch Gouldner (1959), S. 476 ff. nimmt in seinem Meßverfahren explizit Bezug auf Identifikation als Merkmalsdimension des Commitment. DeCotiis, Summers, die in ihrer 1987 entwickelten Skala auf die Verfahren von Mowday, Porter und auch Buchanans zurückgreifen, eruieren in Einklang mit den obigen Ausführungen ebenfalls Internalisierung und Involvement als maßgebliche Merkmalsdimensionen organisationalen Commitments auf affektiver Basis, vgl. DeCotiis, Summers (1987), S. 458. Darüber hinaus thematisiert bspw. die Studie Kanters (1968) eine Commitmentform auf affektiver Basis, die sie mit dem Begriff "cohesion commitment" belegt, etc.
[318] Bspw. greifen Etzioni (1975), S. 10 f., Hulin (1991), S. 488 sowie Scholl (1981) die Dimensionen der Identifikation oder des Involvements auf. Begin (1997), S. 20, stellt zumindest implizit auf eine Auseinandersetzung und Identifikation mit den Unternehmenszielen ab, indem er Commitment im Sinne einer Unterstützung der Organisationsziele beschreibt etc.

wird an bereits erwähnten Phänomenen wie Ressortegoismen und innerer Kündigung ersichtlich, die kaum mit pflichtbewußtem Verhalten gegenüber einem Unternehmen einhergehen. Eine Fokussierung normativ basierten Commitments scheint daher zunächst kritisch zu betrachten zu sein. Insbesondere im Rahmen der Diskussion um ethisches Verhalten in der Wirtschaft scheint diesbezüglich die Einsicht zu reifen, daß ethisch basiertes Verhalten maßgeblich von der Schaffung entsprechender Rahmenbedingungen abhängt.[320] Wohl auch vor dem Hintergrund dieser Überlegungen ist der normative Aspekt des Commitments bisher in relativ geringem Umfang untersucht worden. In Organisationen können zumindest bis zu einem gewissen Grad Rahmenbedingungen geschaffen werden, die wertbasiertes Verhalten positiv sanktionieren und damit ermöglichen.[321] Daher ist die Untersuchung des zugrundeliegenden Einstellungskonstrukts eines Commitment auf normativer Basis durchaus eine wichtige Perspektive.[322] Im folgenden werden nun zuerst Aspekte des normativen Commitments beleuchtet (1). Daran anschließend wird eine Übersicht der Konzepte zum normativen Commitment dargestellt und zentrale Dimensionen der Commitmentkomponente herausgearbeitet (2).

---

[319] Vgl. Peters, Waterman (1982), S. 291, die auf die "Spaß-Komponente" explizit als wichtigen Faktor für ein engagiertes Handeln von Mitarbeitern hinweisen.

[320] Vgl. hierzu bspw. Homann, Blome-Drees (1992), S. 29 ff., welche die Voraussetzungen ethisch-moralischen Verhaltens vor dem Hintergrund des Gefangenendilemmas diskutieren. Hier wird ein Szenario zweier Gefangener vor dem Hintergrund einer Kronzeugenregelung dargelegt. "Moralisches" Verhalten wäre hier das Schweigen beider Gefangener über ihr gemeinsames Vergehen. Es würde zur kollektiv besten Lösung führen. Es wird jedoch unwahrscheinlich, da die individuellen Kosten "moralischen" Verhaltens (Gefahr der Höchststrafe bei Schweigen und Geständnis des Komplizen) und zugleich der Anreiz unmoralischen Verhaltens (Aussicht auf Mindeststrafe im umgekehrten Fall) hoch sind. Außerdem ist keine Absprache zwischen den Gefangenen möglich (Anonymität). Diese Situation ist übertragbar auf die Situation von und in (großen) Unternehmen, denn auch hier herrscht weitgehend Anonymität zwischen den Beteiligten. Moralisches Verhalten etwa bei der Nutzung von Handlungsspielräumen für die Allgemeinheit (das Unternehmen) wird kaum umfassend honoriert, während deren opportunistische Ausnutzung kaum sanktioniert wird.

[321] Bei Peters und Waterman (1982), S. 236 wird diesbezüglich beispielsweise auf die Gewährung von Vertrauen hingewiesen.

[322] Vgl. auch Peters, Waterman (1982), S. 235 f. Im vorliegenden Kontext wird damit explizit von der Vorstellung Distanz genommen, daß in Organisationen von selbstinduziertem, moralischem Verhalten, zum Wohle eines größeren Ganzen (z.B. der Organisation), ausgegangen werden kann. Angesichts des real beobachtbaren Verhaltens wäre diese Annahme wenig angemessen. Dies soll jedoch nicht heißen, daß grundsätzlich keine Rahmenbedingungen geschaffen werden können, die altruistisches Handeln attraktiv machen und sein Auftreten damit wahrscheinlicher. Vgl. zudem Walton (1985 b), S. 35.

(1) Aspekte normativen Commitments

Bei einer Betrachtung der Commitmentliteratur in Hinblick auf die - relativ raren - Beiträge, die Commitment auf Basis einer normativen Verpflichtung untersuchen, sticht - anders als beim affektiven Commitment - kein zentrales Konzept hervor. Es werden vielmehr relativ unabhängig unterschiedliche Aspekte eines normativ basierten Commitments beleuchtet. Der gemeinsame Nenner, der konstatiert werden kann, ist ein Commitmentverständnis im Sinne eines Gefühls der Verpflichtung gegenüber der Organisation.[323] Die individuelle Wahrnehmung einer normativen Verpflichtung kann daher als zentrale Merkmalsdimension normativen Commitments betrachtet werden. Diese wird jedoch unter divergierenden Blickwinkeln betrachtet; insbesondere der Perspektive einer einzulösenden Schuld sowie einer normativen Verpflichtung gegenüber sozialen Normen (vgl. Abb. II-8).

```
                          ┌─────────────────────┐
                          │ ...aus wahrgenomme- │
                          │ ner Verpflichtung   │
┌──────────────┐          └─────────────────────┘
│ Normative    │                                    ┌──────────────────┐
│ Verpflichtung│                                    │ kulturabhängige  │
└──────────────┘          ┌─────────────────────┐   │ Normen           │
                          │ ... aus Berücksich- │   └──────────────────┘
                          │ tigung sozialer     │
                          │ Normen              │   ┌──────────────────┐
                          └─────────────────────┘   │ organisatorisch  │
                                                    │ bedingte Normen  │
                                                    └──────────────────┘
```

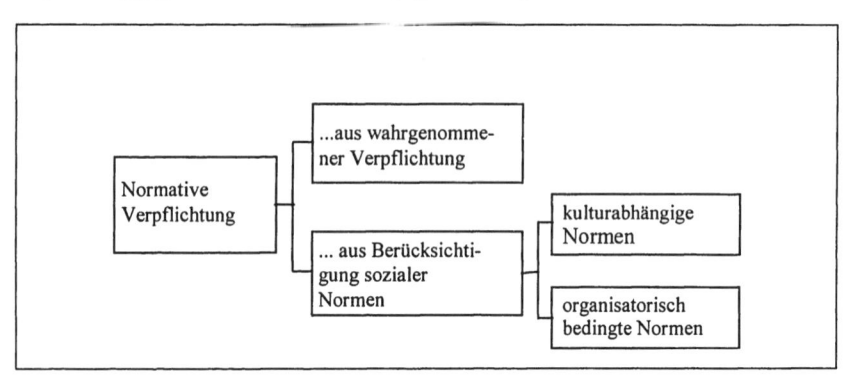

Abb. II-8   Aspekte des normativen Commitments

Ein Ansatzpunkt, der zunächst naheliegt, ist die Untersuchung dieser Wahrnehmung im Sinne einer *"Schuld", die auf einer konkreten (Vor-)leistung einer Organisation basiert*, z.B. konkreter Förderung beim Aufbau von Humankapital. Normatives Commitment wird im Rahmen dieser Interpretation als normative Verpflichtung betrachtet, die aus solchen konkreten (Vor-)Leistungen resultiert. Ein Mitarbeiter fühlt sich dann gewissermaßen "in der Schuld" eines Unternehmens. Eine Voraussetzung dafür, daß solche Leistungen der Organisation Commitment tatsächlich fördern, ist, daß ein Organisationsmitglied soziale Normen

---

[323] Vgl. Allen, Meyer (1991), S. 67 und Meyer, Allen (1997), S. 11. Vgl. zudem bspw. Etzioni (1975), S. 11, Marsh, Mannari (1977), S. 59, Wiener (1982), S. 421.

respektiert, die einen Ausgleich für die Leistungen eines anderen auch jenseits juristischer Pflichten festlegen.[324]

Damit deutet sich bereits ein weiterer Blickwinkel an, unter dem normatives Commitment betrachtet wird: Die Einhaltung *sozialer Normen*, auch in Abwesenheit von konkreten Gegenleistungen des Unternehmens, die eine normative Verpflichtung induzieren und rechtfertigen würden. Hierbei sind zwei Gruppen sozialer Normen zu unterscheiden.

- Erstens kulturabhängige gesellschaftliche Normen und Werte, wie das Pflichtbewußtsein oder die Achtung vor institutionellen Einrichtungen.[325] Sie legen die kulturell geprägten Dispositionen von Individuen fest.[326] Folglich stellen sie eine Basis normativen Commitments dar, die jedoch von Organisationen kaum beeinflußbar ist.[327] Im Hinblick auf die Gestaltung eines Commitment-Managements kann es sich jedoch als sinnvoll erweisen, diese zu berücksichtigen.[328]

---

[324] Vgl. hierzu Meyer, Allen (1997), S. 60 ff. sowie Gouldner (1959), der diesbezüglich von "norms of reciprocity" spricht.

[325] Vgl. hierzu Abegglen (1958), S. 17. Abegglen hat bspw. eine stärkere kulturelle Prägung hinsichtlich des Aufbaus von Commitment gegenüber Organisationen in Japan relativ zu den USA festgestellt. Das "system of shared obligations", wie er es bezeichnet, führt tendenziell zu relativ hohem Commitment japanischer Mitarbeiter gegenüber ihren Organisationen. Eine entsprechende, kulturelle Prägung ist in Zusammenhang mit den Eigenheiten einer Kultur zu sehen, die bspw. anhand der Kulturdimensionen Hofstedes (1980) differenziert werden können. Hier wird ersichtlich, daß im Kontext von Kulturen, die als "maskulin" und mit hoher "power distance" beschrieben werden, relativ hohe Ehrfurcht und Respekt vor institutionellen Einrichtungen und hierarchisch höher gestellten Personen vorherrschen. Daraus ergibt sich eine grundlegende Basis für die individuelle Wahrnehmung einer Verpflichtung zu normenkonformen Verhalten gegenüber einer Institution und damit für normatives Commitment. Auch Etzioni (1975), S. 11, weist auf die Bedeutung der primären Sozialisation (bspw. durch Familie und sonstiges soziales Umfeld) für den Aufbau von Commitment hin.

[326] Vgl. hierzu bspw. auch Hunter (1974), S. 6. Er weist zwar darauf hin, daß Commitment auf der Anerkennung und Respektierung soziokultureller Normen basiert. Gleichzeitig bemerkt er jedoch, daß diese Basis eines Commitments vor dem Hintergrund eines sich ausbreitenden, westlichen Individualismus schwächer wird.

[327] Das auf die kulturelle Prägung in Japan zurückzuführende, ursprünglich relativ hohe Commitment gegenüber Organisationen bezeichnen Marsh, Mannari (1971) sowie (1977), S. 54 in diesem Sinne als "lifetimecommitment". Es sei jedoch bemerkt, daß sich diese kulturelle Eigenheit wohl angesichts von Veränderungen im Verhältnis japanischer Organisationen zu ihren Mitarbeitern nicht länger höher zu beurteilen ist als bspw. in den USA. Vgl. hierzu bspw. die Studie von Luthans, McCaul, Dodd (1985).

[328] Dies gilt insbesonders im Rahmen einer Internationalisierung der Geschäftstätigkeit von Unternehmen. Denn die Vernachlässigung entsprechender kulturbedingter Phänomene kann sonst zur Konterkarrierung der Maßnahmen eines Humanressourcen Managements führen. Vgl. Adler (1983) zu Problemen interkultureller Übertragung von Managementkonzepten. Vgl. zudem Hofstede (1980) zur Differenzierung von Kulturdimensionen und Randall (1993) zur Differenzierung commitmentrelevanter Persönlichkeitsdimensionen auf der Basis von Hofstedes Unterscheidung.

- Die zweite Gruppe sozialer Normen resultiert unmittelbar aus dem organisatorischen Kontext.[329] Hierunter fallen sowohl die generellen Werte und Normen des gesamten Unternehmens als auch die spezifischen sozialen Normen im unmittelbaren Arbeitsumfeld, z. B. in einem Team. Commitment kann auf dieser Grundlage freilich nur dann bestehen, wenn entsprechende soziale Normen in Unternehmen etabliert und in hohem Maße handlungswirksam werden.[330]

(2) Merkmalsdimensionen und Überblick zentraler Konzepte

Es kann festgehalten werden, daß normatives Commitment als psychologische Festlegung auf und Bindung an ein Unternehmen zu verstehen ist, die maßgeblich aus einer wahrgenommenen Verpflichtung resultiert, sich im Sinne der Organisation zu verhalten. Diese Verpflichtung stellt die zentrale Merkmalsdimension normativen Commitments dar. Sie geht insbesondere aus

- konkreten organisatorischen Vorleistungen und
- sozialen Normen, organisatorischen und gesellschaftlichen Ursprungs

hervor. Sie basieren auf den Werthaltungen eines Individuums. Als illustratives Beispiel für einen Mitarbeiter mit stark ausgeprägtem, normativem Commitment ist ein - sozialer Normen bewußter - Nachwuchsmanager vorstellbar, der in einem Unternehmen früh intensive Betreuung durch einen persönlichen Coach erhalten hat, verbunden mit überdurchschnittlich verantwortungsvollen Aufgaben. Es besteht eine gewisse Wahrscheinlichkeit, daß sich dieser Mitarbeiter aufgrund der umfangreichen (Vor-)Leistungen seitens des Unternehmens diesem gegenüber verpflichtet fühlt und entsprechend normatives Commitment aufbaut.

Zur Fundierung der differenzierten Charakteristika normativen Commitments wird in Abbildung II-9 ein Überblick zu Untersuchungsschwerpunkten und Erklärungsansätzen von Commitment auf normativer Grundlage gegeben. In den untersuchten Beiträgen wird die Betonung des Aspekts einer Verpflichtung gegenüber einer Organisation deutlich, (z.B. Meyer, Allen, 1997, S. 11: "feeling of obligation"), die auf sozialen Normen (z.B. Marsh,

---

[329] Eine relativ umfassende Respektierung der Werte und Normen der Gruppe (oder auch der Organisation) bezeichnet Etzioni (1975), S. 10 f. als "pure moral involvement".
[330] Vgl. hierzu bspw. Wolff (1995), S. 140 f., die dies an einem Unternehmensbeispiel erläutert.

Mannari, 1977, S. 59: "morally right") oder Gegenleistungen beruht (z.B. Scholl, 1981, S. 594: "reciprocity").

Autor	Bezeichnung	Definition	Messung	Weitere Aspekte
Etzioni (1975)	normative/ social commitment	"intensive mode of commitment ...", "... rests on sensitivity to *pressures of primary groups*" (S. 11)	-	-
Marsh, Mannari (1977)	lifetime- commitment	the "committed employee considers it *morally right* to stay in the company regardless of ... status enhancement ... the firm gives" (S. 59)	index of lifetime commitment norms and values	-
Meyer, Allen (1991)	normative commitment	"... reflects a *feeling of obligation* to continue employment." (S. 11 / Allen, Meyer 1991, S. 67)	normative commitment scale	affective -, continuance commitment
Morrison (1994)	normative commitment	"... a sense of *loyalty to* an organization ..." (S. 1547)	normative commitment scale[331]	
Scholl (1981)	commitment	"... motivating *force*" with "*reciprocity* as a generalized ... universal role" (S. 589, 594)	-	mehrdimensional, implizit affektive u. kalkulierte Aspekte
Wiener (1982)	Organizational commitment	"... totality of *internalized normative pressures* to act in a way which meets organiziational goals and interests." (S. 421)	-	-

Abb. II-9:   *Systematisierung zentraler normativer Commitmentkonzepte (Hervorhebungen in den Zitaten durch die Verfasserin)*

Eine Bezugnahme auf Referenzkonzepte ist im Rahmen der untersuchten Konzepte, im Gegensatz zum affektivem Commitment, kaum möglich. Eine Messung normativen Commitments wird bei Marsh, Mannari (1977), Meyer, Allen (1997) und Scholl (1981) vorgenommen, die jeweils eigene Skalen zur Erhebung von Commitment entwickelt haben, wobei die beiden letzteren Beiträge unabhängig unterschiedliche Formen von Commitment untersuchen. Lediglich Morrison nimmt Bezug auf Allen, Meyer (1990) und verwendet deren Meßskala normativen Commitments.[332]

---

[331] Nach Allen, Meyer (1990), vgl. Morrison (1994), S. 1547.
[332] Vgl. Morrison (1994), S: 1547.

II.2.3 Kalkulierte Commitmentkomponente - die Perspektive einer individuellen Kosten-Nutzen-Kalkulation

Die dritte Komponente eines erweiterten Commitmentbegriffs wird auf individuelle Kostenkalkulationen zurückgeführt.[333] Solche Kosten betreffen neben tatsächlichen Kosten insbesondere auch Opportunitätskosten, die beim Verlassen eines Unternehmens entstehen. Opportunitätskosten resultieren aus dem entgangenen Nutzen, der aus einer künftigen Mitgliedschaft zu erwarten gewesen wäre, z. B. Einkommenszuwächse oder Statusgewinn. Grundlage dieser Commitmentkomponente ist daher die subjektive Einschätzung eines Organisationsmitgliedes, daß es aus einem individuellen Kosten-Nutzenkalkül vorteilhaft ist, Mitglied in einer Organisation zu bleiben.[334]

In einem ersten Zugriff erscheint sich hier ein Differenzierungsproblem zwischen den Grundlagen von kalkuliertem und affektivem Commitment zu ergeben. Denn die Wahrnehmung hoher Opportunitätskosten beim Verlassen einer Organisation können - ebenso wie eine affektive Zuwendung - unter anderem auf besonders positiv wahrgenommene Unternehmensleistungen zurückgeführt werden. Diese können sowohl Affektion als auch Kalkulation von Vorteilen hervorrufen. Die Problematik löst sich jedoch insofern auf, als affektives Commitment tendenziell in direktem Zusammenhang zu positiv bewerteten Leistungen seitens einer Organisation steht. Dagegen basiert kalkuliertes Commitment auf der relativen Einschätzung von Anreizen im Vergleich zu verfügbaren Alternativen (Opportunitätskostenprinzip). Denn erst aus der positiven Bewertung in Relation zu anderen, verfügbaren Alternativen resultieren hohe "Opportunitätskosten" aus dem Verlassen eines Unternehmens. Kalkuliertes Commitment kann somit klar von affektiv basiertem Commitment unterschieden werden.

Im folgenden werden daher commitmentrelevante Kostenkalküle veranschaulicht, die mit dem Austritt aus einer Organisation verbunden sind.[335] Dabei werden neben der Kalkulation

---

[333] Vgl. hierzu die "Irrational School"des Commitments in Punkt II.1.

[334] Vgl. Meyer, Allen (1997), S. 11.

[335] Dabei wird im vorliegenden Kontext jedoch tendenziell von "rationalen" Kalkulationen der Alternativen ausgegangen Die kalkulierte Commitmentkomponente unterscheidet sich damit von der "Irrational School". Denn wie gezeigt wurde, (vgl. Abschnitt II.2.1), basiert Commitment dort auf der Bindung an vorangegangene (irrationale) Handlungen. Diese Bindung steht auch mit kognitiven Dissonanzen in Verbindung, vgl. z.B. Legge (1994), S. 411, denn ein Austritt würde in Widerspruch zu vorangegangem Verhalten (Organisationseintritt) stehen, was insbesondere dann kognitive Dissonanzen erzeugt, wenn dieses Verhalten - neben anderen Bedingungen - freiwillig war, vgl. hierzu Salancik (1977a), S. 285. Vgl. zur Theorie der kognitiven Dissonanz Festinger (1970).

von Investitionsverlusten Opportunitätskosten aufgrund hoher Unternehmensanreize berücksichtigt (vgl. Abb. II-10).

```
┌─────────────────────────────────────────────────────────────────────┐
│                          ┌──────────────────┐    ╭──────────────────╮│
│                          │  Vermeidung von  │    │  Commitment auf   ││
│                          │ "Sunk Costs" (1) │───▶│Basis bereits getätigter││
│  ┌──────────────────┐    └──────────────────┘    │   Investitionen   ││
│  │   Individuelle   │                             ╰──────────────────╯│
│  │ Kalkulation der  │                                                 │
│  │Opportunitätskosten│                                                │
│  │  bei Verlassen des│                                                │
│  │    Unternehmens  │    ┌──────────────────┐    ╭──────────────────╮│
│  └──────────────────┘    │  Vermeidung von  │    │  Commitment auf   ││
│                          │     relativen    │───▶│Basis künftig erwarteter││
│                          │ Anreizeinbußen (2)│   │      Anreize      ││
│                          └──────────────────┘    ╰──────────────────╯│
└─────────────────────────────────────────────────────────────────────┘
```

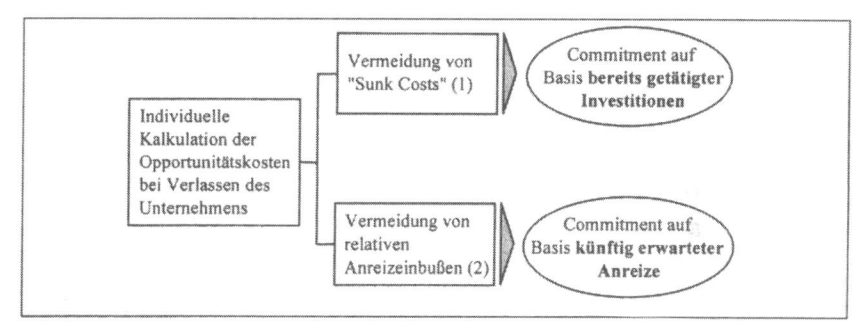

Abb. II-10: Aspekte des kalkulierten Commitments

Diese beiden zentralen Aspekte des kalkulierten Commitments - die Kalkulation von Investitionsverlusten - bzw. "Sunk Costs" - (1) und relative Anreizüberlegungen (2) - werden nachfolgend betrachtet. Davon ausgehend werden die zentralen, konstitutiven Merkmale der kalkulierten Commitmentkomponente abgeleitet (3).

(1) Kalkulation von Investitionsverlusten - Vermeidung von "Sunk Costs"

Der Aspekt der Vermeidung von Investitionsverlusten steht den Überlegungen der "Irrational School" nahe.[336] Wie bereits dargelegt wurde, wird hier bei der Erklärung von Commitment auf Investitionen abgestellt, die ein Mitglied in einer Organisation tätigt - z.B. der Aufbau eines unternehmensspezifischen sozialen Netzwerks oder die Entwicklung einer unternehmensspezifischen Qualifizierung.[337] Basis kalkulierten Commitments ist eine Austauschbeziehung zwischen Unternehmen und Mitglied.[338] Der Austausch bezieht sich auf die Investitionen der Mitarbeiter - z.B. unternehmensspezifische Qualifizierung -, die gegen Anreize des Unternehmens - z. B. relativ hohe Vergütung und Status - "getauscht" werden. Zentrale Überlegung ist hierbei, daß der zu erwartende Nutzen aus den getätigten Investitionen bei Verlassen der Organisation verlorengeht. Damit entstehen individuelle Austrittsbarrieren,[339]

---

[336] Vgl. Becker (1960).
[337] Vgl. Abschnitt II.2.1 (2a).
[338] Vgl. Huselid, Day (1991), S. 381.
[339] Investitionen in die Organisation oder "Nebenwetten", wie sie ursprünglich von Becker (1960), S. 36 bezeichnet wurden, sind in einer Reihe nachfolgender Beiträge zur Erläuterung von kalkuliertem Commitment herangezogen worden. Vgl. z.B. die Studien von Hrebiniak Alutto (1972), S. 555, Sheldon (1971),

die eine Person gewissermaßen nötigen, in der Organisation zu verbleiben und sich in diesem Sinne auf das Unternehmen festzulegen.[340]

(2) Relative Anreizüberlegungen - Vermeidung von Anreizeinbußen

Wie dargelegt wurde, kann Commitment auf der Basis von Kalkulationen jedoch nicht nur auf individuell getätigte Investitionen zurückgeführt werden, sondern auch auf die relative Einschätzung zukünftig erwarteter Anreize.[341] Auch diese schlagen sich beim Austritt aus dem Unternehmen als Opportunitätskosten nieder. Zukünftig erwartete Anreize können bspw. in versprochenen Einkommenserhöhungen oder aufgeschobener Vergütung[342] aber auch in der Möglichkeit zur Verwirklichung persönlicher Vorstellungen und Ziele innerhalb der Organisation (auch in der Zukunft) liegen.[343] Kalkuliertes Commitment entsteht dann, wenn der zu erwartende Nutzen der Mitgliedschaft in der Organisation, relativ zu anderen verfügbaren Alternativen, subjektiv als hoch wahrgenommen wird.[344] Die Opportunitätskosten des Verlassens der Organisation, bedingt durch die Höhe dieses Nutzens, sind dann individuell nicht tragbar. Besonders positiv wahrgenommene Anreize, die die Organisation im Vergleich zu anderen Organisationen bietet, erscheinen in einem ersten Zugriff eher geeignet zu sein, Organisationsmitglieder in einem positiven Sinne an eine Organisation zu binden und auf deren Ziele und Werte festzulegen. Austrittsbarrieren dieser Art erscheinen daher im Hinblick auf eine Generierung von Ansatzpunkten eines Commitment-Managements weniger proble-

---

[340] S. 145 f., Rusbult, Farrell (1983), Salancik (1977b), S. 62. Salancik betont, daß Investitionen insbesondere dann als Austrittsbarrieren wirken, wenn ihre Tätigung und Auswirkungen unwiderruflich sind, vgl. Salancik (1977a), S. 4 ff.
Der Zusammenhang zwischen solchen Austrittsbarrieren und einer positiven Einstellung zur Organisation kann als fraglich beurteilt werden, wenn eine Manipulation wahrgenommen wird. Denn diese kann ein Mitarbeiter als Anlaß zu Reaktanz oder innerer Kündigung nehmen, vgl. zur inneren Kündigung z.B. Höhn (1983), S. 17 und zum psychischen Phänomen der Reaktanz Dickenberger, Gniech, Grabitz (1993), S. 243 ff. Dies gilt insbesondere in Bezug auf das Mittelmanagement. Aufgrund seiner zentralen Bedeutung und der Transferierbarkeit seiner tendenziell generalistischen Qualifikationen kann es besonders sensibel auf solche Manipulationen reagieren. Geeignete Ansatzpunkte für ein Commitment-Management sind hier folglich behutsam abzuleiten.

[341] Vgl. z.B. Etzioni (1975), S. 11, Kanter (1968), S. 504, McGee, Ford (1987), S. 638.

[342] Der englische Begriff "Deferred Compensation", der für eine Vergütung in der Zukunft steht - bspw. durch Aktienoptionen mit Sperrfrist - ist hier zum Teil geläufiger.

[343] Vgl. hierzu bspw. Caldwell, Chatman, O'Reilly (1990), S. 251 f. sowie O'Reilly, Chatman (1986), S. 493, die diesbezüglich auf die Wahrnehmung einer - relativ - hohen Instrumentalität der Organisation bei der Verfolgung persönlicher Interessen rekurrieren. Hulin (1991), S. 482 thematisiert die kalkulierte Commitmentkomponente ebenfalls im Sinne einer Austauschbeziehung, die, unabhängig von einer affektiven Bindung, auf die Erzielung von Anreizen gerichtet ist. Er macht dabei jedoch nur implizit die Bedeutung der relativen Anreizhöhe deutlich.

matisch zu beurteilen, als die bewußte Erhöhung zu tätigender Investitionen seitens der Mitarbeiter. Denn letztere können schnell die Wahrnehmung der Manipulation durch ein Unternehmen und damit Reaktanz hervorrufen, die dem Aufbau von Commitment kaum als zuträglich zu beurteilen ist.

(3) Zentrale Merkmalsdimensionen und Überblick zentraler Konzepte

Zusammenfassend kann konstatiert werden, daß kalkuliertes Commitment eine psychologische Festlegung auf und Bindung an ein Unternehmen darstellt, die auf der Kalkulation von Austrittsbarrieren in Form von Opportunitätskosten des Verlassens der Organisation beruht. Diese Opportunitätskosten resultieren maßgeblich aufgrund von

- getätigten Investitionen und

- zukünftig erwartetem Nutzen der Organisationsmitgliedschaft, relativ zu anderen verfügbaren Alternativen.[345]

Zur Veranschaulichung der in der Literatur gegenüberstehenden Anschauungen und zur Untermauerung der differenzierten Aspekte der kalkulierten Commitmentkomponente dient die Abbildung II-11. Hierbei werden die zwei Referenzkonzepte von Allen, Meyer (1991) und Hrebiniak, Alutto (1972) herangezogen, die aufgrund ihrer häufigen Zitierung und Verwendung in nachfolgenden Studien als zentral zu erachten sind.[346]

Die Autoren sehen Commitment auf kalkulierter Basis, im Sinne einer Wahrnehmung von Austrittsbarrieren bzw. Kosten des Verlassens der Organisation. Dabei ist sowohl der Verlust von Investitionen als auch von erwartetem Nutzen inkludiert. Allerdings sehen Hrebiniak, Alutto (1972) Commitment eindimensional im Sinne einer Kostenkalkulation. Dagegen

---

[344] Vgl. beispielhaft Angle, Lawson (1994), S. 1540.
[345] Vgl. zu diesen Aspekten auch die Studien von Allen, Meyer (1990), S. 713 ff. und S. 716.
[346] Die maßgeblichen Meßverfahren von Commitment auf kalkulierter Basis gehen auf Allen, Meyer (1991) und Hrebiniak, Alutto (1972) zurück. Dabei haben Hrebiniak und Alutto (1972) ursprünglich nur eine Modifizierung der Skalen von Ritzer, Trice (1969) vorgenommen, fanden jedoch in nachfolgenden Studien häufigere Verwendung. Allen, Meyer haben bereits 1984 die affective- und continuance commitment scale entwickelt, 1991 kam die Skala für normatives Commitment hinzu. Die Ursprünge des kalkulierten Commitmentkonzepts selbst sind jedoch insbesondere auf Becker (1960) zurückzuführen, wie bereits dargelegt wurde. So führen auch Meyer et al. (1989), S. 152 Becker (1960) als Referenz an. Soweit also hinsichtlich kalkulierten Commitments bspw. Bezug auf Meyer und Allen genommen wird, findet implizit und zum Teil auch explizit eine Bezugnahme auf Becker statt, vgl. bspw. bei McGee, Ford (1987), S. 638. Vgl. zu den Bezugnahmen nachfolgender Studien auf die kalkulierten Commitmentkonzepte von Allen, Meyer und Hrebiniak, Alutto die nachfolgende Tabelle.

diskutieren etwa Allen, Meyer darüber hinaus Commitmentformen auch auf affektiver und normativer Basis.[347]

Autoren	Bezeichnung	Definition	Modifikation des Referenzkonzepts	Weitere Aspekte
Referenzkonzept: Allen, Meyer (z.B. 1984, 1991), [Meyer, Allen (1997)]				
Allen, Meyer (1991)	continuance commitment	"... refers to an awareness of *costs* associated with leaving the organization." (S. 11 und Allen, Meyer 1991, S. 67)	-	affective -, normative commitment
Angle, Lawson (1994	continuance commitment	"...propensity to remain a member of the organization for reasons ... as to *keep benefits* or ... *lack of alternative jobs*." (S. 1540)	Verkürzung der Meßskala (S. 1551)	affective commitment
Mc Gee, Ford (1987)	continuance commitment	"...individual bound to the organization through *extraneous interests* ... rather than favorable affect ..." (S. 638)	-	affective commitment
Referenzkonzept: Hrebiniak, Alutto (1972)				
Hrebiniak, Alutto (1972)	organizational commitment	"... exchange phenomenon ..." (S. 555) "... structural phenomenon ... result of ... alterations in side-bets or *investments* over time" (S. 556)	-	-
Huselid, Day (1991)	continuance commitment	" ... results from ... entering ... an exchange relationship with the organiziation." (S. 381)	-	attitudinal commitment
Kidron (1978)	calculative commitment	"willingness to remain ... given an alternative job that provides slightly better outcomes ..." (S. 241)	Anlehnung an Etzionis pretiale Einbindung (S. 239)	moral commitment
Mathieu, Zajac (1990)	calculative commitment	Zitation von Hrebiniak, Alutto (1972), S. 556, wie oben, (S. 172)	-	attitudinal commitment

Abb. II-11: Systematische Darstellung kalkulierter Commitmentkonzepte nach Referenzkonzepten (Hervorhebungen in den Zitaten durch die Verfasserin)

Unter Bezugnahme auf die Konzeptualisierungen kalkulierten Commitments dieser Referenzkonzepte wurde Commitment in zahlreichen nachfolgenden Studien untersucht. Nachfolgend

---

[347] Vgl. Allen, Meyer (1991), S. 67.

werden hieraus exemplarisch zentrale Untersuchungen gezeigt, um die zuvor eruierten Charakteristika kalkulierten Commitments zu untermauern.[348] Die dargestellten, kalkulierten Commitmentkonzepte stehen in Übereinstimmung zu den abgeleiteten Merkmalsdimensionen der kalkulativen Commitmentkomponente. Bei Kidron (1978) wird dies nicht unmittelbar ersichtlich, da er in seiner Definition von kalkuliertem Commitment auf deren Resultanten abstellt. Er mißt Commitment jedoch mit der Hrebiniak, Alutto-Scale von 1972, mit deren Hilfe kalkuliertes Commitment ermittelt wird.[349] Mit seinem Begriffsverständnis, das ein Mitglied auch im Unternehmen verweilt, wenn es eine geringfügig bessere Alternative erhält, stellt Kidron auf die oben diskutierten Austrittsbarrieren ab, die bspw. bereits mit dem Aufbau eines unternehmensspezifischen, sozialen Netzwerkes erläutert wurden. In den Spalten vier und fünf werden schließlich etwaige Modifikationen der Studien gegenüber den Referenzkonzepten genannt. Zudem wird gezeigt, inwiefern die Autoren weitere Commitmentkomponenten thematisieren.[350] Neben den aufgeführten empirischen Beiträgen soll jedoch auch auf die theoretische Diskussion kalkulierten Commitments hingewiesen werden.[351]

II.3 Erklärungsvariablen von Commitment in Unternehmen

Im vorangehenden Abschnitt wurde dargestellt, daß Commitment als mehrdimensionales Konstrukt zu verstehen ist, das auf Komponenten der Affektion, der Kalkulation und der

---

[348] Ein Konzept, das zwar auf empirischer Grundlage beruht, sich aber nicht an diese Meßverfahren anlehnt, stammt bspw. von Farrell, Rusbult (1981). Commitment wird hier im Sinne der kalkulierten Komponente verstanden und in Relation zur Zufriedenheit betrachtet, vgl. Farrell, Rusbult (1981), S. 79. Darüber hinaus sei erwähnt, daß Autoren, die mehrere Commitmentaspekte diskutieren, teilweise auf unterschiedliche Autoren für die verschiedenen Formen zurückgreifen. Z.B. nutzen Angle, Lawson (1994) die Skala kalkulierten Commitments nach Allen, Meyer, während sie die affektive Form mit dem Organizational Questionnaire nach Porter et al (1974) operationalisieren.

[349] Vgl. Kidron (1978), S. 243.

[350] Die Vorstellung unterschiedlich basierter Komponenten eines Commitments ist nicht bei der Mehrzahl der Autoren vertreten. Soweit überhaupt unterschiedliche Aspekte beleuchtet werden, geschieht dies häufig in der Form, daß von unterschiedlichen Arten oder Formen eines Commitments ausgegangen wird. Integrationsbestrebungen dieser Formen in ein erweitertes Commitmentkonzept liegen damit nicht vor. Vgl. hierzu bspw. Huselid, Day (1991), S. 383, Kidron (1978), S. 241 ff., Mayer, Schoorman (1992), S. 671, sowie generell die Autoren, die a priori nur den kalkulierten Aspekt des Commitments beleuchten, vgl. hierzu überblicksweise Abb. II-11.

[351] Vgl. bspw. Becker (1960), Etzioni (1973), S. 97 ff., (1975), S. 9 ff., Hulin (1991), Moser (1996 a, 1996 b), Scholl (1981). Vgl. zudem Punkt II.1.2 (1).

Wahrnehmung von Verpflichtungen zurückgeführt werden kann. Es ist folglich auch bei der Entstehung von Commitment davon auszugehen, daß diese drei Komponenten zur Erläuterung von Commitment Relevanz besitzen. Im folgenden soll analysiert werden, welche Variablen die Komponenten eines organisationalen Commitments erklären. Im Hinblick auf eine Generierung von Stellhebeln eines Commitment-Managements erscheinen diese von zentraler Bedeutung, da aus ihnen Empfehlungen und Bedingungen einer Gestaltung geeigneter Instrumente zum Aufbau von Commitment abgeleitet werden können.

Die Kategorien von Einflußvariablen werden dabei aus empirischen Forschungsergebnissen zu den Erklärungsvariablen der oben unterschiedenen Commitmentkomponenten abgeleitet. Dabei wird die Vielzahl von Erklärungsvariablen eines Commitments differenziert nach Einflußgrößen, die durch ein Management unmittelbar beeinflußbar sind und solchen, die einem Management tendenziell nicht bzw. allenfalls mittelbar zugänglich sind. Im Rahmen managbarer Einflußvariablen wird dann weiter nach Einflußgrößen unterschieden, die unmittelbaren Humanressourcen.-Bezug haben, wie bspw. die Vergütungspraxis, und solchen, die lediglich in mittelbarem Zusammenhang zu den Humanressourcen eines Unternehmens stehen, wie bspw. die Wertetradition oder die Firmengeschichte. Dieser Zusammenhang ist in Abbildung II-12 dargestellt. Im weiteren Verlauf der Arbeit wird eine Fokussierung auf Einflußvaribalen vorgenommen, die einen unmittelbaren Humanressourcen-Bezug aufweisen und darüber hinaus durch das Management unmittelbar beeinflußbar sind (graues Feld der Abb. II-12). Denn diese Einflußvariablen des Commitment sind folglich dem Kontext eines HRM zuordenbar.

Vor dem Hintergrund dieses fokussierten Kontexts eines Humanressourcen Managements gilt es, einen systematischen Zugang zu den relevanten Erklärungsvariablen zu erlangen. Hierfür ist es zweckmäßig, zentrale Kategorien zu differenzieren. Angesichts verfügbarer empirischer Forschungsergebnisse zum Commitment können hierfür vier maßgebliche Kategorien von Einflußvariablen unterschieden werden:

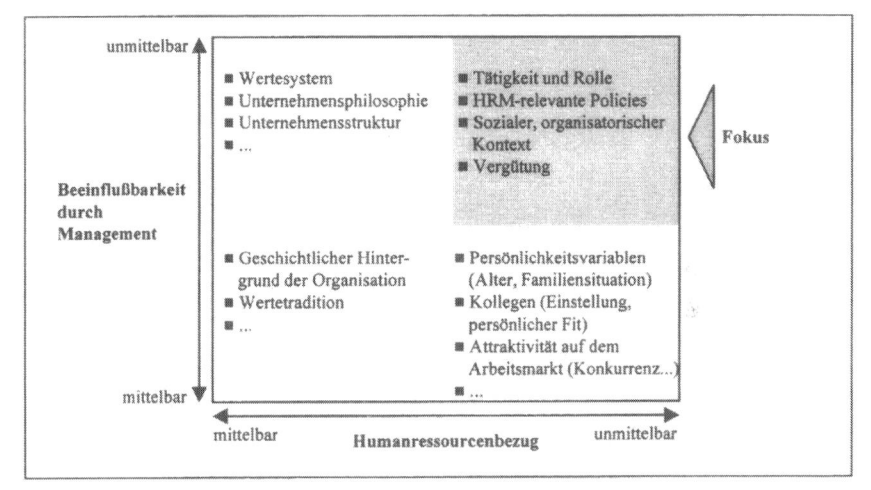

Beeinflußbarkeit durch Management	unmittelbar ▲	■ Wertesystem ■ Unternehmensphilosophie ■ Unternehmensstruktur ■ ...	■ Tätigkeit und Rolle ■ HRM-relevante Policies ■ Sozialer, organisatorischer Kontext ■ Vergütung	Fokus
		■ Geschichtlicher Hintergrund der Organisation ■ Wertetradition ■ ...	■ Persönlichkeitsvariablen (Alter, Familiensituation) ■ Kollegen (Einstellung, persönlicher Fit) ■ Attraktivität auf dem Arbeitsmarkt (Konkurrenz...) ■ ...	
	mittelbar ▼	mittelbar ← Humanressourcenbezug → unmittelbar		

Abb. II-12: *Abgrenzung relevanter Einflußvariablen von Commitment im vorliegenden Kontext (Beispiele)*

Die humanressourcenbezogenen, etablierten Unternehmensgrundsätze (II.3.1), die Tätigkeit und die Rolle (II.3.2), der soziale organisatorische Kontext, unter Berücksichtigung sowohl der Beziehung zu Vorgesetzten als auch zu Kollegen (II.3.3) sowie die gewährte Vergütung im Rahmen der vorherrschenden Vergütungspraxis (II.3.4). Diese Kategorien stehen in Zusammenhang mit maßgeblichen, empirischen Einflußgrößen organisationalen Commitments.[352] Sie werden im folgenden jeweils knapp erläutert und hinsichtlich ihrer unterschiedlichen Wirkung auf die differenzierten Commitmentkomponenten untersucht.[353]

---

[352] Die Einflußkategorien sind auch untereinander verknüpft. Bspw. sind Tätigkeit und Rolle eng verknüpft. Dies wird auch bei der folgenden Darstellung der Einflußvariablen deutlich gemacht. Es bestehen jedoch relevante Ansatzpunkte einer Differenzierung dieser Einflußgrößen im Hinblick auf deren Wirkung auf organisationales Commitment. Diese liegen der vorgenommenen Unterscheidung zugrunde und werden in den nachfolgenden Ausführungen zu den Einflußkategorien deutlich gemacht.

[353] Vgl. zur Differenzierung der Commitmentkomponenten Abschnitt II.2. Die Untersuchungsergebnisse hinsichtlich der Einflußgrößen organisationalen Commitments sind jedoch nicht uneingeschränkt zu verallgemeinern. Vielmehr ist an dieser Stelle zu bedenken, daß interkulturelle Differenzen in der Entwicklung von Persönlichkeitsmustern auch zu unterschiedlichen Wirkungszusammenhängen zwischen spezifischen Einflußgrößen und organisationalem Commitment führen können. Die im folgenden erläuterten Untersuchungsergebnisse und Einflußvariablen legen implizit ein Menschenbild zugrunde, das dem weiter Teile der westlichen Welt entspricht. Vgl. hierzu die umfangreichen interkulturellen Untersuchungen Hofstedes (1980), sowie bspw. auch McClellands (1961, 1965) und Rotters (1960).

II.3.1 Humanressourcenbezogene Grundsätze und Richtlinien (Policies)

Im Rahmen empirischer Studien konnten signifikante Zusammenhänge zwischen spezifischen Policies einer Organisation und den unterschiedlichen Komponenten des Commitments nachgewiesen werden.[354] Es wird deutlich, daß die Wahrnehmung der Existenz und Anwendung bestimmter Richtlinien auf verschiedene Weisen positiv auf die Entwicklung von organisationalem Commitment wirkt. Betrachtet man empirische Forschungsergebnisse, sind dabei Richtlinien wesentlich, die eine positive, von Fairness und Wertschätzung geprägte Haltung gegenüber den Mitarbeitern zum Ausdruck bringen.[355] Um dies zu veranschaulichen, werden im folgenden drei zentrale (Sub-)Kategorien entsprechender Policies dargestellt, die aus den umfangreichen, untersuchten Studien abgeleitet sind: Die Zuverlässigkeit und Gerechtigkeit im Umgang mit den Mitarbeitern (1), die Bereitschaft zu Fürsorge und Unterstützung der Mitarbeiter (2) und deren Einbeziehung in Entscheidungsprozesse (3).

(1) Zuverlässigkeit und Gerechtigkeit

Von zentraler Bedeutung im Aufbau von Commitment sind Unternehmensgrundsätze, die eine generelle[356] *Einhaltung von Versprechungen der Organisation und Gerechtigkeit im Umgang mit den Mitarbeitern festlegen.*[357]

■ Die Wahrnehmung entsprechenden Verhaltens seitens der Organisation fördert insbesondere die Identifikation mit dieser. Dies gilt dann in verstärktem Maße, wenn

---

[354] Vgl. beispielhaft Allen, Meyer, Gellatly (1990), S. 712, Ashford, Lee, Bobko (1989), S. 808 ff., Konovsky, Cropanzano (1991), S. 699 ff., Moorman, Niehoff, Organ (1993), S. 217, Morris, Lydka, O'Creevey (1993), S. 29 ff., Mowday, Porter, Steers (1982), S. 28 ff., Shore, Wayne (1993), S. 637 ff. Im Vordergrund können dabei nur etablierte Policies stehen, also solche Richtlinien und Normen, die in Organisationen tatsächlich Anwendung finden. Denn nur so sind sie für Mitarbeiter auch erfahrbar und können entsprechend Wirkung entfalten.

[355] Vgl. beispielhaft Allen, Meyer, Gellatly (1990), S. 712, Eisenberger et al. (1986), S. 500 ff., Eisenberger, Fasolo, Davis-LaMastro (1990), S. 51 ff., Moorman, Blakely, Niehoff (1998), S. 351 ff., Morris, Lydka, O'Creevey (1993), S. 29 ff., Moorman, Niehoff, Organ (1993), S. 217

[356] "Generell" bedeutet, daß Richtlinien immer dann Anwendung finden und finden sollen, wenn dem nicht gewichtige Gründe entgegenstehen, d.h. also nicht unter allen Umständen. Dies gebietet schon die Notwendigkeit einer gewissen Flexibilität.

[357] Vgl. hierzu und im folgenden das hoch signifikante Ergebnis des Einflusses fair wahrgenommener Policies auf affektiv basiertes Commitment bei Morris, Lydka, O'Creevey (1993), S. 29 ff. Vgl. zudem Mowday, Porter, Steers (1982), S. 28 ff. und Steers (1977), S. 47 f., die einen hoch signifikanten Zusammenhang zwischen der Erfahrung erfüllter Erwartungshaltungen sowie Vertrauen mit affektivem Commitment nachweisen. Vgl. auch Allen, Meyer, Gellatly (1990), S. 712, sowie die Studie von Konovsky, Cropanzano (1991).

solches Verhalten seitens der Organisation mit individuellen Wertvorstellungen übereinstimmt. Denn die Wahrnehmung einer Kongruenz mit individuellen Wertvorstellungen fördert die Identifikation mit der Organisation und damit *affektives Commitment*.[358] Daraus leitet sich eine Intensivierung der Beziehung zur Organisation ab, denn die Wahrnehmung einer Wertekongruenz stellt eine geeignete Grundlage dar, die Organisation in den individuellen Wertekontext zu integrieren.[359] Dies begünstigt eine Verknüpfung privater mit organisatorischen Interessen und erhöht somit das Involvement in die Belange der Organisation. Damit wird der zentrale Einfluß entsprechender Policies auf die affektive Commitmentkomponente deutlich.

- Darüber hinaus ist von einer Beeinflussung der *normativen Commitmentkomponente* auszugehen. Dabei kann auf das Ausgleichsprinzip abgestellt werden, das bereits erwähnt wurde.[360] Diesem Prinzip folgend ist davon auszugehen, daß Gerechtigkeit im Umgang mit den Mitarbeitern sowie die zuverlässige Einhaltung von Versprechungen seitens der Organisation von Mitarbeitern in gewissem Maße erwidert werden. Entsprechend dieser sozialen Norm werden die Mitarbeiter gewissermaßen dazu verpflichtet, sich gewissenhaft und zuverlässig im Sinne der Organisation zu verhalten, bzw. gegenläufiges Verhalten zu vermeiden.

- Eine Erklärung für den Zusammenhang zur *kalkulierten Commitmentkomponente* ist die Reduktion von Unsicherheiten.[361] Diese erhöht die Handlungsfähigkeit der Mitarbeiter und die Möglichkeiten zur Fokussierung individueller Vorstellungen und Aufgaben. Damit erhöht sich die Wahrscheinlichkeit, individuell als befriedigend wahrgenommene Arbeitsergebnisse zu erzielen und entsprechend positives Feedback zu erhalten. Dies

---

[358] Signifikant nachgewiesen wurde dieser Einfluß entsprechender, angewandter Richtlinien auf affektives Commitment bspw. von Moorman, Niehoff, Organ (1993), S. 217.

[359] Denkbar wäre dagegen auch eine strikte Trennung des Kontextes der Organisation und des Privatbereichs. Werthaltungen, die im Privatbereich Beachtung erfahren, würden dann bspw. im Kontext der Organisation nicht berücksichtigt. Vielmehr könnte im Rahmen dieser Trennung ein paralleles Wertesystem Gültigkeit besitzen, daß dann einen Ausgleich von Handlungsweisen seitens der Organisation ermöglicht, die im privaten Umfeld kaum eine Rolle spielen und dort bspw. als verwerflich empfunden würden.

[360] Dieses Prinzip des Ausgleichs wurde bereits im Zusammenhang mit der Erläuterung der normativen Commitmentkomponente dargelegt. Es kann als relativ kulturunabhängig betrachtet werden. Vgl. Abschnitt II.2.2.(2) sowie Abegglen (1968), S. 17. Vgl. hierzu auch Scholl (1981), S. 594.

[361] Vgl. zum Zusammenhang zwischen Zuverlässigkeit und Unterstützung zu kalkuliertem Commitment bspw. Moorman, Niehoff, Organ (1993), S. 217, die neben dem Einfluß auf affektives Commitment einen

fördert eine positive Wahrnehmung der Organisation, auch relativ zu verfügbaren, alternativen Organisationen und damit die kalkulierte Commitmentkomponente.

(2) Bereitschaft zu Fürsorge und Unterstützung

Eine weitere Kategorie commitmentrelevanter Policies ist auf eine grundsätzliche Bereitschaft der Organisation zur Fürsorge und Unterstützung ihrer Mitarbeiter gerichtet. Hiermit sind vielfältige Einflüsse auf eine Steigerung der Commitmentkomponenten verbunden.[362] Solche Richtlinien stehen zudem in Zusammenhang mit der Gerechtigkeit und Zuverlässigkeit im Umgang mit Mitarbeitern, da diese sich auch auf die Wahrnehmung von Unterstützung durch die Organisation auswirken.[363] Im Rahmen einer Reihe von Studien konnte zudem direkt nachgewiesen werden, daß die Wahrnehmung einer grundsätzlichen Bereitwilligkeit der Organisation zur Unterstützung der Mitarbeiter, auch über ihre gesetzlich vorgeschriebenen Pflichten hinaus, Commitment fördert.

- In besonders deutlichem Zusammenhang zu solchen Policies steht die *affektive Commitmentkomponente*.[364] Die Begründung für diesen Zusammenhang ist auch hier in einer Steigerung der Identifikation mit einer Organisation zu sehen. Diese kann auf die Wahrnehmung einer kausalen Verknüpfung einer individuell positiv beurteilten Entwicklung und beruflichen Situation mit Verhalten seitens der Organisation zurückgeführt werden. Diese Beurteilung ist von Nutzenkalkülen zu differenzieren, denn diese stehen in Relation zu anderen verfügbaren Alternativen.

- Bei der Erläuterung der *normativen Commitmentkomponente* wurde gezeigt, daß ihre Merkmalsdimensionen auf der Wahrnehmung einer normativen Verpflichtung beruhen.

---

signifikanten - wenn auch etwas weniger starken - Einfluß auf die kalkulierte Commitmentkomponente herausfanden.

[362] Diese Form der Unterstützung ist zu unterscheiden von der Unterstützung durch Vorgesetzte, auf die im Rahmen von Einflüssen des sozialen Umfeldes der Organisation gesondert eingegangen wird.

[363] Vgl. Moorman, Blakely, Niehoff (1998), S. 351 ff.

[364] Vgl. hierzu bspw. die Untersuchung zur wahrgenommenen Unterstützungsleistung der Organisation gegenüber ihren Mitarbeitern von Eisenberger et al. (1986), S. 500 ff., Eisenberger, Fasolo, Davis-LaMastro (1990), S. 51 ff. Vgl. zum Zusammenhang von organisationaler Unterstützung und affektivem Commitment zudem die Studie von Shore, Wayne (1993) sowie die Ergebnisse Steers (1977), der im Rahmen der Erklärungsvariablen einen hoch signifikanten Zusammenhang zwischen wahrgenommener Fürsorge der Organisation und affektivem Commitment feststellte.
Zu dieser Form der Fürsorge und Unterstützung kann bspw. auch eine Politik gerechnet werden, die Dispensationen von Mitarbeitern weitgehend zu vermeiden sucht und damit das Gefühl der Jobsicherheit unter den Mitarbeitern erhöht, vgl. bspw. analog die Studie von Ashford, Lee, Bobko (1989).

Es erscheint daher einleuchtend, daß speziell Unterstützung, die in Form freiwilliger Leistungen ohne konkrete Gegenleistungen an die Mitarbeiter ergeht, Einfluß auf die Komponente des normativen Commitments hat. Denn es wurde gezeigt, daß normatives Commitment unter anderem auf Vorleistungen der Organisation zurückzuführen ist, aus denen dann die Wahrnehmung einer normativen Verpflichtung resultiert. Die Wirkung entsprechender Leistungen auch auf die *normative Commitmentkomponente* erscheint somit plausibel.[365]

- Soweit Policies der Führung und Unterstützung zudem eine positive Wahrnehmung des Unternehmens relativ zu anderen verfügbaren Alternativen beeinflussen, resultiert daraus auch eine Förderung der *kalkulierten Commitmentkomponente*. Denn diese wird in dem Maße gefördert, in dem Policies der Unterstützung und Fürsorge in einer wahrgenommenen Besserstellung der Mitarbeiter relativ zu anderen Alternativen resultieren. Bspw. ist ein Grundsatz denkbar, der die Gewährung überdurchschnittlicher Möglichkeiten der Einkommenssteigerung festlegt. Denkbar ist hier bspw. eine Beteiligung an der Gewinnentwicklung eines Unternehmens.[366]

(3) **Einbeziehung in Entscheidungsprozesse**

Nachhaltige Einflüsse auf den Aufbau von Commitment ergehen zudem aus solchen Unternehmensgrundsätzen und Richtlinien, die eine Einbeziehung von Mitarbeitern in Entscheidungsprozesse betreffen.[367] Sie betonen die Bedeutung, die den Mitarbeitern innerhalb der Organisation beigemessen wird.

- Auf diese Weise werden die eigene Wertschätzung und die Selbstdefinition über die Organisation gefördert. Darüber hinaus fördert die Beteiligung an Entscheidungen das Vertrauen der Mitarbeiter in die Entscheidungen der Organisation und damit auch in die

---

[365] Beispielhaft sei hier die Studie von Sanchez, Korbin, Viscarra (1995) angeführt. Sie konnten eine nachhaltige Wirkung freiwilliger Unterstützungsmaßnahmen der Organisation auf die Steigerung von Commitment feststellen. Die Unterstützungsmaßnahmen bezogen sich dabei auf Hilfsmaßnahmen für die Mitarbeiter nach einer Naturkatastrophe. In der Studie wurde allerdings Commitment auf affektiver Basis fokussiert. Es ist jedoch einschränkend zu bemerken, daß solche Maßnahmen nicht eindeutig dem Einflußbereich eines Humanressourcen-Managements zuzurechnen sind.

[366] Bspw. werden im Rahmen der Entgeltpolitik von Unternehmen unterschiedliche Grundsätze bezüglich der Einstellungsgehälter, sowie hinsichtlich grundsätzlich möglicher Gehaltsentwicklungen vertreten. Unterschiede dieser unterliegen einer gewissen Branchenabhängigkeit, werden aber auch innerhalb von Branchen deutlich.

Organisation selbst.[368] Beide Aspekte fördern die Entwicklung der Identifikation mit einer Organisation.[369] Zudem bedingt die Einbeziehung in strategische Entscheidungen zwangsläufig ein höheres Involvement[370] in die Belange der Organisation.[371] Folglich wird die *affektive Commitmentkomponente* gefördert.

- Soweit die Möglichkeit zur Partizipation als Vertrauensvorschuß interpretiert wird, ist dabei auch von einem positiven Effekt auf die *normative Commitmentkomponente* auszugehen: Entsprechend der bereits erwähnten, sozialen Normen des Ausgleichs, verpflichtet dieser Vorschuß gewissermaßen, dem entgegen gebrachten Vertrauen gerecht zu werden. Diese Normen bilden somit zugleich die notwendige Grundlage für den Aufbau von Wahrnehmungen normativer Verpflichtung und damit normativen Commitments.

- Daneben eröffnet eine erhöhte Einbeziehung in Entscheidungsprozesse Möglichkeiten zur Einbringung individueller Vorstellungen. Damit verbindet sich ein erweiterter Raum zur individuellen Selbstverwirklichung, die im Vergleich zu anderen Unternehmen zu einer Intensivierung der *kalkulierten Commitmentkomponente* führen kann.

Neben den dargestellten spezifischen Wirkungen solcher Policies auf die Komponenten des Commitments ist davon auszugehen, daß die Mitglieder einer Organisation über diese Richtlinien und Normen sozialisiert werden. Dies bedeutet - zumindest partiell - eine Verinnerlichung des Wertesystems und damit die Identifikation mit der Organisation. Damit wird Commitment, insbesondere auf affektiver Grundlage, gesteigert.[372]

---

[367] Vgl. bspw. die Studie von DeCotiis, Summers (1987), S. 463 f.
[368] Vgl. hierzu bspw. auch Kim, Mauborgne (1998), S. 323, sowie Oswald, Mossholder, Harris (1994), S. 477, 484, die anführen, daß ein Einbezug in die strategische Planung insbesondere dann Wirkung auf organisationales Commitment zeigt, wenn zugleich die Unternehmensleitung und die Visionen des Topmanagements von den Mitarbeitern als positiv und geeignet wahrgenommen werden..
[369] Vgl. hierzu auch analog Buchanan (1974), S. 542, der die Stärkung eines positiven Eigenbildes als Antezedenz affektiven Commitments feststellt.
[370] Involvement wurde in Abschnitt II.2.2.(1) neben der Identifikation als Merkmalsdimension affektiven Commitments ermittelt.
[371] Dieser Zusammenhang konnte bspw. von Oswald, Mossholder, Harris (1994), S. 482 hoch signifikant nachgewiesen werden.
[372] Vgl. z.B. Caldwell, Chatman, O'Reilly (1990), S. 254 f.

II.3.2 Tätigkeit und Rolle

Eine weitere zentrale Einflußgröße für die Entwicklung organisationalen Commitments resultiert aus der Tätigkeit. Diese bestimmt maßgeblich die Rolle, wie bereits bei der Analyse der Rolle des Mittelmangements deutlich gemacht wurde. Im Hinblick auf die Entwicklung von Commitment werden jedoch Einflüsse der Tätigkeit (1) und der Rolle (2) getrennt betrachtet, um die Unterschiede herauszuarbeiten.

(1) Einflüsse der Tätigkeit

Angesichts empirischer Untersuchungsergebnisse treten hierbei insbesondere folgende Kategorien von Einflußgrößen in den Mittelpunkt:[373] Die individuelle Herausforderung, die mit der Tätigkeit verbunden ist (a), die individuelle Entscheidungsautonomie,[374] über die ein Mitarbeiter dabei verfügt (b), die Möglichkeiten zur sozialen Interaktion (c) sowie die fachliche Spezialisierung, die mit der Tätigkeit einhergeht (d).

(a) Einflüsse der individuellen Herausforderungen der Tätigkeit: Bedeutende Einflüsse ergeben sich im Rahmen empirischer Forschungsergebnisse aus den individuellen Herausforderungen, die mit einer Tätigkeit verbunden sind. Damit ist zunächst die Vielfalt unterschiedlicher Aufgaben angesprochen, die im Rahmen einer Tätigkeit zu bewältigen sind.[375] Entscheidend ist jedoch die individuelle Herausforderung, die aus dieser Aufgabenvielfalt resultiert. Diese steht zum einen in Verbindung mit der individuell wahrgenommenen *Bedeutung der Aufgabe*. Zum anderen resultiert die Wahrnehmung individueller Herausforderung neben dem Umfang insbesondere aus der *Art der Aufgaben* und dem Ausmaß, in dem hierfür individuelle Fähigkeiten zum Einsatz kommen.[376] Hiermit verbinden sich unterschiedliche Einflüsse auf die Komponenten des Commitments.

---

[373] Vgl. hierzu exemplarisch Colarelli, Dean, Konstans (1987), S. 716 ff., Hall, Schneider (1972), S. 347, Huselid (1991), S. 386, Mathieu, Zajac (1990), S. 174, Mowday, Porter, Steers (1982), S. 28 ff., O'Reilly, Caldwell (1980), S. 562 und Steers (1977), S. 47 ff.

[374] Diese ist hier, im Gegensatz zu einem Grundsatz der Partizipation, konkret auf Aktorenebene zu verstehen.

[375] Vgl. zur Differenzierung von Aufgaben und Tätigkeit Ringlstetter (1997), S. 64. Vgl. zu dieser Einflußvariable bspw. die signifikanten Ergebnisse von Mowday, Porter, Steers (1982), S. 28 ff. und Steers (1977), S. 47 ff. sowie die Ergebnisse der umfangreichen Metaanalyse von Mathieu, Zajac (1990), S. 174.

[376] Vgl. z.B. Colarelli, Dean, Konstans (1987), S. 716 ff.

- Die Wahrnehmung, *bedeutungsvolle Aufgaben* auszuführen und die Nutzung individueller Fähigkeiten in großem Umfang wirken positiv auf die Erfüllung von Motiven der Selbstverwirklichung.[377] Sie erhöhen das Interesse an der Tätigkeit und wirken sich somit positiv auf das Involvement in die Tätigkeit und die Belange der Organisation aus. Zudem werden auf diese Weise positive Einstellungen zur Arbeit und die Identifikation mit der Tätigkeit und der Organisation gefördert.[378] Auf diese Weise entsteht affektives Commitment.[379] Die *Herausforderungen*, die mit der Tätigkeit verknüpft sind, stehen darüber hinaus in Zusammenhang mit der individuellen Selbstwertschätzung. Diese nimmt mit der Bewältigung anspruchsvoller Aufgabenstellungen zu. Wächst die Selbsteinschätzung in Verbindung mit der Tätigkeit, fördert das die Identifikation mit der Organisation und affektives Commitment.[380] Darüber hinaus ist davon auszugehen, daß eine herausfordernde Tätigkeit prinzipiell eher mit der Erreichung persönlicher Ziele verknüpft ist. Bestehen Erwartungshaltungen an die Erreichung individueller Ziele und individueller Selbstverwirklichung[381] und werden diese im Rahmen der Tätigkeit erfüllt, wirkt sich dies positiv auf die Komponente des *affektiven Commitments* aus.[382]

- Eröffnen sich aus der Herausforderung der Tätigkeit zudem Möglichkeiten zur Verwirklichung individueller Vorstellungen, die im Rahmen anderer, verfügbarer Alternativen kaum bestehen, z.B. durch besondere Formen der individuellen Förderung, resultieren gleichzeitig hohe Opportunitätskosten bei einem Organisationsaustritt. Dies erhöht das

---

[377] Vgl. zur Selbstverwirklichung als Antezedenzbedingung affektiven Commitments bspw. Hall, Schneider (1972), S. 347. Die Autoren weisen diesen Zusammenhang über die Merkmalsdimensionen affektiven Commitments, Identifikation mit der Organisation und Involvement in deren Belange hoch signifikant nach.

[378] Involvement in die Belange der Organisation wurde als Merkmalsdimension affektiven Commitments ermittelt. Das spezifische Involvement in die Tätigkeit resultiert, wie oben erläutert, bspw. aus der individuellen Herausforderung, die mit dieser verbunden ist. Es wirkt positiv auf die Merkmalsdimension des generellen Involvements und folglich auf affektives Commitment. Huselid (1991), S. 386, weist dies signifikant nach.

[379] Vgl. O'Reilly, Caldwell (1980), S. 562, die den Einfluß von intrinsischem Tätigkeitsinteresse und Einstellungen zum Job zu affektivem Commitment hoch signifikant nachweisen. Vgl. zudem Beyer (1990), S. 26, der davon ausgeht, daß die individuell wahrgenommene Bedeutung der Arbeit zentral ist für die Möglichkeiten, gegenüber der Organisation Commitment zu entwickeln.

[380] Vgl. Hall, Schneider (1972), S. 347, die auch diese Einflußgröße hoch signifikant ermittelten, sowie Lee (1971). Hall und Schneider (1972), S. 347 gehen dabei davon aus, daß die Herausforderung und Befriedigung aus einer Tätigkeit zentral für den Aufbau affektiven Commitments sind.

[381] Davon wird in den entsprechenden Studien implizit ausgegangen.

Commitment auf kalkulierter Basis.[383] Die Erwartung zukünftiger Herausforderungen ist zudem mit der Kalkulation individueller Aufstiegschancen in der Organisation verknüpft. Diese beeinflussen die relative Nutzenwahrnehmungen der Mitgliedschaft in einer Organisation entscheidend und wirken somit auf die Entstehung der kalkulierten Commitmentkomponente.[384]

(b) Ausmaß individueller Autonomie als Einfluß von Commitment: Eine weitere zentrale Einflußgröße, die auch mit Umfang und Anspruchsniveau einer Tätigkeit sowie mit dem Aufstieg in einer Organisation verknüpft ist, stellt die Autonomie[385] dar, die ein Mitarbeiter im Rahmen seiner Tätigkeit erfährt.[386] Je höher ein Mitarbeiter in der sozialen Hierarchie steigt, desto umfangreicher und anspruchsvoller werden in der Regel seine Aufgaben und das Ausmaß seiner Autonomie ausfallen.[387]

- Individuell wahrgenommene Autonomie wirkt dabei zum einen auf die Komponente des *affektiven Commitments*.[388] Dies kann, ähnlich wie die Wirkung individueller Herausforderungen, u.a. auf die Möglichkeiten zur Selbstverwirklichung und der Verfolgung individueller Ziele zurückgeführt werden. Denn diese fördern das Involvement in eine Tätigkeit und in die Belange einer Organisation sowie die Identifikation mit dieser.

---

[382] Vgl. Buchanan (1974), S. 542, Meyer, Allen (1997), S. 50, Mowday, Porter, Steers (1982), S. 28 ff. Einflüsse der Herausforderung auf normatives und kalkuliertes Commitment konnten in den untersuchten Studien nicht nachgewiesen werden.

[383] Vgl. Meyer, Allen (1997), S. 56 f., Etzioni (1975), S. 11, Hrebiniak, Alutto (1972), S. 555, McGee, Ford (1987), S. 639 f.

[384] Vgl. zum positiven Einfluß von Aufstiegschancen die signifikanten Ergebnisse von Curry, Wakefield, Price (1986), S. 852 und Huselid (1991), S. 386. Ein Zusammenhang zur normativen Commitmentkomponente konnte nicht nachgewiesen werden. Einflüsse aus einem wahrgenommenen Vertrauensvorschuß, aufgrund der Übertragung anspruchsvoller Aufgaben, sind jedoch denkbar.

[385] Autonomie ist dabei im Sinne der Handlungs- und Entscheidungsfreiheit zu verstehen, die durch die Möglichkeit gekennzeichnet wird, Entscheidungen abschließender Natur selbständig zu treffen, vgl. dazu analog Ringlstetter (1995), S. 51, der Entscheidungsautonomie - wie bereits erwähnt - im Rahmen der Charakterisierung von Teileinheiten einer Organisation thematisiert.

[386] Die Erreichung individueller Autonomie wird in den Studien, die diese Einflußgröße feststellen, implizit als erstrebenswerter Zustand betrachtet. Vgl. zur Auswirkung wahrgenommener Autonomie auf affektives Commitment bspw. die Studie von Dunham, Grube, Castaneda (1994).

[387] Im vorliegenden Kontext ist Autonomie im Sinne der Entscheidungskompetenz zu verstehen, die ein Mitarbeiter und sein soziales, organisatorisches Umfeld wahrnehmen, auch jenseits der formal verliehenen Entscheidungsautonomie. Denn am Beispiel der Möglichkeit direkter Durchgriffe des Topmanagements auf die Entscheidungsautonomie des Mittelmanagements (siehe hierzu auch Abschnitt I.3) wurde sichtbar, daß die formal verliehene Autonomie nicht immer maßgeblich ist.

[388] Vgl. z.B. Hall, Schneider (1972), S. 347, die einen hoch signifikanten Einfluß ermitteln, sowie DeCotiis, Summers (1987), S. 459, die ebenfalls einen direkten Einfluß feststellen.

- Darüber hinaus ist es plausibel, daß die Einräumung individueller Autonomie auch *normatives Commitment* fördert. Denn die Gewährung von Autonomie kann als Vertrauensvorschuß interpretiert werden. Ein Mitarbeiter kann daraus eine normative Verpflichtung gegenüber der Organisation ableiten.[389] Diese stellt, wie gezeigt wurde, eine Grundlage normativen Commitments dar und schlägt sich folglich positiv auf die Entwicklung dieser Commitmentkomponente nieder.

- Hinsichtlich *kalkulierten Commitments* wurden diesbezüglich kaum relevante Ergebnisse ermittelt. Es ist jedoch zu berücksichtigen, daß individuelle Autonomie offensichtlich positiv beurteilt wird. Soweit also Unternehmen besondere Freiräume anbieten, innerhalb derer sich Mitarbeiter entfalten können, erhöht dies die individuell wahrgenommenen Vorteile der Mitgliedschaft in einer Organisation und damit individuelle Austrittsbarrieren, die kalkuliertes Commitment fördern.[390]

(c) Möglichkeiten zur sozialen Interaktion: Relativ unabhängig von der Herausforderung und der Autonomie einer Tätigkeit können freiwillige, soziale Interaktionsmöglichkeiten im Rahmen einer Tätigkeit bestehen. Sie stellen eine weitere Einflußgröße bei der Entwicklung von Commitment dar. Jedoch konnte dieser Zusammenhang lediglich hinsichtlich *affektiven Commitments* signifikant nachgewiesen werden.[391] Dieser Zusammenhang gründet auf der Kommunikation und dem Austausch mit anderen Organisationsmitgliedern. Sie fördern die Einbindung in den Kontext und das soziale Gefüge der Organisation. Dies wirkt sich positiv auf das Involvement in die Belange der Organisation aus und kann zugleich die Identifikation mit der Organisation steigern. Damit wird der Einfluß auf affektives Commitment deutlich.

(d) Fachliche Spezialisierung als Commitmentdeterminante: Eine begrenzte Einflußgröße organisationalen Commitments steht schließlich in Zusammenhang mit der fachlichen Spezialisierung, die mit einer Tätigkeit verbunden ist. Ist eine solche Spezialisierung unternehmensspezifischer Natur und folglich nicht oder nur bedingt in anderen Unternehmen nutzbar,

---

[389] Vgl. analog Allen, Meyer (1997), S. 62 f.
[390] Vgl. analog Angle, Lawson (1994), S. 1540.
[391] Vgl. hierzu die bekannte Studie von Steers (1977), S. 47 ff. Auf dessen Einflußkategorien - Variablen der Person, der Tätigkeit und der Arbeitserfahrung -, wird auch in nachfolgenden Studien Bezug genommen, vgl. z.B. Morris (1981). Die weit gefaßte Kategorie der Arbeitserfahrung bezieht sich auf so unterschiedliche Bereiche wie das Verhältnis zur Organisation, erhaltene Belohnungen, entsprechend individueller Erwartungen, und die Einstellungen der Gruppe. Im Rahmen letzterer werden unter anderem soziale Interaktionsmöglichkeiten thematisiert und als Einfluß affektiven Commitments nachgewiesen.

erhöht dies die individuellen Austrittsbarrieren und fördert *kalkuliertes Commitment*. Denn eine eingeschränkte Transferierbarkeit individueller Fähigkeiten führt dazu, daß die Wahrscheinlichkeit sinkt, unmittelbar einen vergleichbaren Aufgaben- und Verantwortungsbereich in einer verfügbaren, alternativen Organisation zu erlangen. Ein Organisationsmitglied hat in diesem Fall also eine Investition in Form einer fachlichen Anpassung an die organisationsspezifischen Anforderungen getätigt. Damit verbunden ist bspw. ein zu erwartender Statusverlust sowie eventuell ein niedrigeres Entlohnungsniveau. Folglich erhöhen sich die Opportunitätskosten eines Austritts aus der Organisation. Auf diese Weise wird die Komponente des Commitment auf der Basis von Kostenkalkulation erhöht.[392]

(2) Einflüsse der individuellen Rolle

Einen starken Einfluß auf den Aufbau von Commitment stellt die Rolle dar, die ein Mitglied in einer Organisation einnimmt.[393] Sie ist eng mit der Tätigkeit eines Mitarbeiters verknüpft.[394] Denn eine Rolle ist als Bündel von Erwartungshaltungen zu verstehen, die maßgeblich aus der Tätigkeit und den Aufgaben, die mit einer spezifischen Stellung innerhalb einer Organisation verbunden sind, resultieren.[395] Darüber hinaus bestehen, jenseits von aufgabenbezogenen Erwartungshaltungen, Erwartungen in Bezug auf das Verhalten gegenüber Akteuren des organisatorischen Kontextes.

Im Zusammenhang mit der Förderung organisationalen Commitments erweist sich dabei die Festlegung und Vermittlung dieser Erwartungshaltungen als eine wichtige Einflußvariable (a). Darüber hinaus steht die Rolle eines Organisationsmitgliedes in Zusammenhang mit dem Status innerhalb der Organisation, der ebenfalls bedingte Wirkung auf die Entwicklung organisationalen Commitments zeitigt (b).

---

[392] Vgl. hierzu bspw. Becker (1960), S. 37, McGee, Ford (1987), S. 639 f., Scholl (1981), S. 539 ff., Sheldon (1971), S. 145 f., sowie die Langzeitstudie von Rusbult, Farrell (1983).

[393] Vgl. zu Rollenbegriff und Rollentheorie bspw. Kappler, Rehkugler (1991), S. 81 f., Kirsch (1997 b), S. 94 ff., Ringlstetter (1997), S. 63, Wiswede (1977), S. 18.

[394] Dies wurde bereits bei der Untersuchung der Rolle des Mittelmanagements deutlich (Teil I). Hier wurden die Funktionen des Mittelmanagements als wesentliche Determinanten seiner Rolle dargestellt.

[395] Solche Erwartungen können dabei prinzipiell nicht nur von Seiten der Organisation, sondern bspw. auch von der Öffentlichkeit etc. ausgehen, vgl. bspw. Ringlstetter (1997), S. 63. Vgl. zudem die Abschnitte I.1 und I.2. Dort werden die Funktionen des Mittelmanagements, in deren Rahmen Aufgabenbündel definiert sind, als maßgeblicher Ausdruck der Rolle dargelegt (eine Übersicht befindet sich in Abschnitt I.3).

(a) Festlegung und Vermittlung von Erwartungshaltungen: In Bezug auf die Rollenerwartungen, die an einen Mitarbeiter gestellt werden, sind zunächst die Eindeutigkeit und die Klarheit entscheidend, mit der ein Organisationsmitglied seine Rolle wahrnimmt.[396] Ebenso entscheidend ist jedoch, in welchem Maße diese Wahrnehmung Konflikte beinhaltet.[397] Konflikte können bspw. auf Überschneidungen von Weisungsrechten und Verantwortungsbereichen eines Mitarbeiters oder seiner Vorgesetzten beruhen. Solche Unklarheiten und Konflikte hinsichtlich der Erwartungen beeinträchtigen den Aufbau von Commitment. Klare und konfliktfreie Rollenerwartungen tragen den Charakter von Hygienefaktoren, die zur Vermeidung von negativen Konsequenzen für den Aufbau von Commitment bedeutsam sind.[398]

- Negative Konsequenzen von Rollenunsicherheiten sind auf die Erfahrung zurückzuführen, daß Organisationsmitglieder die konfligierenden Erwartungen nicht erfüllen können oder aufgrund der Unklarheit über die Erwartungen, die an sie gestellt werden, Fehler begehen. Die Wahrnehmung persönlicher Fehlleistungen und das entsprechende Feedback beeinträchtigen die Identifikation mit der Tätigkeit und der Organisation. Damit ist auch keine Steigerung der Involvierung in die Tätigkeit und die Belange der Organisation auf Basis einer affektiven Zuwendung zu erwarten. Die Entwicklung *affektiven Commitments* wird dadurch gehemmt. In diesem Zusammenhang spielen auch intervenierende Variablen eine Rolle, wie die Unzufriedenheit mit der eigenen Leistung sowie ein erfahrener Mangel an persönlicher Wertschätzung oder die Wahrnehmung von psychischem Streß, angesichts der Unmöglichkeit, die (alle) Erwartungen zu erfüllen.[399]

---

[396] Vgl. zur Auswirkung der Wahrnehmung von Rollenambiguität seitens der Organisationsmitglieder die Metaanalyse von Mathieu, Zajac (1990), S. 179, sowie die Ergebnisse der Studien von Mowday, Porter, Steers (1982), S. 28 ff. sowie Morris (1981), S. 518 f., der diesen Zusammenhang allerdings nicht signifikant nachweisen kann.

[397] Vgl. die Ergebnisse von Buchanan (1974), S. 542, Mathieu, Zajac (1990), S. 179, Mowday, Porter, Steers (1982), S. 28 ff., Morris (1981), S. 518 f.

[398] Commitment wurde einführend als Motivation von Einsatzbereitschaft dargelegt. Vgl. zur Zwei-Faktoren-Theorie der Motivation Herzberg, Mausner, Snyderman (1959), S. 113 ff.

[399] Vgl. die Überlegungen von Meyer, Allen (1997), S. 48, sowie die Ergebnisse von Mathieu, Zajac (1990), S. 189, die zeigen, daß Druck, der in dieser Art von einer Rolle ausgeht ("role strain"), negativ auf Commitment wirkt.

- Die Bestimmung und Vermittlung klarer Rollenanforderungen sind für den Aufbau *normativen Commitments* grundlegend. Denn aus den wahrgenommenen Rollenerwartungen werden die Inhalte einer subjektiven Verpflichtung gegenüber einem Unternehmen abgeleitet. Bestehen Unklarheiten hinsichtlich der Anforderungen, können nur schwer klare Verpflichtungen wahrgenommen werden. Rollenklarheit und -konfliktfreiheit stellen somit für den Aufbau der normativen Commitmentkomponente notwendige, wenn auch noch keine hinreichenden Bedingungen dar.[400]

- Rollenkonflikte und Rollenunsicherheit hemmen auch die Ausbildung *kalkulierten Commitments*. Denn ihre leistungsbeeinträchtigende Wirkung schränkt auch die Erreichung individueller Ziele und die berufliche Entwicklung in einem Unternehmen ein.[401]

(b) Rollenstatus als Einflußfaktor von Commitment: Neben Klarheit und Eindeutigkeit der Rollenerwartungen ist im Kontext der Entwicklung von Commitment von Bedeutung, welcher Status sich mit einer bestimmten Rolle verknüpft. Mit zunehmender Bedeutung der Rolle, die ein Mitglied in einer Organisation innehält, wächst in der Regel der Status in der sozialen Hierachie.[402] Entscheidend für den wahrgenommenen Status ist dabei die Differenzierungsmöglichkeit in der sozialen Hierarchie der Organisationsmitglieder etwa über den Grad an individuellen Rechten und sozialer Anerkennung der Position.

- Es ist plausibel, daß mit den Möglichkeiten zur Differenzierung gegenüber anderen Mitgliedern und damit zu einer positiven Selbstdefinition über die Organisation auch die Identifikation mit dieser wächst. Dieser Zusammenhang konnte jedoch in keiner der untersuchten Studien signifikant nachgewiesen werden.[403]

---

[400] Vgl. analog Wiener (1982), S. 422, sowie die Ausführungen zu einem normativen Commitment von Etzioni (1961), S. 11.

[401] Bspw. wirken sich negative Leistungswahrnehmungen seitens Vorgesetzter kaum positiv auf Aufstiegschancen oder eine Erweiterung der individuellen Entscheidungsautonomie aus, die - wie gezeigt wurde - in positivem Zusammenhang zur Entwicklung von Commitment stehen. Vgl. zur Auswirkung von Rollenkonflikten auf kalkuliertes Commitment bspw. Hrebiniak, Alutto (1972), S. 556 f.

[402] Eine Verbesserung der sozialen Stellung kann dabei sowohl im Kontext der Organisation als auch des privaten Umfelds eintreten. Der Status steht in enger Verknüpfung zur Tätigkeit, die, wie gezeigt wurde, unter anderem durch ihr Ausmaß an Entscheidungsautonomie charakterisiert wird.

[403] Begrenzte Anhaltspunkte für den Zusammenhang mit affektivem Commitment ergeben sich aus signifikant positiven Korrelationen mit Einflußgrößen wie der Autonomie, vgl. hierzu die Erläuterungen zur Einflußkategorie der Tätigkeit oder der Möglichkeit zu Beförderungen, vgl. Curry, Wakefield (1986), S. 852.

- Nachgewiesen wurde dagegen der Einfluß auf die Komponente des *normativen Commitments*.[404] Denn es ist davon auszugehen, daß Stelleninhaber eine gewisse normative Verpflichtung gegenüber den Rollenerwartungen entwickeln, die an sie gerichtet sind. Geht man davon aus, daß diese Rollenerwartungen mit zunehmendem Status wachsen, kann folglich auch von einer Wahrnehmung einer zunehmenden normativen Verpflichtung gegenüber der Institution ausgegangen werden, mit der sich dieser Status verbindet.

- Insbesondere wenn in einem Unternehmen ein Status erlangt ist, der bei einem Organisationswechsel nicht uneingeschränkt wieder erlangt werden kann, ist darüber hinaus von positiven Effekten auf die Entwicklung *kalkulierten Commitments* auszugehen.[405]

II.3.3 Sozialer organisatorischer Kontext

Einflußreiche Determinanten des Commitments gehen aus dem sozialen, organisatorischen Kontext hervor. Dabei kann differenziert werden nach Einflüssen, die von vorgesetzten Personen ausgehen (1) und solchen, die von gleichgestellten Personen, insbesondere den Kollegen, herrühren (2).

(1) Einflüsse durch Vorgesetze

Im Rahmen des Einflusses von Vorgesetzten sind insbesondere Determinanten des Commitments deutlich geworden, die auf der Kommunikation (a) und der gewährten Unterstützung[406] durch Vorgesetzte (b) basieren. Diese werden nachfolgend dargestellt.

(a) Kommunikation mit den Vorgesetzten als Einfluß auf Commitment: Im Rahmen der Informationsversorgung sind zunächst Art und Umfang der von *Vorgesetztenseite bereitgestellten Informationen* von Bedeutung. Dazu gehören neben Informationen zu relevanten Vorgängen und Entwicklungen des organisatorischen Umfeldes auch Informationen hin-

---

[404] Vgl. Marsh, Mannari (1977), S. 65, die den Status als hochsignifikante Einflußvariable ihrer normativ basierten Commitmentkonzeption nachweisen.
[405] Vgl. die Überlegungen Beyers (1990), S. 26 sowie die Studie von Whitener, Walz (1993), S. 265 ff.
[406] Wie bereits erläutert wurde, ist diese Form der Unterstützung differenziert von einer Unterstützung, die auf Basis von Policies vermittelt wird.

sichtlich der wahrgenommenen Leistung eines Mitarbeiters.[407] Darüber hinaus spielen *Ausmaß und Art der bilateralen Kommunikation* zwischen Vorgesetzten und Mitarbeitern eine zentrale Rolle.[408]

- Die *affektive Commitmentkomponente* wird durch eine umfangreiche Versorgung mit Informationen entwickelt. Denn eine umfangreiche Versorgung mit Informationen erhöht das Gefühl persönlicher Beachtung und Bedeutung und damit die Identifikation mit dem organisatorischen Kontext, aus dem diese Wertschätzung hervorgeht. Die Bereitstellung relevanter Informationen intensiviert zudem die Involvierung in die Belange der Organisation.[409] Damit resultieren relevante Einflüsse auf die Entwicklung der affektiven Commitmentkomponente. Diese wird zudem durch Art und Ausmaß der bilateralen Kommunikation gefördert. Denn bilaterale Kommunikation erhöht das gegenseitige Verständnis und damit die Möglichkeit, den Erwartungshaltungen gerecht werden zu können und zu einer positiven Einschätzung der eigenen Leistung zu gelangen. Die Generierung einer positiven Selbsteinschätzung im organisatorischen Kontext erhöht die Identifikation mit diesem. Damit gehen nachhaltige Einflüsse auf die Bildung affektiv basierten Commitments aus. Ein positiver Umgang mit mitarbeitergetriebener Kommunikation, bspw. durch die Ermutigung und Berücksichtigung von Vorschlägen, erhöht das Involvement in den Kontext der Organisation.[410] Zudem werden so Wertschätzung und Respektierung der Mitarbeiter signalisiert, die die Identifikation mit der Rolle im Kontext der Organisation steigern, so daß sich auch hier ein positiver Effekt auf die Entwicklung affektiven Commitments ergibt.[411]

---

[407] Vgl. DeCotiis, Summers (1987), S. 459, zur Bedeutung konstruktiven Feedbacks für die Entwicklung affektiven Commitments. Die Autoren weisen diesen Zusammenhang hoch signifikant nach.

[408] Vgl. hierzu die signifikanten Ergebnisse von Curry, Wakefield (1986), S. 852 sowie die Studie von Mathieu, Zajac (1990), S. 179. Vgl. zudem Kim, Mauborgne (1993), die den Einfluß der Kommunikation zwischen den Managern von Tochterunternehmen und der Konzernzentrale bezüglich der strategischen Entscheidungsfindung der Konzernzentrale untersuchen. Sie weisen diesbezüglich bei den Managern der Tochterunternehmen eine positive Wirkung bilateraler Kommunikation und Einbeziehung auf das organisationale Commitment gegenüber dem Konzern auf.

[409] Vgl. die hoch signifikanten Ergebnisse von DeCotiis, Summers (1987), S. 459.

[410] Dieser Zusammenhang weist auch gewisse Parallelen zum Verstärkungsprinzip der Konditionierung von Verhalten auf. Danach fördert die Wertschätzung von Informationen (Verstärkung) durch den Vorgesetzten die Involvierung in den Kontext der Tätigkeit, um das verstärkte Verhalten erneut zeigen zu können. Vgl. bspw. zur klassischen Konditionierung Pavlow (1927) sowie zum Verstärkungsprinzip Skinner (1966).

[411] Vgl. zur hoch signifikanten Korrelation der Wahrnehmung persönlicher Wertschätzung mit der Identifikation mit der Organisation bspw. Hall, Schneider (1972), S. 347. Vgl. zur Auswirkung der

- Mit einer intensiven Beachtung der individuellen Beiträge der Organisationsmitglieder und demonstriertem Vertrauen in die Fähigkeiten und Urteile der Mitarbeiter verbindet sich zugleich eine Erwartungshaltung gegenüber diesen. Dadurch wird ein normativer Druck auf Mitarbeiterseite aufgebaut, den Erwartungen seitens der Organisation gerecht zu werden. Bspw. fühlt sich ein Mitarbeiter verpflichtet, der entgegengebrachten Wertschätzung und dem Vertrauen zu entsprechen, das durch eine intensive Einbeziehung durch den Vorgesetzten in Form bilateraler Kommunikation zum Ausdruck kommt. Im Gegenzug fühlt er sich dann bspw. verpflichtet hohe Leistungsstandards zu erfüllen.[412] Wertschätzung und Vertrauen fungieren somit als Vorleistungen, durch die *normativ basiertes Commitment* gefördert wird.

- Hinsichtlich der *kalkulierten Commitmentkomponente* kann hier über den Aufbau von Austrittsbarrieren argumentiert werden.[413] Denn eine reibungsarme und funktionierende Kommunikation mit den relevanten Vorgesetzten kann durchaus hohe Bedeutung für die Erfüllung der individuellen Rollenanforderungen und die berufliche Weiterentwicklung haben und wird zudem in der Regel erst im Laufe einer gewissen Zeit aufgebaut. Beispielsweise muß erst ein gewisses Vertrauensverhältnis aufgebaut werden, das die Investition von Zeit, aber auch gedankliche Reflexionen von Interaktionen mit den Vorgesetzten erfordert. Es kann kaum davon ausgegangen werden, daß bspw. ein so entstandenes Vertrauensverhältnis und die Fertigkeit zur Einschätzung der Vorgesetzten und ihren Handlungen nach einem Organisationswechsel unmittelbar wieder erlangt wird.[414] Der Aufbau einer sowohl effektiven als auch effizienten Kommunikation erfordert somit Investitionen, die in dem Maße Austrittsbarrieren schaffen, wie aus diesem Verhältnis eine (überdurchschnittliche) Nutzenwahrnehmung etwa für die berufliche

---

Wahrnehmung persönlicher Bedeutung für den Aufbau affektiven Commitments Mowday, Porter, Steers (1982), S. 28 ff. und zur Relevanz der Wahrnehmung persönlicher Beachtung durch die Vorgesetzten für den Aufbau affektiven Commitments DeCotiis, Summers (1987), S. 459.

[412] Dieser Wirkungszusammenhang basiert auf gesellschaftlichen Normen, die auf einem Ausgleichsprinzip gründen. Dieses "Tit-for-Tat" Prinzip wurde bereits im Rahmen der Policies als Einflußkategorie organisationalen Commitments dargestellt, vgl. Punkt (1) dieses Abschnitts.

[413] Vgl. hierzu Curry, Wakefield (1986), S. 852, die den Einfluß wahrgenommener Zweckmäßigkeit und Instrumentalitäten der Vorgesetztenkommunikation für die Belange eines Mitarbeiters als Einfluß von Commitment ermitteln.

[414] Vgl. zur Fähigkeit der Beurteilung und Steuerung sozialer Interaktionsprozesse Goleman (1999), der diesbezüglich die junge Diskussion zur Thematik der emotionalen Intelligenz initiiert hat.

Entwicklung resultiert. Hieraus kann ein nicht zu unterschätzender Einfluß auf die Komponente des kalkulierten Commitments entstehen.

(b) Unterstützung durch die Vorgesetzten: Eine zentrale Einflußgröße organisationalen Commitments ist die Unterstützung der Mitarbeiter durch ihre Vorgesetzten.[415] Unterstützung resultiert dabei teilweise bereits aus einer bilateralen Kommunikation mit den Vorgesetzten über das Tagesgeschäft und dort auftretende Probleme.[416] Darüber hinaus ist jedoch auch explizit gewährte Unterstützung von hoher Bedeutung.[417] Zum einen kann Unterstützung dabei die Form einer *Promotion von Ideen* der Mitarbeiter annehmen. Zum anderen kann *Unterstützung bei der Erfüllung der Rollenanforderungen* gewährt werden.

- Insbesondere *die* Unterstützung bei Ideen erhöht die wahrgenommene Möglichkeit zur Selbstentfaltung. Dies trägt zu einer Identifikation mit der Organisation bei, in dem dies grundsätzlich ermöglicht wird. Die Unterstützung durch Vorgesetzte wirkt sich zudem positiv auf die Erfüllung der Rollenanforderungen aus. Damit verbindet sich eine erhöhte Selbsteinschätzung. Diese fördert die Identifikation mit der Rolle und dem organisatorischen Kontext, in dem diese Rolle definiert ist. Ein positives Verhältnis zur individuellen Rolle in der Organisation steht zudem in Zusammenhang mit selbstverstärkenden Anreizen zur Involvierung in die organisatorischen Belange. Nehmen Mitarbeiter in diesem Zusammenhang die Förderung und Unterstützung durch ihre Vorgesetzten in ihrem beruflichen Fortkommen wahr, steigert dies die affektive Zuwendung zu der Organisation, in der diese Entwicklung in Aussicht steht.[418] Damit

---

[415] Vgl. hierzu die Ergebnisse von DeCotiis, Summers (1987), S. 459. Vgl. zudem Morris (1981), S. 518, der diesbezüglich von "consideration" spricht. Diese bezieht sich bspw. auf die Wertschätzung und Affektion, die von Vorgesetzten gegenüber Mitarbeitern geäußert werden, vgl. z.B. Rosenstiel (1992), S. 240 f.

[416] Vgl. Steers (1977), S. 47 ff. Dieser Zusammenhang ist über eine positive Eigenwahrnehmung im Rahmen der individuellen Rolle zu erklären, die zu einer Identifikation mit der Quelle dieser positiven Einschätzung - also der Organisation - führt.

[417] Vgl. Morris (1981), S. 518, der diesbezüglich von einer "initiating structure" spricht, die von Vorgesetzten zu schaffen ist. Diese bezieht sich bspw. auf die Delegation von Entscheidungsfreiheit und die Förderung von Eigeninitiative im Rahmen eines klar vorgegebenen Handlungsrahmens, vgl. z.B. Rosenstiel (1992), S. 240 f. Hier wird zugleich erneut die Bedeutung der Einflußgröße der Autonomie sichtbar.

[418] Vgl. Curry, Wakefield (1986), S. 852, DeCotiis, Summers (1987), S. 459, Huselid (1991), S. 386, Morris, Lydka, O'Creevey (1993), S. 29. In allen vier Studien werden diesbezüglich signifikante, in den beiden letzteren hoch signifikante Korrelationen zwischen der Förderung durch den Vorgesetzten und affektiv basiertem Commitment aufgezeigt.

werden vielfältig wirksame Einflüsse der Vorgesetztenunterstützung auf die *affektive Commitmentkomponente* deutlich.

- Wenn die Unterstützung nicht nur begrenzt, für konkrete Probleme, sondern in Form einer - mehr oder weniger - grundsätzlichen Zusage für künftiges Handeln gewährt wird, ist von einem Zusammenhang zur *normativen Commitmentkomponente* auszugehen. Denn damit wird eine Vorleistung in Form von Vertrauen in die Vorhaben und Handlungen eines Mitarbeiters erbracht, die für den Aufbau einer normativen Verpflichtung, diesem Vertrauen gerecht zu werden, als förderlich zu bezeichnen ist.[419]

- Die individuelle Förderung und Unterstützung stellt zugleich einen instrumentellen Anreiz dar. Denn eine intensive Unterstützung durch Vorgesetzte erhöht die beruflichen Weiterentwicklungschancen. Soweit ein Unternehmen also besondere Möglichkeiten zum Aufbau individuellen Humankapitals eröffnet, erhöht dies - zumindest mittelfristig - die Austrittsbarrieren aus der Organisation und damit *kalkulativ basiertes Commitment*.[420]

(2) **Einflüsse durch Kollegen**

Einflüsse des sozialen, organisatorischen Kontextes gehen auch von Kollegen aus.[421] Einflüsse durch Kollegen beinhalten auch wenig beeinflußbare Faktoren, wie z.B. persönliche Sympathien, die individuelle Arbeitseinstellung von Kollegen oder den Zusammenhalt innerhalb einer Arbeitsgruppe.[422] Diese sind für den vorliegenden Kontext von nachrangiger Bedeutung, da eingangs eine Eingrenzung auf solche Einflußgrößen vorgenommen wurde, die im Kontext eines Humanressourcen-Managements zu verorten sind und als solche einem unmittelbaren Einfluß durch ein Management unterliegen. Bis zu einem gewissen Grad ist jedoch die Integration von Mitarbeitern in ihr unmittelbares Arbeitsumfeld beeinflußbar. Das

---

[419] Vgl. Meyer, Allen (1997), S. 60 ff.
[420] Vgl. analog die Ergebnisse von Caldwell, Chatman, O'Reilly (1990), S. 255, McGee, Ford (1987), S. 639 f., Etzioni (1961), S. 11, Hulin (1991), S. 488.
[421] Vgl. z.B. Curry, Wakefield (1986), S. 852.
[422] Solche Faktoren sind nur bedingt, bspw. über eine differenzierte Auswahldiagnostik, beeinflußbar. Vgl. zum Einfluß der Einstellung von Kollegen beispielhaft Mowday, Porter, Steers (1982), S. 28 ff. und des Gruppenzusammenhalts Marsh, Mannari (1977), S. 65.

Ausmaß, in dem sich ein Mitarbeiter in seinen sozialen, organisatorischen Kontext integriert fühlt, beeinflußt Commitment.[423]

- Die Integration in das soziale Arbeitsumfeld eines Organisationsmitglieds determiniert das Ausmaß der Identifikation mit dem entsprechenden Kontext der Organisation und damit *affektives Commitment*. Dagegen behindert ein Gefühl der Isolation die Identifikation mit dem organisatorischen Kontext.[424]

- Die Integration in die Arbeitsgruppe oder Abteilung stellt einen Teil des individuellen, sozialen Netzes eines Organisationsmitgliedes dar. Für dessen Aufbau tätigt ein Organisationsmitglied Investitionen, z.B. in Form der Beschäftigungszeitdauer in einem Unternehmen. Denn dieser Zeitraum wäre auch anderweitig nutzbar gewesen. Dadurch entstehen Opportunitätskosten beim Austritt aus einem Unternehmen und somit *kalkuliertes Commitment*.[425] Aktiv getätigte Investitionen sind darüber hinaus z.B. auch in der Pflege von Kontakten zu sehen. Da ein soziales Netz bei einem Organisationswechsel in der Regel erst wieder aufzubauen ist, stellt es eine individuelle Austrittsbarriere aus einer Organisation dar.[426]

- Hinsichtlich einer Beeinflussung der *normativen Commitmentkomponente* kann bedingt ein Zusammenhang zur Integration in die Arbeitsgruppe über eine Verpflichtung gegenüber den Interessen dieser Gruppe nachgewiesen werden.[427] Entscheidend für deren Wirksamkeit hinsichtlich Commitment zur Organisation als Gesamtheit[428] ist dabei freilich die Konvergenz der Orientierung von Gruppe und Organisation. Auf diese ist etwa im Rahmen der Führung durch Vorgesetzte Einfluß zu nehmen.

---

[423] Vorstellbar sind hier bspw. integrative Maßnahmen zur Einbindung neuer Mitarbeiter etc.
[424] Vgl. zu diesem Zusammenhang Sheldon (1971), S. 145 f. Die Autorin weist die soziale Integration in die Gruppe der Kollegen als eine maßgebliche Determinante der affektiven Commitmentkomponente nach. Vgl. zudem analog Hall, Schneider (1972), S. 347, die diesbezüglich die soziale Zuwendung im sozialen Umfeld der Organisation als Einfluß feststellen.
[425] Vgl. Sheldon (1971), S 145 f.
[426] Vgl. hierzu Punkt II.1.2 (2)
[427] Vgl. Marsh, Mannari (1977), S. 65.
[428] Vgl. zu dieser Objektbestimmung von Commitment im vorliegenden Kontext Abschnitt II.1.1.

II.3.4 Vergütung

Aus der Vielzahl von Erklärungsvariablen der Commitmentkomponenten wird eine Einflußkategorie deutlich, die in Zusammenhang mit der Entlohnung steht, die seitens der Organisation gewährt wird. Fokal wurde dabei die monetäre Entlohnung untersucht. Zentral sind dabei im Hinblick auf die Entstehung organisationalen Commitments insbesondere die wahrgenommene Gerechtigkeit der Vergütung (1), die Vergütungshöhe (2) sowie die Aufschiebung der Vergütung in die Zukunft (3).

(1) Gerechtigkeit

Besondere Bedeutung kommt im Rahmen gewährter Anreize der Wahrnehmung des *individuellen* Vergütungsniveaus zu.[429] Hierbei ist der Aspekt der Vergütungsgerechtigkeit zentral. Mowday, Porter, Steers (1982), S. 34 sprechen in diesem Zusammenhang von wahrgenommener "pay equitiy" als maßgeblichen Einfluß von Commitment. Die wahrgenommene Vergütungsgerechtigkeit steht zunächst in Zusammenhang mit der Wahrnehmung, daß die Vergütung *an der individuellen Leistung orientiert* ist.[430] Zudem bezieht sich diese Einflußgröße auf die *Relation zu subjektiv vergleichbaren Organisationsmitgliedern*.[431]

Die Erfahrung, gerecht vergütet zu werden, fördert die affektive Zuwendung und die Wahrnehmung einer Wertekongruenz mit der Organisation.[432] Damit erhöht sich die Identifikation mit einem Unternehmen, die als Merkmal *affektiven Commitments* erläutert wurde. Dies gilt zum einen für die Wahrnehmung, daß die Vergütung an individuellen, also zurechenbaren, Leistungen orientiert ist. Zum anderen wird die Wahrnehmung gerechter Vergütung durch interorganisationale Vergleiche mit Mitglieder anderer Organisationsmitglieder beeinflußt.[433] Denn eine überdurchschnittliche Vergütung im unternehmensübergreifenden Vergleich vermittelt ein Gefühl der Wertschätzung der Humanressourcen in einer Organisation. Dies

---

[429] Vgl. z.B. O'Reilly, Caldwell (1980), S. 562.
[430] Vgl. zu dieser Einflußvariable Huselid (1991), S. 386. Er weist jährliche, leistungsorientierte Vergütungsbestandteile hoch signifikant als Determinante affektiv basierten Commitments nach.
[431] Vgl. die Studie von Curry, Wakefield (1987), S. 852, die die Gerechtigkeit der Verteilung von Anreizen als Antezedenzen affektiven Commitments ermittelten, sowie Morris, Lydka, O'Creevey (1993), S. 29.
[432] Vgl. DeCotiis, Summers (1987), S. 463 f., Hulin (1991), S. 488 ff., Huselid (1991), S. 386 sowie Mowday, Porter, Steers (1982), S. 34 f.
[433] Vgl. Hrebiniak, Alutto (1972), S. 555, sowie O'Reilly, Caldwell (1980), S. 562.

steigert die Identifikation mit der Organisation und somit die affektive Commitmentkomponente.[434]

Einflüsse auf die *normative Commitmentkomponente* konnten in diesem Zusammenhang nicht nachgewiesen werden. Relationen zur *kalkulierten Commitmentkomponente* wurden zwar nachgewiesen,[435] sie beziehen sich jedoch insbesondere auf die wahrgenommene Vergütungsrelation zu vergleichbaren Unternehmen. Dieser Aspekt wird im nachfolgenden Punkt (2) unter der Vergütungshöhe betrachtet.

(2) Höhe

Einflüsse der Vergütung auf Commitment resultieren auch aus der Vergütungshöhe. Diese steht zugleich in Zusammenhang zur Vergütungsgerechtigkeit, da sich die wahrgenommene Höhe der individuellen Vergütung auch aus dem Vergleich mit *der Vergütungshöhe in anderen, vergleichbaren Organisationen* ergibt.[436]

- Ein überdurchschnittliches Vergütungsniveau kann dabei zum einen als Ausdruck von Wertschätzung der Humanressourcen zu verstehen sein. Die wahrgenommene Wertschätzung erhöht die Identifikation mit dem organisationalen Kontext, mit dem diese Wertschätzung verknüpft ist. Auf diese Weise wird *affektives Commitment* aufgebaut.[437]

- Zum anderen ist es vor dem Hintergrund der Charakteristika *normativen Commitments* plausibel, daß aus der gewährten Vergütungs(höhe) eine normative Verpflichtung zu einer entsprechenden Gegenleistung aufgebaut werden kann.[438] Wird also ein überdurchschnittliches Vergütungsniveau gewährt, erhöht dies die wahrgenommenen Erwartungshaltungen und die normative Verpflichtung gegenüber einem Unternehmen. Verstärkt wird dieser Effekt, wenn die Vergütung im Sinne einer Gewährung von Vertrauensvorschüssen erfolgt,[439] z.B. durch eine dauerhafte und hohe ex ante Gehaltsfestsetzung. In Abhängigkeit von der Vergütungshöhe und der damit verbundenen Wahrnehmung eines Vertrauensvorschusses, erhöht sich damit die subjektive

---

[434] Vgl. Morris, Lydka, O'Creevey (1993), S 29.
[435] Vgl. Huselid (1991), S. 386.
[436] Vgl. Hrebiniak, Alutto (1972), S. 555, sowie O'Reilly, Caldwell (1980), S. 562.
[437] Vgl. Huselid (1991), S. 386.
[438] Vgl. analog Abegglen (1958), S. 17, Scholl (1981), S. 594.
[439] Vgl. Allen, Meyer (1997), S. 61, Scholl (1994), S. 594.

Verpflichtung gegenüber einem Unternehmen. Die Gegenleistung entspricht dann bspw. individuellem Engagement, das wenigstens der Leistung von Organisationsmitgliedern entspricht, die vergleichbare Anreize erhalten.

- Von zentraler Bedeutung ist die Vergütungshöhe freilich für eine positiv wahrgenommene Nutzen-Kostenkalkulation, welche die kalkulierte Commitmentkomponente maßgeblich beeinflußt.[440] Denn mit der Höhe der Vergütung, in Relation zu anderen Unternehmen, steigen die Opportunitätskosten beim Verlassen der Organisation. Damit werden Austrittsbarrieren aufgebaut, welche die Entwicklung kalkulierten Commitments fördern.

(3) **Aufschiebung in die Zukunft**

Neben der Gewährung sofort verfügbarer Anreize sind solche Anreize zu differenzieren, die erst in Zukunft in Anspruch genommen werden können und etwa im Laufe der Zeit kumuliert werden. Beispiele hierfür sind spezifische Rentenansprüche oder Aktienoptionsrechte, die erst nach einem gewissen Zeitraum ausübbar sind und beim Verlassen der Organisation verfallen.

Die Wirkung solcher Anreize auf Commitment ist plausibel, da sie geeignet sind, die Austrittsbarrieren aus einer Organisation deutlich zu erhöhen. Denn im Falle des Verlassens eines Unternehmens verbinden sich damit individuell sehr konkret wahrgenommene Verluste. Damit wird *kalkuliertes Commitment* gesteigert.[441] Diese Einflußvariable kalkulierten Commitments resultiert unmittelbar aus dessen konstitutiven Merkmalsdimensionen. Eine empirische Belegung wurde in den untersuchten Studien nicht angestrebt.

Von einem Zusammenhang zur Förderung der affektiven oder normativen Commitmentkomponente kann bei der Aufschiebung der Vergütung in die Zukunft nicht ausgegangen werden, da kein Bezug zu den zentralen Merkmalen dieser Commitmentkomponenten vorliegt.

---

[440] Vgl. Hrebiniak, Alutto (1972), S. 555, sowie O'Reilly, Caldwell (1980), S. 562.
[441] Vgl. analog Becker (1960), S. 36, Caldwell, Chatman, O'Reilly (1990), S. 254, Meyer, Allen (1997), S. 11, McGee, Ford (1987), S. 639 f., O'Reilly, Caldwell (1980), S. 562, Sheldon (1971), S. 145 f.

II.4 Ergebnisse von Commitment in Unternehmen

Im vorangehenden Abschnitt wurden vielfältige Erklärungsvariablen von Commitment deutlich. In einem weiteren Schritt wird nun untersucht, welche Konsequenzen sich daraus für die fokale Organisation ergeben. Konsequenzen bzw. Ergebnisse des Commitments von Mitarbeitern sind insbesondere in Hinblick auf eine Rechtfertigung eines Commitment-Managements von Belang.

In der Literatur wird relativ einhellig davon ausgegangen, daß organisationales Commitment mit einer Reihe von positiven Auswirkungen verbunden ist, die im Sinne der Organisation sind.[442] Hierbei treten unterschiedliche Aspekte in den Vordergrund. Diese können zum einen mit einer Intensivierung der Nutzung von Potentialen, z.B. in Form gesteigerten Engagements, gesehen werden (II.4.1). Zum anderen werden zentrale Aspekte einer Bindung, wie z.B. Auswirkungen auf Fluktuation und Absentismus, sichtbar (II.4.2). Vor dem Hintergrund der Herausforderungen eines Humanressourcen-Managements von Schlüsselbelegschaften wie dem mittleren Management wird damit gezeigt, daß der Aufbau von Commitment zu deren Handhabung beitragen kann.[443]

II.4.1 Intensivierung der Nutzung von Humanressourcenpotentialen

Ein wesentliches Ergebnis organisationalen Commitments ist eine intensivere Nutzung der Humanressourcen-Potentiale einer Organisation. Diese Steigerung des Nutzungsgrades vorhandener Potentiale ist im weiteren Sinne auf eine Steigerung des Engagements der Organisationsmitglieder zurückzuführen. Commitmentbedingte Steigerungen des Engagements

---

[442] Vgl. hierzu beispielhaft Allen, Meyer (1991), S. 67, Becker (1960), S. 32, Mowday, Steers, Porter (1979), S. 239, Steers (1977), S. 52, Wiener (1982), S. 421. Dies soll jedoch nicht über einige kritische Aspekte hinwegtäuschen. Zu nennen sind hier bspw. übermäßige Ausprägungen von Commitment, die sich etwa in Form von Fanatismus und Workaholismus äußern können, vgl. Hulin (1991), S. 488, Romzek (1989), S. 649, sowie Gouldner (1960), S. 469, der dies in Hinblick auf religiöse und politische Institutionen prüfte. Darüber hinaus weist bspw. Moser (1996), S. 3 darauf hin, daß der Aufbau von Commitment unter Umständen mit sehr hohen Kosten in Verbindung steht, bspw. falls eine lebenslange Jobgarantie nötig würde. Dieses Bedenken erscheint jedoch fokal auf kalkuliert basiertes Commitment gerichtet und darüber hinaus etwas weit gegriffen zu sein.

[443] Vgl. Meyer et al. (1989), S. 152. Sie weisen angesichts der Verwirrung, die teilweise in der Commitmentliteratur hinsichtlich heterogener Ergebnisse herrscht, explizit darauf hin, daß hier nach untersuchten Aspekten organisationalen Commitments zu differenzieren ist "...it's the nature of commitment that counts". Wie bereits angesprochen wurde, werden Überlegungen dieser Art bereits bei Etzioni (z.B. 1973, S. 96 f.) deutlich, vgl. auch Abschnitt II.2.1.

wurden im Rahmen einer Reihe empirischer Untersuchungen signifikant festgestellt.[444] Diese lassen sich nach Engagement im Rahmen rollenspezifischer Anforderungen (1) und darüber hinausgehender Initiative durch Extra-Rollenverhalten trennen (2). Diese beiden Formen des Engagements sind mit wesentlichen Steigerungen der Nutzung von Mitarbeiterpotentialen verbunden, die im folgenden untersucht werden (vgl. Abb. II-13).

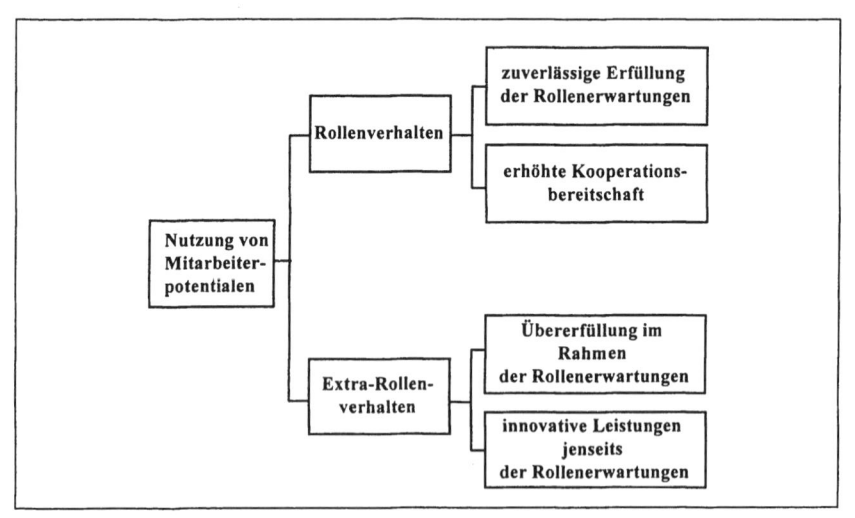

Abb. II-13: Auswirkungen des Commitments auf eine Intensivierung der Nutzung von Mitarbeiterpotentialen

(1) Auswirkungen im Rollenverhalten

Im Rahmen des Rollenverhaltens treten insbesondere zwei positive Effekte auf das Verhalten von Organisationsmitgliedern in den Vordergrund: Erstens eine gewissenhafte Erfüllung der Rollenerwartungen (a) und zweitens eine erhöhte Kooperationsbereitschaft (b) im Rahmen der

---

[444] Bezüglich dieser Ergebnisvariable wurden in der Literatur z.T. sehr unterschiedliche Ergebnisse ermittelt, was teilweise eine kritische Haltung gegenüber dem Zusammenhang organisationalen Commitments zu einer Steigerung von Leistung zur Folge hat, vgl. z.B. die Metaanalyse bei Mathieu, Zajac (1990), S. 184. Bei genauer Betrachtung der Forschungsergebnisse wird dieser Einfluß organisationalen Commitments jedoch in einer Vielzahl von Studien bspw. über Befragung von Vorgesetzten und Selbsteinschätzungen der Organisationsmitglieder deutlich, vgl. z.B. Mowday, Steers, Porter (1979), S. 239, Mowday, Porter, Steers (1982), S. 138, Steers (1977), S. 52. Vgl. zudem DeCotiis, Summers (1987), S. 459, die eine signifikante Korrelation zwischen organisationalem Commitment und der Unternehmensleistung, gemessen als Gewinn vor Steuern, ermitteln. Entscheidend für die Ermittlung der Leistungskorrelation erscheint eine Differenzierung nach unterschiedlich basierten Commitmentkonstrukten. Vgl. hierzu auch Meyer et al. (1989). Diese wird jedoch teilweise außer Acht gelassen, vgl. beispielhaft Mathieu, Zajac (1990).

Rolle. Diese Effekte von Commitment divergieren in Abhängigkeit von den differenzierten Commitmentkomponenten und werden nachfolgend dargestellt:

(a) Zuverlässiges Erfüllen der Rollenerwartungen: Im Rahmen der rollenspezifischen Aufgaben ist eine gewissenhafte und engagierte Erfüllung der Erwartungshaltungen festzustellen.[445] Diese äußert sich in einer *gesteigerten Zuverlässigkeit und Beständigkeit* bei der Erfüllung der Aufgaben[446] und der Erreichung der damit verbundenen Ziele.[447] Darüber hinaus ist eine *Reduzierung der Sachkosten* beobachtbar, die im Rahmen der Tätigkeit verursacht werden.[448]

Diese Äußerungen organisationalen Commitments sind einerseits auf das hohe Involvement zurückzuführen, das mit der *affektiven Commitmentkomponente* einhergeht. Denn hohes Involvement bedingt eine erhöhte Aufmerksamkeit und Einsatzbereitschaft.[449] Andererseits führt auch die *normative Komponente* einer wahrgenommenen Verpflichtung gegenüber dem Unternehmen zu einer gesteigerten Bereitschaft, persönliche Opfer zu erbringen und Einsatz zu zeigen. Dies äußert sich in einem erhöhtem Leistungsniveau und Zuverlässigkeit.[450]

Hierzu sowie für die folgenden Ausführungen ist dabei anzumerken, daß die Ergebnisse affektiven und normativen Commitments relativ kongruent sind. Letztere üben lediglich einen deutlich schwächeren Einfluß aus.[451] Eine mögliche Begründung hierfür ist, daß die normative Komponente unter gewissen Umständen weniger stabil sein kann. Denn wenn die Ursache der Wahrnehmung einer normativen Verpflichtung, bspw. aufgrund einer abschließenden Gegenleistung, entfällt, reduziert sich eventuell auch das normative Commitment gegenüber der Organisation.[452]

---

[445] Vgl. die signifikanten, teilweise hoch signifikanten Ergebnisse von Caldwell, Chatman, O'Reilly (1990), S. 245, Hulin (1991), S. 488, Mayer, Schoorman (1992), S. 679, Meyer et al. (1989), S. 154, O'Reilly, Chatman (1986), S. 496.
[446] Vgl. Angle, Lawson (1994), S. 1543, Becker (1960), S. 32 ff., Curry, Wakefield (1986), S. 852, Hulin (1991), S. 488.
[447] Vgl. Salancik (1977 a), S. 27.
[448] Vgl. DeCotiis, Summers (1987), S. 459, die eine Reduktion der Arbeitskosten in Abhängigkeit von organisationalem Commitment auch auf Unternehmensebene hoch signifikant ermitteln.
[449] Vgl. hierzu Angle, Lawson (1994), S. 1545, Farrel, Rusbult (1981), S. 79.
[450] Vgl. hierzu die auf Befragung der Betroffenen beruhenden Ergebnisse von Ashforth, Saks (1996) sowie Wiener (1982), S. 421.
[451] Vgl. Meyer, Allen (1997), S. 33.
[452] Vgl. hierzu auch Allen, Meyer (1991), S. 78.

Daneben fördert die *kalkulierte Commitmentkomponente* Engagement für den Erhalt der Beschäftigung in der Organisation. Dies bedingt ein starkes Streben nach Konformität mit den konkreten Rollenanforderungen.[453] Kalkuliertes Commitment fokussiert folglich solches Engagement, das Aussicht auf eine Berücksichtigung seitens der Organisation bzw. der Vorgesetzten hat. Engagement, das kaum eine Beachtung von dieser Seite erwarten läßt, steht dagegen kaum in Zusammenhang mit der Sicherung des Fortbestandes des Beschäftigungsverhältnisses. Es ist folglich auch kaum ein Resultat der kalkulierten Commitmentkomponente.[454]

(b) Erhöhung der Kooperationsbereitschaft: Neben den umfangreichen Ergebnissen zur direkten Beeinflussung von Engagement und Leistung von Organisationsmitgliedern treten Ergebnisse auf, die in Abhängigkeit von organisationalem Commitment eine erhöhte Kooperationsbereitschaft anzeigen. Das Ausmaß, in dem Mitarbeiter zur Kooperation und Zusammenarbeit mit anderen Organisationsmitgliedern bereit sind, ist ein maßgeblicher Faktor für reibungslose Abläufe im Geschehen von Organisationen. Im Zusammenhang mit Commitment werden diesbezüglich eine *kooperative Interaktion* und ein *erhöhter Zusammenhalt innerhalb von Arbeitsgruppen* als relevante Ergebnisvariablen ermittelt.[455] Zudem wird eine positive Wirkung auf die *Kooperationsbereitschaft mit Vorgesetzten* beobachtet, die sich bspw. in einer erhöhten Akzeptanz von Vorgaben äußert.[456] Diese Auswirkungen stehen in unterschiedlichem Zusammenhang zu den Commitmentkomponenten.

Affektives Commitment übt einen starken Einfluß auf die Kooperationsbereitschaft aus. Die Identifikation mit den Zielen, Werten und Normen eines Unternehmens fördert zum einen die Akzeptanz von Vorgaben seitens des Unternehmens. Zum anderen ist davon auszugehen, daß sich ein hohes Maß an Identifikation mit einer Organisation förderlich auf die Kooperationsbereitschaft mit deren Organen auswirkt.[457]

---

[453] Vgl. Moser (1996), S. 43, Meyer, Allen (1997), S. 36. Wahn (1993), stellt diesbezüglich auch einen gewissen Zusammenhang zu einer erhöhten Bereitwilligkeit her, auch als unethisch wahrgenommene Anforderungen der Organisation zu erfüllen.
[454] Vgl. auch die Überlegungen Beckers (1960), S. 32 ff.
[455] Vgl. Kim, Mauborgne (1998), S. 323. Erhöhte Kooperationsbereitschaft resultiert zudem bspw. aus der erhöhten Aufmerksamkeit und Zuwendung gegenüber den Belangen des sozialen organisatorischen Umfeldes, vgl. auch Meyer, Allen (1997), S. 34.
[456] Vgl. Meyer, Allen, Smith (1993).
[457] Vgl. hierzu Kim, Mauborgne (1998), S. 323.

Eine entsprechende Wirkung gilt auch für die *normative* Komponente des Commitments. Denn diese steht für die Wahrnehmung einer normativen Verpflichtung, sich im Interesse der Organisation zu verhalten, was ein gewisses Maß an Kooperation zwangsläufig einschließt. Als exemplarische Ausprägung der Kooperation wurde bereits bspw. die Akzeptanz von Vorgaben angeführt.[458]

Dagegen steht kalkuliertes Commitment, das tendenziell auf die Aufrechterhaltung der Beziehung gerichtet ist, nicht zwangsläufig mit einer Haltung in Zusammenhang, die Kooperation und Engagement in diesem Sinne fördert.[459] Diese ist allenfalls gegenüber Vorgesetzten zu erwarten, um individuelle Nachteile oder eine ungewollte Dispensation zu vermeiden.

(2) Auswirkungen auf Extra-Rollenverhalten

Ein zweiter Aspekt erhöhten Engagements ist verbunden mit commitmentbedingtem Extra-Rollenverhalten[460]. Es steht für Verhalten, das über die konkreten Rollenanforderungen hinausgeht.[461] Extra-Rollenverhalten wird durch eine eigeninitiierte Erweiterung des individuellen Rollen- und Aufgabenverständnisses bedingt.[462] Damit verbinden sich erstens eine Übererfüllung der Rollenerwartungen (a) und zweitens eine Steigerung "innovativen" Verhaltens (b), die aus Commitment resultieren.[463]

(a) Übererfüllung der Rollenerwartungen: In Bezug auf die Erfüllung der Rollenerwartungen steht Extra-Rollenverhalten in Zusammenhang mit einer *höheren Leistungstendenz* insbesondere *bei anspruchsvollen Aufgabenstellungen.*[464] Zudem wird eine *freiwillige Übernahme*

---

[458] Empirische Ergebnisse liegen hierzu kaum vor. Die bereits angesprochene, erhöhte Aufmerksamkeit gegenüber den Belangen bspw. auch der Vorgesetzten, legt diesen Schluß jedoch nahe.
[459] Vgl. Meyer et al. (1989), S. 154.
[460] Der Begriff des Extra-Rollenverhaltens rekurriert auf die englischen Termini "extra role behavior", vgl. z.B. bei Angle, Lawson (1994), S. 1540, "prosocial behavior", vgl. O'Reilly, Chatman (1986), S. 496, sowie "citizenship behavior", vgl. Mayer, Schoorman (1992), S. 679, sowie Organ, Ryan (1995), S. 775.
[461] Vgl. die Ergebnisse von Caldwell, Chatman, O'Reilly (1990), S. 245, Mayer, Schoorman (1992), S. 679, Morrison (1994), S. 1556 ff., Mowday (1982), S. 15, Organ, Ryan (1995), S. 792.
[462] Vgl. zum Zusammenhang von Rollenverständnis und Extra-Rollenverhalten bspw. Morrison (1994) S. 1556 ff..
[463] Vgl. Caldwell, Chatman, O'Reilly (1990), S. 245, Mayer, Schoorman (1992), S. 679, Morrison (1994), S. 1556 ff., Mowday, Porter, Steers (1982), S. 15, Organ, Ryan (1995), S. 792.
[464] In diesem Zusammenhang weist Nerdinger signifikant nach, daß bei hohem Commitment ein positiver Zusammenhang zwischen Anspruchs- und Leistungsniveau besteht, während sich dieses Verhältnis bei geringem Commitment negativ entwickelt, vgl. Nerdinger (1995), S. 111. Vgl. zudem Locke, Latham (1990), S. 130. Es ist zu bemerken, daß sich die Ausführungen dieser Autoren auf Festlegungen gegenüber konkreten Zielen beziehen. Es wurde eingangs erläutert, daß im Rahmen organisationalen

zusätzlicher Aufgaben beobachtbar.[465] Damit ist ein hohes Maß an Eigeninitiative verbunden, daß sich auch in *besonderer Aufmerksamkeit und Hilfsbereitschaft* gegenüber Aktoren des organisatorischen Kontextes äußert, bspw. gegenüber Vorgesetzten, Kollegen, Mitarbeitern und Kunden etc.[466]

Diese Auswirkungen konnten in den angeführten Studien insbesondere in Zusammenhang mit der *affektiven Commitmentkomponente* nachgewiesen werden.[467] Dies erklärt auch die bereits angesprochene Unsicherheit in der Literatur hinsichtlich der Auswirkungen von Commitment auf Leistung und Engagement.[468] Denn für normative und kalkulierte Konzeptualisierungen wurde ein Leistungszusammenhang nur begrenzt, fokal im Bereich der Erfüllung konkreter Rollenanforderung ermittelt.

(b) Innovatives Verhalten jenseits von Rollenerwartungen: Typisches Extra-Rollenverhalten ist zudem in innovativem Verhalten zu sehen. Es äußert sich in *konstruktivem Widerspruch* und im (überdurchschnittlichen) *Einreichen von Vorschlägen bei Problemen.*[469]

Innovatives Verhalten steht insbesondere in Zusammenhang mit einem hohen Maß an Auseinandersetzung (Involvement) und Identifikation mit dem organisatorischen Kontext. Extra-Rollenverhalten ist daher in den untersuchten Studien hauptsächlich mit der *affektiven Komponente* korreliert.[470]

Der Zusammenhang zu normativ basiertem Commitment fällt, soweit er überhaupt untersucht wurde, deutlich schwächer aus.[471] Denn die Wahrnehmung einer Verpflichtung gegenüber einem Unternehmen steht kaum in Zusammenhang mit der Aktivierung kreativer Potentiale und hoher intrinsischer Anreize zur Optimierung der individuellen Aufgabenerfüllung. Ein Zusammenhang zu *kalkuliertem Commitment* wird nicht deutlich.[472]

Commitments auch Festlegungen bspw. auf Ziele einer Abteilung entscheidend sind, vgl. Abschnitt II.2.(1).
[465] Vgl. das signifikante Ergebnis von Angle, Lawson (1993), S. 1545, vgl. auch S. 1551.
[466] Vgl. Angle, Lawson (1993), S. 1545, 1551, Caldwell, Chatman, O'Reilly (1990), S. 245, Meyer, Allen (1997), S. 33, O'Reilly, Chatman (1986), S. 486.
[467] Vgl. zudem bspw. Morrison (1994), S. 1554.
[468] Vgl. überblicksweise Mathieu, Zajac (1990), S. 184.
[469] Vgl. bspw. Meyer, Allen (1997), S. 33.
[470] Vgl. Angle, Lawson (1994), S. 1551, Morrison (1994), S. 1554 ff., Mowday, Porter, Steers (1982), S. 15.
[471] Vgl. die Studien von Meyer, Allen, Smith (1993) und Morrison (1994) sowie die Überlegungen von Allen, Meyer (1991), S. 78.
[472] Eine Ausnahme bildet die Studie von Moormann, Niehoff, Organ (1993). Hier wird jedoch nur ein geringes Signifikanzniveau ermittelt.

II.4.2 Erhöhung der Bindung von Humanressourcenpotentialen

Eine zweite, zentrale Ergebniskategorie organisationalen Commitments ist die Erhöhung der Bindung. Diese findet zum einen in einer erhöhten Bindungsdauer Ausdruck (1). Zum anderen kann eine erhöhte Bindung auch in Form geringer Absentismusraten - im Sinne einer Bindung der Mitarbeiter im täglichen Geschäftsgeschehen - als Ergebnis von Commitment beobachtet werden (2), vgl. Abb. II-14.

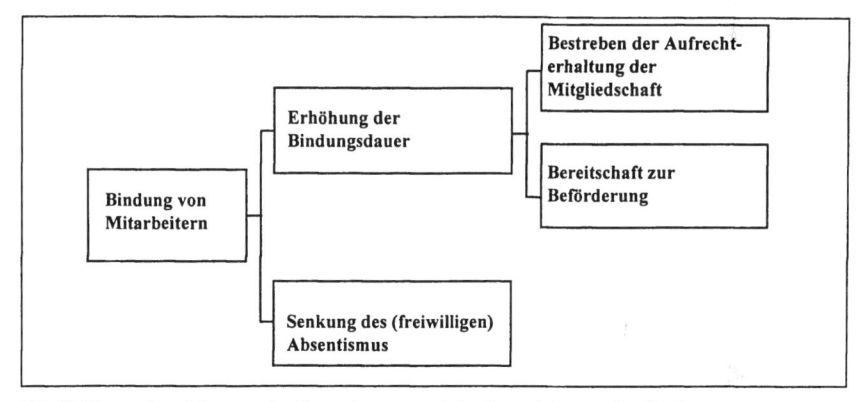

Abb. II-14:   *Auswirkungen des Commitments auf eine Intensivierung der Bindung*

(1) Erhöhung der Bindungsdauer

Ein Ergebnis von Commitment ist eine erhöhte Bindungsdauer von Organisationsmitgliedern.[473] Denn Commitment findet in dem Bestreben von Organisationsmitgliedern Ausdruck, die Beziehung zur Organisation aufrecht zu erhalten (a). Dies kann unter anderem auch in Zusammenhang mit der Bereitschaft zur Beförderung in Zusammenhang gesehen werden, da diese in der Regel auch mit einer Verlängerung der Beschäftigungsdauer einhergeht (b).

(a) Bestreben der Aufrechterhaltung der Mitgliedschaft: Der Wunsch von Organisationsmitgliedern, die Mitgliedschaft in einem Unternehmen aufrecht zu erhalten, kann als wesentliches Ergebnis von Commitment betrachtet werden. Es steht in unterschiedlichem Kausalzusammenhang zu den drei differenzierten Commitmentkomponenten:

---

[473] Vgl. auch die Analyse von Mathieu, Zajac (1990), S. 184.

Die Aufrechterhaltung der Mitgliedschaft steht in engem Zusammenhang mit der *affektiven* Zuwendung zu einer Organisation.[474] Denn eine positive, psychische Einbindung in den organisatorischen Kontext und die Identifikation mit diesem, erhöhen zwangsläufig den Wunsch, Teil dieses Kontexts zu bleiben. Der Wunsch einer Aufrechterhaltung der Mitgliedschaft in einem Unternehmen wird im affektiven Commitmentkonzept von Porter und Kollegen als konstitutiv betrachtet.[475]

Zudem kann auch eine Verpflichtung gegenüber einer Organisation zu der Absicht führen, in der Organisation zu verweilen, um dieser Verpflichtung gerecht werden zu können.[476] Dieses Bestreben kann soweit reichen, die Mitgliedschaft - zumindest kurzfristig - auch dann aufrechtzuerhalten, wenn die Anreizrelation nicht mehr als zufriedenstellend wahrgenommen wird.[477] Damit kann auch die *normative Commitmentkomponente* als Determinante einer erhöhten Bindungsdauer konstatiert werden.

Daneben resultiert auch die Kalkulation der relativen Vorteile einer Mitgliedschaft, die ja zu *kalkuliertem Commitment* führt, in dem Wunsch, die Beziehung zur Organisation aufrecht zu erhalten.[478]

Der Wunsch und die Absicht, in der Organisation zu verweilen, leitet sich demnach - wenn auch mit unterschiedlichen Erklärungen - aus allen drei Commitmentkomponenten ab. Dieses Ergebnis spiegelt sich auch in geringeren Fluktuationsraten wider. In Abhängigkeit von dem Ausmaß, in dem die Komponenten organisationalen Commitments unter den Mitgliedern einer Organisation ausgeprägt sind, ist daher von einer Reduzierung der Fluktuationsrate, respektive einer Erhöhung der durchschnittlichen Verweildauer, auszugehen.[479]

---

[474] Vgl. die hoch signifikanten Ergebnisse der Studien von Mayer, Schoorman (1992), S. 679, O'Reilly, Chatman (1986), S. 496, Somers (1995), S. 54, Steers (1977), S. 52.

[475] Vgl. Punkt II.2.2.(1). Dort wird die Inklusion des Wunsches, Mitglied einer Organisation zu bleiben, jedoch verworfen und in Übereinstimmung mit anderen Autoren den Konsequenzen von Commitment zugeordnet.

[476] Vgl. die hoch signifikanten Ergebnisse von Somers (1995), S. 54.

[477] Vgl. Scholl (1981), S. 594.

[478] Vgl. Mathieu, Zajac (1990), S. 184, Mayer, Schoorman (1992), S. 679, Meyer et al. (1989), S. 154, Somers (1995), S. 54.

[479] Vgl. zum Zusammenhang affektiven Commitments mit der Fluktuation Caldwell, Chatman, O'Reilly (1990), S. 245, DeCotiis, Summers (1987), S. 459, Mowday, Steers, Porter (1979), S. 239 f., Somers (1995), S. 54, Steers, (1977), S. 52. Vgl. zum Einfluß der normativen Komponente Scholl (1981), S. 594, Somers (1995), S. 54. Vgl. zudem zur Auswirkung kalkulierten Commitments auf die Fluktuation Mathieu, Zajac (1990), S. 184, Mayer, Schoorman (1992), S. 679, Marsh, Mannari (1977), S. 59, Meyer et al. (1989), S. 154, Somers (1995), S. 54.

(b) Bereitschaft zur Beförderung im Unternehmen als Ausdruck der Bindungsaffinität: Die Bereitschaft zur Beförderung wurde als Ergebnisvariable von Commitment zu einer Organisation ermittelt. Berücksichtigt man, daß damit auch eine Fortführung des Beschäftigungsverhältnisses einhergeht, wird auch die Bereitschaft zu einer weiteren Bindung an eine Organisation deutlich.[480]

Diese steht insbesondere mit dem individuellen Involvement und der Identifikation mit dem organisatorischen Kontext in Zusammenhang. Sie ist damit besonders stark durch *affektives* Commitment bedingt.[481]

Ein Zusammenhang zu *kalkuliertem Commitment* ist dagegen allenfalls indirekt über die Generierung individueller Vorteile, bspw. an Status und Einfluß, zu begründen.[482]

(2) Senkung des Absentismus

Ein zweiter, häufig nachgewiesener Einfluß organisationalen Commitments geht schließlich auf die Anwesenheit in der Organisation aus. Im Vordergrund der Untersuchungen stehen dabei *freiwillige Fehlzeiten*, da eine Reduzierung zwingender Ursachen von Fehlzeiten kaum in kausalem Zusammenhang zu Commitment zu sehen ist.[483]

Eine starke Involvierung in den Kontext der Arbeit und der Organisation widerspricht freiwilligem Absentismus. Die mit der Identifikation verbundene, affektive Zuwendung zur Organisation steht ebenfalls kaum in Einklang mit freiwilligen Fehlzeiten.[484]

Neben der *affektiven Komponente* steht auch die *normative Commitmentkomponente* freiwilliger Absenz entgegen.[485] Denn freiwilliges Fernbleiben ist kaum geeignet, einer normativen Verpflichtung nachzukommen, sich im Sinne der Organisation zu verhalten.

---

[480] Vgl. Meyer et al. (1989), S. 154.
[481] Vgl. Meyer et al. (1989), S. 154, die einen signifikanten Einfluß von affektiv basiertem Commitment auf die Bereitschaft zur Beförderung feststellen. Normatives Commitment wurde in den untersuchten Studien nicht in Zusammenhang mit Beförderungsbereitschaft nachgewiesen.
[482] Vgl. Meyer et al. (1989), S. 154. Zusammenhänge zur normativen Komponente konnten nicht eruiert werden.
[483] In weiterführenden Überlegungen könnten diesbezüglich jedoch Zusammenhänge zwischen Commitment, individuellem Wohlbefinden und Rückgang von psychischen und physischen Krankheiten untersucht werden. Ansatzpunkte hierfür sind bspw. in der Neurologie, vgl. bspw. Brown (1998), S. 120 ff. und speziell der Streßforschung, vgl. Saron, Davidson (1998) insbesondere S. 101 f., zu sehen.
[484] Vgl. zur Auswirkung affektiv basierten Commitments auf geringen Absentismus die signifikanten, teilweise hoch signifikanten Ergebnisse von Caldwell, Chatman, O'Reilly (1990), S. 245, Mowday, Steers, Porter (1979), S. 239, sowie Somers (1995), S. 54, der die Fehlzeiten in der Nähe von Feiertagen und Wochenenden ähnlich wie Steers (1977), S. 52, deutlich reduziert sieht.

Darüber hinaus widerspricht es dem Streben nach Rollenkonformität und Aufrechterhaltung der Beziehung zur Organisation - und damit der *kalkulierten Commitmentkomponente* - häufig zu fehlen. Dies wirkt sich allerdings nur insoweit auf eine Reduktion freiwilligen Absentismus aus, als dies der Vermeidung negativer Konsequenzen dient.[486]

Aus allen drei Komponenten organisationalen Commitments resultiert eine Reduktion des Absentismus. Dies ist im Hinblick auf die Gesamtleistung der Organisation positiv zu bewerten.

II.5 Zwischenbilanz: Zusammenfassung und Interpretation der zentralen Ergebnisse

Als Ausgangspunkt einer Untersuchung von Möglichkeiten zur Handhabung der Herausforderungen eines Humanressourcen-Managements wurden in diesem Teil II zentrale Aspekte des Commitments beleuchtet. Grundsätzlich wurde dabei ein positiver, wenngleich intuitiver Umgang mit dem Commitmentbegriff in der Managementliteratur deutlich. Auffällig erscheint dies insbesondere angesichts neuerer Entwicklungen im Humanressourcen-Management, die einen "Paradigmenwechsel" hin zu einem Commitment sichtbar machen.[487]

Daher wurde im weiteren eine Annäherung an den Commitmentbegriff aus sozialpsychologischer Sicht vorgenommen. Deren zentrale Ergebnisse werden nachfolgend knapp zusammengefaßt. Hierbei ist insbesondere auf die differenzierten Commitmentkomponenten einzugehen, die als Bestandteile eines erweiterten Commitmentverständnisses zu verstehen sind (1) sowie auf die ermittelten Ergebnisse von Commitment (2). Abschließend werden zentralen Erklärungsvariablen von Commitment zusammenfassend dargestellt (3), die in Zusammenhang mit Commitment ermittelt wurden, und die zentrale Ansatzpunkte für ein Management von Commitment darstellen (vgl. Abb. II-15).

---

[485] Vgl. zur Auswirkung normativ basierten Commitments auf geringen Absentismus Wiener (1982), S. 421.
[486] Vgl. zur Auswirkung kalkulativ basierten Commitments auf geringen Absentismus die Ergebnisse von Mayer, Schoorman (1992), S. 679, die allerdings keinen hohen Zusammenhang nachweisen.
[487] Vgl. hierzu auch Weber (1996), S. 280 ff.

Teil II: Ansatzpunkte eines Commitment-Managements 135

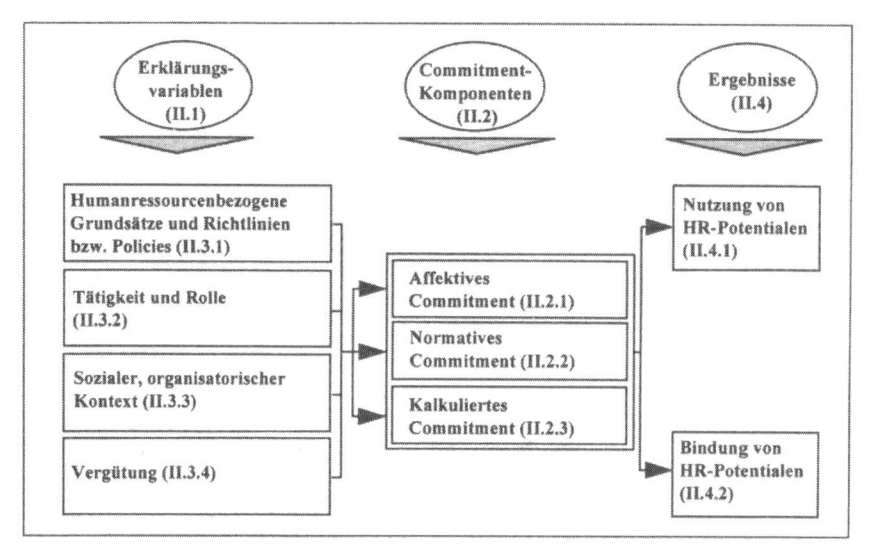

```
┌─────────────────────────────────────────────────────────────────────────────┐
│     Erklärungs-              Commitment-              Ergebnisse            │
│     variablen                Komponenten              (II.4)                │
│     (II.1)                   (II.2)                                         │
│                                                                             │
│  ┌──────────────────────────┐                      ┌──────────────────┐    │
│  │ Humanressourcenbezogene  │                      │ Nutzung von      │    │
│  │ Grundsätze und Richtlinien│─┐                   │ HR-Potentialen   │    │
│  │ bzw. Policies (II.3.1)   │ │   ┌─────────────┐  │ (II.4.1)         │    │
│  └──────────────────────────┘ │   │ Affektives  │  └──────────────────┘    │
│  ┌──────────────────────────┐ │   │ Commitment  │                          │
│  │ Tätigkeit und Rolle      │─┼──▶│ (II.2.1)    │                          │
│  │ (II.3.2)                 │ │   ├─────────────┤                          │
│  └──────────────────────────┘ │   │ Normatives  │                          │
│  ┌──────────────────────────┐ │   │ Commitment  │                          │
│  │ Sozialer, organisatorischer│─┤ │ (II.2.2)    │                          │
│  │ Kontext (II.3.3)         │ │   ├─────────────┤                          │
│  └──────────────────────────┘ │   │ Kalkuliertes│                          │
│  ┌──────────────────────────┐ │   │ Commitment  │                          │
│  │                          │ │   │ (II.2.3)    │                          │
│  │ Vergütung (II.3.4)       │─┘   └─────────────┘  ┌──────────────────┐    │
│  │                          │                      │ Bindung von      │    │
│  └──────────────────────────┘                      │ HR-Potentialen   │    │
│                                                    │ (II.4.2)         │    │
│                                                    └──────────────────┘    │
└─────────────────────────────────────────────────────────────────────────────┘
```

Abb. II-15:   *Übersicht der zentralen Ergebnisse einer grundlagentheoretischen Betrachtung der Ansatzpunkte eines Commitment-Managements*

(1)   Komponenten eines erweiterten Commitmentverständnisses

Commitment wurde als psychologischer Zustand in Form einer Ausrichtung und Festlegung auf ein Unternehmen erläutert. Im Rahmen einer systematischen Analyse verfügbarer Studien und theoretischer Beiträge der Commitmentforschung wurden in Abschnitt II.2 drei wesentliche Aspekte des Commitments differenziert: affektives, normatives und kalkuliertes Commitment. Im Zuge einer Erweiterung der teilweise recht eng konzipierten Sichtweisen von Commitment wurden diese Aspekte in ein erweitertes Commitmentverständnis integriert.[488] Dies ist vor dem Hintergrund der Zielsetzung einer Generierung von Ansatzpunkten eines Commitment-Managements zu verstehen. Denn durch eine breite Perspektive können umfangreiche Potentiale für die Gestaltung eines Commitment-Managements eröffnet werden. Zudem wird die mehrdimensionale Betrachtung der Beziehung zwischen einer Organisation und ihren Mitgliedern der Realität eher gerecht, als etwa eine eindimensionale, bspw. auf kalkulierte Aspekte konzentrierte, Betrachtung dieser Beziehung. Davon ausgehend konnten,

---

[488]   So thematisieren bspw. Becker (1960), Hrebiniak, Alutto (1972) lediglich den Aspekt der Kalkulation als Basis von Commitment, während bspw. Porter und Kollegen, vgl. z.B. Porter et al. (1974), Mowday, Porter, Steers (1982) lediglich die affektive Perspektive berücksichtigen.

unter Rückgriff auf umfangreiche empirische Ergebnisse der Commitmentforschung, zentrale, konstitutive Merkmalsdimensionen der drei differenzierten Commitmentkomponenten unterschieden werden. Diese sind überblicksweise in Abbildung II-16 dargestellt.

Commitmentkomponenten

Affektive Commitmentkomponente
psychologische Bindung und Festlegung aufgrund einer positiven, emotionalen Zuwendung, auf Basis von:
- Identifikation
- Involvement

Kalkulierte Commitmentkomponente
psychologische Bindung und Festlegung aufgrund Wahrnehmung von Opportunitätskosten bei Verlassen eines Unternehmens, auf Basis von:
- getätigten Investitionen
- erwarteten zukünftigen Anreizen

Normative Commitmentkomponente
psychologische Bindung und Festlegung aufgrund einer normativ wahrgenommenen Verpflichtung, auf Basis von:
- (Vor-) Leistungen eines Unternehmens
- sozialen Normen

Psychologische Grundlage

emotional ← → kognitiv

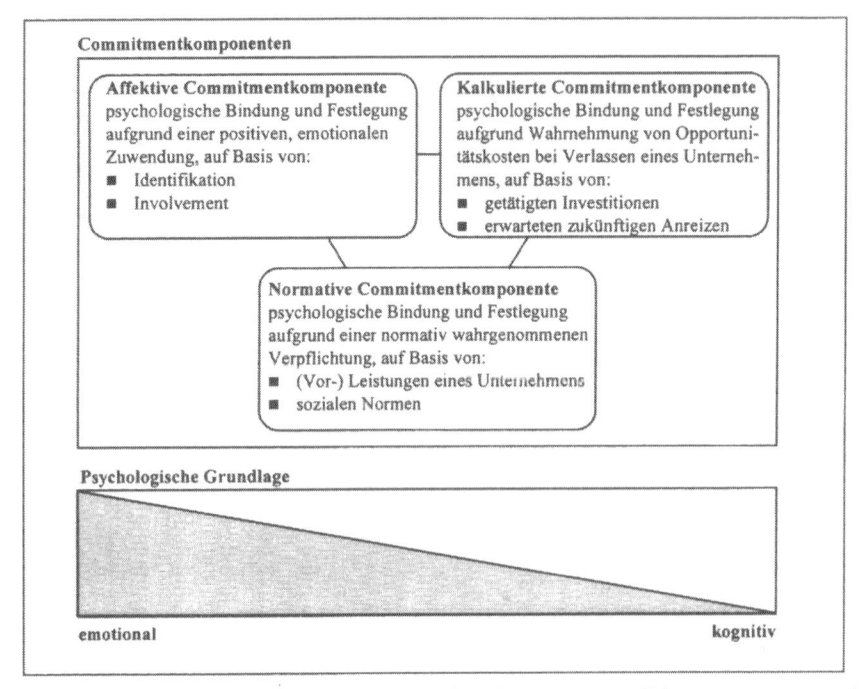

Abb. II-16:   *Mehrdimensionale Konzipierung des Commitments: Affektive, normative und kalkulierte Commitmentkomponente und ihre zentralen Merkmalsdimensionen zwischen fokal emotionaler und kognitiver Basis*

(2) Übersicht der untersuchten Ergebnisvariablen von Commitment

Wie in Abschnitt II.4 deutlich wird, steht Commitment in Zusammenhang mit vielfältigen Ergebnissen. Zentral ist hierbei erstens eine erhöhte *Nutzung von Humanressourcenpotentialen*. Diese kommt sowohl im Rahmen von anforderungskonformem Rollenverhalten als auch durch Extra-Rollenverhalten zum Ausdruck. Zweitens steht Commitment in Zusammenhang mit einer intensiven *Bindung* von Humanressourcen. Diese spiegelt sich zum einen in einer erhöhten Bindungsdauer und zum anderen in niedrigerem Absentismus wider, der im Sinne einer Bindung von Humanressourcen im laufenden Geschäftsgeschehen interpretiert wurde. In der nachfolgenden Abbildung II-17 werden die untersuchten Ergebnisvariablen dargestellt. Die Ergebnisse verdeutlichen, daß der psychologische Zustand des Commitments zentrale Ansatzpunkte für die Handhabung der eingangs dargelegten *Herausforderungen eines Humanressroucen-Managements von Schlüsselbelegschaften* eröffnet. Denn die Problemstellung wurde als Aufbau einer *psychologischen Bindung an und Ausrichtung auf ein Unternehmen*, dargelegt, mit dem Zweck einer *nachhaltigen Humanressourcenbindung und Förderung von Engagement und Einsatzbereitschaft für die Organisation*, auch jenseits konkreter Kontrollmöglichkeiten.

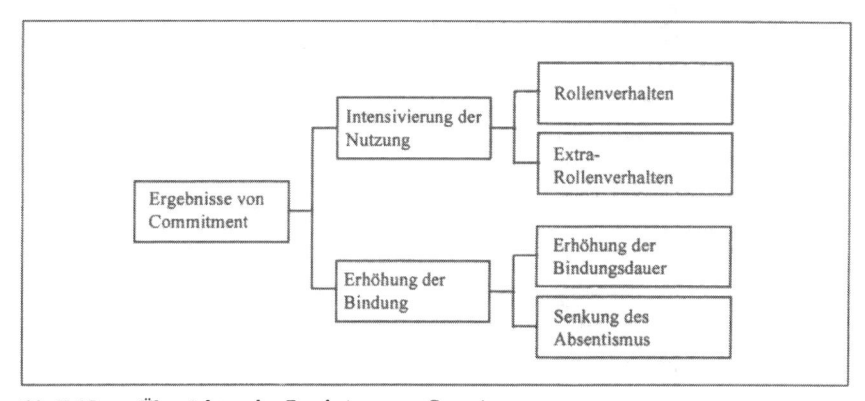

Abb. II-17: Übersicht zu den Ergebnissen von Commitment

Die geschilderten Ergebnisse werden in verschiedener Weise und in unterschiedlichem Ausmaß durch die Commitmentkomponenten beeinflußt. Bspw. wurde gezeigt, daß insbesondere die affektive Komponente Extra-Rollenverhalten fördert.[489] Kalkuliertes Commitment wirkt fokal auf die gewissenhafte Erfüllung konkreter Anforderungen. Die Bestrebung der Aufrechterhaltung der Mitgliedschaft in der Organisation und damit die Senkung der Fluktuation wird gleichermaßen stark durch alle drei Commitmentkomponenten intensiviert. Es ist daher zweckmäßig, ein Commitment der Mitarbeiter für ihr Unternehmen im Rahmen eines Commitment-Managements auf Basis aller drei Komponenten zu entwickeln.

---

[489] Dies erklärt bis zu einem gewissen Grad auch die bereits angesprochene Uneinigkeit in der Literatur hinsichtlich der Wirkung von Commitment auf Leistung.

(3) Darstellung zentraler Erklärungsvariablen von Commitment

In Abschnitt II.3 wurde deutlich, daß vielfältige Einflußgrößen die Entwicklung der Komponenten organisationalen Commitments beeinflussen.[490] Im Hinblick auf eine Generierung von Ansatzpunkten eines Commitment-Managements nehmen die Erklärungsvariablen von Commitment eine zentrale Stellung ein.

Es ist naheliegend, bei der Gestaltung von Instrumenten eines Commitment-Managements die empirisch nachgewiesenen Einflußgrößen von Commitment zu berücksichtigen. Hierfür wurden in Abschnitt II.3 zentrale Erklärungsvariablen von Commitment untersucht und nach vier Kategorien systematisiert: Die humanressourcenrelevanten Unternehmensgrundsätze oder Policies eines Unternehmens, die Tätigkeit und Rolle von Mitarbeitern, der soziale organisatorische Kontext und die Vergütung. Zur Zusammenfassung und Veranschaulichung der Auswirkungen dieser Einflußkategorien auf die jeweiligen Commitmentkomponenten dient die folgende Übersicht, in der die zentralen Ergebnisse zusammengefaßt sind (vgl. Abb. II-18).

---

[490] Da organisationales Commitment maßgeblich auf Dispositionen und Einstellungen beruht, weist die Erläuterung der Einflußvariablen teilweise auch Parallelen zu Modellen der Einstellungsbildung auf. Vgl. hierzu einen Überblick bei Hulin (1991), S. 447.

Teil II: Ansatzpunkte eines Commitment-Managements 139

Erklärungsvariablen	Affektives Commitment	Normatives Commitment	Kalkuliertes Commitment
II.3.1 Humanressourcenbezogene Grundsätze und Richtlinien (Policies)			
■ Zuverlässigkeit/Gerechtigkeit im Umgang	●	◐	◐
■ Bereitschaft zur Fürsorge/Unterstützung	●	◐	◐
■ Einbeziehung der Mitarbeiter in Entscheidungsprozesse	●	◐	◐
II.3.2 Tätigkeit/Rolle			
(1) Tätigkeit			
■ Herausforderung	●	○	◐
■ Autonomie	●	◐	◐
■ soziale Interaktionsmöglichkeiten	●	○	○
■ fachliche Spezialisierung	○	○	●
(2) Rolle			
■ Rollenklarheit, -konfliktfreiheit	◐	●	○
■ Status	◐	●	●
II.3.3 Sozialer organisatorischer Kontext			
(1) Vorgesetzte			
■ Kommunikation	●	◐	◐
■ Förderung durch Vorgesetzten	●	◐	●
(2) Kollegen			
■ Integration	●	◐	◐
II.3.4 Vergütung			
■ Gerechtigkeit	●	○	○
■ Höhe	◐	●	●
■ Aufschiebung in die Zukunft	○	○	●

● = weitgehende Wirksamkeit   ○ = keine/sehr geringe Wirksamkeit
◐ = weitgehende Wirksamkeit, mit spezifischen Einschränkungen oder Bedingungen

Abb. II-18: Systematisierung zentraler Erklärungsvariablen von Commitment, differenziert nach seinen Komponenten

TEIL III: INSTRUMENTE EINES COMMITMENT-MANAGEMENTS

Buchanan bringt bereits 1974 zum Ausdruck, daß das Commitment des Managements für den Bestand und die Effektivität großer Unternehmen essentiell ist. "The commitment of managers is essential for the survival and effectiveness of large work organizations (...)" (Buchanan 1974, S. 533).[491]

Angesichts der untersuchten Ergebnisse von Commitment im vorangehenden Teil II ist diese Aussage mehr als nachvollziehbar. Commitment wurde dort als psychologische Festlegung auf und (Selbst-)Bindung an ein Unternehmen erläutert, die mit einer erhöhten Einsatzbereitschaft und Bindung der Mitarbeiter einhergehen. Dabei wurden wesentliche Aspekte eines Commitments dargestellt, aus denen sich mögliche Ansatzpunkte für ein Commitment-Management ergeben.

Die untersuchten Aspekte organisationalen Commitments legen die besondere Eignung eines Commitment-Managements für ein Management des Mittelmanagements - das als Teil einer neuen Schlüsselbelegschaft eruiert wurde - nahe: Es wurde dargelegt, daß diese Herausforderungen einerseits aus den erweiterten Einflußpotentialen des Mittelmanagements resultieren, die mit relativ großen, opportunistisch ausnutzbaren Handlungsspielräumen verbunden sind. Andererseits wurde eine erhöhte Unabhängigkeit und Abwanderungsgefahr mittlerer Manager konstatiert. Vor diesem Hintergrund ist Commitment als zweckmäßiger Ansatz einer – impliziten – Verhaltenssteuerung zu betrachten. Denn es fördert die intensive Nutzung und Bindung von Mitarbeiterpotentialen auch bei umfangreichen Handlungsspielräumen – und damit eingeschränkten Kontrollmöglichkeiten.

Die vorangehende Analyse der Ansatzpunkte eines Commitment-Managements impliziert, angesichts der durch ein HRM beeinflußbaren Erklärungsvariablen, zum einen die grundsätzliche Machbarkeit eines Managements von Commitment in Organisationen. Zum anderen wird im Rahmen der Untersuchung der Ergebnisvariablen ein deutlicher Fit zu den Herausforderungen eines Managements des mittleren Managements sichtbar. Denn es konnte gezeigt werden, daß sich die Commitmentkomponenten - wenn auch in unterschiedlicher Weise und in unterschiedlichem Ausmaß - sowohl auf eine intensivierte Nutzung von Humanressourcen -

---

[491] Buchanan spricht in diesem Zusammenhang von einem gesunden Zustand" von Organisationen.

bspw. im Sinne von engagiertem Rollen- und Extra-Rollenverhalten - als auch auf eine erhöhte Bindung auswirken.

Im Rahmen der bisherigen Forschungsbemühungen sowohl im sozialpsychologischen als auch im Humanressourcen-Management Kontext wurden diesbezüglich bislang kaum Studien oder theoretische Überlegungen angestrengt, die sich unter Berücksichtigung der Einflußvariablen organisationalen Commitments mit dessen Aufbau auseinandersetzen.[492] Angesichts der empirischen Ergebnisse zu den Konsequenzen von Commitment im organisatorischen Kontext erscheint dies erstaunlich. Soweit im Zusammenhang mit organisationalem Commitment eine Auseinandersetzung mit entsprechenden Instrumenten stattfindet, erfolgt dies weitgehend ohne konkrete Verknüpfung mit Erklärungs- und Ergebnisvariablen organisationalen Commitments.[493] Dies wird auch bei der Betrachtung der Auseinandersetzung mit Commitment im Humanressourcen-Management sichtbar. Vielmehr ist diesbezüglich weitgehend eine Stützung auf - teils implizite - Annahmen hinsichtlich der Kausalzusammenhänge zwischen spezifischen Tools und ihren Auswirkungen auf organisationales Commitment zu beobachten.[494]

Ausgehend von den in Teil II untersuchten Komponenten und Erklärungsvariablen von Commitment werden in den folgenden Ausführungen Gestaltungsmöglichkeiten eines Commitment-Managements analysiert.[495] Hierfür gilt es zunächst, ein Commitment-Management in den Bezugsrahmen eines Humanressourcen-Managements einzuordnen (a). Davon ausgehend werden aus den untersuchten Einflußvariablen zentrale Stellhebel für ein Commitment-Management abgeleitet (b). In Abschnitt (c) dieser Einführung wird anschließend die weitere Vorgehensweise in Teil III erläutert.

(a) Einordnung in den Bezugsrahmen eines Humanressourcen-Managements: Bevor die Stellhebel eines Commitment-Managements untersucht werden, wird zunächst auf die Verortung des Commitment-Managements im Bezugsrahmen eines Humanressourcen-Managements eingegangen. Im vorliegenden Kontext wird dabei die Sichtweise eines instrumentellen

---

[492] Vgl. hierzu auch Caldwell, Chatman, O'Reilly (1990), S. 245.
[493] Vgl. hierzu überblicksweise Guest (1997), S. 265 sowie die Ausführungen zu einem so terminierten High-Commitment-Management in Abschnitt II.1.(3).
[494] Vgl. Guest (1997), S. 265.
[495] Bspw. weisen Meyer, Allen (1997), S. 10 diesbezüglich darauf hin, daß eine zentrale Voraussetzung für die Entwicklung von Instrumenten für ein Commitment-Management in der Schaffung begrifflicher Klarheit über das Konstrukt liegt.

Humanressourcen-Managements eingenommen, das, in der Rolle eines "Dienstleisters", geeignete Humanressourcen bereitstellt und bedarfsgerecht zuordnet. Zentrale Aufgabe ist eine adäquate *Allokation* von Humanressourcen, so daß die Abweichung zwischen dem Istbestand des bestehenden Humanressourcenpools und dem erforderlichen Sollbestand an Humanressourcen möglichst gering gehalten wird.[496] Dies beinhaltet üblicherweise Aufgaben, die sich nach folgenden Feldern differenzieren lassen:[497] Zunächst sind Humanressourcen bereitzustellen (*Akquisition*). Diese sind in einem weiteren Schritt bestmöglich zu nutzen, das bedeutet, zu hohem Engagement zu aktivieren (*Motivation*) sowie entsprechend den Anforderungen des Unternehmens zu entwickeln (*Entwicklung*).[498] Daneben ist durch eine geeignete Besetzung von Stellen eine adäquate Ausstattung der Unternehmensbereiche mit spezifischen Humanressourcen entsprechend den organisatorischen Anforderungen zu gewährleisten (*Placement*). Schließlich sind Humanressourcen in geeigneter Form freizustellen (Dispensation).

Die Ergebnisse von Commitment wurden fokal als eine Steigerung der Nutzung sowie eine Intensivierung der Bindung von Humanressourcenpotentialen an ein Unternehmen dargestellt. Die Intensivierung der Nutzung entspricht dem Zweck des Aufgabenfeldes der Motivation. Die Bindung von Schlüsselbelegschaften ist ebenfalls als zentrales Ziel der Motivation zu betrachten, da sie für eine weitere Nutzung unabdingbar ist. Aus ergebnisorientierter Sicht ist ein Commitment-Management daher im Aufgabenfeld der Motivation zu verorten.[499]

Wie bereits erläutert wurde, ist ein Commitment-Management auf die Steigerung der Einsatzbereitschaft und des Engagements für ein Unternehmen gerichtet und zwar insbeson-

---

[496] Vgl. zum Bezugsrahmen eines Humanressourcen-Managements ähnlich Ringlstetter, Kniehl (1995), sowie Ringlstetter, Gauger (1999).
[497] Grundgedanke dieses Bezugsrahmens ist es, die Kernaufgaben eines HRM aus den Phasen des Lebenszyklus der Humanressourcen abzuleiten, vgl. Ringlstetter, Kniehl (1995), S. 151 f.
[498] Dies dient dem Erhalt des Humanvermögens einer Organisation, das sich ohne entsprechende Entwicklungsmaßnahmen verringern würde. Vgl. zum Begriff des Humanvermögens Scholz (1994), S. 646-649.
[499] Prinzipiell wäre auch eine aufgabenfelderübergreifende Sichtweise denkbar, die eine Ausrichtung aller Aufgabenfelder auf den Aufbau von Commitment bedingt. Bspw. ist bereits im Rahmen der Akquisition eine hohe Commitmentdisposition der selektierten Bewerber zu gewährleisten. Zudem ist bspw. die Ausrichtung und Kommunikation der Gewährung von Entwicklungsmaßnahmen an commitmentfördernden Aspekten denkbar. Angesichts der empirisch untersuchten und nachgewiesenen Einflußvariablen wäre diese Sichtweise jedoch für den vorliegenden Kontext etwas weit gegriffen. Eine Einordnung des Commitment-Managements in das Aufgabenfeld der Motivation ist somit nahe liegend, wenngleich Aspekte des Commitments durchaus relevante Schnittstellen zu anderen Aufgabenfeldern aufweisen.

dere auch jenseits konkreter Kontrollen und Kontrollmöglichkeiten durch die Organisation.[500] Das Aufgabenfeld der Motivation umfaßt neben diesem Aspekt auch die spezifische Aktivierung von Engagement hinsichtlich konkreter Tätigkeiten und Handlungen, bspw. die Motivation eines Sachbearbeiters zur korrekten Bearbeitung von Antragsformularen.

Das Aufgabenfeld der Motivation (Motivation im weiteren Sinne) kann damit nach zwei wesentlichen Aspekten unterschieden werden. Erstens einer Motivation im engeren Sinne, die auf eine konkrete Handlungsaktivierung ausgerichtet ist, und zweitens Commitment, das auf eine Motivierung einer grundsätzlichen Einsatzbereitschaft abzielt.[501] Die Aktivierung einer grundsätzlichen Einsatzbereitschaft ist für ein Humanressourcen-Management für Führungskräfte zentral. Dies konnte am Beispiel der Herausforderungen eines Managements des Mittelmanagements gezeigt werden.[502] In Abbildung III-1 ist die Einordnung des Commitment-Managements in den Bezugsrahmen des HRM dargestellt.

---

[500] Bspw. definieren Meyer, Allen (1997), S. 3 einen "commited employee" idealisierend wie folgt: "Er teilt die Unternehmensziele, zeigt Unterstützung und Loyalität für die Organisation in allen Lagen ("one who stays with the company through thick and thin"), fehlt selten, schützt und schont das Firmeneigentum." (Übersetzung durch die Verfasserin). Sie stimmen offensichtlich mit Staw (1977, S. 3), zitiert nach Angle, Lawson (1994), S. 1540, überein, der in Hinblick auf die Definition nach Mowday, Steers, Porter (1979) feststellt: "I think we can safely say that one has described the ideal employee." Ergänzend könnte man wohl eher vom "idealen Mitarbeiter im idealen Umfeld" sprechen, wie bereits im Rahmen der Einführung dargelegt wurde.

[501] Im Kontext der Motivation kann zudem der Aspekt des Willensaktes, bzw. der "Volition" Bedeutung erlangen. Denn jenseits der Aktivierung von Handlungen und Einsatzbereitschaft ist ein konkreter Willensakt erforderlich, der zur Realisierung einer Handlung bzw. zur Äußerung von Engagement führt.Vgl. Kniehl (1999), S. 189 ff., 209 ff. Dieser Willensakt kann in bestimmten Situationen unterbleiben, bspw. wenn die kritische Motivationsstärke nicht ausreicht, vgl. ebda. S. 203 f., oder unvorhersehbare, störende Einflüsse eintreten, vgl. ebda., S. 211 f. Beispielsweise hat ein Mitarbeiter zwar ein ausgeprägtes Commitment gegenüber einem Unternehmen, wird aber durch ungünstige Umfeldbedingungen daran gehindert, dieses zum Ausdruck zu bringen. Grundsätzlich ist jedoch davon auszugehen, daß entsprechende ungünstige Umstände auch maßgeblichen Einfluß auf die Entwicklung bzw. Hemmung von Commitment haben. Langfristig ist damit kaum eine Situation vorstellbar, in der ein Mitarbeiter hohes Commitment hat, obwohl seine Motivation aufgrund ungünstiger Umstände in einem Unternehmen permanent blockiert ist. Die Problematik des Willensaktes ist daher insbesondere für Einzelfälle relevant, in denen Motivationsblockaden auftreten. Hier ist es wesentlich, bspw. im Rahmen von Feedbackgesprächen oder Coaching, positive Anstöße zu geben. Es ist daher grundsätzlich davon auszugehen, daß eine hohe Bereitschaft, eine Handlung auszuführen bzw. Engagement zu äußern, auch zu entsprechenden Handlungen führt.

[502] Angesichts der Verortung des Commitment-Managements im Kontext eines Humanressourcen-Managements wird knapp auf die Bedeutung des Topmanagements im Rahmen der Herausforderungen eines Managements des mittleren Ebenen eingegangen. Denn dieses stellt einerseits einen zentralen Einflußfaktor auf die Situation des mittleren Managements dar - bspw. aufgrund von Durchgriffsmöglichkeiten und notwendigen Abstimmungsprozessen, etwa im Rahmen der Informationsfunktion. Andererseits ist das Topmanagement keineswegs zwangsläufig direkt mit einem Humanressourcen-Management betraut. Um ein effektives Management des mittleren Managements zu ermöglichen, ist folglich eine Involvierung des Topmanagements in die Handhabung dieser Herausforderungen sowie dessen nachhaltige Unterstützung

Teil III: Instrumente eines Commitment-Managements 145

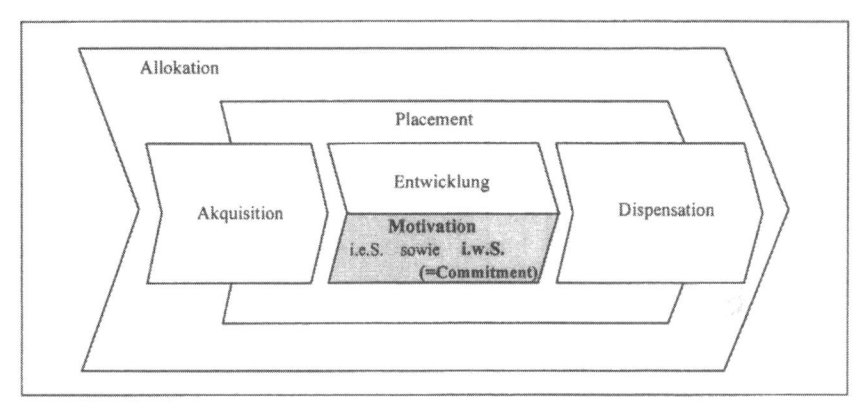

Abb.III-1: Einordnung eines Commitment-Managements in den Bezugsrahmen eines Humanressourcen-Managements
(Quelle: Verändert übernommen aus Ringlstetter, Gauger 1999, S. 130.)

(b) Ableitung von Stellhebeln eines Commitment-Managements: Aus der Betrachtung der Erklärungsvariablen in Abschnitt II.3 lassen sich konkrete Stellhebel für ein Humanressourcen-Management ableiten (vgl. Abb. III-2). Der Stellhebel der Vergütung resultiert unmittelbar aus den untersuchten Erklärungsvariablen.[503] Die Gestaltung und Etablierung von Unternehmensgrundsätzen fällt in den Bereich der *Führung*, wobei hier eine Betrachtung von Führung auf der *Systemebene* erfolgt.

Im Kontext der Führung, allerdings *auf Aktorenebene,* sind auch die Bedingungen des engeren sozialen organisatorischen Kontextes zu sehen, soweit diese aus der Beziehung zu Vorgesetzten resultieren.[504] Ebenfalls im Kontext einer Führung auf Aktorenebene zu verorten, sind die Festlegung und Vermittlung der individuellen Rollenanforderungen.[505]

---

[503] und Promotion notwendig. Erst damit kann ein wirksames Management des Mittelmanagements gewährleistet werden.
Es sei darauf hingewiesen, daß die Vergütung den monetären Aspekt der Entlohnung von Mitarbeitern darstellt. Dieser wird im vorliegenden Kontext vor dem Hintergrund der verfügbaren empirischen Ergebnisse und Studien fokussiert. Damit soll jedoch nicht in Frage gestellt werden, daß auch nicht monetäre Formen der Entlohnung Commitmentrelevanz besitzen.

[504] Einflüsse, die in diesem Zusammenhang von Kollegen ausgehen, bspw. durch deren Einstellung zur Arbeit, unterliegen nur sehr bedingt Einflüssen des Unternehmens. Sie werden deshalb, wie bereits in Punkt II.1.1.(2) bei der Spezifizierung des Commitmentobjekts dargelegt wurde, bei der weiteren Betrachtung der Gestaltungsmöglichkeiten eines Commitment-Managements nicht weiter berücksichtigt.

[505] Die Rolle zeitigt daneben Einflüsse im Rahmen einer Statuserhöhung. Diese weist im Hinblick auf eine Gestaltung von Instrumenten eines Humanressourcen-Managements relativ starke Überschneidungen bspw. zur Vergütung aber auch zur gewährten Autonomie auf und wird daher auch im Hinblick auf die Klarheit der Argumentation nicht weiter eigens diskutiert.

Denn diese Einflüsse werden maßgeblich von den Vorgesetzten determiniert, die für die Spezifizierung und Kommunikation der Rollenerwartungen, bspw. in Feedbackgesprächen, zuständig sind.

Untersuchte Erklärungsvariablen von Commitment	Herausforderung für ein HRM für das Mittelmanagement	Stellhebel eines Commitment-Managements
Policies	→ (+)	
Tätigkeit	→ (−)	
Rolle	→ (+)	Führung
Sozialer organisatorischer Kontext		
Vorgesetzter	→ (+)	
Kollegen	→ (−)	
Vergütung	→ (+)	Vergütung

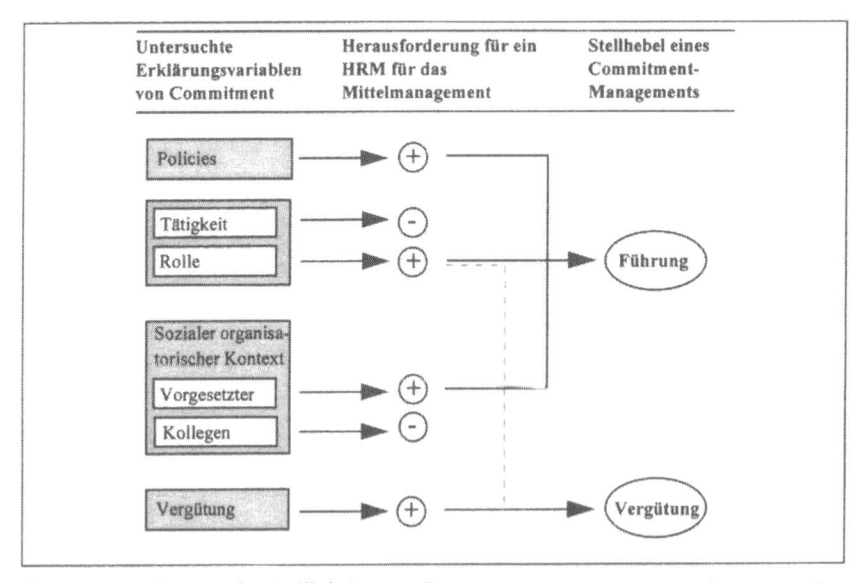

Abb. III-2:   *Ableitung der Stellhebel eines Commitment-Managements aus den untersuchten Erklärungsvariablen von Commitment*

Im Rahmen der Einflußkategorie der Tätigkeit wurden insbesondere anspruchsvolle Aufgabenstellungen sowie eine hohe, individuelle Entscheidungsautonomie als maßgebliche Bestimmungsgrößen von Commitment deutlich. Diese Faktoren wurden zugleich als Charakteristika der gewandelten Rolle des Mittelmanagements herausgearbeitet. Die Aspekte der Einflußgröße der Tätigkeit werden daher im vorliegenden Kontext nicht weiter ausgeführt, um Redundanzen zu vermeiden.[506] Im folgenden werden daher vor dem Hintergrund der

---

[506] Das bedeutet, daß die Formulierung anspruchsvoller Aufgaben und die Gewährung von Entscheidungsautonomie und entsprechenden Handlungsspielräumen, die im vorliegenden Kontext die besondere Notwendigkeit eines Commitment-Managements begründen, zugleich eine Voraussetzung für deren Realisierung darstellen. Da im Mittelmanagement - zumindest in gewandelter Form - also entsprechende Bedingungen vorliegen, und dennoch die Gefahr innerer Kündigung und Ressortegoismen dargelegt wurde, wird deutlich, daß einzelne Einflußvariablen keine weitreichende Wirkung erzielen. Dies wurde bereits eingangs erläutert. Weitere Einflüsse resultieren zudem aus der fachlichen Spezialisierung. Diese wurde im Hinblick auf kalkuliertes Commitment dargestellt. Eine Bindung über eine bewußte Eingrenzung der Qualifikationen ist jedoch relativ leicht als "unfaire" Manipulation wahrnehmbar und wird daher ausgeklammert. Zudem werden soziale Interaktionsmöglichkeiten nicht eigens ausgeführt.

diskutierten Einflußvariablen von Commitment exemplarisch die Vergütung und die Führung im Hinblick auf die Gestaltungsmöglichkeiten eines Commitment-Managements herangezogen. Dabei ist anzumerken, daß die isolierte Nutzung einzelner Stellhebel und Instrumente kaum zum Aufbau organisationalen Commitments führen kann.[507] Vielmehr ist eine Gestaltung eines Commitment-Mangements notwendig, das eine möglichst breite Berücksichtigung der zentralen Einflußvariablen der drei Commitmentkomponenten ermöglicht. Ansonsten besteht die Gefahr, daß bspw. Maßnahmen zur Förderung kalkulierten Commitments die affektive Komponente unterwandern. Bspw. hemmt eine starke pretiale Steuerung den Aufbau der Identifikation mit den Zielen und Werten eines Unternehmens.

Die abgeleiteten Stellhebel können daher nur exemplarisch verstanden werden. Sie werden speziell im Hinblick auf ein Commitment-Management betrachtet. Aspekte die sich im Rahmen der nachfolgend untersuchten Instrumente vor dem Hintergrund anderer Zielsetzungen ergeben, bspw. der Motivation i.e.S. oder dem Aufgabenfeld der Entwicklung, sind folglich nicht Gegenstand der Betrachtung.

(c) Weitere Vorgehensweise: Im folgenden werden anhand der dargestellten "Stellhebel" Gestaltungspotentiale eines Commitment-Managements betrachtet. Zur Veranschaulichung ihrer Wirkungsweise wird dabei gezeigt, wie diese zur Handhabung der Herausforderungen eines Managements des mittleren Managements herangezogen werden können. Dies geschieht vor dem Hintergrund der Komponenten eines Commitments und seiner Einflußvariablen. Die Gestaltungsmöglichkeiten eines Commitment-Managements im Rahmen der dargelegten Stellhebel werden daher nach den Commitmentkomponenten differenziert. Um dabei eine anschauliche Darstellung der Möglichkeiten zum Aufbau der Commitmentkomponenten zu ermöglichen, wird im Rahmen der Stellhebel der Vergütung und der Führung jeweils ein Instrument zum fokalen Aufbau jeder der drei differenzierten Commitmentkomponenten diskutiert.[508] Gleichwohl wirken die Instrumente grundsätzlich auf Commitment. Auf Inter-

---

[507] Möglichkeiten zur sozialen Interaktion werden jedoch im Rahmen der Führung auf Aktorenebene in den Abschnitten III.2.2, III.2.3 als Bestandteile Commitment fördernder Instrumente dargestellt.
Pfeffer (1995), S. 59, verweist diesbezüglich darauf, daß die Gestaltung einzelner Instrumente, bspw. in Form überdurchschnittlicher Löhne oder differenzierter monetärer Anreize, allein nicht ausreichend ist, um ein hohes Commitment der Mitarbeiter zu erreichen.
[508] Siehe zur Notwendigkeit generalisierbarer Prinzipien zum Aufbau von Commitment in Organisationen für die Managementpraxis Meyer, Allen (1997), S. VIII.

dependenzen wird an entsprechender Stelle exemplarisch eingegangen. Aufgrund der divergierenden Merkmalsdimensionen und Erklärungsvariablen ergeben sich jedoch unterschiedliche Schwerpunkte beim Aufbau der Komponenten.

Unter Bezugnahme auf die Stellhebel eines Commitment-Managements, die soeben exemplarisch aus den Einflußvariablen organisationalen Commitments abgeleitet wurden, werden in Abschnitt III.1 zunächst Einflußpotentiale von Instrumenten der Vergütung auf die Komponenten organisationalen Commitments betrachtet. In Abschnitt III.2 wird dann auf Gestaltungsmöglichkeiten der Führung zur Förderung der Commitmentkomponenten eingegangen. Abschließend wird in Abschnitt III.3 ein Resümee zu den zentralen Ergebnisse gezogen.

III.1 Vergütung als Instrument des Commitment-Managements

Die Vergütung nimmt eine zentrale Stellung in der Diskussion eines Humanressourcen-Managements ein,[509] wenn dabei auch häufig eine relativ starke Fokussierung auf die Vergütung des Topmanagements beobachtbar ist.[510] Wie im zweiten Teil deutlich wird, ergeben sich aus der Vergütung wesentliche Einflüsse auf die Komponenten von Commitment. Daraus lassen sich spezifische Implikationen für die Gestaltungsanforderungen der Vergütung zum Aufbau von Commitment ableiten. Diese werden unter Bezugnahme auf das Beispiel des Mittelmanagements vor dem Hintergrund der analytisch differenzierten Commitmentkomponenten betrachtet. Dabei werden die spezifischen Möglichmöglichkeiten zur Handhabung der Herausforderungen des Managements eines Mittelmanagements deutlich gemacht. Zur Veranschaulichung der Gestaltungsmöglichkeiten im Rahmen eines Commitment-Managements wird aus der Vielzahl möglicher Vergütungsinstrumente für jede Commitmentkomponente ein (Sub-)Instrument exemplarisch herausgegriffen. Dieses wird dann im Hinblick auf seine Potentiale zur Förderung der jeweiligen Commitmentkomponente untersucht.

---

[509] Vgl. beispielhaft Heneman, Ledford (1998), Lawler (1988), Tilgham (1998), Wagenhofer (1996), Young (1998).
[510] Vgl. Barkema, Gomez-Meja (1998), S. 135, Gomez-Meja, Balkin, Cardy (1995), S. 135, Laing, Weir (1998), S. 51.

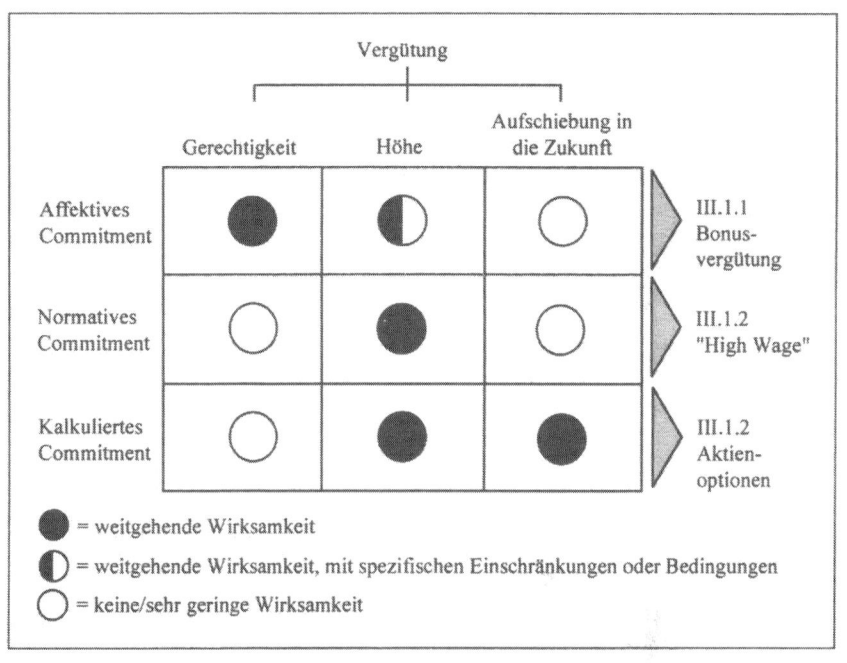

	Vergütung			
	Gerechtigkeit	Höhe	Aufschiebung in die Zukunft	
Affektives Commitment	●	◐	○	III.1.1 Bonus- vergütung
Normatives Commitment	○	●	○	III.1.2 "High Wage"
Kalkuliertes Commitment	○	●	●	III.1.2 Aktien- optionen

● = weitgehende Wirksamkeit
◐ = weitgehende Wirksamkeit, mit spezifischen Einschränkungen oder Bedingungen
○ = keine/sehr geringe Wirksamkeit

Abb. III-3: *Vergütungsinstrumente zum Commitmentaufbau, vor dem Hintergrund der eruierten Einflußvariablen von Commitment*

So wurde etwa festgestellt, daß die wahrgenommene Fairneß der Vergütung als Einflußfaktor der affektiven Commitmentkomponente im Vordergrund steht.[511] Entsprechende Wahrnehmungen seitens der Mitarbeiter wurden insbesondere in Verbindung mit einer Orientierung der Vergütung an der Leistung der Organisationsmitglieder gebracht. Um diesem Aspekt der Vergütungsgerechtigkeit Rechnung zu tragen, werden Gestaltungsmöglichkeiten zum Aufbau affektiven Commitments exemplarisch anhand einer Bonusvergütung betrachtet (Abschnitt III.1.1). Der Aufbau der normativen Commitmentkomponente wurde dagegen primär in Verbindung mit der relativen Vergütungshöhe erläutert. Diese kann mit einer normativen Verpflichtung in Zusammenhang gebracht werden, der Wertschätzung bzw. dem Vertrauensvorschuß gerecht zu werden, den eine Vergütung über dem Marktdurchschnitt impliziert. Vor diesem Hintergrund wird eine überdurchschnittliche Grundvergütung (high wage) zum Aufbau von normativem Commitment untersucht (Abschnitt III.1.2). Die Einflußfaktoren der

---

[511] Vgl. Punkt II.2.3.(1e).

kalkulierten Commitmentkomponente im Rahmen der Vergütung wurden dagegen neben der relativen Vergütungshöhe auch auf eine zeitliche Verschiebung der Vergütung zurückgeführt. Dies gilt freilich insbesondere dann, wenn diese Vergütung im Falle eines Unternehmensaustritts hinfällig wird.[512] Ein geeignetes Instrument zur Beeinflussung der kalkulierten Commitmentkomponente erscheint die Vergütung mit Aktienoptionen (Abschnitt III.1.3). Diese drei Vergütungsinstrumente werden im folgenden im Hinblick auf die Entwicklung von Commitment diskutiert (vgl. Abb. III-3).

III.1.1 Bonusvergütung zum Aufbau der affektiven Commitmentkomponente

Im Rahmen der Erläuterung des Einflusses der Vergütung auf die affektive Commitmentkomponente wurde die Bedeutung der wahrgenommenen Vergütungsgerechtigkeit deutlich.[513] Es wurde dargelegt, daß eine entsprechende Wahrnehmung in Zusammenhang mit einer Verknüpfung der individuellen Vergütung mit der individuell erbrachten und zurechenbaren Leistung eines Mitarbeiters steht. Darüber hinaus wurde die Relation der Vergütung zu vergleichbaren Leistungsbeiträgen innerhalb und außerhalb der Organisation als maßgeblich ermittelt (vgl. Abb. III-4).[514]

Die Bonusvergütung kommt neben einer individuellen Orientierung auch zur Vergütung der Leistungen von Gruppen oder ganzen Teileinheiten zum Einsatz und ist als variabler Gehaltsbestandteil zu verstehen. Die Bedeutung und Gestaltungsmöglichkeiten einer leistungsorientierten Bonusvergütung zum Aufbau affektiven Commitments werden nachfolgend unter individuellen sowie kollektiven Aspekten einer "gerechten" Vergütung beleuchtet.[515]

---

[512] Bspw. ist diese Variante Unternehmen nach dem US-amerikanischem Gesetz freigestellt, vgl. hierzu das Gesetz zu Mitarbeiter-Ruhestand und Einkommenssicherheit z.B. bei Koch (1990), S. 85.
[513] Vgl. Abschnitt II.3.4. Vgl. hierzu zudem Adams, der bereits 1963 das Prinzip der Vergütungsgerechtigkeit bzw. "pay equity" formulierte. Vgl. zudem Bento, White (1998), S. 50, Balkin, Gomez-Meja (1987), S. 2, zu einer differenzierten Darstellung von interner und externer Vergütungsgerechtigkeit sowie Baumgartner (1992), S. 29 ff.
[514] Vgl. hierzu Salter (1972), S. 6 ff., 144 ff. sowie die Ausführungen in Abschnitt II.3.4. Vgl. zur Vergütungsgerechtigkeit in Relation zu Leistungsbeiträgen außerhalb der Organisation, also der Relation zur Vergütung in anderen Organisationen bspw. Hahn, Willers (1986), S. 392.
[515] Dabei sind zwei Extremformen denkbar. Zum einen kann ein fixes Bonussystem eingeführt werden, das in den meisten Fällen zentral betreut wird. Im anderen Extrem kann eine Bonusvergütung rein dezentral den

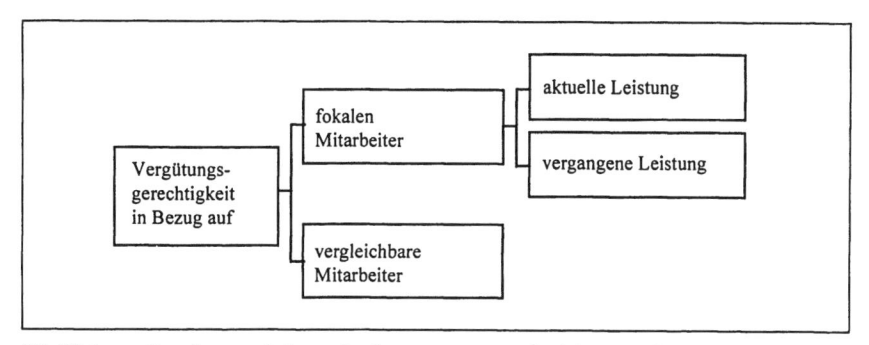

Teil III: Instrumente eines Commitment-Managements 151

```
┌─────────────────────────────────────────────────────────────────┐
│                              ┌──────────────┐   ┌──────────────┐│
│                              │              │──▶│aktuelle Leistung││
│                              │   fokalen    │   └──────────────┘│
│  ┌──────────────┐            │  Mitarbeiter │   ┌──────────────┐│
│  │ Vergütungs-  │──────────▶ │              │──▶│vergangene Leistung││
│  │ gerechtigkeit│            └──────────────┘   └──────────────┘│
│  │ in Bezug auf │            ┌──────────────┐                   │
│  └──────────────┘            │  vergleichbare│                  │
│                              │  Mitarbeiter │                   │
│                              └──────────────┘                   │
└─────────────────────────────────────────────────────────────────┘
```

Abb. III-4:   *Gestaltungsprämissen der Bonusvergütung, abgeleitet aus den vergütungsrelevanten Einflußvariablen affektiven Commitments*

Hierfür gilt es in einem ersten Schritt, die operationalisierbaren Merkmale einer "gerechten" Vergütung zu spezifizieren. Diese Merkmale sind aus den erläuterten Einflußvariablen affektiven Commitments ableitbar. Sie werden nachfolgend nach inhaltlichen und formalen Kriterien differenziert:

- Zentrales *inhaltliches Merkmal* ist die *individuelle Zuordenbarkeit*. Denn die Förderung der Wahrnehmung gerechter Vergütung erfordert vorrangig eine Orientierung an der Leistung, die einem Manager tatsächlich zugerechnet werden kann.[516]

- Zentrale *formale Merkmale* sind erstens die *interindividuelle Vergleichbarkeit*, die unmittelbar einer Einflußvariable affektiven Commitments entspricht[517] sowie die

---

[516] Vorgesetzten obliegen. Diese haben dann bspw. ein entsprechendes Budget, aus dem Boni für einzelne Mitarbeiter vergeben werden können. Vgl. hierzu Bleicher (1992), S. 392.
Vgl. Armstrong (1993), S. 184, Gieseking, Sehnke, Roos (1998), S. 28, Thierry (1986), S. 7, Winter (1997), S. 622. Winter (1996), S. 158 ff. postuliert in diesem Zusammenhang ein Ausreißerprinzip, wonach etwa die Ursachen extremer Ergebnisabweichungen im Vergleich zum Entwicklungsverlauf genau zu analysieren sind. Damit soll eine Anreizgewährung entsprechend der zurechenbaren Leistung ermöglicht werden. Vgl. auch Ogilvie (1986), S. 346, 348 der die Bedeutung effektiver Kriterien explizit im Zusammenhang mit affektivem Commitment nachweist. Hören v. (1997b), S. 305 ff. weist in diesem Zusammenhang darauf hin, daß der variablen Vergütung in der Praxis bisher kaum klare und nachvollziehbare Kriterien zugrunde gelegt werden. Vielmehr findet teilweise überhaupt keine Explizierung von Kriterien statt. Eine theoretische Fundierung des Kriteriums der individuellen Zuordenbarkeit ergibt sich hier bereits aus der Erwartungswert-Theorie, in der die Bedeutung eines klaren Zusammenhangs zwischen dem zu erreichenden Wert (value), der Erwartung, diesen zu erlangen (expectancy) und der wahrgenommenen Instrumentalität der zur Verfügung stehenden Mittel (instrumentality), herausgestellt wird, vgl. Vroom (1964), S. 17 ff.

[517] Vgl. hierzu bspw. Hahn, Willers (1986), S. 392, Winter (1996), S. 75. Winter (1996), S. 75, weist in diesem Zusammenhang darauf hin, daß der Aspekt der Vergleichbarkeit dahin gehend zu relativieren ist, daß eine Unterscheidung bspw. nach der familiären Situation dennoch getroffen werden kann und auch weithin akzeptiert ist. Eine Beeinträchtigung der wahrgenommenen Vergütungsgerechtigkeit ist daher

individuelle Nachvollziehbarkeit.[518] Letztere bedeutet, daß die Vergütung der Leistung in verständlicher, transparenter Form vorzunehmen und daher bspw. möglichst an objektiven Kriterien auszurichten[519] sowie überschaubar zu gestalten ist. Damit wird eine Wahrnehmung zuordenbarer vergleichbarer Vergütung von Leistung erst ermöglicht.[520]

Die Gestaltung der Bonusvergütung im Hinblick auf den Aufbau affektiven Commitments wird vor dem Hintergrund dieser Merkmale, die als Gestaltungsprämissen zu verstehen sind, betrachtet. Dazu ist es notwendig, zunächst geeignete Kriterien der Leistung zu generieren, auf deren Basis Boni gewährt werden (1). Anschließend wird auf den Modus der Bonusvergütung eingegangen, der zur Wahrnehmung von Vergütungsgerechtigkeit und damit zur Förderung der Merkmalsdimensionen affektiven Commitments beiträgt (2). Abschließend wird der Umgang mit der Öffentlichkeit als flankierende Maßnahme zur Handhabung vergütungsrelevanter Informationen dargestellt (3).

(1)   Generierung geeigneter Kriterien

Ein erster Schritt zur Entwicklung eines leistungsorientierten Bonussystems, das auf die Förderung affektiven Commitments ausgerichtet ist, besteht in der Gestaltung der Kriterien, die zur Bemessung dieser Vergütung herangezogen werden. Dabei sind zum einen grundsätzliche, inhaltliche und formale Punkte der Ausgestaltung der Kriterien von Interesse (a). Ein zweiter Aspekt bezieht sich auf die Entwicklung von Kriterien im Hinblick auf die Festlegung von Beteiligten den Prozeß der Kriterienbestimmung (b).

(a) Aspekte der Kriterienausgestaltung: Die Ausgestaltung der Kriterien bezieht sich erstens auf deren Inhalte, im Sinne des Bezugsobjekts der Leistung von Mittelmanagern (aa). In einem zweiten Schritt ist die formale Ausgestaltung der Kriterien zu spezifizieren (ab).

---

[518] nicht zu erwarten. Für die Sicherstellung der Wahrnehmung einer gerechten Vergütung ist zudem die Möglichkeit des Vergleichens durch eine Veröffentlichung von Informationen wesentlich. Diese wird abschließend zu diesem Abschnitt in Punkt (3) betrachtet.
Vgl. Winter (1996), S. 74 f., sowie Rosenstiel (1992), S. 386 f., der hier explizit auf die Dysfunktionalität komplizierter, wenig nachvollziehbarer Prämienlohnsysteme hinweist.
[519] Vgl. z.B. Bento, White (1998), S. 50, Eyer (1998), S. 35.
[520] Die Nachvollziehbarkeit ist daher als notwendiges formales Kriterium zu verstehen, während die interindividuelle Vergleichbarkeit das hinreichende formale Kriterium darstellt.

(aa) Inhaltliche Aspekte - Bezugsobjekt der Bonusvergütung mittlerer Manager: Zunächst stellt sich die Frage nach der Spezifizierung der Leistung eines Mitarbeiters, die vergütet werden soll. Hierfür ist zunächst zu betrachten, worauf die Leistung eines Mitarbeiters ausgerichtet ist, z.b. auf den Unternehmensbeitrag eines Bereiches (Teileinheit oder Abteilung) im Gegensatz zur Erfüllung konkreter Aufgaben. Für das Mittelmanagement ist aus folgenden Gründen eine inhaltliche Orientierung der Vergütung an der Leistung von Bereichen zweckmäßig:

- Für das mittlere Management wurde aufgrund seiner spezifischen Autonomie, die auf administrative Entscheidungen fokussiert ist, eine *Verantwortung für einen bestimmten Bereich* eruiert.[521] Das Management dieser Bereich obliegt dem Mittelmanagement im Rahmen seiner Transformations- und Informationsfunktion.[522] Die Leistung dieser Unternehmensbereiche kann daher Mittelmanagern maßgeblich zugeordnet werden. Damit wird im Hinblick auf eine Förderung affektiven Commitments das zuvor abgeleitete inhaltliche Merkmal gerechter Vergütung berücksichtigt.

- *Einzelleistungen* sind angesichts der relativ hohen Autonomie und der eingeschränkten Autarkie, die das Mittelmanagement charakterisieren, *nicht sinnvoll zuordenbar*.[523] Zudem haben die direkten Vorgesetzten tendenziell wenig Einblick in die konkreten Einzelleistungen der Mittelmanager.[524] Dies ist bei persönlichen Mitarbeitern, wie z.B. Vorstandsassistenten tendenziell eher gegeben. Im Mittelpunkt zuordenbarer Bonusvergütung mittlerer Manager stehen daher die konkreten Resultate der Unternehmensbereiche, die diese tatsächlich zu verantworten haben.[525] Diese bereichsbezogene Beur-

---

[521] Vgl. Abschnitt I.1.
[522] Vgl. zu den Funktionen des Mittelmanagements Teil I.2.
[523] Vgl. zur Beurteilung spezifischer Verhaltensweisen z.B. Heneman, Ledford (1998), S. 103 ff. Diese sind zwar individuell zurechenbar. Ihr Zusammenhang bspw. zur Bereichsleistung unterliegt jedoch Elementen einer subjektiven Beurteilung und kann zudem kaum umfassend nachgewiesen werden. Dementsprechend ist diese Variante im Hinblick auf die wahrgenommene Vergütungs- und Beurteilungsgerechtigkeit relativ kritisch zu betrachten.
[524] Vgl. Bento, White (1998), S. 49, Campbell, Campbell, Chia (1998), S. 131, Lang (1998), S. 42 sowie Zimmermann, Campana, Schott (1998), S. 52.
[525] Alternativ wäre eine Entlohnung nach Seniorität oder nachweisbaren Fähigkeiten denkbar, vgl. z.B. Budde, Wielenberg (1997), S. 923, Fuchs (1998), S. 89, Garen (1998), S. 264, Heneman, Ledford (1998), S. 103 ff., Lawler (1987), S. 280. Entlohnungsbasen dieser Art stehen jedoch allenfalls in *indirektem* Zusammenhang zur Leistung, die ein Organisationsmitglied erbringt und entsprechen damit nicht der Prämisse der Zuordenbarkeit.

teilung steht im Gegensatz zur Ausrichtung auf individuelle Einzelleistungen und Verhaltensweisen.[526]

- Darüber hinaus ist die Orientierung an den Bereichsergebnissen in Anbetracht der *Dependenz der Leistung der Mitarbeiter* eines Bereichs sinnvoll. Denn aus dieser Interdependenz, die die eingeschränkte Autarkie mittlerer Manager kennzeichnet, resultiert eine Bedeutung einer kooperativen Zusammenarbeit innerhalb der Bereiche und damit der Notwendigkeit der sozialen Integration innerhalb der Bereiche. Dieser wird jedoch durch eine Bewertung von Einzelleistungen kaum Rechnung getragen. Eine Einschränkung von Anreizen zur sozialen Integration ist darüber hinaus auch unter dem Aspekt als nachteilig zu beurteilen, daß aus der sozialen Integration positive Einflüsse auf die Entwicklung affektiven Commitments für ein Unternehmen resultieren.[527]

Die Bonusvergütung ist daher im Hinblick auf eine Förderung affektiven Commitments mittlerer Manager auf die Leistungen von Unternehmensbereichen auszurichten, für die Mittelmanager zuständig sind.[528] Damit wird dem inhaltlichen Kriterium gerechter Vergütung, der individuellen Zuordenbarkeit von Vergütungskriterien, zum Aufbau affektiven Commitments entsprochen. Kriterien, die dagegen auf spezifische, eng definierte Inhalte ausgerichtet sind, fördern eine Fokussierung auf diese und gleichzeitig eine Vernachlässigung anderer Verhaltensweisen.[529] Damit wird das Leistungsspektrum tendenziell geschmälert und die Eigeninitiative und Eigenverantwortung werden gehemmt.[530] Damit wird die Auseinander-

---

[526] Vgl. zur Unterscheidung individueller und gruppenorientierter Leistungsvergütung bswp. Lawler (1988), S. 70. Eine Orientierung der Vergütung an spezifischen Verhaltensweisen ist durchaus denkbar und in der Praxis beobachtbar, vgl. z.B. Heneman, Ledford (1998), S. 104 ff. Hier ergeben sich jedoch besondere Probleme etwa bzgl. der wahrgenommenen Objektivität, die sich negativ auf die empfundene Vergütungsgerechtigkeit auswirken können, die im folgenden noch hervorgehoben wird.

[527] Vgl. dazu Abschnitt III.3.3.

[528] Vgl. zur Orientierung der Vergütung an der Leistung von Gruppen bspw. Lehmann (1987), S. 704 oder auch Armstrong (1993), S. 184 sowie Gieseking, Sehnke, Roos (1998), S. 28.

[529] Vgl. Baker, Jensen, Murphy (1988) die darauf verweisen, daß eng gefaßte Leistungskriterien insbesondere in Verbindung mit einer hohen Vergütungsrelevanz eine starke - fast ausschließliche – Fokussierung auf diese Kriterien bewirken können, was zwangsläufig zur Vernachlässigung anderer, möglicherweise ebenfalls bedeutsamer, Aspekte führen kann.

[530] Vgl. Bento, White (1998), S. 49, Campbell, Campbell, Chia (1998), S. 131, Lang (1998), S. 42 sowie Zimmermann, Campana, Schott (1998), S. 52, die die dysfunktionale, verhaltensverkürzende Wirkung eng definierter, individueller Vergütungskriterien darstellen. Pfeffer (1998), S. 47 illustriert diesen Zusammenhang am Beispiel der einseitigen Absatzorientierung der Vergütungsbemessung bei einem Händler und Dienstleister. Angesichts der relativ unstrukturierten Aufgabenstellung des betrachteten Verkaufspersonals, das für Beratung und Absatz von Fahrzeugen und Reparaturdienstleistungen zuständig war, erscheint ein Analogieschluß auf das Mittelmanagement zur Illustration möglich. Die Formulierung dieses

setzung mit den organisatorischen Belangen reduziert und affektives Commitment abgebaut bzw. dessen Aufbau gehemmt. Zur Förderung von Involvement und Identifikation sind deshalb Kriterien sinnvoll, die ein breites Verhaltensspektrum darstellen können.[531]

Um eine Zuordenbarkeit der Vergütung zur Leistung zu gewährleisten, ist zudem eine Relativierung der Leistungen *anhand der Bedingungen der Leistungserstellung* - z.B. Wechselkursänderungen im Hauptabsatzland einer Marketing- und Vertriebsabteilung – *vorzunehmen*.

(ab) Formale Ausgestaltung der Kriterien: Ausgehend von den Bereichen, für die Mittelmanager zuständig sind, als inhaltliches Bezugsobjekt der Bonusvergütung, gilt es, die formale Ausgestaltung der Vergütungskriterien unter Berücksichtigung der Merkmale "gerechter" Vergütung zu betrachten.

Im Beispiel des mittleren Managements wurden angesichts eines Wandels seiner Rolle eine Zunahme der Aufgabenkomplexität im Rahmen eines erweiterten Handlungs- und Verantwortungsbereichs dargelegt. Eine ex ante Spezifizierung der konkreten Bedingungen, unter denen die Leistung eines Bereichs erbracht wird, ist damit kaum umfassend möglich.[532] Um angesichts dieser Situation den formalen Merkmalen gerechter Vergütung, der interindividuellen Vergleichbarkeit sowie der Nachvollziehbarkeit der Vergütung, Rechnung zu tragen, sind folgende Punkte zu berücksichtigen:

- Ein wesentlicher Punkt ist die Gewährleistung der Nachvollziehbarkeit inhaltlich weit gefaßter, bereichsorientierter Kriterien der Bonusvergütung.[533] Hierfür sind *Kennzahlen* ein geeigneter Zugang.[534] Um dabei die Eigeninitiative und eigenverantwortliches Handeln nicht zu hemmen, sind Kennzahlen heranzuziehen, die ein breites Leistungsbild darstellen können. Die Beurteilung bspw. lediglich der Umsatzzahlen reicht dabei in vielen Fällen nicht aus. Eine Relativierung anhand der Kosten und der Ermittlung des Deckungsbeitrags eines Bereichs ist hier bereits weitreichender. Einen umfassenden

---

eng definierten Leistungskriteriums hatte nicht nur ein aggressives Verkaufsverhalten gegenüber den Kunden zur Folge, sondern bspw. auch den Verkauf von Reparaturleistungen, die weder notwendig, noch in Auftrag gegeben waren. Dementsprechend mußte diese Vergütungsorientierung kurzfristig revidiert werden.

[531] Vgl. hierzu Abschnitt II.3. (2 a).

[532] Vgl. zur Notwendigkeit der Berücksichtung von Störgrößen, die die Leistung beeinträchtigen können, Winter (1997), S. 622.

[533] Vgl. Campbell, Campbell, Chia (1998), S. 139 f.

Beurteilungsmaßstab, der auch im Rahmen der Ansätze eines High-Commitment-Managements einige Beachtung findet, stellt der Gewinn dar, den ein Bereich erbringt.[535]

- Um mit der Verwendung von Kennzahlen eine interindividuelle Vergleichbarkeit zu erreichen, ist eine *Standardisierung bei der Verwendung* von Kennzahlen notwendig.[536] Gängige Kennzahlen zur Beurteilung der Leistung von Bereichen sind bspw. die Veränderung von zurechenbarem Umsatz,[537] Deckungsbeitrag,[538] Kosten[539] bzw. Ausgaben[540] und Gewinn[541] eines Bereichs. Um hierbei nicht einer leistungsgerechten Vergütung entgegenzulaufen, ist eine Standardisierung nicht vollständig möglich. Denn erstens können Kriterien relevant sein, die aufgrund mangelnder, reliabler und valider Erhebbarkeit einer vergleichbaren und quantitativen Beurteilung nicht ohne weiteres zugänglich sind. Bspw. sind für die Leistungsbeurteilung des Marketing- und Vertriebsbereichs nicht nur die Veränderung der Umsatzzahlen von Interesse, sondern auch die Entwicklung des Images und Bekanntheitsgrades von Produkten etc.[542] Eine Standardisierung kann sich daher als schwierig erweisen. Hierfür sind bereichsspezifische Anpassungen bzw. Ergänzungen vorzunehmen.[543]

- Durch standardisierte Kriterien, wie z.B. den Gewinn, werden jedoch unter Umständen wünschenswerte Leistungen, die etwa auf eine längerfristige Stabilisierung von

---

[534] Vgl. Eyer (1998), S. 35.
[535] Vgl. hierzu Lundy, Cowling (1996), S. 51, die eine Orientierung der Vergütung am Gewinn, z.B. eines Bereichs, als Vorgehensweise beschreiben, die im Rahmen eines Commitment-Managements Anwendung findet. Wie jedoch bereits in Abschnitt II.1.(3) dargestellt wurde, beruht diese Empfehlung mehr auf Annahmen als auf der Analyse der Einflußvariablen organisationalen Commitments. Es erscheint dennoch – oder gerade deswegen – interessant, daß eine gewinnorientierte Vergütung offensichtlich auch intuitiv im Rahmen eines commitmentorientierten Managements als geeignet wahrgenommen wird.
[536] Vgl. z.B. Bento, White (1998), S. 50.
[537] Vgl. z.B. Brown (1997), S. 355, Campbell, Campbell, Chia (1998), S. 140, Eyer (1998), S. 35, Lang (1998), S. 42, Olesch (1998), S. 71, Pfeffer (1998), S. 49.
[538] Vgl. z.B. Eyer (1998), S. 35, Zimmermann, Campana, Schott (1998), S. 51 ff.
[539] Vgl. Frost, Wakeley, Ruh (1974), S. 5, Graham-Moore, Roos (1991), S. 28, Henderson (1989), S. 346 ff.
[540] Vgl. Campbell, Campbell, Chia (1998), S. 140, die bspw. die Veränderung der Werbeausgaben als Leistungsindikator einer Marketingabteilung - deren Leitung üblicherweise einem Mittelmanager obliegen kann - mit heranziehen. Dieser Indikator ist bei der Beurteilung der Umsatzveränderung relativierend zu berücksichtigen.
[541] Vgl. z.B. Brown (1997), S. 355, Cable, Wilson (1990), S. 550 ff., Lang (1998), S. 42, Lundy, Cowling (1996), S. 51, Pfeffer (1998), S. 49.
[542] Vgl. zu bereichsspezifischen Beurteilungskriterien Campbell, Campbell, Chia (1998), S. 140.

Gewinnen gerichtet sind, z.B. Investitionen in strategische Maßnahmen, nicht erfaßt. Es ist daher wichtig, die Kriterien der Leistungsbeurteilung auch hinsichtlich der Berücksichtigung *ex-ante nicht berücksichtigter Leistungen flexibel* zu gestalten. Eine Generierung nachvollziehbarer, zurechenbarer Kriterien ist im Hinblick auf die Vergütungsgerechtigkeit zum Aufbau affektiven Commitments zu priorisieren.[544]

- Ein weiterer grundlegender Aspekt hinsichtlich der Frage, wie leistungsorientierte Boni formal zu beurteilen sind, bezieht sich auf einen überschaubaren *Umfang der Kriterien*. Im Hinblick auf die Förderung affektiven Commitments ist zu konstatieren, daß der Umfang verwendeter Kriterien deren Nachvollziehbarkeit beeinträchtigen kann.[545] Er stellt eine gewisse formale Bedingung der Nachvollziehbarkeit dar, die für die Wahrnehmung der Vergütungsgerechtigkeit wesentlich ist.[546] Soweit eine Gewichtung vorgenommen wird, ist hier ebenfalls der Aspekt der Nachvollziehbarkeit zu berücksichtigen, um die hinreichende formale Bedingung gerechter Vergütung, die Vergleichbarkeit nicht zu gefährden. Hier ist etwa eine Kriteriendifferenzierung nach deren Bedeutung, in Abhängigkeit von den konkreten Unternehmenszielen und Strategien denkbar, die dann einer Steuerung bspw. primär strategischen Verhaltens dient.[547]

(b) Aspekte der Kriterienentwicklung: Neben der inhaltlichen und formalen Gestaltung sind prozessuale Aspekte der Kriterienentwicklung im Hinblick auf die Vermittlung von Gerechtigkeit und der damit verbundenen Förderung affektiven Commitments von Interesse. Diesbezüglich ist festzulegen, inwieweit erstens Mitarbeiter bei der Entwicklung und

---

[543] Vgl. dazu Eyer (1998), S. 35.
[544] Vgl. zur Notwendigkeit standardisierter, bspw. formelbasierter Leistungsbeurteilung Bento, White (1998), S. 50.
[545] Zudem wird auch die Wirkung der einzelnen Kriterien reduziert, vgl. Becker (1990), S. 131.
[546] Die Transparenz steht jedoch neben der Klarheit des Modus insbesondere in Zusammenhang mit der Veröffentlichung der Vergütungshandhabung. Auf diese wird abschließend zur Gestaltung von Boni in Punkt (3b) eingegangen.
[547] Ein denkbarer Zusammenhang zwischen Gewichtung und Gerechtigkeit besteht bspw. hinsichtlich der Ausrichtung der Kriteriengewichtung an der Geschäftsfeldstrategie eines Bereichs, da hier diese mit unterschiedlichem Investitionsverhalten gekoppelt ist. Wird z.B. eine Abschöpfungsstrategie für einen Bereich verfolgt, werden die operativen Ergebnisse tendenziell hoch ausfallen. Im Gegensatz dazu sind bspw. bei einer Ausrichtung auf eine Investitions- und Wachstumsstrategie Investitionen zu tätigen, die bei der Beurteilung der kurzfristigen operativen Ergebnisse zu berücksichtigen sind. Entsprechend der Zielsetzung einer langfristig orientierten Entwicklung sind dementsprechend die kurzfristigen Ergebnisse eher schwächer zu gewichten. Vgl. hierzu den vorangehenden Punkt sowie Zimmermann, Campana, Schott (1998), S. 52.

Formulierung eingebunden werden sollen (ba). Zudem sind Charakter und Ablauf des Prozesses der Kriterienentwicklung zu spezifizieren (bb).

(ba) Beteiligte der Kriterienfindung: Um Kriterien leistungsorientierter Boni zu generieren, die den Gestaltungsprämissen der Zuordenbarkeit vergüteter Leistungen sowie der Nachvollziehbarkeit und Vergleichbarkeit gewährter Vergütung Rechnung tragen, ist eine *Einbindung der Betroffenen* zu betrachten.[548] Denn die Festlegung von Kriterien der Vergütungsbemessung, die auf der tatsächlich zuordenbaren Leistung eines Managers beruhen, bedarf der Berücksichtigung der spezifischen, vorhersehbaren und unvorhersehbaren Bedingungen der Leistungserbringung.[549] Eine wichtige Quelle zur Generierung von Informationen über die spezifischen Bedingungen der Leistungserstellung sind die Betroffenen selbst. Zum Beispiel könnte ein Linienmanager im Produktmanagement die Wettbewerbsbedingungen, unter denen er agiert, detailliert darlegen. Hinsichtlich der wahrgenommenen Zurechenbarkeit der Leistungen, für die dann Boni gewährt werden, ist dies maßgeblich. Die Beteiligung der Betroffenen an der Kriterienfindung ist zudem für die *Nachvollziehbarkeit* der Vergütung durch diese entscheidend. Damit wird die Akzeptanz der Leistungskriterien seitens der Betroffenen erhöht.[550] Es kann daher festgehalten werden, daß die Beteiligung der Betroffenen an der Kriteriengenerierung im Hinblick auf eine gerecht wahrgenommene Vergütung zur Förderung affektiven Commitments wesentlich ist.

(bb) Prozeß der Kriterienfindung: In Bezug auf den Generierungsprozeß kann eine ex ante Einbeziehung und eine ex post Abstimmung und Anpassung von Kriterien unterschieden werden. Im Rahmen einer *ex ante Einbeziehung* werden die Kriterien mit den Betroffenen generiert und abgestimmt, um die Akzeptanz und wahrgenommene Gerechtigkeit zu erhöhen. Dies kann z.B. im Rahmen von Zielvereinbarungsgesprächen zwischen einem Mittelmanager

---

[548] Andernfalls erhöht sich die Wahrscheinlichkeit der Beurteilung anhand von Kriterien, die den betroffenen Mitarbeitern nicht zuordenbar sind. Damit werden kaum Akzeptanz und Engagement gefördert. In der Konsequenz werden die Vergütungsmaßstäbe als ungerecht wahrgenommen, vgl. hierzu analog bspw. Marsden und Richardson (1994), S. 234, die zeigen, daß Mitarbeiter häufig unsicher sind, ob ihre Beurteilung ihrer Leistung entspricht.

[549] In diesem Zusammenhang weisen bspw. auch Kessler, Purcell (1991), S. 16 ff. auf die Schwierigkeit der Kriteriengenerierung hin.

[550] Dies bedeutet, daß affektives Commitment einerseits über den Einbezug in die Kriteriengenerierung gefördert wird. Andererseits fördern commitmentbedingte Einsatz- und Kooperationsbereitschaft die Generierung geeigneter Kriterien. Insbesondere bei der Einführung eines Commitment-Managements - unter der Annahme, daß das organisationale Commitmentniveau zu diesem Zeitpunkt noch einer Steige-

und seinem unmittelbaren Vorgesetzten erfolgen.[551] Das Ausmaß des Einflusses der betroffenen Mittelmanager kann dabei variieren. Im Beispiel der Carl Zeiss Stiftung werden die Kriterien seitens der Organisation vorgestellt und dann mit den betroffenen Mitarbeitern unter Berücksichtigung der antizipierbaren Hemmnisse besprochen und gegebenenfalls modifiziert.[552] Dies fördert die Wahrnehmung eines fairen Umgangs mit den Betroffenen und damit die wahrgenommene Gerechtigkeit der Kriterien, deren Bedeutung für die Förderung affektiven Commitments dargelegt wurde.

Im Rahmen einer *ex post Bestimmung* von Leistungskriterien sind insbesondere die konkret eingetretenen Bedingungen der Leistung zu diskutieren. Die Leistung eines Bereichs kann durch nicht vorhergesehene und dem verantwortlichen Manager nicht zurechenbare Ereignisse verzerrt worden sein. Bspw. ist ein Umsatzrückgang, der auf eine aggressive Marketingkampagne eines Hauptkonkurrenten zurückzuführen ist, nur sehr bedingt dem betroffenen Mittelmanagement zuzuordnen.[553] Die Berücksichtigung entsprechender Umstände ist daher zur Gewährleistung der Vergütungsgerechtigkeit maßgebend. Auf diese Weise wird affektives Commitment positiv beeinflußt.

Daneben führt die Einbeziehung in die Kriteriengenerierung auch unmittelbar zu einer Involvementsteigerung, da die Einbeziehung eine Reflexion der eigenen Leistung bedingt. Auch dadurch wird die affektive Commitmentkomponente gefördert.

Es kann daher festgehalten werden, daß im Prozeß der Kriteriengenerierung sowohl eine ex ante Einbeziehung als auch eine ex post Abstimmung mit den Betroffenen wesentlich ist. Dadurch werden positive Einflüsse auf die affektive Commitmentkomponente bewirkt.

(2) Gestaltung des Modus

Bei der Gestaltung des Modus der Bonusvergütung zur Förderung des affektiven Commitments ist eine Ausrichtung an den Merkmalen gerechter Vergütung vorzunehmen. Zur Spezifizierung des Modus ist erstens auf die Bemessung der Bonusvergütung einzugehen (a). Desweiteren gilt es zu klären, in welcher Höhe eine Bonusvergütung gewährt werden sollte

---

rung bedarf - stellt die Kriteriengenerierung folglich eine besondere Herausforderung dar, die einen stark konsensorientierten Umgang mit den Betroffenen erfordert.

[551] Vgl. das Beispiel der Carl Zeiss Stiftung bei Gieseking, Sehnke, Roos (1998), S. 26 f.
[552] Vgl. Gieseking, Sehnke, Roos (1998), S. 28.
[553] Dies gilt z.B. insbesondere, wenn das eigene Werbemittelbudget deutlich geringer als das der Konkurrenz ist.

(b). Auf dieser Basis können dann Aspekte der Verteilung dargestellt werden, die das Verhältnis der Bonusvergütungen zwischen betroffenen Mittelmanagern berücksichtigt (c). Abschließend wird dann auf den Zeitpunkt, zu dem ein Bonus gewährt wird, eingegangen (d).

(a) Bemessung der Boni: Im Rahmen von Bemessungsmethoden kann zwischen eindimensional und mehrdimensional ausgerichteten Bemessungsmethoden unterschieden werden. Eindimensionale Kriterien sind zum Beispiel das Umsatzwachstum,[554] die Veränderung des Produktionsoutputs[555] oder Kostenentwicklungen[556]. Im Rahmen der Analyse geeigneter Möglichkeiten der Kriterienfindung wurde diesbezüglich auf die Bedeutung breiter Kriterien hingewiesen, die eine möglichst umfassende Darstellung von Leistungen ermöglichen. Eindimensionale bzw. einseitig orientierte Berechnungsmethoden werden daher im folgenden nicht betrachtet.[557] Im Rahmen von Bemessungsmethoden, die eine umfassendere Darstellung der Bereichsleistung berücksichtigen, ist jedoch darauf zu achten, daß diese für die Betroffenen *nachvollziehbar* bleiben.[558] Dies ist auch im Hinblick auf die wahrgenommene *Vergleichbarkeit* von Vergütungen bedeutsam. Ein Beispiel einer relativ breiten Erfassung von Leistungen stellt die bekannte Berechnungsmethode nach Rucker dar. Diese wird im folgenden kritisch betrachtet (aa) und anschließend als Ausgangspunkt für eine Erweiterung im Hinblick auf einen Aufbau affektiven Commitments herangezogen (ab).

(aa) Rucker-Plan: Der Rucker-Plan ist auf die Beteiligung von Mitarbeitern einzelner Bereiche an Produktivitätssteigerungen ausgerichtet.[559] Hierfür werden zunächst die Kosten des Bereichs (insbesondere Personalkosten) sowie der Output in Form des Umsatzes und

---

[554] Vgl. zu einer entsprechenden Handhabung bspw. Olesch (1998), S. 71 f., der die tatsächliche Umsatzänderung in Relation zur Sollumsatzänderung setzt. Der Quotient aus Ist und Soll wird mit einem Prozentsatz X multipliziert. X stellt den festgelegten, leistungsorientierten Anteil dar, mit dem der Betroffene Bonusempfänger an der Umsatzveränderung beteiligt wird. Zur Berechnung der individuellen Bonushöhe wird das Ergebnis mit dem Grundgehalt multipliziert, um so den Bonus zu berechnen. In der Regel werden dabei negative Boni ausgeschlossen.

[555] Vgl. bspw. die Ausführungen von O'Dell (1981), S. 43, zur Methodik des Improshare-Plans, der auf eine Beteiligung an der Produktivitätsentwicklung abzielt. Hier wird zwar bereits auf eine bereichs- oder gruppenbasierte Leistung abgestellt. Dennoch liegt der Fokus relativ einseitig auf quantitativen Outputsteigerungen.

[556] Vgl. z.B. Zimmermann, Campana, Schott (1998), S. 52, die eine positive Differenz von Soll- und Istbudget zur Leistungsbewertung von Projektgruppen heranziehen.

[557] Vgl. zur Problematik mehrdimensionaler Bemessungsgrößen die Diskussion zum Return on Investment (ROI), Perridon, Steiner (1993), S. 490, Ringlstetter (1995), S. 170 f.

[558] Vgl. Zimmermann, Campana, Schott (1998), S. 52.

[559] Vgl. Lang (1998), S. 44 f., Carrell, Elbert, Hatfield (1995), S. 523.

sonstiger Erlöse berücksichtigt.[560] Die Ausgangsbasis, von der Boni berechnet werden, entspricht dem ermittelten Output abzüglich der gesamten Sachkosten. Dieser Wert wird den Personalkosten gegenübergestellt. In Abbildung III-5 ist die Kennzahl für den Rucker-Plan dargestellt.

$$\text{Rucker-Kennzahl} = \frac{\text{Umsatz des Bereichs und sonstige Erlöse - Sachkosten des Bereichs}}{\text{Personalkosten des Bereichs}}$$

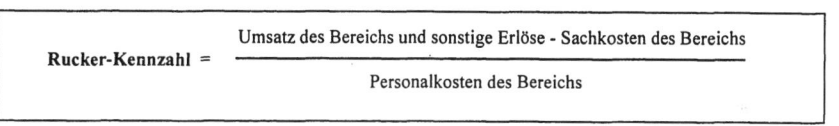

Abb. III-5: *Berechnungsformel der Rucker-Kennzahl*

Damit wird die Wertschöpfung je eingesetzter Geldeinheit an Gehaltskosten ermittelt. Aus einer Analyse dieser Relation über einen gewissen Zeitraum wird ein standardisierter Prozentsatz, der "Rucker-Standard", bereichsspezifisch abgeleitet. An diesem wird die künftige Wertschöpfung gemessen. D.h. für einen bestimmten Wertschöpfungsbetrag wird mittels des Ruckerprozentsatzes ein Sollbetrag X an Personalkosten ermittelt. Die positive Abweichung der Istpersonalkosten fließt Unternehmen und Bereich zu gleichen Teilen als Bonus zu. Es werden jedoch vom Mitarbeiteranteil 20% für defizitäre Perioden einbehalten. Überschüsse hieraus werden am Jahresende an die Mitarbeiter des Bereichs ausbezahlt.[561] Zentrale Elemente des Rucker-Plans sind in Abbildung III-6 dargestellt.

Angesichts der Möglichkeit einer bereichsbezogenen Bewertung und der standardisierten, formelbasierten Berechnung wird den Aspekten der Nachvollziehbarkeit, der Zurechenbarkeit zur Bereichsleistung sowie der Vergleichbarkeit im einem ersten Zugriff Genüge getan. Trotz einer Berücksichtigung von Output und Inputgrößen, wie bspw. auch von Materialbeständen, sind im Hinblick auf eine "gerechte" Vergütung folgende kritische Aspekte zu berücksichtigen:

- In Anbetracht der ex ante kaum explizierten Anforderungen an das Mittelmanagement ist eine *Orientierung an Vergangenheitswerten* zur Ermittlung und Vergütung der Leistung wenig geeignet. Eine Vergangenheitsorientierung resultiert im Rucker-Plan jedoch zwangsläufig, aus der zugrunde gelegten Trendextrapolation der Entwicklung auf

---

[560] Soweit Bereiche nicht selbst am externen Markt agieren, bspw. Stäbe, sind hier interne Berechnungspreise heranzuziehen, die für interne Leistungen durch andere Bereiche zu entrichten sind.

Input- und Outputseite. Folglich werden notwendige, aber unvorhersehbare Entwicklungen, wie z.B. Investitionen in technologische Neuerungen eines Bereichs, durch eine Bonusreduzierung sanktioniert. Soweit solche Investitionen getätigt werden, wird die entsprechende Bonusbemessung nicht mehr der zugrunde liegenden Leistung gerecht. Damit ist der Gestaltungsprämisse der Zuordenbarkeit der Vergütung zur Förderung affektiven Commitments nicht mehr Genüge getan.[562]

Leistungskriterien	
Output	■ Umsatz ■ sonstige Bereichserlöse
Input	■ Personalkosten ■ Sachkosten (Material, Dienstleistungen)
Vorgesehener Verteilungsmodus	
Verteilung: Unternehmen Mitarbeiter	■ 50% der positiven Abweichung ■ 50% der positiven Abweichung
Zusatzregelung: Einbehalt für defizitäre Perioden	■ 20% aus Mitarbeiter-Anteil
Verteilung im Bereich	■ grundgehaltsorientiert

Abb. III-6: Zentrale Elemente des Rucker-Plans

■ Die Erfordernis strategischen Denkens und Handelns, die für das Mittelmanagement als zentrale Anforderung im Rahmen seiner neuen Rolle[563] ermittelt wurde, gibt zudem Anlaß zu einer kritischen Betrachtung der *Fokussierung operativer Leistungsergebnisse*. Denn die Anforderungen an strategisches Denken und Handeln erfordern deren Ein-

---

[561] Vgl. bspw. Lang (1998), S. 44, 47, sowie Carrell, Elbert, Hatfield (1995), S. 523 ff., die jedoch auf die Darstellung der bei Lang dargestellten Aufteilung des Überschusses zwischen Unternehmens- und Mitarbeiterseite verzichten.

[562] Darüber hinaus wird die Investition in strategische Entwicklungen seitens der Unternehmensbereiche gehemmt. Eine Handhabungsmöglichkeit wäre hier die Verlagerung besonderer Investitionen auf höhere Ebene. Da jedoch die Bereiche bspw. in der Regel einen besseren Einblick in die entsprechenden Entwicklungen haben, erscheint auch diese Möglichkeit fraglich, zumal sie mit erhöhtem Abstimmungsbedarf verknüpft ist, der üblicherweise auch zu einer Verlangsamung der entsprechenden Abläufe führt. Diese kann sich insbesondere in hoch dynamischen Umfeldern als nachteilig erweisen.

bezug in die Bemessung der Leistungen.[564] Die beschriebene Methode erfaßt diese Anforderungen, die bspw. in Form innovativer Leistungen und - Initiativen erfüllt werden, nicht. Es kann daher festgehalten werden, daß die Berechnungsmethodik des Rucker-Plans Ansatzpunkte einer gerechten Vergütung liefert. Sie bedarf jedoch Überlegungen zu einer Erweiterung, um der Situation und den daraus resultierenden Anforderungen des Mittelmanagements gerecht zu werden.

(ab) Überlegungen zu einer Erweiterung der Bemessungsmethoden: Auf Grundlage der dargestellten Defizite des Rucker Plans werden nachfolgend Überlegungen zu dessen Erweiterung im Hinblick auf einen Aufbau affektiven Commitments im Mittelmanagement angestellt.

- Es erscheint erforderlich, eine *strategische Komponente* zu integrieren, die eine Honorierung zukunftsorientierter, strategischer Programme und Maßnahmen ermöglicht.[565] Zukunftsorientierte Maßnahmen, die Mittelmanager in ihren Bereichen initiieren können, sind etwa Technologieprogramme,[566] Investitionen in die Humanressourcen eines Bereichs, der Aufbau finanzieller Ressourcen, Qualitäts- und Imageentwicklungen sowie einzigartige Innovationsleistungen und Reaktionen auf marktliche Veränderungen, um nur einige Beispiele zu nennen. Diese gilt es im Rahmen einer gerechten Vergütung zu erfassen. Damit wird zugleich eine Hemmung wünschenswerten Verhaltens durch kurzfristig ausgerichtete Leistungskriterien vermieden[567] und der Anreiz zu einer intensiven Auseinandersetzung mit den Belangen des Unter-

---

[563] Vgl. Abschnitt I.2.
[564] Vgl. hierzu den Wandel der Rolle des Mittelmanagements und dessen Anforderungen in Abschnitt I.2.
[565] Vgl. Becker (1990), S. 82 ff. sowie Bleicher (1985), S. 23 f., der sich diesbezüglich für eine leistungsabhängige Vergütung des Managements ausspricht, die das strategische Engagement berücksichtigt. Im vorliegenden Kontext wird dabei jedoch nicht auf die direkte Anreizwirkung abgestellt. Vielmehr wird Engagement indirekt über den Aufbau von Commitment gefördert. Dabei ist es allerdings notwendig, erwünschte Verhaltensweisen nicht zu hemmen, indem bspw. mangels einer geeigneten Vergütung gegenläufige Anreize gesetzt werden, die die Maßnahmen eines Commitment-Managements konterkarieren.
[566] Vgl. hierzu Becker (1990), S. 82 ff.
[567] Vgl. hierzu auch die Ausführungen in Punkt (1) diesen Abschnitts, in dem die Problematik verhaltensverkürzender Effekte eng definierter Leistungskriterien dargelegt wurde.

nehmensbereichs erhöht. Dies erhöht auch das Involvement und die Identifikation mit der Aufgabe und Rolle und damit affektives Commitment zu einem Unternehmen.[568]

- Zudem ist bei der Bemessung die *Möglichkeit* einer ex post Abstimmung der Leistungsbewertung einzuräumen, die dann zu *einer nachträglichen Modifizierung des Berechnungsmodus* führen kann. Dies ist bedeutsam, wenn nicht eingeplante, leistungsrelevante Ereignisse eintreten, die mit dem festgelegten Berechnungsmodus nicht darstellbar sind. Dies gilt ungeachtet einer ex ante erfolgten Abstimmung mit den Betroffenen hinsichtlich der Eignung des angewandten Berechnungsmodus zur Leistungsbewertung.[569]

- Die Bemessung ist hinsichtlich operativer und insbesondere strategischer Erfolgskriterien *unternehmens- und bereichsspezifisch* zu spezifizieren, um zu beurteilen, welche Methoden anwendbar und zweckmäßig sind. Bspw. ist die Berücksichtigung einer Umsatzkomponente bei rein internen Stabsabteilungen nur bedingt geeignet. Dagegen sind die verursachten Kosten hier in der Regel gut beeinflußbar. Darüber hinaus ist bspw. für Stäbe eine Orientierung an bearbeiteten, internen Anfragen und Aufträgen etc. denkbar. Da hier der Einbezug der qualitativen Komponente wesentlich ist, ergeben sich Herausforderungen hinsichtlich der Nachvollziehbarkeit und Vergleichbarkeit der Beurteilung. Eine Möglichkeit wäre hier bspw. die Einführung interner Verrechnungspreise, die für die Leistungen von Stabsabteilungen zu entrichten sind. Dies kann zu einer gewissen Objektivierung und einer verbesserten Vergleichbarkeit der Leistungsbeurteilung unterschiedlicher Bereiche beitragen.[570]

---

[568] Angesichts der reduzierten Möglichkeit zu einer quantitativen, kennzahlenorientierten Darstellung strategischer Aspekte gilt es, besondere Anstrengungen im Hinblick auf die Nachvollziehbarkeit und Vergleichbarkeit zu unternehmen. Bspw. stellt eine Bemessung der Boni nach der durchschnittlichen Chartposition verkaufter Tonträger ein Bemessungskriterium für den Einkauf von Musikproduktionen dar, mit dem die kontinuierliche Ausrichtung auf und Anpassung an die Kundenanforderungen vergütet wird. Diese, für das Musikgeschäft maßgebliche Leistung muß sich nicht zwangsläufig in operativen Erfolgskennzahlen widerspiegeln. Im Hinblick auf eine gerechte Vergütung entsprechender Leistung erscheint dieses Kriterium in dem entsprechenden Kontext daher zweckmäßig. Vgl. hierzu das Beispiel der Arcade Music Company, Köln, bei Eyer (1998), S. 35.

[569] Williams (1994), S. 54, schildert diesbezüglich bspw. eine bereichsbezogene Leistungsbeurteilung und -vergütung anhand von ex ante partizipativ vereinbarten Bereichszielen. Die Idee einer kooperativen Zielvereinbarung liegt auch dem Führungsprinzip des Management By Objectives zugrunde, vgl. z.B. Odiorne (1967), S. 94 f.

[570] Dies gilt insbesondere dann, wenn interne Nachfrager zwischen internen und externen Anbietern auswählen können.

(b) Höhe der leistungsorientierten Bonusvergütung: Bezüglich der Wirksamkeit der Bonusvergütung ist grundsätzlich auch deren relative und absolute Höhe relevant. Um dabei die Wahrnehmung der Zuordenbarkeit der Leistung zur Vergütung und damit "gerechter" Vergütung zu fördern, ist ein deutlicher Zusammenhang zwischen Vergütung und Leistung herzustellen. Daraus lassen sich hinsichtlich der Förderung der affektiven Commitmentkomponente folgende Gestaltungsempfehlungen ableiten:

- Da von der Variabilisierungshöhe der Vergütung positive Effekte auf die wahrgenommene Relation zwischen Vergütung und Leistung ausgehen, wird mit zunehmender Variabilisierung die Wahrnehmung der Zuordenbarkeit und damit der Vergütungsgerechtigkeit gesteigert. Folglich ist ein relativ *hoher, variabler Vergütungsanteil mittlerer Manager* - wie z. B. bereichsorientierter Boni - anzustreben.[571]

- Jenseits der Relation fixer und variabler Gehaltsbestandteile sind zweitens Überlegungen zur absoluten *Höhe der insgesamt gewährten, leistungsorientierten Vergütung* von Bedeutung. Um einen Anteil an erbrachten Leistungssteigerungen zu gewähren, der den Ergebnisbeiträgen der Bereiche gerecht wird, sind diese deutlich an den entsprechenden Ergebnisverbesserungen zu beteiligen. Dies wirkt sich positiv auf die Wahrnehmung einer gerechten Vergütung[572] und den Aufbau affektiven Commitments aus.[573] Zweckmäßig erscheint daher eine relativ ausgeglichene Bereiligung von Unternehmens- und Mitarbeiterseite an erzielten Ergebnisverbesserungen, wie sie auch in der beschriebenen Berechnungsmethode von Rucker deutlich wird.[574] Allerdings kann eine

---

[571] Vgl. Armstrong (1993), S. 184, Brown, Walsh (1994), S. 443, Buttler, Bellmann (1992), S. 165, Frost, Wakeley, Ruh (1974), S. 5. Vgl. hierzu zudem bspw. die Untersuchung von MacDuffie (1995), S. 211, 213, 218. Hören v. (1997b), S. 306 weist in diesem Zusammenhang auf Basis der Daten einer Kienbaumstudie darauf hin, daß in der deutschen Unternehmenspraxis diese Ausdifferenzierung von relativ geringem Ausmaß ist. So nennt er bspw. für die zweite Führungsebene in den Bereichen Industrie/ Handel, Banken und Versicherungen einen durchschnittlichen Anteil variabler Vergütung an den Gesamtbezügen zwischen 9% und 12%. Eine relativ hohe Beteiligung an Leistungsergebnissen kann zudem zu einer deutlichen Differenzierung der Vergütung zwischen unterschiedlich engagierten Bereichen führen. Auf die Bedeutung und Notwendigkeit einer solchen Differenzierung im Zusammenhang mit der Erzielung wahrgenommener Vergütungsgerechtigkeit weisen auch Bento, White (1998), S. 49 und Winter (1997), S. 625 hin.

[572] Vgl. Heneman, Ledford (1998), S. 111 ff.

[573] Vgl. hierzu die hoch signifikanten Ergebnisse der Untersuchung von Price (1990), S. 195, der dies auf die Wahrnehmung einer hohen Anerkennung zurückführt, die affektives Commitment fördert.

[574] Im Beispiel des ursprünglichen Scanlon Plans wurden bspw. nach Abzug der Risikorücklagen 75 % der Ergebnissteigerung an die Mitarbeiter weitergeben. Auch der Rucker-Plan sieht eine deutliche Beteiligung von 40% (50%, von denen 20% zur Risikorücklagenbildung einbehalten werden) vor, vgl. Punkt (3 b).

hohe Variabilisierung das Risiko hoher Vergütungsschwankungen in sich bergen. Dies stellt aus Unternehmenssicht zwar eine positiv zu beurteilende Risikoteilung dar. Um jedoch der individuellen Zurechenbarkeit der Vergütung zur Leistung gerecht zu werden, sind für Schwankungen, die den Mitarbeitern kaum zurechenbar sind, Vorkehrungen zu treffen, etwa in Form von Risikorücklagen, wie dies im Rucker-Plan dargelegt wurde.

- Daneben gilt es auch, über eine mögliche *Deckelung* der Höhe von Boni nachzudenken,[575] da dieser Aspekt auch Einfluß auf die Wahrnehmung der Vergütungsgerechtigkeit hat. Unter der Prämisse der Vergütung zurechenbarer Ergebnisse und Leistungen erscheint die Deckelung der Bonusvergütung jedoch kaum geeignet, zu wahrgenommener Gerechtigkeit beizutragen. Eine Honorierung besonderer Initiativen, die entsprechend hohe Vergütungen rechtfertigen, bliebe damit verwehrt. Eine Einführung von Bonusobergrenzen ist daher kaum sinnvoll.

- Bedeutsam kann jedoch die Einführung von *Mindestleistungen* für die Gewährung von Bonusvergütungen sein. Diese sind bspw. sinnvoll, wenn eine Bonusgewährung für unterdurchschnittliche, jedoch absolut betrachtet positive Ergebnisse vermieden werden soll. Diese Variante erscheint im Hinblick auf eine Vergütung von "Leistung" im Sinne von besonderem Engagement zweckmäßig. Die Orientierung des Rucker-Plans an Durchschnittswerten berücksichtigt diesen Aspekt bereits.

(c) Verteilung der Bonusvergütung: Die Verteilung der bereichsorientierten Boni kann wie bspw. im Rucker-Plan grundgehaltsorientiert erfolgen. Geht man davon aus, daß etwa ein Mittelmanager, der einen Bereich leitet, erstens ein relativ hohes Grundgehalt im Vergleich zu seinen Mitarbeitern hat und zweitens im Rahmen seiner Funktionen und der entsprechenden Bereichsverantwortung besonderen Anteil an der Leistung trägt, erscheint diese Variante "gerecht". Unter dieser Voraussetzung wäre jedoch auch eine Festlegung eines progressiven Prozentsatzes der Bonusbeteiligung vertretbar. Im anderen Extremfall wird eine Gleichverteilung innerhalb eines Bereichs vorgenommen.[576]

---

[575] Bspw. wird im Beispiel der Carl Zeiss Stiftung von einer Deckelung des leistungsorientierten Gruppenbonus auf 45% des Gehalts festgelegt. Auch Olesch (1998), S. 71 berichtet in seinem Beispiel von einer Bonusdeckelung.

[576] Vgl. z.B. das Beispiel der Vertriebsabteilung bei der Beiersdorf AG bei Eyer (1998), S. 35.

Geht man von erhöhten Anforderungen und Verantwortungen aus, die aus der gewandelten Rolle des Mittelmanagements gegenüber seinen Mitarbeitern resultieren, erscheint ein relativ erhöhter Bonusanteil dessen Leistung zurechenbar und damit "gerecht". Hier gilt es, situationsadäquat zu variieren.[577] Kooperieren mehrere Mittelmanager, erscheint eine priorisierte Verteilung in Abhängigkeit von Verantwortlichkeiten, das heißt beispielsweise bei gleichberechtigter Zusammenarbeit eine Gleichverteilung, das geringste Potential für wahrgenommene Ungerechtigkeiten zu bergen. Eine Differenzierung nach individuellen Leistungskriterien ist dagegen aus den genannten Gründen problematisch zu beurteilen.[578]

(d) Zeitpunkt der Ausbezahlung leistungsorientierter Boni: Ein weiterer Schritt der Gestaltung leistungsorientierter Boni liegt in der Wahl des Zeitpunkts ihrer Ausbezahlung. Hier ist grundsätzlich zwischen regelmäßig ermittelten und ausbezahlten und unregelmäßigen, ad hoc gewährten Boni zu unterscheiden.

- Im Hinblick auf eine möglichst vergleichbar wahrgenommene Vergütung erscheint es zweckmäßig, Boni in *festgelegten, zeitlichen Abständen* zu gewähren. Dies erhöht den Eindruck einer standardisierten und damit interindividuell vergleichbaren Gewährung leistungsorientierter Boni. Häufig wird hier die Form der jährlichen Ausbezahlung leistungsorientierter Vergütung gewählt.[579] Bei der Gestaltung einer gerecht wahrgenommenen Vergütung durch die Gewährung von Boni ist dabei der Zusammenhang zwischen der zeitlichen Nähe eines Bonus und seiner subjektiven Zuordnung zu einer Leistung zu berücksichtigen. Die Wirkung der Bonusgewährung verstärkt das zugrunde liegende Leistungsverhalten mit zeitlicher Nähe zunehmend, da die wahrgenommene Zurechenbarkeit zunimmt.[580] Die Wahrnehmung der Vergütungsgerechtigkeit wird

---

[577] Hinsichtlich des Umfangs unterschiedlicher Mitarbeitergruppen, denen ein Zugang zu einer variablen Vergütung gewährt wird, sind jedoch erhebliche Divergenzen zu beobachten, vgl. hierzu bspw. die Ergebnisse einer Untersuchung für den deutschsprachigen Raum bei Hören v. (1997b), S. 306. Prinzipiell ist nicht auszuschließen, daß das Grundgehalt von Mitarbeitern das ihrer vorgesetzten Manager übersteigt. Für diesen Fall wären gesonderte Überlegungen anzustellen.

[578] Vgl. die Ausführungen zur Gestaltung der Leistungskriterien in Punkt eins dieses Abschnitts.

[579] Vgl. hierzu bspw. Lindena (1997), S. 713, die dies für den deutschen Bankensektor beobachtet, sowie das Beispiel von Olesch (1998), S. 70.

[580] Vgl. hierzu analog insbesondere Skinners experimentelle Verhaltensanalyse, in der er die Verstärkung ursprünglich zufällig auftretenden Verhaltens durch positive, kausal wahrgenommene Umfeldreaktionen untersuchte, vgl. bspw. Skinner (1966), S. 213 ff. Ähnliche Überlegungen stellte auch Thorndike bereits 1898 an, indem er - ebenfalls in Tierversuchen - einen Zusammenhang zwischen erfolgreichen Versuchen ("trial and error"-Verhalten) und nachfolgender, gesteigerter Wahrscheinlichkeit der Wiederholung des

damit gefördert. Daraus läßt sich ein positiver Effekt auf die affektive Commitmentkomponente ableiten.[581] Folglich ist es anzustreben, die zeitlichen Abstände zwischen der Auszahlung leistungsorientierter Boni zu straffen. Geeignetere Handhabungsmöglichkeiten sind daher unter diesem Gesichtspunkt, im Gegensatz zur jährlichen, bspw. monatliche oder vierteljährliche Bonusbemessungen und -auszahlungen, die in einigen Vergütungsplänen vorgesehen sind.[582]

- Angesichts der Prämisse der Vergütungsgerechtigkeit zum Aufbau affektiven Commitments sind darüber hinaus ergänzend *unregelmäßige Zeitpunkte der Bonusvergütung* zu ermöglichen. Dies ist für eine unmittelbare, an besondere Bereichsleistungen geknüpfte Bonusgewährung wesentlich, die im Rahmen üblicher Bonusvergütung nicht darstellbar ist. Eine sporadisch bemessene Bonusvergütung, die unmittelbar an eine besondere Bereichsleistung geknüpft ist, ist in besonderem Maße geeignet, den Eindruck zurechenbarer Vergütung der Leistung zu erzeugen. Ein Beispiel hierfür ist die Handhabung der Bonusvergütung bei der Carl Zeiss Stiftung. Neben einer regelmäßigen Bonusbemessung sind für besondere, ex ante unabsehbare und mit den relevanten Leistungskriterien möglicherweise nicht darstellbare Leistungen entsprechende Einmalzahlungen vorgesehen.[583] Die Zuweisung und Bemessung eines Sonderbonus sind unmittelbar an die Erbringung besonderer Leistungen geknüpft. Dies muß für den Betroffenen und auch für sein organisatorisches Umfeld innerhalb aber auch außerhalb seines Bereichs nachvollziehbar sein. Darüber hinaus können ad hoc gewährte Boni tendenziell auch zeitlich näher zur Leistung ausbezahlt werden, da sie keinem vorgegebenen zeitlichen Auszahlungsrhythmus unterliegen. Dies wurde im Hinblick auf die Zurechenbarkeit der Leistungsvergütung als entscheidend erläutert.[584] Angesichts der erschwerten Vergleichbarkeit der ad hoc Vergütung ist diese Variante zwar lediglich als Ergänzung zu regel-

---

erfolgreichen Verhaltens nachwies, vgl. z.B. Thorndike (1898), S. 13. Hier wurde die Bedeutung zeitlicher Nähe von Reizen (im vorliegenden Beispiel: Boni) experimentell nachgewiesen.

[581] Der positive Effekt auf die affektive Commitmentkomponente erklärt sich zum einen direkt über die Steigerung der Identifikation mit der eigenen Leistung und der Organisation, die diese honoriert. Zum anderen tritt ein weiterer commitmentverstärkender Effekt ein. Denn die Wahrnehmung der Honorierung von geäußertem Leistungsverhalten fördert die Wiederholung dieses Verhaltens, welches wiederum eine Honorierung erwarten läßt. Dadurch entstehen mögliche, sich selbst verstärkende Effekte des Aufbaus affektiven Commitments.

[582] Vgl. übersichtsweise z.B. Lang (1998), S. 45 f.

[583] Vgl. Gieseking, Sehnke, Roos (1998), S. 26.

mäßigen Bemessungszeitpunkten sinnvoll. Diese ist jedoch für die Möglichkeit der Vergütung besonderer Leistungen, insbesondere im Hinblick auf die wenig strukturierten Aufgabenstellungen und weiten Verantwortungsbereiche mittlerer Manager, von Bedeutung.

Vor dem Hintergrund der Ausführungen zur Kriteriengestaltung in Punkt (1) dieses Abschnitts kann eine unregelmäßige ad hoc Gewährung von Boni bspw. auch in Zusammenhang mit einer partizipativen ex post Abstimmung von Leistungskriterien verknüpft werden. In diesem Rahmen kann eine unzureichende Darstellung einer Leistung durch die formulierten Kriterien deutlich gemacht werden und damit zur Festlegung eines Sonderbonus führen.

(3)   Überlegungen zu flankierenden Maßnahmen der internen Öffentlichkeitsarbeit

Eine zentrale Voraussetzung der Förderung einer Wahrnehmung gerechter Vergütung bei den Mitarbeitern ist deren Informierung über die Handhabung der Entlohnung in der Organisation, um die Nachvollziehbarkeit und Vergleichbarkeit zu gewährleisten.[585] Dem Aspekt der Öffentlichkeit ist daher im Hinblick auf eine Förderung subjektiv wahrgenommener Vergütungsgerechtigkeit und damit affektiven Commitments entsprechend Bedeutung beizumessen. Eine Grundbedingung für die Kommunikation und Vermittlung einer gerechten Vergütungspraxis ist in einer entsprechenden Gestaltung der Vergütung zu sehen. Im Hinblick auf die Kommunizierbarkeit der Vergütungshandhabung steht dabei insbesondere die Nachvollziehbarkeit und damit eine beschränkte Kompliziertheit bspw. des Berechnungsmodus im Vordergrund. Denn es dürfte einige Schwierigkeiten bereiten, etwa angesichts eines stark ausdifferenzierten, komplizierten Bonusssystems eine hohe Vergleichbarkeit und Zurechenbarkeit der Vergütung zu vermitteln. Hierfür sind insbesondere zwei Stellhebel von Bedeutung: Zum einen die Aufbereitung der relevanten Informationen (a) und zum anderen deren Verbreitung (b).

(a) Aufbereitung der Informationen: Die Aufbereitung der vergütungsrelevanten Informationen umfaßt drei zentrale Aspekte, die nachfolgend ausgeführt werden, die Darstellung der

---

[584] Vgl. den vorangehenden Punkt (III.1.1.(2a).
[585] Vgl. hierzu auch das Öffentlichkeitsprinzip bei Winter (1996), S. 191 ff.

grundsätzlichen Vergütungspraxis, die Differenzierung von Zielgruppen und die Ermöglichung von Vergleichen:

- Die *übersichtliche Darstellung* der entsprechenden Richtlinien, Regeln und ihrer Konsequenzen stellt die Grundlage der Vermittlung einer gerechten Vergütung dar. So sind etwa Zielsetzungen und Vorteile der Bonusvergütung offenzulegen sowie etwaige Problempunkte zu erläutern. Zur Veranschaulichung bieten sich bei der Darstellung neben Fließtexten etwa auch Rechenbeispiele an, die bspw. an die Darstellungsweise in Lehrbüchern angelehnt werden können. Damit werden erste Schritte zur Nachvollziehbarkeit und damit zur Akzeptanz der Handhabung der Bonusvergütung in einer Organisation getan.

- Im Hinblick auf eine Reduzierung von Umfang und Kompliziertheit der Darstellungen, die für die Nachvollziehbarkeit von Bedeutung ist, bietet sich gegebenenfalls eine *Differenzierung* der relevanten Informationen *nach Zielgruppen* an.[586] Bspw. sind Informationen für größere Unternehmensbereiche, die unterschiedlichen Bewertungsmaßstäben und Vergütungsrichtlinien unterliegen, differenziert aufzubereiten.[587] Hierbei ist auch eine *Ausrichtung am Empfängerhorizont* sinnvoll, bspw. hinsichtlich Sprachgebrauch und Zielgruppenspezifität der zur Veranschaulichung herangezogenen Beispiele.

- Um angesichts einer differenzierten Ansprache dennoch eine Vergleichbarkeit zwischen den Bereichen zu ermöglichen, sind - gesonderte - *relativierende Darstellungen und Gegenüberstellungen* geeignet. Aber auch die Bereitstellung von relativierenden Informationen bspw. zu Vergütungsregeln konkurrierender Unternehmen ist gegebenenfalls sinnvoll.[588] Dies gilt etwa bei der Schaffung eines Problembewußtseins hinsichtlich schwer vermeidbarer Schwachstellen eines Vergütungssystems. Hierfür können relativierende Darstellungen zur Handhabung der Bonusvergütung in anderen Unternehmen herangezogen werden, insbesondere wenn es gelingt, komparative Vorteile zu vermitteln. Auf diese Weise kann eine relativierende Aufbereitung von Informationen zur Handhabung der Bonusvergütung zu einer Erhöhung der innerorganisatorischen

---

[586] Vgl. hierzu auch Punkt III.2.1(2)
[587] Wie im Rahmen der Kriteriengenerierung dargelegt wurde, kann sich hier entsprechend den Aufgabenschwerpunkten eine Differenzierung der Kriterien anbieten, vgl. Punkt (1), sowie Campbell, Campbell, Chia (1998), S. 140.

Akzeptanz und der wahrgenommenen Gerechtigkeit beitragen. Dies ist für die Entwicklung des affektiven Commitments wesentlich.

(b) Bereitstellung der Informationen: In einem weiteren Schritt ist zu gewährleisten, daß die entsprechend aufbereiteten Informationen den Betroffenen in ausreichendem Umfang und in geeigneter Art zu Verfügung gestellt werden. Hierfür kann auf ein breites Medienspektrum zurückgegriffen werden.[589] Bspw. sind spezielle Broschüren zur Vergütungshandhabung denkbar. Darüber hinaus ist eine ständige Vergütungsrubrik in vorhandenen Betriebszeitschriften vorstellbar, in der z.B. Neuerungen und Exempel der Bonusvergütung dargestellt werden etc.

Besondere Bedeutung erhält die Kommunikation hier bei der Vergütung von Leistungen, die bspw. aufgrund ihrer Einmaligkeit, einer Objektivierung und Vergleichbarkeit schwer zugänglich sind. Hier ist eine gesonderte Ansprache notwendig, um Verständnis und Akzeptanz zu erzielen. Bspw. ist eine Darstellung der kurz- und langfristigen Vorteile einer einmaligen, innovativen Leistung notwendig, um Akzeptanz für eine hohe, unvergleichbare Bonusgewährung zu erzeugen. Hinsichtlich einer anschaulichen und umfassenden Kommunikation der Vergütungshandhabung scheinen jedoch noch weitgehende Defizite in der Unternehmenspraxis - des deutschsprachigen Raums - zu bestehen.[590]

III.1.2 "High-Wage" zum Aufbau der normativen Commitmentkomponente

Normatives Commitment wurde als individuell wahrgenommene Verpflichtung gegenüber einem Unternehmen erläutert.[591] Bei der Betrachtung vergütungsbezogener Einflußvariablen normativen Commitments wurde die relative Höhe der Vergütung als wesentlich ermittelt. Der Aspekt der Vergütungsgerechtigkeit ist dabei für den Aufbau normativen Commitments von nachgeordneter Bedeutung. Im Vordergrund steht daher die Höhe der leistungs-

---

[588] Vgl. Winter (1996), S. 263.
[589] Vgl. Bruhn (1992), S. 117.
[590] Vgl. hierzu die Ergebnisse der Studie von Winter (1996), S. 264 ff.
[591] Vgl. Abschnitt II.2.2(2).

unabhängigen, ex ante festgelegten Vergütung.[592] Eine von vornherein zugesagte, überdurchschnittliche Vergütung kann als Ausdruck der Wertschätzung und des Vertrauens in die persönlichen Fähigkeiten und das künftige Engagement verstanden werden. Dies ist auf den Vorleistungscharakter dieser Form der Vergütung zurückzuführen, der gewissermaßen eine normative Verpflichtung aufbaut, diesem Vertrauensvorschuß und den damit verbundenen Erwartungshaltungen gerecht zu werden.[593]

Im Fall der Leistung mittlerer Manager ist eine ex ante gewährte, weitgehend leistungsunabhängige Vergütungskomponente - neben leistungsabhängigen Boni - besonders geeignet. Denn hier wurden eine erhöhte Komplexität der Funktionen und damit verbunden eine Erweiterung von Handlungsspielräumen konstatiert. Damit reduzieren sich die Möglichkeiten zu einer umfassenden Konkretisierung der Anforderungen. Wie bereits bei der vorangehenden Betrachtung der Bonusvergütung deutlich wurde, erschwert dies zum einen eine ex ante Festlegung von Leistungskriterien. Zum anderen resultieren aus solchen Situationen Informationsasymmetrien hinsichtlich Umfang und Effektivität erbrachter Leistungen, die auch eine ex post Bewertung erschweren.[594] Eine Handhabung der Situation im mittleren Management

---

[592] Vgl. Abschnitt II.2.3(4). Die Vergütungshöhe, die aus variabler Vergütung (z.B. Prämien) resultiert, zeitigt daher in Bezug auf die normative Commitmentkomponente eine geringere Wirkung als etwa auf die affektive Commitmentkomponente, vgl. Abschnitt III.1.1.

[593] An dieser Stelle soll daran erinnert werden, daß die Auswirkungen normativen Commitments auf spezifische Konsequenzen organisationalen Commitments zwar als positiv, jedoch deutlich schwächer als die vergleichbaren Auswirkungen der affektiven Komponente ermittelt wurden. Dies mag auf größere Unterschiede in der grundlegenden Disposition von Mitarbeitern zurückzuführen sein, sich grundsätzlich gegenüber einem Unternehmen verpflichtet zu fühlen und dahingehend Commitment aufzubauen. Denn die Identifikation mit einer Person oder Sache sowie das Involvement in einen Sachverhalt haben grundsätzlich stärkeren Ursprung in originären Motiven als das weitgehend erlernte Motiv, positive Handlungen wider die Person zu erwidern. Als zentrale Konsequenzen wurden dabei, wie bei der affektiven Komponente, eine Steigerung von Rollen- und Extrarollenverhalten sowie eine erhöhte Bindungsdauer festgestellt, vgl. Punkt II.2.3.(2).

[594] Eine explizite Anforderungsspezifizierung ist dagegen vor allem bei Routinetätigkeiten möglich. Diese sind etwa über Akkordlohn variabel vergütbar, ohne den Prämissen der Zurechenbarkeit und Nachvollziehbarkeit der Vergütung zuwider zu laufen, vgl. zu diesen Gestaltungsprämissen Abschnitt III.1.1. Die Problematik der Leistungsgerechtigkeit wurde im vorangehenden Abschnitt III.1.1 im Rahmen einer Bonusvergütung des mittleren Managements deutlich. Um angesichts der komplexen Rollenanforderungen des Mittelmanagements die Handhabung einer leistungsgerechten Vergütung zu ermöglichen, wurde daher eine Generierung weit gefaßter, bereichsorientierter Leistungskriterien fokussiert. Eine umfassende Leistungsgerechtigkeit kann damit jedoch nicht gewährleistet werden, da auch bereichsbezogene Leistungsergebnisse keineswegs immer das Engagement mittlerer Manager erkennbar werden lassen. Vgl. hierzu auch die Studie von Bloom, Milkovich (1998), S. 289 ff. Die Autoren ermitteln angesichts der komplexen Aufgaben im Managementbereich, insbesondere für Unternehmen, die einer überdurchschnittlich hohen Umfeldveränderlichkeit ausgesetzt sind, eine Dysfunktionalität individueller Anreizvergütung, vgl. ebda., S. 291. Eine Grundvergütung (base pay) in überdurchschnittlicher Höhe wird hier als wesentlich geeigneter nachgewiesen. Vgl. zur Dysfunktionalität wenig nachvollziehbarer

erfordert deshalb - neben dem Einsatz anderer Vergütungsinstrumente - die Gewährung einer leistungsunabhängigen, im Voraus bestimmten Vergütungskomponente, mit ex ante kaum spezifizierten Gegenleistungen. Damit wird bis zu einem gewissen Grad eine pauschale Bemessung des Beitrags mittlerer Manager vorgenommen.[595] Diese ist an den hohen Rollenerwartungen zu orientieren, die an das mittlere Management im Rahmen seiner neuen Rolle gestellt werden.[596]

Die Gewährung einer überdurchschnittlichen, ex ante zugesagten Grundvergütung - "High Wage" - stellt eine Möglichkeit einer leistungsunabhängigen Unternehmens(vor-)leistung dar.[597] Nachfolgend wird daher eine überdurchschnittliche Grundvergütung als möglicher Zugang zur Förderung der normativen Commitmentkomponente näher betrachtet.[598]

Um diesen Zugang zu spezifizieren werden die Aspekte der Struktur einer "High-Wage" Vergütung in Unternehmen betrachtet. Hierbei steht das Abstecken des unternehmensinternen Rahmens einer "High-Wage" Vergütung im Vordergrund (2). Darauf aufbauend kann die Gestaltung eines geeigneten Modus der High Wage Gewährung untersucht werden (3). Vorab wird jedoch knapp auf den Grundgedanken der "High-Wage"-Strategie und deren Stellung im Rahmen des High-Commitment-Ansatzes eingegangen (1). Dabei werden die Aspekte der "High Wage" Vergütung vor dem Hintergrund der Erklärungsvariablen und der Charakteristika der normativen Commitmentkomponente veranschaulicht.

---

[595] Leistungsergebnisse zudem Wagenhofer (1996), S. 160.In der vorliegenden Arbeit wird dabei nicht von alternativen Vergütungsformen sondern von sich ergänzenden Vergütungskomponenten ausgegangen. Rousson (1992), S. 308 illustriert in diesem Zusammenhang die Dysfunktionalität variabler Vergütungssysteme, die an konkreten Verhaltensweisen orientiert sind, auch in Hinblick auf potentiell nachteilige Auswirkungen auf die Kooperation zwischen Mitarbeitern.

[596] Insbesondere bei paralleler Vergütung durch unterschiedliche Vergütungsinstrumente ist dabei eine vertretbare Höhe der Gesamtvergütung, bspw. in Relation zu anderen Mitarbeitergruppen zu berücksichtigen. Vgl. zu Überlegungen zur internen Lohndifferenzierung bspw. Winter-Ebner, Zweimüller (1997), S. 4 f.

[597] Die Bonusvergütung kann dabei als ergänzendes Vergütungselement verstanden werden. Die Aussagen dieser beiden Lohnkomponenten sind jedoch grundsätzlich verschieden. Während bei der Bonusvergütung die individuelle Leistungsgerechtigkeit der Vergütung im Vordergrund steht, fokussiert die Gewährung einer hohen Grundvergütung die Entlohnung bereitgestellter Fähigkeiten und Einsatzbereitschaft.

[598] Vgl. hierzu auch Wood (1996a), S. 56 ff., der eine solche "High-Wage" Vergütung als Baustein des High-Commitment-Managements sieht. Er begründet dies unter anderem mit Dysfunktionalitäten individueller Leistungsanreize.

(1) "High-Wage" im High Commitment Ansatz

Unter einer "High-Wage"-Strategie ist im folgenden eine überdurchschnittlich hohe Grundvergütung zu verstehen, die eine hohe Erwartungshaltung in Verbindung mit einem relativ großen Maß an Vertrauen gegenüber den betroffenen Mitarbeitern zum Ausdruck bringt.[599] Auf diese Weise wird eine Form des Vertrauensvorschusses auf die Erfüllung der Erwartungshaltungen geleistet, der in positivem Zusammenhang zur normativen Commitmentkomponente zu sehen ist.[600]

Angesichts des Grundgedankens dieser Form der Vergütung - der Gewährung eines überdurchschnittlichen Grundgehalts - reduzieren sich deren Ausgestaltungsmöglichkeiten bspw. im Vergleich zu einer variablen Bonusvergütung erheblich. Denn im Gegensatz zu dieser, sind weder umfangreiche Kriterien zu generieren, noch kontinuierliche Berechnungen zur Bemessung der variablen Einkommenshöhe durchzuführen. Vielmehr erfordert die Gewährung überdurchschnittlicher Grundlöhne die Festlegung relativ stabiler Höhen dieser fixen Vergütungskomponente.

Dieser Zugang wird teilweise auch im Rahmen des High-Commitment-Managementansatzes verfolgt, der bereits in Abschnitt II.1.(3) angesprochen wurde.[601] Ausgangspunkt der Überlegungen sind hier unter anderem Probleme der individuellen Leistungsvergütung. Diese kann bspw. eine Einengung des belohnten Leistungsspektrums bewirken.[602] Vor allem wird jedoch auf die Schaffung von Rahmenbedingungen abgezielt, das das Involvement und die Identifikation der Mitarbeiter fördern.[603] Das entspricht jedoch einer Ausrichtung auf die

---

[599] Diese ist auch in positivem, wenn auch schwächerem Zusammenhang zur Förderung der affektiven Commitmentkomponente zu sehen. Vgl. hierzu die Ergebnisse von Ogilvie (1986), S. 345. Der affektive Charakter des dort untersuchten Commitments geht aus der Verwendung des Meßverfahrens nach Porter et al. (1974) hervor, vgl. ebda. S. 344.

[600] Vgl. die Ergebnisse in Abschnitt II.3.4(2).

[601] Vgl. hierzu auch Beer et al. (1984), S. 114, die variable, leistungsabhängige Vergütung als gewissen Widerspruch zu einem Commitment-Management betrachten, sowie auch Wood (1996a), S. 56 ff., S. 64 f., Wood, Menezes de (1998), S. 491. Es sei jedoch bemerkt, daß durchaus Teile, gerade der britischen Literatur individuelle Leistungsvergütung in ein Commitment-Management einbeziehen, vgl. z.B. Purcell (1991).

[602] Vgl. hierzu Armstrong (1993), S. 185, Campbell, Campbell, Chia (1998), S. 131 - 136, Pfeffer (1998), S. 42 f., Wood (1996), S. 55, sowie die Ausführungen in Abschnitt III.1.1(1). Dennoch ist gerade in den USA eine variable, individuelle Leistungsvergütung verbreitet, vgl. Main, O'Reilly, Wade (1993), S. 613 ff., 618.

[603] Vgl. Wood, Menezes de (1998), S. 486.

Merkmalsdimensionen der affektiven Commitmentkomponente.[604] Wie gezeigt wurde, wird affektives Commitment allerdings primär über die Einflußvariablen einer individuell gerechten, leistungsorientierten Vergütung gefördert.[605] Damit wird eine gewisse, verkürzende Sicht dieses Ansatzes offenbar, betrachtet man die Ergebnisse der Commitmentforschung.[606] Dieser Widerspruch erklärt teilweise auch die Probleme in der High-Commitment[607] Literatur, Nachweise zwischen spezifischen HRM-Maßnahmen und Zielen eines High-Commitment-Managements aufzuzeigen.[608] Vor dem Hintergrund der Analyse der umfangreichen Ergebnisse der Commitmentforschung[609] erscheint es viel eher sinnvoll, den Zusammenhang zwischen einer überdurchschnittlichen Grundvergütung und organisationalem Commitment fokal im Hinblick auf die normative Komponente zu untersuchen.

(2) Aspekte der Vergütungsstruktur des "High-Wage"

Wie deutlich wird, weist die Möglichkeit einer überdurchschnittlichen Grundvergütung eine besondere Eignung für den Aufbau der normativen Commitmentkomponente auf.[610] Zur Spezifizierung dieses Instruments gilt es zunächst, Aspekte der Vergütungsstruktur zu berücksichtigen. Hierbei ist erstens eine Differenzierung der Mitarbeiter in Gruppen vorzunehmen, denen vergleichbare Grundvergütungen gewährt werden können. Dabei können Mitarbeiter-

---

[604] Vgl. Abschnitt II.2.1.(2).
[605] Vgl. zu den vergütungsbezogenen Einflußvariablen organisationalen Commitments Punkt II.2.3.(1e).
[606] Dennoch spiegelt sich hier ein Paradigmenwechsel wider, der das traditionelle Kontrolldenken peu à peu durch eine Commitmentorientierung, d.h. im Speziellen eine Ausrichtung auf die Förderung selbststeuernden Mitarbeiterverhaltens ersetzt. Vgl. hierzu Wood, Menezes de (1998), S. 486. Vgl. auch Koopman (1991), der die notwendige Balance zwischen Kontroll- und Commitmentaspekten thematisiert sowie speziell zu diesem Paradigmenwechsel den Beitrag von Walton (1985). Vgl. auch die Ausführungen zum Wandel der Rolle des Mittelmanagements (Abschnitt I.2), der aufgrund einer zunehmenden strategischen Ausrichtung des Mittelmanagements, verbunden mit erweiterten Handlungsspielräumen, eine Stärkung des Commitmentparadigmas impliziert.
[607] Respektive High-Involvement Management, vgl. z.B. Lawler (1986).
[608] Vgl. hierzu die Kritik Guests (1997), S. 265 sowie Abschnitt II.1.(3).
[609] Vgl. hierzu inbesondere den Abschnitt II.2.3.(1e) zur Darstellung zentraler vergütungsrelevanter Einflußvariablen der Komponenten organisationalen Commitments.
[610] Diese Überlegung spiegelt sich bereits in der Effizienzlohntheorie wider, die auf den zentralen Annahmen basiert, daß erstens die zu erbringenden Leistungen nicht exakt spezifizierbar sind, und zweitens ein Einfluß vom Reallohn auf die Leistung ausgeht. Eine Erklärung für diese Auswirkung wird unter anderem in der Förderung loyalen Verhaltens gesehen. Dieser Erklärungsansatz steht grundsätzlich in Übereinstimmung mit der Darstellung einer überdurchschnittlich hohen Grundvergütung als Einflußvariable normativer Commitments. Denn die These einer Förderung loyalen Verhaltens mittels der Gewährung einer überdurchschnittlich hohen Grundvergütung kann mit der Darstellungsweise einer normativen Verpflichtung durchaus in Verbindung gebracht werden. Vgl. hierzu auch Gerlach, Lorenz (1992), Sp. 176.

gruppen unterschieden werden, denen eine überdurchschnittliche Grundvergütung gewährt wird (a). Zweitens ist grundsätzlich festzulegen, welche Relation die Grundvergütung zur Gesamtvergütung haben soll (b).

(a) Unterscheidung von Mitarbeitergruppen: In einem ersten Schritt ist es notwendig, unternehmensspezifisch festzulegen, welchen Mitarbeitergruppen eine überdurchschnittliche[611] Grundvergütung gewährt wird.[612] Da im vorliegenden Kontext fokal das mittlere Management betrachtet wird, soll der Aspekt der Gruppendifferenzierung zwar nicht vertieft werden.[613] Er stellt jedoch einen Ausgangspunkt für die Differenzierungen der Grundvergütung heterogener Mitarbeitergruppen dar. Im Hinblick auf die Gewährung überdurchschnittlicher und zugleich angemessener Grundgehälter stellt diese Bildung von homogenen Mitarbeitergupppen daher eine wesentliche Voraussetzung dar. Eine Unterscheidung von Mitarbeitergruppen, denen ähnliche oder gleiche Grundgehälter gewährt werden, kann dabei bspw. nach folgenden Aspekten erfolgen:

- Ein denkbarer Ansatzpunkt ist die *Clusterung nach Tätigkeitsprofilen*, die etwa auf der Basis von Stellenbeschreibungen spezifiziert werden können. Dies eröffnet jedoch einigen Raum für willkürliche Gewichtungen von Anforderungen, die zu wenig nachvollziehbaren Zusammenlegungen unterschiedlicher Anforderungsprofile in einheitliche Vergütungsklassen führen kann. Bemühungen zu einer Realisierung einer gerecht wahrgenommenen, zurechenbaren, leistungsorientierten Vergütung im Rahmen des Aufbaus der affektiven Commitmentkomponente würden damit konterkariert. Folglich resultiert

---

[611] Überlegungen zu Bezugspunkten und Differenzierungen der Höhe einer "überdurchschnittlichen" Grundvergütung wird im folgenden Punkt bei der Gestaltung des Modus der Grundvergütungsgewährung betrachtet (Punkt 3).

[612] Die Differenzierung angewandter Vergütungsinstrumente nach Mitarbeitergruppen ist relativ ausgeprägt, vgl. hierzu bspw. die Ergebnisse einer Untersuchung für den deutschsprachigen Raum bei Hören v. (1997b), S. 306.

[613] Die Bestimmung der Mitarbeitergruppen, die von einer "High Wage" Grundvergütung betroffen sind, fällt in den Rahmen politischer Grundsatzentscheidungen des Humanressourcen-Managements. Im Hinblick auf die Gestaltungsprämissen einer auf affektives Commitment ausgerichteten Vergütung kann sich eine exklusive Anwendung dieser Strategie auf bestimmte Mitarbeitergruppen jedoch negativ auf das Commitment der ausgeschlossenen auswirken. Dies gilt insbesondere dann, wenn die damit einhergehende Spreizung im Gehaltsgefüge mangels Nachvollziehbarkeit, Kommunizierbarkeit und Akzeptanz als ungerecht empfunden wird. Da ein Verzicht auf das Commitment bestimmter Mitarbeitergruppen kaum als wünschenswert erachtet werden kann, sind die Konsequenzen einer Differenzierung der relativen Grundvergütung gründlich zu prüfen. Damit wird gleichzeitig eine gewisse Interdependenz der Instrumente eines Commitment-Managements hinsichtlich ihrer Wirkung auf die drei differenzierten Commitmentkomponenten sichtbar.

hier ein gewisser "Trade-Off" zwischen einer wenig nachvollziehbaren Zusammenlegung von Mitarbeitern mit unterschiedlichen Rollenprofilen in einheitliche Vergütungsgruppen und einer übermäßigen Ausdifferenzierung unterschiedlicher, in sich hoch homogener Gruppen. Deren Abgrenzung kann dann zwar nachvollziehbar sein, erschwert jedoch eine Vergleichbarkeit zwischen der Behandlung der unterschiedlichen Gruppen. Beide Aspekte behindern die Wahrnehmung gerechter Vergütung.

- Eine weitere Möglichkeit ergibt sich aus der Differenzierung nach den *Hierarchiestufen* eines Unternehmens. Diese bilden einen möglichen Anhaltspunkt zur Differenzierung von Mitarbeitergruppen. Die organisatorische Hierarchie ist in einem Unternehmen in der Regel formal festgelegt. Dies wirkt dem Aspekt der Willkür entgegen. Um jedoch nicht Aspekten der Vergütungsgerechtigkeit zuwider zu laufen, sind bei einer Mitarbeiterdifferenzierung anhand hierarchischer Aspekte zusätzlich Relativierungen durch andere Unterscheidungskriterien vorzunehmen, z.B. die spezifische Bedeutung der Funktion eines Mittelmanagers.

- Ein praktikabler Zugang, insbesondere für das mittlere Management, ist daher auch eine Unterscheidung, die auf *Charakteristika der Bereiche* basiert, für die bestimmte Mittelmanager zuständig sind.[614] Charakteristika, die hierbei einer Unterscheidung nach der Bedeutung von Mitarbeitern für Unternehmen entsprechen, sind etwa die spezielle Relevanz, die ein Bereich im Kontext eines Unternehmens hat oder der Unternehmensbeitrag, den ein Bereich durchschnittlich leistet. Entsprechende Kriterien sind dann mit dem Einfluß, den ein Mitarbeiter im Rahmen seiner Entscheidungsautonomie und hierarschischen Stellung auf diesen Bereich hat, in Bezug zu setzen. Diese Aspekte, Bedeutung des Bereichs und individueller Einfluß auf diesen, bestimmen das Ausmaß des entgegenzubringenden Vertrauens in Mitarbeiter. Sie stellen daher geeignete Ansatzpunkte einer Differenzierung der Grundvergütung von Mitarbeitern dar.[615]

---

[614] Vgl. hierzu und im folgenden bspw. die Studie von Winter (1996), S. 226 ff.
[615] Denkbar sind darüber hinaus bspw. Unterscheidungen nach Mitarbeiterzahlen, die jedoch im Hinblick auf resultierende Anreizstrukturen kritisch zu beurteilen sind. Denn im Fall der Vergütung in Abhängigkeit von Mitarbeiterzahlen würde bspw. ein Anreiz zu unnötigen Personalüberhängen gesetzt werden. Ein alternativer Zugang ist zudem die Orientierung an der bestehenden Gehaltsstruktur. Eine Zusammenfassung von Mitarbeitern in Gruppen mit vergleichbarer Vergütung würde sich hier relativ einfach gestalten. Dabei würden jedoch Aspekte wie die Einflußpotentiale und Bedeutung im Rahmen einer Funktion, Möglichkeiten zu künftigen Gehaltsentwicklungen etc. außer Acht gelassen. Damit wäre lediglich eine Scheinhomogenität hergestellt, die kaum einen geeigneten Maßstab für eine Gestaltung der

Jenseits der Eignung von Differenzierungskriterien, die an der hierarchischen Stellung, relativiert durch die wirtschaftliche Bedeutung von Bereichen, orientiert sind, stellt die *Verfügbarkeit von unternehmensübergreifenden Vergleichsdaten* der Vergütung für die unterschiedenen Mitarbeitergruppen eine relevante Nebenbedingung dar.[616] Bei der Eruierung von Verleichsmaßstäben rücken verstärkt formalisierbare Aspekte in den Vordergrund, wie Branche, Unternehmensgröße, Mitarbeiterzahl oder Umsatz von vergleichbaren Unternehmen bzw. Unternehmensbereichen (insbesondere bei Teileinheiten, die am externen Markt operieren bzw. Umsätze über interne Verrechnungspreise ausweisen können). Es ist dabei zweckmäßig, den *Ausgangspunkt der Bildung von homogenen Vergütungsgruppen bei den verfügbaren Arbeitsmarktdaten* zu wählen, um deren Vergleichbarkeit praktisch zu ermöglichen. Davon ausgehend können dann gegebenenfalls notwendige, *unternehmensspezifische Anpassungen* vorgenommen werden, z.B. in Form einer Relativierungen der durchschnittlichen Grundgehaltswerte einer Vergütungsgruppe (bspw. leitende Angestellte im Marketingbereich mit Teilbereichsveratnwortung), anhand einer Gewichtung nach der unternehmensspezifischen Bedeutung.

Die Unterscheidung von Mitarbeitern zur Bildung von Gruppen, die im Hinblick auf ihre Vergütung relativ homogen eingestuft werden können, bildet den Ausgangspunkt für eine Gestaltung der Grundvergütung. U.a. in Abhängigkeit vom Umfang betroffener Hierarchiestufen gestaltet sich dabei das Ausmaß notwendiger Differenzierungen von Mitarbeitergruppen. Diese Gruppen sind dann Vergütungsvergleichen mit relevanten Referenzgruppen zugänglich. Erst damit wird eine Eruierung eines geeigneten, überdurchschnittlichen Vergütungsniveaus für eine Mitarbeitergruppe möglich. Eine Differenzierung entsprechend homogener Vergütungsgruppen bildet damit eine notwendige Grundlage für eine Gewährung überdurchschnittlicher Grundlöhne.

(b) Relation fixer zu variabler Vergütungskomponenten: Nachdem eine Eingrenzung und Spezifizierung von Mitarbeitergruppen erfolgt ist, denen eine überdurchschnittliche Grund-

---

[616] Grundvergütung darstellen kann. Um dabei bspw. nicht Maßnahmen zur Förderung der affektiven Commitmentkomponente entgegenzuwirken, sind Differenzierungen nach nachvollziehbaren Kriterien vorzunehmen und den Betroffenen plausibel zu machen, vgl. Abschnitt III.1.
Die Kienbaum Personalberatung (Kienbaum Executive Consultants) gibt z.B. Übersichten über Gehaltsstrukturen in Deutschland heraus, der bspw. Informationen über Grundgehälter und Gesamtbezüge, differenziert nach Mitarbeitergruppen (bspw. Geschäftsführern) zu entnehmen sind, vgl. z.B. Etten,

vergütung gewährt werden soll, gilt es, eine geeignete Relation der fixen Grundvergütungskomponente zu anderen, variablen Vergütungskomponenten zu bestimmen. Diese Relation determiniert maßgeblich die Wirkung, die von der Grundvergütung auf die Entwicklung normativen Commitments ausgeht. Denn eine Grundvergütung, die, im Vergleich zu anderen, variablen Vergütungskomponenten, keine entscheidende finanzielle Bedeutung hat, kann kaum eine nachhaltige Förderung von Einstellungen oder Verhaltensweisen bewirken. Im Hinblick auf eine Förderung normativen Commitments ist daher in jedem Fall eine Relation zwischen fixen und variablen Vergütungskomponenten herzustellen, die diesen Aspekt berücksichtigt.[617] Um eine hohe Wirksamkeit der Grundvergütung beim Aufbau von Commitment zu ermöglichen, ist daher eine Abstimmung mit der Gewichtung anderer Vergütungsinstrumente erforderlich.[618] Dies gilt um so mehr, als in der Praxis diesbezüglich eine zunehmende Variabilisierung der Managementgehälter zu beobachten ist, die mit steigenden Hierarchiestufen zunimmt.[619]

(3) **Gestaltung des Modus**

Es wird deutlich, daß die Differenzierung homogener Vergütungsgruppen eine zentrale Grundlage für den Modus der Gewährung der Grundvergütung bildet. Ausgehend von solchen homogenen Vergütungssegmenten kann die Bemessung einer überdurchschnittlichen Grund-

---

[617] Trachte (1993). Ein weiteres Beispiel für die Bereitstellung solcher Informationen sind die Gehaltsvergleiche für Deutschland der Hay Management Consultants, vgl. etwa o.V. (1993). Exakt ist der Anteil der Grundvergütungskomponente am Gesamteinkommen freilich aufgrund der Orientierung variabler Vergütungsinstrumente an der Unternehmens- oder Marktsituation nicht vorhersagbar.

[618] Erforderlich ist daher auch eine Reduzierung der Quantität insgesamt angewandter Vergütungsinstrumente, um eine Wirksamkeit der einzelnen Instrumente zu ermöglichen.

[619] Vgl. hierzu analog die Untersuchung der Relation von Vergütungskomponenten us-amerikanischer Topmanager bei Young (1998), S. 23. Hier wird deutlich, daß die Zuwächse variabler Vergütungskomponenten wesentlich stärker zunehmen, so daß sich eine Reduzierung der Bedeutung fixer Grundgehälter ergibt. Diese machen durchschnittlich nur noch rund ein Fünftel des gesamten Einkommens von Topmanagern aus. Hören v. (1997b), S. 306 weist in diesem Zusammenhang auf Basis der Daten einer Kienbaumstudie darauf hin, daß diese Ausdifferenzierung in der deutschen Unternehmenspraxis bisher relativ gering ist. So nennt er bspw. für die zweite Führungsebene in den Bereichen Industrie/Handel, Banken und Versicherungen einen durchschnittlichen Anteil variabler Vergütung an den Gesamtbezügen zwischen 9% und 12%. Angesichts von wachsenden Zahlen internationaler Unternehmenszusammenschlüssen ist eine Entwicklung in Richtung einer zunehmenden Variabilisierung der Gehälter auch in Deutschland zu erwarten. Dies wird z.B. in der jüngsten Diskussion um die Managementgehälter im Daimler Chrysler Konzern deutlich.

lohnvergütung vorgenommen werden.[620] Denn die Bestimmung der "Überdurchschnittlichkeit" erfordert eine Orientierung an homogenen Vergütungssegmenten. Im Zuge der Konkretisierung eines geeigneten Grundvergütungsniveaus für diese Gruppen ist daher die Eruierung des Gehaltsniveaus geeigneter Referenzgruppen erforderlich. Erst ausgehend von solchen Referenzpunkten ist eine geeignete Grundlohnvergütung in bestimmtem Verhältnis zu den ermittelten Referenzhöhen der Vergütung bestimmbar.[621] Damit rückt die unternehmensübergreifende Perspektive des Vergütungsniveaus auf dem externen Arbeitsmarkt in den Vordergrund (a). Um dabei bspw. nicht das interne Gehaltsgefüge außer Acht zu lassen, erscheint jedoch auch die Berücksichtigung unternehmensinterner Gesichtspunkte notwendig (b). Vergleiche zu einer Übersicht über die nachfolgend dargestellten Aspekte des Modus der "High Wage" Vergütung die Abbildung III-7.

(a) Arbeitsmarktorientierte Festlegung der absoluten Höhe des "High Wage": Um auf der Grundlage des gängigen Vergütungsniveaus eine überdurchschnittliche Grundvergütung zu gewähren, sind Vergleiche hinsichtlich relevanter Bezugsgrößen anzustellen. Wesentlich ist hierbei die Festlegung geeigneter Orientierungspunkte zur Bestimmung der absoluten Höhe der Grundvergütung (aa). Damit verbunden ist die Beschaffung von relevanten Vergütungsinformationen zu den eruierten Referenzgruppen des Arbeitsmarktes (ab).

(aa) Externe Orientierungspunkte der absoluten Höhe: Ausgehend von den vorab differenzierten Vergütungssegmenten eines Unternehmens können Anhaltspunkte gewonnen werden, welche Vergütung für Mitarbeiter üblich ist, die den Differenzierungskriterien eines bestimmten Segments entsprechen. Dabei kann auf die entsprechende *Branche* Bezug genommen werden, in der ein Unternehmen bzw. die fokale Teileinheit operiert. Alternativ dazu ist

---

[620] Im Rahmen des Vergütungsmodus ist der Aspekt des Vergütungsgegenstands der Grundvergütung freilich monetär. Der Aspekt der Verteilung, der im Rahmen der Spezifizierung des Modus ebenfalls Relevanz besitzt und bei der Bonusvergütung mit herangezogen wurde, ist im Kontext der Grundvergütung mangels einer variablen Zuweisung von Ergebnisverbesserungen nicht von Belang. Analog steht hier der Aspekt der Bildung heterogener Vergütungsgruppen im Vordergrund.

[621] Auf die Bedeutung einer überdurchschnittlich hohen Vergütung verweisen bspw. Arthur (1994), S. 672, Chambers et al. (1998), S. 52, sowie Pfeffer (1998), S. 59, der davon ausgeht, daß dadurch bei den betroffenen Mitarbeitern die Wahrnehmung eines "Geschenks" gefördert wird, die dann gewissermaßen im Zuge eines "Tit for Tat" zu geringerer Fluktuation und höherer Leistung führt. Dies entspricht dem Wirkungszusammenhang zwischen Einfluß- und Ergebnisvariablen der normativen Commitmentkomponente, vgl. hierzu auch Abschnitt II.2.3.

jedoch auch eine Orientierung am Vergütungsniveau eines Segments, gemessen am *Gesamtmarkt*, denkbar.[622]

```
┌─────────────────────────────────────────────────────────────────────────┐
│  ┌──────────────────────┐                                               │
│  │ Mitarbeitergruppen-  │                                               │
│  │ differenzierung      │                                               │
│  └──────────────────────┘                                               │
│                                                                         │
│  (3b)           ▼                              (3a)                     │
│  ┌──────────────────────┐                   ┌──────────────────────┐    │
│  │ Unternehmensinterne  │                   │ (3aa)                │    │
│  │ Relativierung an     │                   │ Arbeitsmarktliche    │    │
│  │ Referenzgruppen      │                   │ Relativierung an     │    │
│  │ ■ vertikale          │    ╱‾‾‾‾‾‾╲       │ Referenzgruppen      │    │
│  │   Vergütungsspreizung│   │"High   │      │ ■ Branche/Gesamtmarkt│    │
│  │ ■ horizontale        │   │ Wage"  │      │ ■ Benchmarks/        │    │
│  │   Harmonisierung der │    ╲_____╱       │   Durchschnittswerte │    │
│  │   Vergütung          │                   │                      │    │
│  │ ■ Berücksichtigung   │                   └──────────────────────┘    │
│  │   der                │                              ▲                │
│  │   Leistungsbedingung.│                              │                │
│  └──────────────────────┘                   ┌──────────────────────┐    │
│                                             │ (3ab)                │    │
│                                             │ Beschaffung          │    │
│                                             │ vergütungsrelevanter │    │
│                                             │ Arbeitsmarktinforma- │    │
│                                             │ tionen               │    │
│                                             └──────────────────────┘    │
└─────────────────────────────────────────────────────────────────────────┘
```

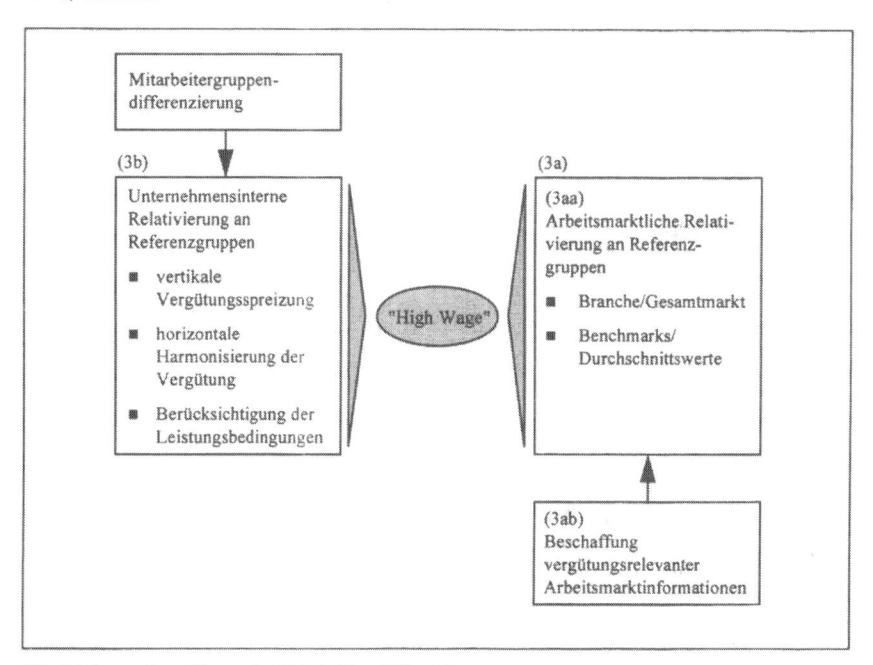

Abb. III-7: Grundlagen der *"High-Wage"* Vergütung

Im Hinblick auf die relativ generalisierbaren Fähigkeiten, die im Bereich des mittleren Managements im Vordergrund stehen, erscheint eine gesamtmarktfokussierte Orientierung sinnvoll. Denn in Anbetracht der gewandelten Rolle und Anforderungen kann auf ein (durchschnittliches) Mittelmanagerprofil geschlossen werden, daß diese Mitarbeitergruppe in die Lage setzt, ihre Fähigkeiten relativ branchenunabhängig einzubringen. Soweit von einer internationalen Mobilität der betroffenen Mitarbeiter ausgegangen werden kann, ist die Betrachtung geeigneter Referenzgruppen und ihres Vergütungsniveaus freilich im internationalen Raum anzustellen, um eine Berücksichtigung international divergierender Gehaltsniveaus zu gewährleisten.[623]

---

[622] Für Segmente, denen vorwiegend branchenspezifisch qualifizierte Mitarbeiter zugeordnet sind, ist diese Orientierung freilich nicht zweckmäßig.

[623] Ein Beispiel hierfür ist etwa das Gefälle zwischen der Managementvergütung in den USA und anderen Ländern. Vgl. z.B. Young (1998), S. 23 zu den enormen Einkommensentwicklungen im Management in

Neben der Entscheidung, ob eine Vergütungsorientierung an der Branche oder am Gesamtmarkt stattfinden soll, ist eine Ausrichtung auf *Durchschnittswerte versus Vergütungsbenchmarks* vorzunehmen. Dies ist von einer Reihe von Faktoren abhängig, wie bspw. der Angebots- und Nachfragesituation auf dem Arbeitsmarkt oder der Bedeutung einer Mitarbeitergruppe für ein spezifisches Unternehmen. Angesichts des Wandels der Rolle des Mittelmanagements konnte dessen Zuordnung zum Bereich von Schlüsselbelegschaften konstatiert werden. Insofern ist eine Orientierung an den Vergütungsbenchmarks des Vergütungssegments auf dem Arbeitsmarkt sinnvoll, um einen Zugang zu den Topkräften auf dem Arbeitsmarkt zu erlangen.[624]

(ab) Beschaffung vergütungsrelevanter Arbeitsmarktinformationen: Die Beschaffung von Informationen zur Vergütung relevanter Bezugsgruppen stellt zwar keinen unmittelbaren Baustein des Modus der Grundvergütung dar. Sie bildet jedoch die Voraussetzung der Gestaltung einer "High-Wage"-Grundvergütung. Mögliche Anhaltspunkte für die Beschaffung von Informationen zu Vergütungsniveaus sind etwa regelmäßige Berichte *einschlägiger Beratungsunternehmen* über die Entwicklung von Gehaltsstrukturen.[625] Hierbei werden unter Bezugnahme auf Unternehmenscharakteristika, wie z.B. Umsatzvolumen und Mitarbeiterzahl, unterschiedliche Positionen auf ihre Vergütungsentwicklung überprüft. Dabei sind in der Regel auch differenzierte Informationen über unterschiedliche Vergütungsbestandteile, wie Grundvergütung und Boni, erhältlich.[626]

Darüber hinaus sind jedoch auch Veröffentlichungen in der einschlägigen *Fachliteratur* sowie in den entsprechenden Medien als Grundlage zur Einschätzung der Vergütungssituation

---

[624] den USA und relativ dazu z.B. Hören v. (1997a), S. 4 sowie Walgenbach (1994), S. 122 ff., die sich mit Gehältern im deutschen Mittelmanagement auseinandersetzen.
Hier liegt eine Schnittstelle zum Aufgabenfeld der Akquistion vor, in dessen Kontext unter anderem eine Auseinandersetzung mit der Angebotssituation auf dem Arbeitsmarkt stattfindet, sowie der Zugang zu und die Beschaffung von Humanressourcen koordiniert wird.

[625] Die Kienbaum Personalberatung bietet etwa jährlich Berichte zur Entwicklung von Gehaltsstrukturen in Deutschland an, vgl. z.B. Etten, Trachte (1993). Hier werden Informationen zu Grundgehältern, aber auch zu Gesamtbezügen und variablen Anteilen, einschließlich nicht monetären Anreizen, wie bspw. Dienstwägen oder Versicherungen etc., differenziert nach spezifischen Mitarbeitergruppen (bspw. Geschäftsführer), aufgeführt.

[626] Ein weiteres Beispiel für die Bereitstellung solcher Informationen ist der Bericht von Hay Management Consultants, die Gehaltsvergleiche für Deutschland erstellen. Auch diese sind jedoch lediglich entgeltpflichtig zu erwerben, vgl. etwa o.V. (1993).

bestimmter Mitarbeitergruppen heranzuziehen.[627] Bei der Beschaffung entsprechender Vergütungsinformationen ist dabei aufgrund der Veränderlichkeit von Vergütungsniveaus eine hohe zeitliche Aktualität zu gewährleisten.

(b) Berücksichtigung unternehmensinterner Aspekte: Die Gestaltung einer überdurchschnittlichen Grundvergütung erfordert auch eine Berücksichtigung unternehmensinterner Gesichtspunkte, um bei der Gestaltung einzelner Vergütungskomponenten nicht die Struktur des Gehaltsgefüges zu vernachlässigen. Hierbei gilt es, eine geeignete Relation der Vergütung zwischen den vorab unterschiedenen Vergütungssegmenten der Mitarbeiter zu schaffen. Wie bereits eingangs angesprochen wurde, können sonst Maßnahmen, die zum fokalen Aufbaus affektiven Commitments eine hohe Vergütungsgerechtigkeit gewährleisten sollen, konterkarriert werden. Es gilt daher, insbesondere folgende Aspekte zu berücksichtigen:

- Ein Gesichtspunkt betrifft die *vertikale Gehaltsspreizung* im Unternehmen. Erst durch eine ausreichende, vertikale Differenzierung der Vergütung zwischen heterogenen Vergütungssegmenten kann eine Anreizwirkung erzielt werden. Werden bspw. Mitarbeitergruppen mit geringerer Verantwortung und niedrigerem (meßbarem) Leistungsbeitrag in ähnlichem Umfang vergütet, resultiert daraus kaum eine Wahrnehmung besonderer Wertschätzung des erwarteten Engagements. Die Vermittlung grundsätzlicher Wertschätzung der Beiträge einer Mitarbeitergruppe ist Voraussetzung für die Förderung der normativen Commitmentkomponente. Daneben stellt eine ausreichende Vergütungsspreizung eine Nebenbedingung für die Gewährleistung einer leistungsgerechten Vergütung zum Aufbau der affektiven Commitmentkomponente dar.[628]

- Neben der Vergütungsspreizung zur Honorierung unterschiedlicher Leistungen sind interne Aspekte zur Gewährleistung adäquater, *horizontaler Relationen* der Vergütung zu berücksichtigen. Mit zunehmendem Standardisierungsgrad der Vergütungsbemessung in einem Unternehmen wird diese Vergleichbarkeit freilich einfacher.[629] Eine

---

[627] Vgl. beispielhaft die Veröffentlichungen von Bierach (1994), in der Forbes, Trachte (1991), in der Wirtschaftswoche, den Gehaltsreport von Waadt, Bruns, Fakler (1995) sowie die Übersicht über durchschnittliche Gesamtvergütungen bei Personalleitern u.a. in Abhängigkeit von Umsatzvolumen und Mitarbeiterzahlen von Unternehmen bei Zander (1997), S. 27.

[628] Vgl. bspw. Zander (1997), S. 26.

[629] Aufgrund einer Zunahme der Standardisierung mit der Unternehmensgröße besteht hier bspw. in großen Unternehmen tendenziell eine geringere Ungleichheit bei der Vergütung vergleichbarer Tätigkeiten, vgl. hierzu bspw. Winter, Ebener, Zweimüller (1997), S. 5. Die Autoren weisen bspw. zudem auf eine durch-

Vernachlässigung dieser Aspekte würde ebenfalls ein Zuwiderlaufen der Maßnahmen zur Förderung der affektiven Commitmentkomponente bedeuten, die mittels einer möglichst gerecht wahrgenommenen Vergütung gefördert wird.[630]

- Ein dritter, wesentlicher Aspekt, der bei der Gestaltung der Grundvergütung - wie schon in ähnlicher Weise bei der Bonusvergütung - zu berücksichtigen ist, betrifft die *unternehmensspezifischen Bedingungen*, denen sich Mitarbeitergruppen im Rahmen ihrer Tätigkeit und Rolle gegenüberstehen. Um hier eine geeignete Orientierung an externen Bezugsgruppen zu ermöglichen, ist die Berücksichtigung grundlegender, situationsunabhängiger Einflußfaktoren der Leistungserbringung der betroffenen Manager notwendig.[631] Hierzu können bspw. deren Budgets sowie Qualität und Quantität durchschnittlich verfügbarer Mitarbeiter gerechnet werden. Darüber hinaus sind die Geschäftsfeldstrategie oder der Branchenlebenszyklus, in dem sich ein Bereich befindet, relativierend zu berücksichtigen.[632] Eine mangelnde Berücksichtigung solcher Faktoren kann zu einem Vergleich mit ungeeigneten Bezugsgruppen führen und damit letztendlich zu einer Grundvergütung, die der fokalen Mitarbeitergruppe nicht gerecht wird. Der Aufbau normativen Commitments mittels einer normativ verpflichtenden Grundvergütungshöhe kann damit konterkariert werden.

---

schnittlich intensivere, gewerkschaftliche Organisation innerhalb größerer Unternehmen hin, die zudem einer übermäßigen Gehaltsspreizung entgegenwirkt.

[630] Vgl. hierzu bspw. auch Winter-Ebner, Zweimüller (1997), S. 6.

[631] Vgl. z. B. Budde, Wielenberg (1997), S. 931. Die Autoren weisen in diesem Zusammenhang auf die Notwendigkeit einer pauschalen Vergütung hin, da bspw. das Leistungsergebnis eines Bereichs, für den ein Mittelmanager zuständig ist, nicht in jedem Fall dessen Leistung widerspiegelt. Um Demotivation zu vermeiden, sind daher auch ausreichend hohe, ergebnis- und leistungsunabhängige Vergütungsbestandteile erforderlich.

[632] Bei einer geringen Investitionstätigkeit und Abschöpfungsstrategie eines Geschäftsbereichs, dessen Kernprodukte sich am Ende ihrer Produktlebenszyklen befinden, sind bspw. höhere Unternehmensbeiträge zu erwarten als bei Geschäftsbereichen, die sich in einer investiven Phase befinden. Ein relativierender Aspekt betrifft zudem den Branchenlebenszyklus. Denn homogene Humanressourcensegmente sind gegebenenfalls in unterschiedlicher Relation zwischen fixen und variablen Gehaltsanteilen zu vergüten, wenn sich Unternehmen in unterschiedlichen Wachstumsphasen befinden. Bspw. kann eine hohe variable Vergütung von Managern in "Start-Up-Unternehmen" der EDV Branche zu unverhältnismäßig hohen Einkommensentwicklungen führen, die das interne Gehaltsgefüge "sprengen".

III.1.3 Aktienoptionen zum Aufbau der kalkulierten Commitmentkomponente

Kalkuliertes Commitment wurde als psychologische Bindung an und Festlegung auf ein Unternehmen auf Basis einer Kalkulation von Opportunitätskosten bei Verlassen eines Unternehmens erläutert. Im folgenden werden Gestaltungsmöglichkeiten zum Aufbau der kalkulierten Commitmentkomponente im Rahmen der Vergütung untersucht. An gegebener Stelle wird auf die spezifische Eignung und Besonderheiten in Bezug auf das mittlere Management Bezug genommen. Zunächst ist es dabei notwendig, die vergütungsorientierten Einflußvariablen der kalkulierten Commitmentkomponente in Erinnerung zu rufen. Diese beziehen sich fokal auf zwei Aspekte: Erstens die Vergütungshöhe im Unternehmen im Vergleich zu verfügbaren Alternativen und zweitens der Aufbau von Ansprüchen, die erst in der Zukunft einlösbar sind und zwar unter der Prämisse der fortlaufenden Beschäftigung in der Organisation. Beide Aspekte stellen individuelle Austrittsbarrieren aus einem Unternehmen dar, welche die Opportunitätskosten bei Verlassen eines Unternehmens erhöhen.

Vor diesem Hintergrund ist die in Deutschland in den letzten Monaten intensiv diskutierte Einrichtung von Aktienoptionsplänen eine interessante Möglichkeit.[633] Die mit Aktienoptionsplänen verbundene Beteiligung an der Kursentwicklung eines Unternehmens bietet die Chance auf beträchtliche Vergütungserhöhungen auf Mitarbeiterseite.[634] Dies begünstigt eine positive Bewertung der relativen Anreizhöhe der Mitgliedschaft in einer Organisation.[635]

---

[633] Vgl. beispielhaft Einecke (1999), S. 25, Einem v. (1998), Fiedler-Winter (1999), Heigl, Scholand (1999), Kau, Leverenz (1998), Knoll (1998), Kopper (1998), Schmidt (1998), Schwarz, Michel (1998). Alternativen mittel- und langfristig aufgeschobener Vergütungsanreize, die in ähnlicher Form in Hinblick auf die Förderung kalkulierten Commitments diskutierbar sind, stellen bspw. Aktienpläne wie die "Restricted Stock Plans", "Stock Appreciation Right Plans" oder die "Phantom Stock Plans" dar, vgl. Becker (1990), S. 36 f., Baumgartner (1992), S. 147 ff., Ellig (1982), S. 250 ff. Darüber hinaus stellen langfristige, leistungsorientierte Anreize wie die "Performance Share Plans" etc. mögliche Alternativen dar, vgl. Becker (1990), S. 45 f., Ellig (1982), S. 248 ff.

[634] Vgl. hierzu exemplarisch den Fall der Oregon Steel Mills, Inc., deren langjährige Mitarbeiter und Beteiligte an dem internen Aktienprogramm beträchtliche Vermögen aufbauen konnten, geschildert in einem Artikel des Wall Street Journals vom 27. Oktober 1992, widergegeben bei Gomez-Meja, Balkin, Cardy (1995), S. 411. Auch den Mitarbeitern von SAP wird der Aufbau beträchtlichen Vermögens ermöglicht, vorausgesetzt, sie arbeiten bereits seit mehreren Jahren bei der Firma. SAP hat ein aktienähnliches Programm mit hohem Liquiditätsbedarf implementiert, vgl. SAP (1999).

[635] Dieser relative Vorteil bezieht sich dabei insbesondere auf Länder wie Deutschland, in denen vergleichbare Vergütungsformen und Kapitalbeteiligungen im Allgemeinen bisher eher die Ausnahme bilden, vgl. Klimecki, Gmür (1998), S. 290. In den USA, wo aktienbasierte Vergütungsformen sehr viel verbreiteter sind, stellen Aktienoptionen teilweise kaum noch zusätzliche Motivatoren dar, sondern sind - in der

Darüber hinaus eröffnet sich die Möglichkeit einer Vergütung in der Zukunft.[636] Daraus resultiert eine hohe Bindungswirkung - zumindest für diesen Zeitraum - [637] insbesondere soweit die Vergütung nur unter der Voraussetzung gewährt wird, daß das Arbeitsverhältnis innerhalb dieses Zeitraums bestehen bleibt. Damit wird die Eignung von Aktienoptionen im Hinblick auf eine Förderung der kalkulierten Commitmentkomponente deutlich.

Einschränkend ist zur Eignung von Aktienoptions-Programmen allerdings zu bemerken, daß diese erstens nur in Aktiengesellschaften möglich sind.[638] Zweitens stellen diese nur unter der Annahme einer positiven Kursentwicklung einen Vergütungsanreiz dar.[639] In Bezug auf andere Vergütungskomponenten, wie die Grundvergütung oder die Boni, sind Aktienoptionen als Ergänzung zu verstehen, die - in Aktiengesellschaften - eine besondere Eignung zur Förderung kalkulierten Commitments aufweisen kann.[640]

Um im folgenden die Gestaltungsmöglichkeiten von Aktienoptionen in Deutschland im Hinblick auf die Förderung der kalkulierten Commitmentkomponente genauer zu betrachten, sind zunächst wesentliche Grundlagen von Aktionoptionen als Vergütungskomponente zu klären (1). Darauf aufbauend werden dann Gestaltungsmöglichkeiten zur Förderung kalkulierten Commitments analysiert (2). Abschließend werden knapp weiterführende Überlegungen zu flankierenden Maßnahmen von Aktienoptionsprogrammen angestellt (3).

(1) Grundlegende Aspekte

Um im folgenden die Möglichkeiten zur Förderung der kalkulierten Commitmentkomponente im Rahmen der Vergütung mit Aktienoptionen näher zu betrachten, wird zunächst auf wesentliche Grundlagen dieser Vergütungsform eingegangen. Zudem wird die Relevanz der Vergü-

---

Unterscheidung Herzbergs ausgedrückt - eher im Bereich von Hygienefaktoren anzusiedeln, vgl. hierzu bspw. die Übersicht zur Entwicklung von Stock Options in den USA bei Young (1998), S. 24.

[636] Ein Vorteil, der sich hier für Unternehmen ergibt, ist, daß kein Kapital aufzubringen ist, vgl. Baumgartner (1992), S. 148.

[637] Im angelsächsischen Raum wird diesbezüglich auch von "deferred compensation" vgl. Ellig (1982), S. 267, bzw. "compensation on deferred terms" gesprochen, vgl. Hornby, Cowie, Gimson (1974), S. 226, wenngleich der Terminus "deferred compensation" nicht nur als Überbegriff, sondern auch als Vergütungsform mit spezifischen Kennzeichen verwendet wird, vgl. hierzu bspw. Becker (1990), S. 47.

[638] Vgl. hierzu sowie zu Alternativen der Beteiligung in Gesellschaften mit beschränkter Haftung (GmbH) Kau, Leverenz (1998), S. 2270, 2274.

[639] Vgl. hierzu auch Schwarz, Michel (1998), S. 490.

[640] Vgl. insbesondere Williams (1994), S. 54 sowie auch Gomez-Meja, Balkin, Cardy (1995), S. 412. Vgl. zudem die Erläuterungen von Kopper (1998), S. 83, zum Vergütungssystem für Führungskräfte des Daimler Chrysler Konzerns.

tung mit Aktienoptionen für die Förderung kalkulierten Commitments (a). Anschließend werden zentrale Typen von Aktienoptionsprogrammen vor dem Hintergrund ihrer unterschiedlichen Bedeutung in den USA und in Deutschland knapp dargestellt und grundsätzliche Gestaltungsdimensionen von Aktienoptionsprogrammen abgeleitet (b). In einem weiteren Schritt wird dann auf Aspekte der spezifischen, rechtlichen Situation in Deutschland eingegangen (c).

(a) Kerngedanken der Vergütung mit Aktienoptionen hinsichtlich des Aufbaus kalkuierten Commitments und Grundbegriffe dieser Form der Vergütung: Zur Spezifizierung von Aktienoptionsprogrammen als Vergütungsinstrument werden im folgenden erst die zentralen Kerngedanken und ihre Relevanz für den Aufbau kalkulierten Commitments erläutert (aa). Anschließend werden knapp die grundlegenden Aspekte der Vergütung mit Aktienoptionen dargelegt (ab).

(aa) Kerngedanken einer Vergütung mit Aktienoptionen und ihre Relevanz für die Förderung kalkulierten Commitments im Mittelmanagement: Die Kernidee dieser häufig auf Führungskräfte ausgerichteten Vergütungsform ist es,[641] durch eine Beteiligung an den Kurssteigerungen des Unternehmens eine Bindungswirkung sowie gesteigertes Engagement zu erzielen. Hierbei liegen jedoch häufig Überlegungen zugrunde, welche die erwartete Wirkung insbesondere damit begründen, daß Mitarbeiter nun an der finanziellen Entwicklung des Unternehmens beteiligt sind und sich daher verstärkt engagieren.[642] Diese Überlegungen erscheinen plausibel, jedoch insbesondere für das Topmanagement zutreffend, da hier tatsächlich große Einflußmöglichkeiten auf die Entwicklung des Unternehmens bestehen. Im Mittelmanagement sind entsprechende Einflußmöglichkeiten bereits deutlich reduziert. Die Wahrnehmung der Partizipation aufgrund von Aktienanteilen sowie der individuellen Möglichkeit, das persönliche Einkommen durch Einflußnahme auf die Kursentwicklung zu steigern, sind daher als begrenzt zu beurteilen. Zentral erscheint vielmehr die Kalkulation der Anreize, die aus einer Fortführung der Mitgliedschaft in einem Unternehmen zu erwarten

---

[641] Auf die hohe Bedeutung von Aktienoptionen im Rahmen der Führungskräftevergütung verweisen bspw. Carrell, Elbert, Hatfield (1995), S. 529. Die Deutsche Bank will dagegen bspw. allen 75.000 Mitarbeitern entgeltfreie Optionen auf ihre Aktien gewähren, vgl. Einecke (1999), S. 25.

[642] Eine Analyse der zugrunde liegenden psychologischen Wirkungszusammenhänge und entsprechende empirische Überprüfungen bleibt hier jedoch weitgehend aus, vgl. beispielhaft Edelstein (1981), Einem (1998), Schäfer (1997), Schwarz, Michel (1998), Young (1998). Eine hervorzuhebende Ausnahme bildet bspw. die Untersuchung von Klein (1987).

sind. Im Hinblick auf die Förderung kalkulierten Commitments erscheinen dabei insbesondere die folgenden Aspekte von Aktienoptionsplänen entscheidend (vgl. Abb. III-8):[643]

- Erstens die Aufschiebung einer Vergütungskomponente in die Zukunft - z.b. durch Sperrfristen. Diese führen zu kalkulierbaren Investitionsverlusten bei einem Unternehmensaustritt.[644]

- Zweitens die Möglichkeit beträchtlicher Einkommenssteigerungen im Rahmen der Optionsgewährung durch ein Unternehmen. Diese fördert eine positive Beurteilung der Anreize einer Aufrechterhaltung der Mitgliedschaft.[645] Hieraus entsteht jedoch insbesondere dann kalkuliertes Commitment, wenn die erwarteten Einkommenssteigerungen, relativ zu alternativen Unternehmen, als hoch wahrgenommen werden. Eine positive Kursentwicklung ist daher maßgeblich.

Wie gezeigt wurde, stellen die Aspekte der Höhe und Aufschiebung der Vergütung zentrale Voraussetzungen für den Aufbau kalkulierten Commitments im Rahmen der Vergütung dar (vgl. Abb. III-8).[646]

---

[643] Darüber hinaus steht die Orientierung an der Kursentwicklung in Einklang mit Gestaltungsprinzipien der Vergütung zur Förderung affektiven Commitments, bzw. scheinen keine gegenläufigen Auswirkungen erwarten zu sein. Denn bspw. kann eine Beteiligung an der positiven Kursentwicklung eines Unternehmens durchaus die Wahrnehmung gerechter Vergütung fördern. Aufgrund der relativ geringen Zuordenbarkeit der Kursentwicklung zur individuellen Leistung einzelner Mittelmanager ist der resultierende positive Effekt auf die affektive Komponente jedoch als nachrangig zu beurteilen. Die Förderung einer normativen Verpflichtung gegenüber der Organisation dürfte dagegen eher in neutralem Zusammenhang zu sehen sein.

[644] Kritisch kann dabei das Risiko betrachtet werden, daß hier für die Mitarbeiter entsteht, vgl. Gomez-Meja, Balkin, Cardy (1995), S. 412. Bei einer ungünstigen Kursentwicklung würden die Optionen jedoch einfach verfallen. Desweiteren wird die relativ geringe Leistungsorientierung kritisiert, vgl. Baumgartner (1992), S. 155 f., Becker (1990), S. 43. Hier ist allerdings zu entgegnen, daß Aktienoptionen erstens zusätzlich zu leistungsorientierten Boni gewährt werden können und zweitens eine durchaus als angemessen zu beurteilende Beteiligung an der Kursentwicklung darstellen, gleich welche Ursachen diese haben mag.

[645] Hervorzuheben ist dabei auch der Ausgleich bspw. umsatzabhängiger Schwankungen, der durch eine Verschiebung der Vergütung auf einen späteren Zeitpunkt möglich ist, vgl. Gomez-Meja, Balkin, Cardy (1995), S. 412.

[646] Insbesondere scheint - im Gegensatz zur affektiven und normativen Komponente - kein Zusammenhang zu Engagement über die üblichen Rollenerwartungen hinaus (Extrarollenverhalten) zu bestehen, vgl. hierzu detailliert Abschnitt II.2.3.(2).

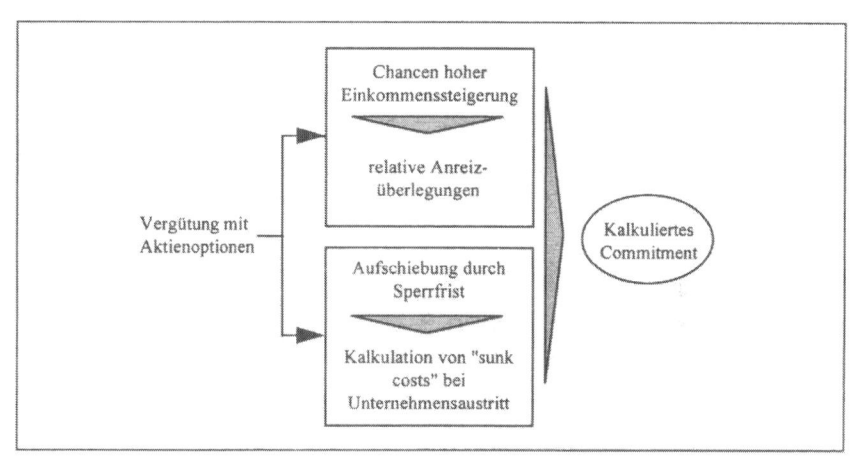

Abb. III-8: Aufbau des kalkulierten Commitments durch die Vergütung mit Aktienoptionen

(ab) Grundbegriffe der Vergütung mit Aktienoptionen: Grundsätzlich verbindet sich mit einer Option das Recht zum Kauf (call) bzw. Verkauf (put) von Aktien zu einem festgelegten Preis innerhalb einer bestimmten Frist.[647] Bei Aktienoptionen für Mitarbeiter kann dabei von Calloptionen ausgegangen werden. Dabei ist zwischen amerikanischen und europäischen Optionen zu unterscheiden. Erstere sind während einer vorgegebenen Frist ausübbar, während europäische Optionen erst am Ende der Laufzeit ausgeübt werden können.[648] Ein Optionsvertrag ist ferner durch

- die zugrundeliegende Aktie,

- den Bezugspreis (Preis, zu dem eine Aktie erworben werden darf) und

- das Verfallsdatum, bzw. die (Rest-)Laufzeit der Option

charakterisiert.[649] Der Wert einer Option bestimmt sich daher zum einen über die Differenz zwischen aktuellem Aktienkurs und festgelegtem Basispreis, da dieser Betrag dem Ausübenden zufließt. Man spricht hier auch vom inneren Wert.[650] Darüber hinaus ergibt sich

---

[647] Vgl. Peridon, Steiner (1993), S. 167.
[648] Vgl. Hull (1992), S. 5, Peridon, Steiner (1993), S. 167.
[649] Vgl. McMillan (1986), S. 4.
[650] Vgl. hierzu und zu den weiteren Ausführungen zum Optionspreis Hull (1992), S. 140. Darüber hinaus sei angemerkt, daß sich Calloptionen, deren Basispreis unter dem aktuellen Aktienkurs liegen, keinen negativen, inneren Wert annehmen. Solche Optionen, die man als "out-of-the-money" bezeichnet, tragen dann einen inneren Wert von Null.

ein Wert aus dem weiter erwarteten Kursgewinn (bei einer Calloption), der auch als Zeitwert bezeichnet wird.[651] Innerer Wert und Zeitwert ergeben gemeinsam den Wert oder Preis einer Option.[652] Dieser stellt die Grundlage des Anreizes dar, der von einer Vergütung mit Aktienoptionen eines Unternehmens ausgeht.

(b) Zentrale Typen von Aktienoptionen und Ableitung grundsätzlicher Gestaltungsdimensionen von Aktienoptionsprogrammen: Zwischen dem Einsatz von Aktienoptionsprogrammen in den USA und in Deutschland ist ein deutliches Gefälle festzustellen. In den USA hat die Gewährung von Aktienoptionen für Mitarbeiter ihren Ursprung bereits im Jahr 1956.[653] Aktienoptionspläne nehmen dort eine bedeutende Stellung im Rahmen der Vergütung von Mitarbeitern ein, die weiter im Ausbau begriffen ist.[654] In Deutschland scheint diese Entwicklung nun mit beträchtlicher Verzögerung und mit Orientierung an den Erfahrungen in den USA einzusetzen.[655] Dies läßt sich aus dem zunehmenden Interesse ableiten, das in der Fachliteratur und in der Unternehmenspraxis an Aktienoptionsprogrammen für Mitarbeiter erkennbar wird.[656]

Im folgenden werden nun die konkreten Gestaltungsmöglichkeiten im Rahmen von Aktienoptionsplänen für Mitarbeiter betrachtet. Da in Deutschland mit dieser Vergütungsform erst wenige Erfahrungen gemacht wurden, erscheint es hierfür zweckmäßig, auf us-amerikanische Differenzierungen zurückzugreifen. Hierfür werden im folgenden drei bekannte und in den USA häufig vertretene Typen von Aktienoptionsplänen knapp dargestellt.[657]

- Besonders flexibel gestalten sich die häufig verwendeten *"Non Qualified Stock Option Plans"*.[658] Die Gewährung des Rechts auf Aktienerwerb für Mitarbeiter ist kaum ein-

---

[651] Weitere Faktoren, die den Wert einer Option bestimmen, sind bspw. das Zinsniveau, die Dividende des Kontraktpapiers sowie die Kursvolatilität, vgl. Peridon, Steiner (1993), S. 170 ff.
[652] Der innere Wert wird dabei jedoch kaum unterschritten, da sonst Arbitragegeschäfte möglich werden.
[653] Vgl. Koch (1990), S. 2269.
[654] Vgl. z.B. Cherrington (1994), S. 199, Koch (1990), S. 2269, Young (1998), S. 24. Vgl. zudem zu einer Übersicht über Typen von Aktien- und Aktienoptionspläne Baumgartner (1992), S. 152.
[655] Vgl. allgemein zur geringen Kapitalbeteiligung von Mitarbeitern in deutschen Unternehmen bspw. Klimecki, Gmür (1998), S. 290 unter Verweis auf den Ergebnisbericht von Gaugler, Wiltz (1993), S. 13 zum Vergleich europäischen Personalwesens im Price Waterhouse Cranfield Projekt.
[656] Vgl. Fiedler-Winter (1999), Heigl, Scholand (1999), Kau, Leverenz (1998), Knoll (1998), Kopper (1998), o.V. (1999), Schmidt (1998), Schwarz, Michel (1998).
[657] Vgl. Baumgartner (1992), S. 150. Die Unterscheidung der Typen und ihrer Merkmale ist insbesondere für ihre steuerliche Anerkennung zentral, da sich daraus divergierende steuerliche Handhabungen ergeben.
[658] Vgl. Baumgartner (1992), S. 151. Carrell, Elbert, Hatfield (1995), S. 529.

geschränkt. Die *Frist der Optionsausübung* beträgt zwar in der Regel zehn Jahre, kann aber kürzer sein oder darüber hinaus gehen.[659] Hinsichtlich des Zeitraums, innerhalb dessen die Aktien zu halten sind, besteht ebenfalls keine Vorgabe. Auch der *Bezugspreis* unterliegt keiner expliziten Regelung und kann daher auch unter dem aktuellen Kurswert festgelegt werden. Desweiteren liegt keine Beschränkung hinsichtlich des *Umfangs* vor, der einzelnen Personen innerhalb der insgesamt zur Verfügung stehenden Optionen gewährt wird. Die Gewinne, die bei der Optionsausübung entstehen, sind allerdings beim Mitarbeiter in vollem Umfang steuerpflichtig.[660] Das Unternehmen erhält dagegen Möglichkeiten zur Steuerreduzierung bei Optionsausübung.[661] Auf diese Weise werden die Mitarbeiter zwar kaum eingeschränkt, tragen jedoch erhebliche finanzielle Lasten bei Optionsausübung.

- Im Gegensatz dazu sind die Zuteilungsbedingungen der *"Qualified Stock Option Plans"* wesentlich restriktiver.[662] Die Ausgabe von Optionen erfolgt hier, innerhalb von maximal zehn Jahren, periodisch und ist an die Erreichung *operativer Zielgrößen* gekoppelt. Dabei bestehen feste Vorgaben hinsichtlich der *Fristen*, die eine *Ausübung* spätestens nach fünf und den anschließenden Aktienverkauf spätestens nach drei Jahren vorsehen. Die Optionen sind zudem nur in der *Reihenfolge* der Ausgabe ausübbar und verfallen bei einem Beschäftigungsende spätestens nach drei Monaten.[663] Der *Bezugspreis* darf nicht unter dem Marktpreis zum Ausgabezeitpunkt liegen.[664] Desweiteren sind an einzelne Personen nicht mehr als fünf Prozent der insgesamt zur Verfügung stehenden Optionen dieses Typs auszugeben. Der Vorteil von Qualified Stock Option Plans liegt für Mitarbeiter in einer geringeren steuerlichen Belastung.

- In Weiterentwicklung dieses Typs sind schließlich die *"Incentice Stock Option Plans"* entstanden, die für ihre Anerkennung vergleichbare, jedoch noch weitreichendere Restriktionen zu erfüllen haben als die "Qualified Stock Option Plans".[665] Zentral ist

---

[659] Vgl. hierzu und im folgenden Becker (1990), S. 38 f., Carrell, Elbert, Hatfiled (1995), S. 529.
[660] Vgl. Baumgartner (1992), S. 151.
[661] Vgl. Carrell, Elbert, Hatfield (1995), S. 529.
[662] Vgl. Baumgartner (1992), S. 150 f.
[663] Vgl. Becker (1990), S. 38.
[664] Vgl. Ellig (1982), S. 220.
[665] Vgl. Baumgartner (1992), S. 151, Becker (1990), S. 39.

hier insbesondere ein *Limit auf $100.000* jährlich ausgeübter Optionen. Im Gegenzug weist dieser Typ weitere steuerliche Vorteile nach us-amerikanischem Recht auf.

Zusammenfassend sind aus der Betrachtung dieser Typen von Aktienoptionsplänen folgende grundsätzliche Gestaltungsdimensionen abstrahierbar:

- Fristen von Optionsausübung bzw. -verfall und Aktienverkauf
- Bezugspreis
- Umfang an Optionsrechten, der einzelnen Personen gewährt wird[666]
- Wert ausübbarer Optionen per anno
- Reihenfolge der Optionsausübung.

Diese Gesichtspunkte gilt es bei der Diskussion von Möglichkeiten zu Förderung kalkulierten Commitments im Rahmen einer Vergütung mit Aktienoptionen zu berücksichtigen.

(c) Anmerkungen zur deutschen Rechtsprechung: Angesichts der deutschen Rechtsprechung waren Aktienoptionspläne für Mitarbeiter bis zum Inkrafttreten des Gesetzes zur Kontrolle und Transparenz im Unternehmensbereich (KonTraG) vom 05.03.1998 kaum möglich. Statt dessen wurden - allerdings recht selten - Wandelschuldverschreibungen ausgegeben, die jedoch einen anfänglichen Kapitaleinsatz seitens der Mitarbeiter erfordern.[667] Zur Erleichterung dieser Handhabung wurde das KonTraG erlassen.[668] Damit ist die Vergütung von Mitarbeitern mit Aktienoptionen grundsätzlich nun auch in Deutschland ohne rechtliche Einschränkung möglich. Die deutsche Gesetzgebung ist dabei jedoch etwa bezüglich der steuerlichen Handhabung noch nicht lückenlos.[669] Dies gilt es vor allem bei der Implementierung von Aktienoptionsplänen zu berücksichtigen, um nicht vermeidbare steuerliche Nachteile auf

---

[666] Neben diesen Gestaltungsdimensionen wird auch eine Orientierung aktienorientierter Vergütung an der Marktentwicklung diskutiert. Damit wird zumindest partiell eine Relativierung um solche Faktoren angestrebt, die dem Unternehmen und seinen Mitarbeitern kaum zurechenbar sind, wie etwa Markt- und Brancheneinflüsse. Diese Einflüsse können durch eine Anpassung des Bezugspreises auf Basis der Entwicklung eines Marktindex berücksichtigt werden. Allerdings entsteht hier Spielraum für Berechnungsfehler und Manipulationen. Vgl. hierzu sowie zu einem anschaulichen Rechenbeispiel Becker (1990), S. 40 f.

[667] Vgl. hierzu Einem v. (1998), S. 1, das Aktiengesetz (AktG), insbesondere § 192), sowie das Urteil des Obersten Landesgerichts (OLG) Stuttgart, vom 12.08.1998, S. 3.

[668] Vgl. das Urteil des Oberlandesgerichts Stuttgart vom 12.08.1998, S. 1757 f.

[669] Vgl. bspw. den Beitrag von Knoll (1998), insbesondere S. 133, zur Festlegung des Besteuerungszeitpunktes, der derzeit noch Gestaltungsspielräume seitens der Finanzverwaltung offenläßt.

Mitarbeiterseite zu erleiden.[670] Wesentliche Aspekte sind jedoch bereits explizit festgelegt. Sie bilden Rahmenbedingungen der Vergütung mit Aktienoptionen, die einige wesentliche Unterschiede zur Handhabung dieser Vergütungsform in den USA determinieren. Bei der nachfolgenden Generierung von Gestaltungsmöglichkeiten von Aktienoptionen zur fokalen Förderung der kalkulierten Commitmentkomponente gilt es, diese zu berücksichtigen.

(2) Gestaltungsmöglichkeiten

Grundsätzlich ist auch bei der Vergütung mit Aktienoptionen die Relation zu anderen Vergütungskomponenten zu berücksichtigen, um eine Anreizwirkung zu erzielen.[671] Im Hinblick auf den Schutz der Aktionäre ist dabei eine Limitierung der auszugebenden Optionen zu beachten um durch die (bedingte) Kapitalerhöhung keine "Verwässerung"[672] der Aktionärsrechte herbeizuführen. Laut deutscher Rechtsprechung wurden hier in konkreten Unternehmensfällen bereits 1,6% und 6,91% des aktuellen Grundkapitals als vertretbar befunden, wobei eine bedingte Kapitalerhöhung um 10% nicht überschritten werden darf.[673]

Unter Berücksichtigung dieser Vorgabe ist bei der Vergütung mit Aktienoptionen zum einen die Gestaltung der Ausübungsmodalitäten notwendig. Denn hier liegt der Ansatzpunkt für die Aufschiebung der Vergütung, die zum Aufbau kalkulierten Commitments wesentlich ist (a). Zum anderen ist die Spezifizierung der ausgegebenen Optionen relevant, da diese die Attraktivität der ausgegebenen Optionen bestimmt (b). Darüber hinaus sind Beschränkungen der Optionszuteilung hinsichtlich der Quantität der individuell auszugebenden Optionen und der Eigenbeteiligung der Mitarbeiter am Optionspreis von Bedeutung (c).

(a) Möglichkeiten der Förderung kalkulierten Commitments durch eine restriktive Gestaltung der Ausübungsmodalitäten von Aktienoptionen: Im Rahmen der Gestaltung der Ausübungsmodalitäten eröffnen sich wesentliche Möglichkeiten, Einfluß auf die Förderung kalkulierten Commitments zu nehmen. Von besonderem Interesse ist dabei die Festlegung zeitlicher Restriktionen, die eine Aufschiebung der Vergütung in die Zukunft ermöglichen. Angesichts

---

[670] Hier sind bspw. ex ante Vereinbarungen mit den Finanzbehörden zu treffen, die eine Besteuerung bei den Mitarbeitern zum Zeitpunkt der Optionszuteilung ermöglichen. Die konkrete Handhabung solcher Schritte wird im Rahmen der Gestaltungsmöglichkeiten von Aktienoptionen in Punkt (2) dieses Abschnitts betrachtet.

[671] Dies ist auch im Sinne des Gesetzgebers, um eine Wirkung entsprechend der Zielsetzungen der eingeführten Vergütungsmaßnahme zu ermöglichen. Vgl. Oberlandesgericht Stuttgart (1998), S. 1758 f.

[672] Vgl. zum Verwässerungseffekt von Aktienoptionsprogrammen auch Knoll (1999), S. 4 f.

des Aufbaus von Ansprüchen in der Zukunft erhöhen sich die Investitionsverluste und damit die Opportunitätskosten bei einem Organisationsaustritt. Diese stellen Austrittsbarrieren dar, die für die Entwicklung der kalkulierten Commitmentkomponente maßgeblich sind.[674] Daraus leiten sich vier zentrale Gestaltungsaspekte für die Restriktion der auszugebenden Aktienoptionen ab:

- Erstens die Auferlegung einer *Sperrfrist*, innerhalb derer ausgegebene Optionen nicht ausgeübt werden können. Diese ist im Hinblick auf eine Erhöhung der Austrittsbarrieren sinnvoll und notwendig. Eine solche Sperrfrist ist nach deutscher Rechtslage für wenigstens zwei Jahre vorgesehen, kann aber auch darüber hinausgehen.[675] Auf diese Weise kann Commitment aufgebaut werden, das Unternehmen innerhalb der Sperrfrist nicht zu verlassen. Beim Ziel einer mittel- bis längerfristigen Bindung von Mitarbeitern empfiehlt sich freilich eine mehrjährige Sperrfrist. Die konkrete Dauer ist in Abhängigkeit vom konkreten Bedarf eines Unternehmens zu spezifizieren.[676]

- Von besonderer Bedeutung ist dabei zweitens die Handhabung des *Ausübungsrechts* im Falle eines vorzeitigen Austritts aus dem Unternehmen - während der sogenannten "vesting period".[677] Zum Aufbau einer effektiven Austrittsbarriere ist es für diesen Fall notwendig, eine Rücknahme der finanziellen Vorteile der Option vorzusehen.[678] Die Optionsausübung ist daher im Hinblick auf die Förderung kalkulierten Commitments an die *Bedingung einer fortgeführten Beschäftigung* zu knüpfen, so daß beim Verlassen des Unternehmens eine Ausübung nicht mehr möglich wird. Dies ist nach der deutschen

---

[673] Vgl. § 192 III AktG n.F., Oberlandesgericht Stuttgart (1998), S. 1758.
[674] Zudem ist auch eine zeitliche Restriktion des nachfolgenden Aktienverkaufs denkbar.
[675] Vgl. § 193, Abs. II, Nr. 4 AktG n.F., das eine Wartezeit von zwei Jahren für die erstmalige Ausübung festschreibt, Oberlandesgericht Stuttgart (1998), S. 1758 f. Darüber hinaus kann eine Beschränkung der Ausübung auf kurze Zeiträume nach regelmäßigen Berichterstattungen festgelegt werden, die jedoch auf eine Vermeidung von Insidergeschäften zielt.
[676] Zur Möglichkeit der Vergütungsaufschiebung durch Zuteilung von Aktienoptionen sind jedoch einschränkend auch kritische Überlegungen zu treffen. Denn es besteht zumindest die Möglichkeit, die verzögerte Anreizwirkung von Aktienoptionsplänen bis zu einem gewissen Grad zu umgehen. Denkbar ist etwa der Verkauf von Kaufoptionen zum Zeitpunkt der Vergütung mit Aktienoptionen, die der Art und dem Umfang der erhaltenen Kaufoptionen entsprechen. Damit wird zumindest ein Mittelzufluß herbeigeführt, der dem Optionswert zum Zeitpunkt dieses Verkaufs entspricht. Eine Eindämmung dieser Möglichkeit ist allenfalls begrenzt möglich. Vgl. Schäfer (1997), S. 408 ff.
[677] Vgl. z.B. Kau, Leverenz (1998), S. 2270.
[678] Einem v. (1998) führt hierzu die Möglichkeit der Vereinbarung eines entschädigungspflichtigen Kündigungsrechtes für die Aktienoption seitens der Gesellschaft für den Fall an, daß ein Mitarbeiter das Unternehmen vor Ablauf der Bindefrist verläßt.

Rechtsprechung möglich und auch beabsichtigt.[679] Insbesondere bei unentgeltlichen Optionszuteilungen würden ohne solche Fristen unzulässige "Gratisoptionen" ausgegeben werden. Durch die Verknüpfung des Ausübungsrechts mit der Bedingung einer fortgeführten Beschäftigung während der Bindungsfrist ist dies auch bei unentgeltlichen Optionszuteilungen nicht gegeben, da die fortgeführte Beschäftigung als Form der Gegenleistung zu interpretieren ist.[680]

- Drittens ist die Begrenzung der *Dauer des Ausübungsrechts* zu regeln. Diese ist jedoch im Hinblick auf die Förderung der kalkulierten Commitmentkomponente nachrangig, da sie zu keiner Aufschiebung der Vergütung führt. Bei positiver Kursentwicklung kann allenfalls eine lange Dauer des Ausübungsrechts zu einer Anreizerhöhung beitragen.[681]

- Darüber hinaus können viertens zeitliche *Fristen* für den nachfolgenden *Verkauf der Unternehmensaktien* in Erwägung gezogen werden, die jedoch hinsichtlich der Aufschiebung der Vergütung und deren Anreizhöhe kaum ausschlaggebend sind. Empfehlen wird sich hier jedoch in jedem Fall die Berücksichtigung der entsprechenden steuerlichen Konsequenzen, da bspw. erst ein Haltezeitraum von wenigstens sechs Monaten einen steuerfreien Wertezuwachs bei den betroffenen Mitarbeitern ermöglicht.[682] Dieser Aspekt kann zwar uneingeschränkt dem Dispositionsbereich der Mitarbeiter überlassen werden.[683] Eine Vernachlässigung steuerlicher Gesichtspunkte kann jedoch zu beträchtlichen finanziellen Belastungen von Mitarbeitern führen, aus denen negative Konsequenzen für die Wahrnehmung der finanziellen Attraktivität des Unter-

---

[679] Vgl. Einem v. (1998).
[680] Vgl. Oberlandesgericht Stuttgart (1998), S. 1758 f. Besonders wichtig kann der Aufbau von Commitment (und damit von Bindung) während schwieriger Phasen für die Mitarbeiter sein, bspw. bei Fusionen, so daß sich hier bspw. eine Sperrfrist anbietet, die bis zu einem erwarteten Zeitpunkt der Normalisierung des Geschäftsgeschehens dauert.
[681] Ein weiterer Aspekt zur Einschränkung der Ausübung von Aktienoptionen ist die Bindung an bestimmte Mindestwerte der Kursentwicklung, bzw. eine Koppelung an einen vorab festzulegende Marktindices. Diese Variante ist nach deutscher Rechtsprechung möglich. Ein konkreter Zusammenhang zwischen solchen Koppelung und den spezifischen Einflußvariablen kalkulierten Commitments - der Aufschiebung und Attraktivitätssteigerung gewährter Aktienoptionen - ist jedoch nicht ersichtlich. Hinsichtlich der Förderung kalkulierten Commitments erscheint dieser Aspekt daher von nachrangiger Bedeutung und wird daher nicht weiter betrachtet. Vgl. zu dieser Möglichkeit Oberlandesgericht Stuttgart (1998), S. 1758.
[682] Vgl. Kau, Leverenz (1998), S. 2270.
[683] Weitere Beschränkungen betreffen bspw. eine Limitierung der Optionen, die pro Mitarbeiter während eines bestimmten Zeitraumes augeübt werden dürfen oder die Reihenfolge, in der erhaltene Optionen ausübbar sind etc. Hinsichtlich der Steigerung der wahrgenommenen Attraktivität des Optionsangebots sind diese jedoch nachrangig.

nehmensangebots resultieren. Es empfiehlt sich daher gegebenenfalls, die Verkaufsfristen der Aktien so zu setzen, daß die resultierenden steuerlichen Lasten möglichst gering gehalten werden, bzw. entsprechende Beratungsleistungen anzubieten.[684]

(b) Möglichkeiten der Förderung kalkulierten Commitments durch die Gestaltung der Attraktivität der ausgegebenen Optionen: Neben der Gestaltung der Ausübungsbedingungen gilt es, die Attraktivität der Aktienoptionen und der zugrunde liegenden Aktien zu spezifizieren. Im Hinblick auf eine Förderung der affektiven Commitmentkomponente steht dabei die Steigerung der finanziellen Attraktivität im Vordergrund. Hierbei sind insbesondere zwei Aspekte wesentlich:

- Erstens erscheint die Ausgabe *handelbarer Optionen* sinnvoll.[685] Dies ergibt sich aus der bisher relativ unklaren steuerrechtlichen Regelung, wonach Optionen grundsätzlich "wertlose Chancen auf einen künftigen ungewissen Vermögensvorteil"[686] darstellen. Damit kann keine Besteuerung von Aktienoptionen vorgenommen werden. Die steuerliche Belastung tritt damit erst bei der Optionsausübung ein. Dies führt insbesondere bei hohen Kurszuwächsen zu erheblichen, steuerlichen Mehrbelastungen gegenüber einer Besteuerung zum Zeitpunkt der Optionszuteilung. Ist eine Option jedoch handelbar, entsteht aus ihr ein geldwerter Vorteil, der unmittelbar aus der Optionszuteilung resultiert.[687] Damit kann auch eine Besteuerung zum Zeitpunkt der Zuteilung erfolgen. Eine Besteuerung des Wertzuwachses bliebe - unter Einhaltung der sechsmonatigen Haltefrist - aus. Diese Möglichkeit besteht derzeit, ist aber angesichts der bisher unklaren Regelungen mit der zuständigen Finanzverwaltung ex ante abzuklären.[688] Um unnötige steuerliche Belastungen der Mitarbeiter zu umgehen, empfiehlt es sich,

---

[684] Vgl. hierzu ausführlicher den nachfolgenden Punkt (3).
[685] Ein Handel ist im Hinblick auf den Aufbau kalkulierten Commitments auch auf den Zeitpunkt nach der Sperrfrist zu begrenzen.
[686] Kau, Leverenz (1998), S. 2270.
[687] Die weitgehend vertretene Meinung der unmittelbaren Besteuerung des Optionsrechts ist auch auf die Bewertbarkeit solcher Optionsrechte zurück zu führen, hierbei wird bspw. die Black-Scholes Formel genannt, vgl. z.B. bei Einem v. (1998), Kau, Leverenz (1998), S. 2270 sowie ausführlich bei Peridon, Steiner (1993), S. 176 ff.
[688] Vgl. Kau, Leverenz (1998), S. 2270, die zudem darauf verweisen, daß die Handelbarkeit einer Knüpfung der Optionen an spezifische Bedingungen, wie bspw. Mindestwartefristen, nicht zwingend entgegensteht. Desweiteren nennen die Autoren eine Möglichkeit zur Herbeiführung einer Besteuerung bei Optionsausgabe auch bei ablehnender Haltung der zuständigen Behörden vgl. Kau, Leverenz (1998), S. 2270, die Ausführungen in Fußnote fünf.

entsprechende Vereinbarungen von Unternehmensseite mit den zuständigen Finanzbehörden zu treffen. Damit kann die Attraktivität der Vergütung durch Aktienoptionen beträchtlich erhöht und damit in ihrer Wirksamkeit zur Förderung kalkulierten Commitments gesteigert werden.

- Ein zweiter, wesentlicher Aspekt ist die Spezifizierung der *Aktien*, auf die ein Optionsrecht verliehen wird. Hinsichtlich einer Erhöhung des gewährten Anreizes ist hier insbesondere die Einräumung von *Dividenden- und Stimmrechten* der erwerbbaren Aktien von Interesse.[689] Im Hinblick auf die Förderung der kalkulierbaren Opportunitätskosten, die bei vorzeitigem Verlassen eines Unternehmens entstehen, empfiehlt es sich, die erwerbbaren Aktien durch diese beiden Merkmale attraktiver zu gestalten.[690]

(c) Beschränkungen der Zuteilung von Optionen - Begrenzung der Quantität individuell ausgegebener Optionen und Eigenbeteiligung der Mitarbeiter: Neben der Gestaltung von Ausübungsmodalitäten und der Spezifizierung der ausgegebenen Optionen erfordert die Ausgabe von Aktienoptionen bestimmte Beschränkungen:[691]

- Es wurde erläutert, daß in Deutschland eine Obergrenze der insgesamt gewährbaren Aktienoptionen besteht, so daß auch eine individuelle Deckelung notwendig wird. Wie bereits bei der Erläuterung der Typen von Aktienoptionsplänen angesprochen wurde, ist die *Limitierung der Quantität individuell zuteilbarer Aktienoptionen* an Mitarbeiter auch in den USA üblich. Bei der Gestaltung von Aktienoptionen zum Zweck, möglichst hohe Anreize zu schaffen, ist dies einschränkend zu berücksichtigen.[692]

---

[689] In einer Gegenüberstellung von sechs aktuellen Aktienprogrammen deutscher Unternehmen zeigen Heigl, Scholand (1999), S. 32 etwa, daß fünf Unternehmen eine Dividendenberechtigung der ausgegebenen Aktien vorsehen.

[690] Dies ist vor der Beschließung eines Aktienoptionsplans zu entscheiden, da die Charakteristika der Aktien Gegenstand des Beschlusses eines Aktienoptionsplans sind.

[691] Daneben stellen grundsätzlich auch die Betrachtung etwa einer Zugangsdifferenzierung sowie einer Unterscheidung der Handhabung der Optionsvergütung nach Mitarbeitergruppen Aspekte der Vergütung mit Aktienoptionsplänen dar. Da an dieser Stelle am Beispiel des mittleren Managements argumentiert wird, ist die Frage nach der Zugangsdifferenzierung hier unerheblich. Eine Unterscheidung nach Gruppen innerhalb der Mittelmanager wird nicht vorgenommen. Vgl. hierzu jedoch das Beispiel der Daimler-Chrysler AG. Hier wird in Abhängigkeit der Unternehmensebene eine Differenzierung des maximalen Zeichnungsbetrags vorgenommen, vgl. Fiedler-Winter (1999), S. 42 f.

[692] Analog zeigen Heigl, Scholand (1999), S. 32 in ihrer Gegenüberstellung von sechs aktuellen Aktienprogrammen deutscher Unternehmen durchgehend eine Limitierung der individuell zu erwerbenden Aktien.

- Die Bestimmung einer konkreten *Zuteilungsformel* obliegt im Bereich des Mittelmanagements der Geschäftsleitung. Der Gesetzgeber sieht hier keine explizite Regelung vor, sondern ordnet dies dem Ermessensbereich der Unternehmensführung zu.[693] Im Hinblick auf die Schaffung hoher Austrittsbarrieren können hier zum Aufbau von kalkuliertem Commitment gewissermaßen "goldene Handschellen" an Schlüsselmitarbeiter angelegt werden.[694]

- Weitgehend im Ermessensbereich des Vorstands liegt auch die Festlegung der *Eigenbeteiligung* der begünstigten Mitarbeiter. Bei der Bestimmung des Optionspreises ist dabei der Aktienkurs maßgeblich. Da eine Eigenbeteiligung eine Investition seitens der Mitarbeiter erfordert, erhöht diese die Austrittsbarrieren aus einem Unternehmen. Eine Eigenbeteiligung ist dahingehend zweckmäßig. Um die Attraktivität des Optionsangebots dadurch nicht zu schmälern, kann etwa ein günstiger Bezugspreises festgelegt werden.

(3) **Weiterführende Überlegungen zu flankierenden Maßnahmen**

Bei der Einführung von Aktienoptionsprogrammen sind zudem flankierende Maßnahmen denkbar, die zu einer Intensivierung des wahrgenommenen Anreizniveaus und damit zur Intensivierung kalkulierten Commitments beitragen können. Eine Möglichkeit hierfür ist die Einrichtung spezifischer Serviceangebote für Mitarbeiter in Verbindung mit der Zuteilung von Aktienoptionen. Beispielhaft hierfür sind ein Angebot von Beratungsleistungen (a) oder finanzieller Unterstützung bei der Ausübung von Aktienoptionen (b).

(a) Beratungsleistungen als flankierende Maßnahme der Aktienoptionsvergütung: Eine Servicemaßnahme könnte mit der *Einrichtung von Beratungsmöglichkeiten* ergriffen werden. Angesichts der geschilderten Unsicherheit in der deutschen Gesetzgebung, hinsichtlich der steuerlichen Handhabung von Aktienoptionen, könnte dies eine wertvolle Unterstützung der Mitarbeiter in der Handhabung von Aktienoptionen darstellen. Solche Formen der Unterstützung sind geeignet, die Attraktivität der Vergütung mit Aktienoptionen für die Mitarbeiter

---

[693] Vgl. Oberlandesgericht Stuttgart (1998), S. 1757. Hier gilt der Grundsatz der Entscheidung über die Vergütung durch Dritte, so daß bspw. der Vorstand über die Regelung im Mittelmanagement entscheiden kann. Die Aktienoptionsvergütung des Vorstands obliegt jedoch dem Beschluß des Aufsichtsrats gem. §§ 84, I, Satz 5; 86, 87 AktG.

[694] Vgl. hierzu sinngemäß Sattelberger (1998), S. 30, Ringlstetter (1995), S. 218.

noch zu erhöhen. Denn ein geeigneter Umgang mit Optionen, insbesondere zur Minimierung der steuerlichen Lasten, erfordert Kenntnisse z.B. der entsprechenden, rechtlichen Regelungen, die ein Beratungsangebot durchaus attraktiv machen. Unter solche Regelungen fallen bspw. die Mindesthaltefristen von Aktien über einen Zeitraum von sechs Monaten (bzw. ein Jahr, ab 2000), um eine Besteuerung des Wertezuwaches zu vermeiden sowie die Aufklärung über die steuerlichen Konsequenzen unterschiedlicher Besteuerungszeitpunkte. Wie bereits erläutert wurde, ist hier bspw. eine Besteuerung des geldwerten Vorteils der Optionen zum Zeitpunkt der Ausgabe der Optionen anzuraten, um eine spätere Besteuerung der (möglicher Weise wesentlich höheren) Kursgewinne zu vermeiden. Eine entsprechende Beratung ist daher geeignet, die finanziellen Vorteile, die den Mitarbeitern aus den Aktienoptionen entstehen, zu steigern. Neben der Reduzierung von unnötigen steuerlichen Belastungen können die betroffenen Mitarbeiter zugleich ihre zeitlichen Aufwendung für die Einarbeitung in die entsprechenden, gesetzlichen Regelungen reduzieren. Damit kann eine erhöhte Attraktivität der angebotenen Unternehmensanreize erreicht werden, die zudem zu vergleichsweise geringen finanziellen Belastungen des Unternehmens, durch die Einrichtung einer Beratungsstelle, erreicht werden kann.

(b) Finanzielle Unterstützung bei der Ausübung von Aktienoptionen: Eine zweite, flankierende Maßnahme der Vergütung mit Aktienoptionen kann in der *Unterstützung der Mitarbeiter beim Kauf von Unternehmensaktien* bei der Ausübung ihrer Optionen liegen. Denkbar sind hier spezielle Kredite zur Bereitstellung der liquiden Mittel zur Finanzierung der Aktienkäufe. Da hier gegebenenfalls beträchtliche Mittel von Mitarbeiterseite aufzubringen sind, können sich entsprechende Unterstützungsleistungen von Unternehmen als hilfreicher Service erweisen. Flankierende Maßnahmen von Aktienoptionsplänen dieser Art sind auf die Erhöhung der wahrgenommenen Anreizattraktivität eines Unternehmens ausgerichtet und damit auf die Intensivierung des Aufbaus kalkulierten Commitments.

III.2 Führung als Instrument des Commitment-Managements

Im vorangehenden Abschnitt wurde die Gestaltung von Vergütungsinstrumenten zum Aufbau organisationalen Commitments betrachtet. In den folgenden Ausführungen werden auf Grundlage der untersuchten Einflußvariablen organisationalen Commitments Instrumente im

Kontext der Führung untersucht. Im Rahmen der Analyse der Einflußfaktoren wurden dabei Einflüsse auf unterschiedlichen, organisatorischen Ebenen deutlich. Zum einen wurden humanressourcenrelevante Unternehmensgrundsätze als Determinanten organisationalen Commitments ermittelt.[695] Soweit diese einer intendierten Gestaltung zugänglich sind, ist diese prinzipiell auf einer organisatorischen Gesamt- oder allenfalls Bereichsebene anzusiedeln. Zum anderen resultieren Einflußmöglichkeiten im Rahmen der bilateralen Beziehung zwischen Vorgesetzten und Mitarbeitern,[696] die auf der Aktorenebene zu verorten ist. Es gehen daher sowohl von der Gestaltung übergreifender Richtlinien und Grundsätze als auch vom direkten Führungsverhalten wesentliche Impulse für den Aufbau organisationalen Commitments aus, die wesentliche Beiträge zur Handhabung der zentralen Herausforderung eines Managements des mittleren Managements leisten können.

Unter Führungsgesichtspunkten ist ein Commitmentaufbau im mittleren Management von besonderer Bedeutung, da davon auszugehen ist, daß von der Förderung organisationalen Commitments im Rahmen dieser Mitarbeitergruppe eine relativ große Hebelwirkung ausgeht. Dies wird bei der Betrachtung der zentralen Funktionen des mittleren Managements deutlich. Denn es wurde erläutert, daß mittlere Manager im Rahmen der Implementierungsfunktion eine Führungsfunktion für die ihnen unterstellten Mitarbeiter innehaben. Es kann daraus gefolgert werden, daß das Commitment des mittleren Managements zugleich eine maßgebliche Einflußvariable des Commitments von Mitarbeitern auf nachgeordneten Ebenen ist.[697] Jenseits dieser Bedeutung des mittleren Managements können jedoch auch Führungsmaßnahmen des Topmanagements, insbesondere auf einer Systemebene des Humanressourcen-Managements, durchaus direkten Einfluß auf Mitarbeiter nachgeordneter Hierarchiestufen haben.

Im folgenden werden, wie in Abbildung III-9 dargestellt, exemplarisch Möglichkeiten der Förderung der differenzierten Commitmentkomponente im Kontext der Führung untersucht. Vor dem Hintergrund der in Abschnitt II.3 untersuchten Einflußvariablen von Commitment werden solche Instrumente beleuchtet, bei denen in besonderem Maße die stärksten Einflußfaktoren der jeweils betrachteten Commitmentkomponente im Vordergrund stehen.

---

[695] Vgl. Abschnitt II.3.1.
[696] Vgl. Abschnitt II.3.3.
[697] Vgl. hierzu auch Mintzberg (1990), S. 171, der in diesem Zusammenhang auf die zentrale Bedeutung des (Mittel-)Managements bei der Förderung des Mitarbeitercommitments hinweist.

Teil III: Instrumente eines Commitment-Managements 201

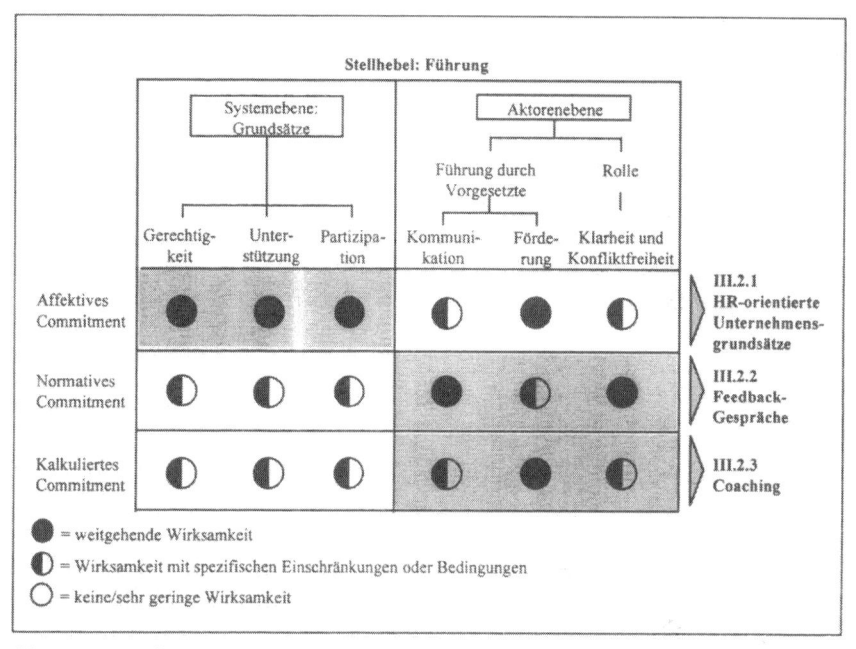

	Stellhebel: Führung						
	Systemebene: Grundsätze			Aktorenebene			
				Führung durch Vorgesetzte		Rolle	
	Gerechtig- keit	Unter- stützung	Partizipa- tion	Kommuni- kation	Förde- rung	Klarheit und Konfliktfreiheit	
Affektives Commitment	●	●	●	◐	●	◐	III.2.1 HR-orientierte Unternehmens- grundsätze
Normatives Commitment	◐	◐	◐	◐	◐	◐	III.2.2 Feedback- Gespräche
Kalkuliertes Commitment	◐	◐	◐	◐	●	◐	III.2.3 Coaching

● = weitgehende Wirksamkeit
◐ = Wirksamkeit mit spezifischen Einschränkungen oder Bedingungen
○ = keine/sehr geringe Wirksamkeit

Abb. III-9: **Führungsinstrumente zum Aufbau von Commitment**

Hinsichtlich der affektiven Commitmentkomponente werden dabei Gestaltungsmöglichkeiten der Führung auf Systemebene fokussiert. Exemplarisch wird hier die Gestaltung und Implementierung von Unternehmensgrundsätzen und Leitlinien betrachtet (Abschnitt III.2.1).[698] In einem nächsten Schritt wird die Förderung der normativen Commitment- komponente im Rahmen der Beziehung zu Vorgesetzten untersucht. Hier werden Möglich- keiten betrachtet, die sich aus der Durchführung von Feedbackgesprächen zum Aufbau einer normativen Verpflichtung gegenüber der Organisation ergeben (Abschnitt III.2.2). Im Zuge

---

[698] Dabei ist jedoch zu berücksichtigen, daß dies den Autonomiebereich der Zuständigen eines Human- ressourcen-Managements relativ rasch überschreiten kann. Soweit Träger und Verantwortliche eines Humanressourcen Managements auf höchster Unternehmensebene zusammenfallen, ergibt sich dieses Problem kaum. Andernfalls ist zunächst die Unterstützung der Unternehmensleitung im Zuge einer plau- siblen Darstellung der Zweckmäßigkeit der Etablierung entsprechender Grundsätze zu gewinnen. Hierzu sei jedoch bemerkt, daß im vorliegenden Kontext das Beispiel des mittleren Management zur Veranschau- lichung herangezogen wird. Aufgrund der hierarchischen Stellung dieser Mitarbeitergruppe und deren Bedeutung für die Organisation ist für den vorliegenden Kontext ohnehin von einer gewissen Zustän- digkeit des Topmanagements auszugehen. Auf Aspekte einer Überzeugung des Topmanagements wird daher nicht eingegangen. Vgl. zur Bedeutung des Topmanagements bei der Etablierung von Unter- nehmensgrundsätzen und Werten bspw. Allinson (1995), S. 73.

der Steigerung kalkulierten Commitments werden schließlich, im Kontext der Führung auf Aktorenebene, Gestaltungsmöglichkeiten des individuellen Coaching beleuchtet. Angesichts der Notwendigkeit einer Vermittlung überdurchschnittlicher Anreize ergeben sich hier besondere Möglichkeiten zu einer Differenzierung von alternativen Unternehmen (Abschnitt III.2.3).

III.2.1 Humanressourcenorientierte Unternehmensgrundsätze zum Aufbau der affektiven Commitmentkomponente

Die Untersuchung von Einflußvariablen im Kontext der Führung hat neben dem unmittelbaren Vorgesetztenverhalten[699] spezifische Unternehmensgrundsätze und Leitlinien als wesentliche Faktoren organisationalen Commitments ergeben.[700] Zur Veranschaulichung der Gestaltungsmöglichkeiten eines Commitment-Managements im Rahmen der Führung wird auf die Möglichkeiten zur Förderung affektiven Commitments im Rahmen der Gestaltung entsprechender Unternehmensgrundsätze eingegangen.[701] Ausgehend von den untersuchten Erklärungsvariablen stehen dabei Grundsätze im Vordergrund, die auf das Verhältnis zwischen Unternehmen und Mitarbeitern gerichtet sind.

Diese Grundsätze sind für das Management des mittleren Managements von hoher Bedeutung, denn von einer Etablierung nachhaltig wirksamer Grundsätze des Unternehmens gehen sowohl emotionale als auch rational begründbare Einflüsse auf die Bildung einer affektiven Bindung an ein Unternehmen aus. Dieses stellt bis zu einem gewissen Grad ein Substitut für die sehr eingeschränkte Durchführbarkeit und Zweckmäßigkeit von Kontrollen des mittleren

---

[699] Vgl. zur Bedeutung der Führung auf Aktorenebene die Ausführungen in Punkt II.2.3.(1a), sowie beispielhaft Patchen (1970), S. 218 f., der den Einfluß konkreten Vorgesetztenverhaltens auf die Identifikation von Mitarbeitern mit einer Organiastion untersucht und nachweist.

[700] Hier bestehen auch gewisse Parallelen zum Management einer Unternehmenskultur, die u.a. maßgeblich auf der nachhaltigen Etablierung gemeinsamer Grundsätze basiert. Vgl. bspw. zur Bedeutung der Unternehmenskultur auf die Mitarbeiteridentifikation Wunderer, Mittmann (1995), S. 60 f.

[701] Vgl. zu Erklärungsvariablen von Commitment im Rahmen von Unternehmenspolicies Abschnitt II.3.1.

Managements dar.⁷⁰² Damit kann ein Beitrag zur Handhabung der Herausforderungen im mittleren Management geleistet werden.⁷⁰³

Zur Konkretisierung geeigneter Gestaltungsmöglichkeiten der Etablierung entsprechender Unternehmensgrundsätze ist zunächst deren inhaltliche Ausgestaltung zu betrachten. Hierfür wird auf die untersuchten Zusammenhänge zwischen spezifischen Unternehmensgrundsätzen und der affektiven Commitmentkomponente Bezug genommen (1).⁷⁰⁴ Davon ausgehend sind in einem nächsten Schritt Überlegungen zur Kommunikation der entsprechenden Inhalte anzustellen (2). Denn erst hierdurch kann eine hohe Wirksamkeit solcher Richtlinien im Hinblick auf die Förderung der affektiven Commitmentkomponente erzielt werden.

(1) Inhaltliche Ausgestaltung

Wie gezeigt wurde, stellen Identifikation und Involvement zentrale Merkmalsdimensionen der affektiven Commitmentkomponente dar,⁷⁰⁵ die über spezifische Unternehmensgrundsätze beeinflußbar sind.⁷⁰⁶ Es gilt daher, den Mitarbeitern im Rahmen solcher Grundsätze ein möglichst hohes Maß an Identifikationspotentialen und Involvierungsanreizen bereitzustellen. Unternehmensgrundsätze und -normen sind als vorwiegend explizit formulierte aber auch implizit bestehende, "globale Regeln"⁷⁰⁷ und Normen zu verstehen, die das Verhältnis zwischen einer Organisation und ihren Mitgliedern prägen.⁷⁰⁸

Um eine Wirksamkeit entsprechender Grundsätze in einer Organisation zu gewährleisten gilt es zunächst, allgemeine Gestaltungsanforderungen zu betrachten (a), wie etwa eine Berücksichtigung des bestehenden Wertesystems einer Organisation. Auf dieser Basis können Grundsätze und Richtlinien formuliert werden, die in einer Organisation Wirksamkeit erlangen und damit eine Förderung der Identifikation und des Involvements der Mitarbeiter ermög-

---

⁷⁰² Vgl. Abschnitt I.3.
⁷⁰³ Wie eingangs zu diesem Teil erläutert wurde, ist die Reichweite von Policies im organisatorischen Kontext sehr hoch, was im Vergleich zu individuell ausgerichteten Führungsinstrumenten eine gewisse Begrenzung der Intensität mit sich bringt.
⁷⁰⁴ Vgl. zu Unternehmensgrundsätzen als Einflußvariablen organisationalen Commitments auch die Darstellung in Punkt II.2.3(1a).
⁷⁰⁵ Vgl. hierzu auch die Ausführungen in Punkt II.2.2(1).
⁷⁰⁶ Vgl. Punkt II.2.3(1a).
⁷⁰⁷ Ringlstetter (1997), S. 100.
⁷⁰⁸ Entsprechende mitarbeiterorientierte Grundsätze beeinflussen dabei einerseits unmittelbar die Beziehungen zwischen Organisation und Mitarbeitern. Andererseits resultieren auch Auswirkungen auf das

lichen. Anschließend wird auf konkrete Aspekte der inhaltlichen Ausgestaltung von Unternehmensgrundsätzen im Hinblick auf eine Commitmentförderung eingegangen. Hierbei wird auf zwei unterschiedliche Typen von Grundsätzen eingegangen. Erstens auf deklaratorische Grundsätze, die einer positiven, internen Darstellung des Unternehmens dienen, mit der sich Mitarbeiter identifizieren können (b). Zweitens auf prozedurale Grundsätze, die auf verhaltensorientierte Normen und allgemeine Regeln gerichtet sind, und die ebenfalls auf eine Bereitstellung von Identifikationspotentialen und Involvierungsanreizen fokussiert sind (c).[709]

(a) Allgemeine Anforderungen an Unternehmensgrundsätze: Für eine Förderung affektiven Commitments im Rahmen der Gestaltung und Vermittlung von Unternehmensgrundsätzen gilt es, zentrale inhaltliche Gestaltungsanforderungen zu berücksichtigen, die im Hinblick auf die Wirksamkeit von Policies wesentliche Bedeutung erlangen. Diese sind vor dem Hintergrund einer Kommunikationsfähigkeit zu verstehen. Hervorzuheben sind dabei im Hinblick auf eine Förderung affektiven Commitments insbesondere die nachfolgend erläuterten Anforderungen (vgl. hierzu auch Abbildung III-10):

- Die Inhalte von Grundsätzen sind *klar nachvollziehbar*[710] *und beständig* zu gestalten.[711] Dies dient der Bereitstellung von widerspruchsfreien und zeitlich stabilen Identifikationspotentialen und Involvierungsanreizen. Im Hinblick auf eine Gestaltung wirksamer Grundsätze zur Förderung der affektiven Commitmentkomponente stellt dies eine notwendige Voraussetzung dar.

- Eine Vermittlung von Werten und Grundsätzen erfordert dabei eine *Orientierung am bestehenden Wertgefüge* einer Organisation.[712] Dies kann angesichts des häufig impliziten Charakters, den Werte in Organisationen tragen, eine Eruierung der gelebten

---

[709] Verhältnis zwischen den Mitarbeitern einer Organisation. Letztere determinieren dabei mittelbar ebenfalls die Wahrnehmung der Mitarbeiter von einer Organisation.
Diese Unterscheidung ist an die Differenzierung von Wissensformen angelehnt, die im menschlichen Gehirn gespeichert sind. Dabei wird grundsätzlich zwischen Wissen unterschieden, das sich vor allem auf Objekte und deren Beziehungen bezieht und prozeduralem Wissen, das sich primär auf die Anwendung und Verknüpfung von Wissen bezieht, also bspw. auch die Anwendung von Verhaltensregeln und -grundsätzen. Vgl. hierzu Kroeber-Riel (1992), S. 223. Die hier vorgenommene Unterscheidung von Unternehmensgrundsätzen orientiert sich an dieser Systematik.

[710] Vgl. Zimbardo (1995), S. 386 ff., der darauf hinweist, daß verständliche Kommunikation Voraussetzung für das Erkennen der Botschaften und damit für die Wirksamkeit der Kommunikation darstellt. Vgl. auch Fisher (1989), S. 38, der in diesem Zusammenhang eine Vermittlung klarer Visionen und Ziele vorschlägt.

[711] Vgl. z.B. Early (1991), S. 13 und ähnlich Wolff (1995), S. 147.

[712] Vgl. zur Bedeutung von Werten als Integrationsmechanismus, Ringlstetter (1997), S.161.

Werte voraussetzen. Insbesondere ist dabei eine Oktruierung von gewissermaßen "künstlich" geschaffenen Werten kritisch zu beurteilen. Denn aufgrund wahrgenommener Dissonanzen zwischen erklärten und gelebten Werten können diese bei den Mitarbeitern Reaktanz hervorrufen.[713]

```
┌─────────────────────────────────────────────────────────┐
│  Bestehendes Wertgefüge                                 │
│   ┌─────────────────────────────────────────────┐       │
│   │                                             │       │
│──→│          Unternehmenspolitik                │←──    │
│   │                    ▲                        │       │
│   │                    │                        │       │
│   │                Abstimmung                   │       │
│   │                    │                        │       │
│   │                    ▼                        │       │
│──→│    Nachvollziehbare führungsrelevante       │←──    │
│   │              Grundsätze                     │       │
│   │                    │                        │       │
│   │                Förderung                    │       │
│   │                    ▼                        │       │
│──→│         Affektives Commitment               │←──    │
│   └─────────────────────────────────────────────┘       │
└─────────────────────────────────────────────────────────┘
```

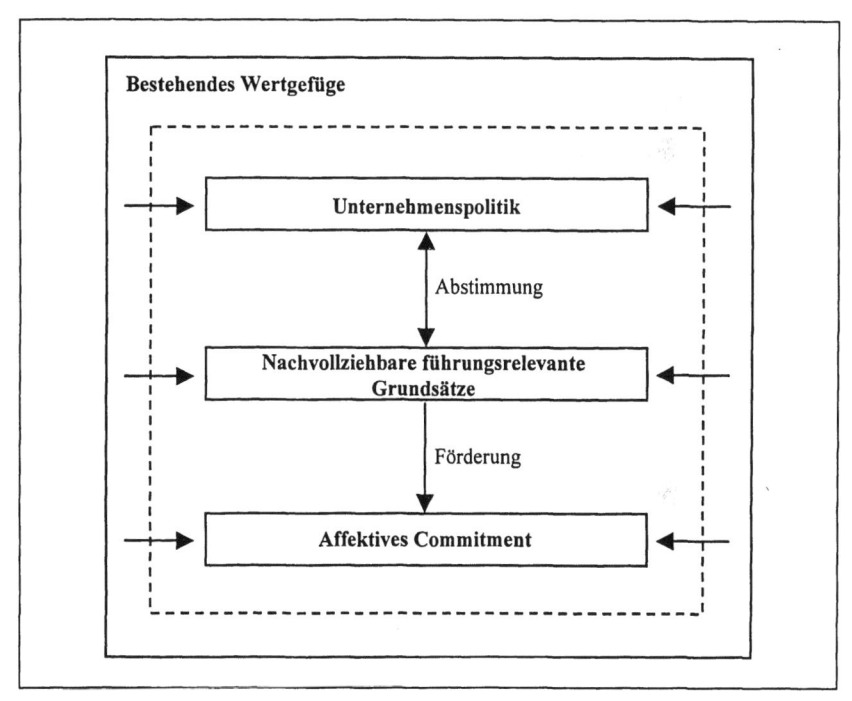

Abb. III-10: Führungsrelevante Unternehmensgrundsätze zur Förderung der affektiven Commitmentkomponente im bestehenden Wertgefüge[714]

- Um eine Wirksamkeit und Realisierung solcher führungsrelevanten Grundsätze zu gewährleisten, sind diese zudem *in Abstimmung mit der allgemeinen Unternehmens-*

---

[713] Vgl. Early (1991), S. 13. Dies gilt umso mehr, als davon auszugehen ist, daß solche Widersprüche auch Gegenstand nicht organisatorisch gesteuerter Kommunikationsflüsse zwischen Mitarbeitern sind. Da solche Formen der persönlichen Kommunikation intensivere Wirkung zeitigen als unpersönliche Unternehmenskommunikation [vgl. Kroeber-Riel (1992), S. 528], ist ein Fit zwischen Unternehmenswirklichkeit und kommunizierten Inhalten zur Erzielung einer positiven Kommunikationswirkung, im Sinne einer Förderung von affektivem Commitment, wesentlich.

[714] Neben dem Einfluß, der von den führungsrelevanten Grundsätzen und der Unternehmenspolitik wenigstens indirekt) auf das Commitment der Mitarbeiter ausgeht, sind auch rückkoppelnde Effekte nicht ausgeschlossen, vgl.hierzu bspw. Walter (1995), S. 64.

politik zu formulieren.[715] Denn es ist davon auszugehen, daß Führungsgrundsätze, die in Widerspruch zu übergeordneten unternehmensphilosophischen Grundsätzen, Unternehmensvisionen oder auch zu langfristigen Unternehmensstrategien stehen, kaum nachhaltige Wirksamkeit in einer Organisation erlangen.

(b) Deklaratorische Unternehmensgrundsätze: Deklaratorische Grundsätze sind auf eine positive Wahrnehmung der Mitarbeiter bezüglich eines Unternehmens gerichtet. Hierfür sind grundsätzlich positive, optimistische Aussagen über erwünschte, zukünftige Zustände[716] des Unternehmens zu treffen.[717] Die konkrete inhaltliche Ausgestaltung commitmentrelevanter Grundsätze ist dabei zweckmäßigerweise an den Erklärungsvariablen affektiven Commitments zu orientieren. In diesem Zusammenhang konnten insbesondere folgende Inhalte von Unternehmensgrundsätzen als wesentlich für den Aufbau der affektiven Commitmentkomponente ermittelt werden:

- Gerechtigkeit und Zuverlässigkeit des Verhaltens von Seiten der Organisation, insbesondere im Umgang mit den Mitarbeitern,[718]

- Fürsorge und Unterstützung der Mitarbeiter, sowie[719]

- der Einbezug der Mitarbeiter in Entscheidungsprozesse im Sinne grundsätzlicher Erwünschtheit und Möglichkeiten der Mitarbeiterpartizipation.[720]

---

[715] Vgl. Ringlstetter (1995), S. 292, der unternehmensübergreifende Kommunikation in Konzernen als Integrationsmechanismus beschreibt.

[716] Hier besteht deutliche Ähnlichkeit mit dem Zielbegriff Kirschs, vgl. z.B. Kirsch (1990), S. 142. Damit kommt die Zielorientierung zum Ausdruck, die den Unternehmensgrundsätzen zugrunde liegt.

[717] Vgl. Block (1989), S. 121 f.

[718] Vgl. zur Bedeutung von Fairness im Umgang mit Mitarbeitern Price (1990), S. 195 sowie auch Kuhn, Geis (1990), S. 207. Vgl. zum zentralen Einfluß der Zuverlässigkeit auf die Entwicklung von Vertrauen, die schließlich als Basis einer positiven Beziehung zu verstehen ist, Sheppard, Sherman (1998), S. 422 ff. Vgl. zudem zu den Unternehmensgrundsätzen als Einflußfaktor von Commitment Abschnitt II.3.1.

[719] Vgl. zur Bedeutung der Berücksichtigung der Mitarbeiterinteressen und der Mitarbeiterunterstützung für den Aufbau affektiven Commitments z.B. Price (1990), S. 195, 212 sowie Armstrong (1993), S. 205, der diesbezüglich beispielhaft die Grundsätze von Cadbury Schweppes beschreibt.

[720] Vgl. zu zunehmendem Trend und Bedeutung einer Mitarbeiterpartizipation als zentralen Baustein eines modernen Humanressourcen- respektive High-Commitment Managements z.B. Armstrong (1993), S. 103, Fisher (1989), S. 33, Lundy, Cowling (1996), S. 54, Thakur (1998), S. 737, Wood (1996a), S. 56. Whitfield, Poole (1997), S. 755 f. weisen diesbezüglich eine Produktivitätssteigerung von Unternehmen in Abhängigkeit von dem Ausmaß an praktizierter Mitarbeiterpartizipation nach. Lie (1995), S. 20 weist in diesem Zusammenhang jedoch zurecht darauf hin, daß der Partizipationsbegriff insofern inhaltsleer ist, solange nicht eine Spezifizierung der Partizipationsobjekte vorgenommen wird, vgl. zudem zum Ausmaß der Partizipation ebda. S. 25. In Zusammenhang mit der Partizipation steht zugleich eine Informierung der

Wie an früherer Stelle gezeigt wurde,[721] fördern Grundsätze dieser Art eine positive Wahrnehmung und Identifikation mit der Organisation und steigern das Involvement in die Interessen und Belange der Organisation. Darüber hinaus resultiert aus einer Partizipation an Entscheidungsprozessen direkt ein erhöhtes Involvement. Zudem steigert die Beteiligung an Entscheidungsprozessen die Akzeptanz und damit zugleich die Identifikation, sowohl mit den getroffenen Entscheidungen, als auch mit dem organisatorischen Kontext, in dem diese gefaßt wurden.

Ein Beispiel für einen entsprechenden Unternehmensgrundsatz ist die Leitlinie der "Integrität" von General Electrics,[722] die ein gerechtes und zuverlässiges Verhalten seitens der Organisation inkludiert. Als ein Grundleitsatz unter anderen fördert er ein spezifisches Unternehmensverständnis bei den Mitarbeitern - und darüber hinaus. Die Postulierung der Integrität des Unternehmens geht dabei noch über den Grundsatz eines integeren Verhaltens gegenüber den Mitarbeitern hinaus, indem er auch gegenüber Unternehmensexternen Geltung besitzt. Mit diesem Grundsatz wird ein Identifikationspotential geschaffen und damit auch die Auseinandersetzung mit den Belangen der Organisation im Sinne eines Involvements gefördert.

Vor diesem Hintergrund kann folglich davon ausgegangen werden, daß eine inhaltliche Ausgestaltung deklaratorischer Unternehmensgrundsätze an den Einflußvariablen von Commitment sowie an den Charakteristika der Organisation auszurichten ist. Damit wird ein positives, mitarbeiterorientiertes und glaubwürdiges Bild von der Organisation vermittelt.[723] Dies fördert die Identifikation mit einem Unternehmen und das Involvement in deren Kontext und somit die affektive Commitmentkomponente.

(c) Verhaltensfokussierte prozedurale Unternehmensrichtlinien: Neben der Formulierung von Grundsätzen, die auf eine positive, mitarbeiterorientierte Darstellung des Unternehmens gerichtet sind, besteht ein weiterer Ansatzpunkt zum Aufbau affektiven Commitments, der in

---

[721] Mitarbeiter bspw. über die Unternehmensstrategien, vgl. zur Bedeutung der Informierung der Mitarbeiter für deren Identifikation mit dem Unternehmen auch Wunderer, Mittmann (1995), S. 60.
Vgl. hierzu Abschnitt III. 3.1.

[722] Im Original "Integrity", vgl. hierzu und im folgenden Wolff (1995), S. 140 f., die erläutert, daß General Electrics (GE) diese Leitlinien nicht nur intern, sondern bspw. auch bei der Akquisition neuer Mitarbeiter kommuniziert.

[723] Dieses ist bspw. auch im Sinne eines wahrgenommenen "Good Wills" des Unternehmens gegenüber den Mitarbeitern zu verstehen, der sich positiv auf das Vertrauen und damit letztlich auf die Identifikation und das Involvement in die Belange der Organisation auswirkt, vgl. hierzu etwa Lewicki, McAllister (1998), S. 439. Vgl. hierzu auch Early (1991), S. 13, der die Bedeutung dieser Einschätzung insbesondere durch die Unternehmensführung hervorhebt.

der Entwicklung von Richtlinien für das Verhalten von Mitarbeitern gegeben ist. Denn aus der Etablierung verhaltensfokussierter - positiv konnotierter - Verhaltensrichtlinien ergeben sich zusätzliche Potentiale zum Aufbau der affektiven Commitmentkomponente. Im Vordergrund steht dabei die Schaffung von Identifikationspotentialen in Form von Orientierungsmöglichkeiten für das Verhalten in einem Unternehmen.[724] Die Bereitstellung solcher Orientierungsmöglichkeiten ist dabei in besonderer Weise geeignet, die Identifikation mit einer Organisation zu erhöhen, da damit Möglichkeiten zu einer - komplexitätsreduzierenden - Definition eigener Verhaltensmuster entstehen.

Beispielsweise können aus allgemeinen Grundsätzen wie der Gerechtigkeit und Zuverlässigkeit seitens eines Unternehmens Verhaltensrichtlinien abgeleitet werden, die ein respektvolles und ehrliches Verhalten gegenüber anderen (Organisationsmitgliedern) postulieren.[725] So hat beispielsweise General Electrics unter anderem "integeres", "verantwortungsvolles" Verhalten als Maxime für alle Organisationsmitglieder ausgegeben. Das Unternehmen geht dabei soweit, solches Verhalten explizit zu fordern und auch gegenüber solchen Verhaltensweisen zu priorisieren, die zwar kurzfristig ergebnissteigernd aber ethisch kritisch zu betrachten sind.[726] Die maßgebliche Begründung hierfür wird dabei darin gesehen, daß solche Verhaltensweisen seitens der Unternehmensmitglieder langfristig das interne und externe Bild des Unternehmens und damit auch dessen Erfolg beschädigen. Somit werden Richtlinien geschaffen, die klare Identifikationspotentiale für die Mitarbeiter darstellen. Die Gestaltung solcher Richtlinien ist dabei erstens sehr genereller Art und trägt zweitens den Charakter grundlegender ethischer Werte und Normen, deren Mißachtung folglich zugleich einen Verstoß gegen das gesellschaftlich anerkannte Wertesystem bedeutet. Auf diese Weise wird

---

[724] Damit wird gewissermaßen ein "Corporate Behavior" gefördert, also unternehmenstypische Verhaltensweisen, über die sich die Mitglieder identifizieren können. Vgl. hierzu Bruhn (1994), S. 24, der das *corporate behavior* - bspw. neben einem einheitlichen und sich ständig wiederholendem *corporate design* (vgl. S. 24 f., 142 f.) - als Bestandteil einer übergreifenden Etablierung einer Unternehmensidentität begreift, vgl. ebda. S. 21 ff.

[725] Vgl. zu einem Unternehmensbeispiel, das entsprechende Grundsätze ("basic beliefs") über und für seine Mitarbeiter formuliert Early (1991), S. 13. Bspw. werden Grundsätze wie der folgende formuliert, "We believe people ... want to be treated with ... respect ...", der sich gewissermaßen als Verhaltensregel an alle Organisationsmitglieder wendet. Solche Grundsätze können insbesondere als Orientierungspunkt und Gegenstand der Identifikation für das mittlere Management im Hinblick auf seine Führungsfunktion bedeutsam sein. Dies gilt umso mehr, betrachtet man darüber hinaus dessen zentrale Rolle im Aufbau des Commitments der unterstellten Mitarbeiter.

[726] Vgl. hierzu Wolff (1995), S. 145 und im folgenden S. 144 f. Einen etwas weniger explizit verhaltensfokussierten Grundsatz hat bspw. Ford formuliert, indem das Unternehmen bspw. "Involvement" in die Belange der Organisation als "core human value" festlegt, vgl. Early (1991), S. 13.

einerseits der Eindruck von detaillierten Vorschriften und Verhaltenssteuerungen seitens der Organisation vermieden.[727] Andererseits werden die Richtlinien durch ihre Orientierung am Wertesystem einer Gesellschaft einer grundlegenden Hinterfragung weitgehend entzogen. Daraus resultiert ein gewisser selbsterklärender, respektive selbstverständlicher Charakter entsprechender Grundsätze und Normen. Dies ist im Hinblick auf die Förderung der Akzeptanz dieser Richtlinien maßgeblich und trägt somit zur Identifikation mit dem organisatorischen Kontext bei, in dem solche, grundlegend akzeptierte Regeln Geltung finden.[728]

Das Ausmaß, in dem eine solche Berufung auf gesellschaftliche Werte und eine Postulierung grundlegender organisatorischer Verhaltensgrundsätze möglich ist, dürfte jedoch in gewissem Maße kulturabhängig sein und etwa in Deutschland als sehr weitreichender Eingriff seitens der Organisation in den privaten Bereich empfunden werden. Dennoch kann bei einer geschickten, kultursensiblen Handhabung dieser Problematik eine Einflußnahme auf die Mitarbeiter erfolgen, und dadurch affektives Commitment aufgebaut werden.

(2) Prozessuale Aspekte: Gewährleistung und Intensivierung der Wirkung

Ausgehend von der inhaltlichen Entwicklung von Unternehmensgrundsätzen zur Bereitstellung von Möglichkeiten zur Identifikation sowie von Anreizen zur Involvierung in den organisatorischen Kontext, ist deren Kommunikation effektiv zu gestalten. Denn erst eine geeignete Kommunikation kann eine Wirksamkeit der Unternehmensgrundsätze und damit eine effektive Nutzung dieses Stellhebels des Commitments gewährleisten.

Hierfür sind die formulierten Grundsätze und Richtlinien zunächst in geeigneter Form aufzubereiten, um eine Grundlage für eine effiziente Kommunikation zu schaffen (a). Zur Erhöhung der Effizienz kann auf dieser Basis eine differenzierte Ansprache nach internen Zielgruppen erfolgen (b). Von zentraler Bedeutung für eine wirksame Kommunikation ist dabei zugleich die Auswahl geeigneter Kommunikationswege (c).

---

[727] Dies würde den Eindruck einer Verhaltensreglementierung und -manipulation fördern. Dieser steht im Widerspruch zu einer Identifikation mit den Werten und Normen einer Organisation und ist damit der Förderung der affektiven Commitmentkomponente als abträglich zu beurteilen. Vgl. hierzu ähnlich, wenn auch ohne expliziten Bezug auf organisationales Commitment, Early (1991), S. 13.

[728] Die implizierte Selbstverständlichkeit dieser Grundsätze spiegelt sich im Beispiel General Electrics auch in dem postulierten Anspruch an alle Unternehmensmitglieder wider, diese Verhaltensnormen auch außerhalb der Organisation zu respektieren. Vgl. zu den entsprechenden Unternehmensstatements sowie zu Maßnahmen zu deren Verwirklichung Wolff (1995), S. 144 ff.

(a) Systematisierung von Unternehmensgrundsätzen: Die systematische Aufbereitung der Richtlinien und Normen der Organisation erfordert deren Strukturierung und Priorisierung, um damit die Darstellung nachvollziehbar gestalten und Kernbotschaften kommunizieren zu können (aa).[729] Darauf aufbauend ist eine möglichst anschauliche und einprägsame Kommunikation der Inhalte zu gestalten (ab).

(aa) Bestimmung von Kernbotschaften: Um eine intensive Identifikation mit einem Unternehmen und seinen inhaltlichen Grundsätzen zu erreichen, wird empfohlen, diese fokussiert und klar zu kommunizieren.[730] Dies kann durch die Generierung von Schlüssel- oder Kernbotschaften erfolgen, auf deren Grundlage dann systematisch eine Spezifizierung und Erweiterung der Kommunikation vorangetrieben wird. Entscheidend dabei ist es, keinen "information overload" oder Überlagerungen der unternehmensrelevanten Informationen und damit einen Wirkungsverlust zu erzeugen. Hierfür sind insbesondere folgende Aspekte wesentlich:

- In einem ersten Schritt gilt es, die explizit oder implizit vorhandenen Grundsätze, Werte und Normen eines Unternehmens zu *erfassen und zu bündeln.* Beispielsweise ist nach grundsätzlichen Aussagen über die Organisation und Verhaltensgrundsätzen für Mitarbeiter, nach unternehmens-, bereichs- oder mitarbeitergruppenspezifischen Grundsätzen sowie nach deren Aktualität[731] zu unterscheiden.

- Darauf aufbauend kann eine *Beurteilung* der bestehenden Grundsätze und Richtlinien im Hinblick auf ihre Eignung zum Aufbau affektiven Commitments vorgenommen werden.[732] Dabei kann auf die zuvor dargelegten inhaltlichen Gestaltungsmöglichkeiten

---

[729] Dies gebietet schon die begrenzte Informationsaufnahmekapazität des Menschen. Bereits die selektive Aufnahme von Information läßt eine Strukturierung von Informationen bspw. nach inhaltlichen Zusammenhängen zweckmäßig erscheinen, da sonst eine hohe Wahrscheinlichkeit besteht, daß nur sehr geringe Bereiche vermittelter Informationen aufgenommen und verarbeitet und somit wirksam werden. Vgl. hierzu analog Kroeber-Riel (1992), S. 269 f., 399 und 529 f.

[730] Vgl. Kroeber-Riel (1992), S. 216.

[731] Im Zuge einer Komplexitätsreduktion der Kommunikationsinhalte kann eine Differenzierung der Kommunikation nach der Aktualität zweckmäßig sein. Damit wird die Kommunikation übersichtlicher und somit auch verständlicher. Dies wirkt sich tendenziell positiv auf die Akzeptanz von Informationen und das damit verbundene Identifikationspotential aus, vgl. hierzu insbesondere Price (1990), S. 188, 190 sowie auch Wolff (1995), S. 147.

[732] Vgl. analog Friedmann, Christensen, De Groot (1998), S. 120 f., die die Bedeutung einer Klarstellung von Prioritäten im Rahmen der Führung auf Aktorenebene hervorheben.

Bezug genommen werden, die aus den untersuchten Einflußvariablen affektiven Commitments abgeleitet sind.[733]

- Ausgehend von den als zentral beurteilten Unternehmensgrundsätzen sind *Kern- oder Schlüsselbotschaften* des Unternehmens abzuleiten.[734] Durch eine konsequente und zeitlich stabile Ausrichtung auf solche prioritären Schlüsselbotschaften werden Wiedererkennungs- und Wiederholungseffekte erzeugt, die für eine Verankerung der fokalen Grundsätze bei den Mitarbeitern ausschlaggebend sind.[735] Einer Abnutzung dieser Botschaften kann durch Variation der Darstellung und Kommunikationsweise entgegengewirkt werden.[736] Die Priorisierung von Grundsätzen und eine Generierung von Schlüsselbotschaften stellt einen wesentlichen Schritt zur Identifikation mit diesen Grundsätzen und damit mit dem organisatorischen Kontext, in dem diese Anwendung finden, dar. Damit erhöhen sich zugleich die Anreize zu einer Auseinandersetzung mit den Belangen des organisatorischen Kontexts - im Sinne eines Involvements.[737]

Die Generierung von Schlüsselbotschaften schafft somit die Orientierungspunkte für eine Förderung der affektiven Commitmentkomponente mittels der Kommunikation von Unternehmensgrundsätzen und Leitlinien.[738]

---

[733] Vgl. Punkt II.2.3(1a).

[734] Diese sind auch im Sinne von Leitlinien zu verstehen, welche die zentralen Inhalte der relevanten Unternehmensgrundsätze zum Aufbau affektiven Commitments zum Ausdruck bringen. Vgl. zur Bedeutung von Leitlinien für die Umsetzung von Rahmenkonzepten im Rahmen einer Induzierung organisatorischer Veränderungen Ringlstetter (1995), S. 294. Vgl. zur Bedeutung von Kernbotschaften in der internen Kommunikation Wolff (1995), S. 140 f.

[735] Vgl. hierzu auch analog Bruhn (1992), S. 19, sowie Kuhn, Geis (1990), S. 207.

[736] Vgl. dazu Kroeber-Riel (1992), S. 399 ff.

[737] In diesem Zusammenhang erweist sich ein Zugriff auf die Erkenntnisse der Konsumentenforschung als fruchtbar, die hier intensive Bemühungen auf eine effiziente Kommunikation richtet. So wird bspw. im Hinblick auf die Gestaltung von Kommunikationsstrategien eine erinnerungsoptimale, semantische Struktur angestrebt. Dies bedeutet, daß die kommunizierten Inhalte möglichst zusammenhängend dargestellt werden, um zum einen Wiedererkennungseffekte mit bestehenden kognitiven Strukturen (speziell semantischen Netzen) zu erzeugen und zum anderen eine nachhaltige Speicherung der kommunizierten Inhalte im Rahmen solcher Strukturen zu beeinflussen. Vgl. hierzu Kroeber-Riel (1992), S. 224 - 229. Darüber hinaus ist die Wiederholung der Kommunikationsinhalte für deren nachhaltige Erinnerung entscheidend, vgl. Kroeber-Riel (1992), S. 350.

[738] Im Beispiel von General Electrics wird diese Fokussierung von Kernbotschaften bereits dadurch deutlich, daß hier wenige, zentrale Inhalte - wie bspw. die Integrität, die bereits angesprochen wurde - in den Mittelpunkt der Kommunikation gestellt werden. Vgl. hierzu auch Block (1989), S. 121, sowie zu Überlegungen hinsichtlich Notwendigkeit und Ausgestaltung einer Ausrichtung der internen Unternehmenskommunikation auf Schlüsselbotschaften Bruhn (1992), insbesondere S. 6 f.

(ab) Gestaltung der Form der Ansprache: Auf Grundlage der integrativen Schlüsselbotschaften gilt es in einem weiteren Schritt, die Unternehmensgrundsätze und Leitlinien in geeigneter Formen zu kommunizieren. Erst damit kann ein nachhaltiger Zusammenhang zwischen den mitarbeiterbezogenen Grundsätzen einer Organisation und dem affektiven Commitment der Organisationsmitglieder hergestellt werden.

- Wie im Rahmen der Erläuterung der Zweckmäßigkeit von Schlüsselbotschaften deutlich wird, ist eine Voraussetzung für die Nachhaltigkeit bereitgestellter Identifikationspotentiale in der *Konsistenz und Kontinuität* der Kommunikation zu sehen.[739] Diese kann durch eine konsequente und zeitlich relativ stabile Orientierung an Schlüsselbotschaften gewährleistet werden, die als Bezugspunkt respektive integrativer Faktor heranzuziehen sind.[740] Erst dadurch wird eine Stabilisierung der kommunizierten Normen im organisatorischen Kontext und folglich eine nachhaltige Identifikation mit diesen und einer Organisation möglich.

- Jenseits der Konsistenz ist die Gewährleistung einer hohen Aktivierungswirkung der Ansprache von zentraler Bedeutung. Denn erst dadurch wird eine Wahrnehmung und Speicherung der Kommunikationsinhalte möglich. Diese sind für die Kommunikationswirkung unabdingbare Voraussetzung.[741] Für eine hohe Aktivierung erweist sich insbesondere eine *emotionale Ansprache* als geeignet. Dabei sind zum einen die Verwendung optischer Reize sowie der Gebrauch einer illustrativen, metapherreichen Sprache, mit emotional besetztem Vokabular, hilfreich.[742] Damit werden Mitarbeiter gewissermaßen emotional auf ein Unternehmen konditioniert.[743] Auf diese Weise wird ein

---

[739] Vgl. hierzu analog die Ausführungen Bruhns (1992), insbesondere S. 11 ff., 19, der auf die zentrale Bedeutung einer konsistenten Kommunikation im Rahmen seines integrierten Kommunikationskonzepts hinweist. Vgl. zu Überlegungen zur Bedeutung konsistenter Unternehmensgrundsätze im Hinblick auf die Förderung organisationalen Commitments auch Kuhn, Geis (1990), S. 207.

[740] Vgl. Block (1989), S. 116 ff.

[741] Vgl. zum Beispiel Schönpflug (1968), S. 208.

[742] Block (1989), S. 122 nennt hier beispielhaft Begriffe wie Liebe, Leidenschaft, Großartigkeit, Perfektion und Integrität, die tendenziell relativ stark emotional besetzt sind. Im Hinblick auf die Erinnerung und damit die Nachhaltigkeit der Kommunikationswirkung ist die Verwendung von Bildern und Metaphern (die bildlich einnert werden können) von hoher Bedeutung. Denn das Gedächtnis für Bilder ist bspw. dem Sprachgedächtnis deutlich überlegen. Vgl. Kroeber-Riel (1992), S. 224.

[743] Dies wird analog in teilweise eindrucksvoller Weise im Rahmen der emotionalen Produktdifferenzierung verdeutlicht, vgl. Kroeber-Riel (1992), S. 122-135. Durch eine Verknüpfung zunächst emotional unbesetzter, indifferenter Produkte mit starken emotionalen Reizen wird eine emotionale Reaktion auf diese ursprünglich neutralen Reize (Produkte) gelehrt. Beispiele für starke emotionale Reize sind etwa

emotionaler Bezug zum Unternehmen und seinen Grundsätzen aufgebaut. Dies ist für die Identifikation der Mitarbeiter mit einem Unternehmen sowie für das Bedürfnis der Mitarbeiter, sich in diesem zu involvieren, maßgeblich.[744]

- Dabei erfordert die Etablierung von Unternehmensgrundsätzen auch *rational orientierte Komponenten* der Ansprache, um die Glaubwürdigkeit der Kommunikation zu untermauern.[745] Dieser Aspekt gewinnt insbesondere im Zuge von Hinterfragungen der Kommunikation durch die Mitarbeiter an Bedeutung. Bei der Zielgruppe des Mittelmanagements tritt dieser Aspekt dabei tendenziell in besonderem Maße in den Vordergrund, da hier von einem hohem Informationsstand und relativ weitreichenden Einblick in die Unternehmensrealität auszugehen ist.

- Ein weiterer, nicht unerheblicher Aspekt ist die *Häufigkeit der Kommunikation*. Diese stellt eine gewisse Nebenbedingung einer wirkungsvollen Ansprache dar.[746] Denn durch die Häufigkeit wird ein Vordringen der Kommunikationsinhalte in das Langzeitgedächnis induziert. Die Policies "setzen" sich dann längerfristig bei den angesprochenen Mitarbeitern "fest".[747]

(b) Zielgruppendifferenzierung der Ansprache: Um die Förderung affektiven Commitments durch die Vermittlung geeigneter Unternehmensgrundsätze zu intensivieren, ist eine interne Zielgruppendifferenzierung der Kommunikation vorteilhaft, durch die eine gewisse Individualisierung der Kommunikation ermöglicht wird.

Kleinkinder, Tiere, sowie die menschliche Mimik. Beispiele für auf diese Weise stark emotionalisierte Produkte sind Coca Cola oder Sekt (relativ markenunabhängig). Die Ursprünge solcher Techniken der emotionalen Konditionierung sind dabei in der klassischen Konditionierung zu sehen. Vgl. zudem Foy (1994), S. 68 ff., die bspw. eine Veranschaulichung von Unternehmensgrundsätzen -und -besonderheiten anhand persönlicher Geschichten und Werdegänge, einschließlich der Nennung von Namen und Photos, anrät. Damit kann die Wahrnehmung einer persönlichen Betroffenheit gesteigert werden, was in positivem Zusammenhang zum Ausmaß der Identifikation zu sehen ist.

[744] Vgl. hierzu etwa Block (1989), S. 107.

[745] Trotz solcher rationalen Aspekte erscheint es nachvollziehbar, wenn hier teilweise von einer "Indoktrination" der Mitarbeiter gesprochen wird, vgl. Armstrong (1993), S. 103. Denn die Planung und Ausrichtung der internen Kommunikation zur Etablierung einheitlicher, stabiler und nachvollziehbarer Grundsätze kann eben dies bedeuten. Denn es kann nicht zwangsläufig von einer Identifikation mit den kommunizierten Werten ausgegangen werden, die auf einer kognitiv reflektierten Akzeptanz derselben basiert. Damit wird der kritische Aspekt solcher Kommunikationsstrategien deutlich, die durch ihren meinungsbildenden Charakter in ihrer Extremform auch eine gewisse "gleichschaltende" Wirkung zeitigen können. Damit verbindet sich eine negative Konotation, die aus gewissen Parallelen mit totalitären Regimen resultiert.

[746] Vgl. etwa Block (1989), S. 121.

Hierbei werden zunächst Unternehmensgrundsätze, die unter *Berücksichtigung der Charakteristika eines Bereichs* entstanden sind, in einer Form kommuniziert, die an die Besonderheiten eines Bereichs oder einer bestimmten Mitarbeitergruppe angepaßt ist. Solche Besonderheiten beziehen sich etwa auf das Sprachspiel oder auf die spezifische Situation mittlerer Manager, die bspw. in Stäben und Linienbereichen deutlich divergieren können. Damit kann der individuelle Bezug zu den kommunizierten Grundsätzen gesteigert und die Verständlichkeit erhöht werden. General Electrics gibt bspw. konzernbereichsspezifische Broschüren an Mitarbeiter heraus, die eine Spezifizierung der allgemeinen Unternehmensgrundsätze etwa hinsichtlich konkreter relevanter Verhaltensweisen enthalten sowie Ansprechpartner für Fragen zur Durchhaltung der Grundsätze angeben.[748]

Neben bereichsspezifischen Differenzierungen sind *situationsorientierte Unterscheidungen* denkbar. Im Beispiel des Mittelmanagements kann sich etwa eine Bezugnahme auf die kritische Situation umfangreicher Restrukturierungen oder Entlassungen als sinnvoll erweisen. Denn angesichts des Abbaus von Stellen und weitreichender organisatorischer Veränderungen sind bei dieser Mitarbeitergruppe Verunsicherungen entstanden, die zudem widersprüchliche Wahrnehmungen zu Unternehmensgrundsätzen wie der Fürsorge oder der Zuverlässigkeit hervorrufen können. Hier sind folglich Erklärungen angebracht, welche die bspw. glaubwürdig die unbedingte Notwendigkeit einer bzw. umfangreicherer Kündigungen darlegen. Damit kann zum Abbau kognitiver Dissonanzen beigetragen werden, die etwa in der Situation der Mittelmanager angesichts von Stellenreduktionen und gleichzeitigen Grundsätzen der Fürsorge und Zuverlässigkeit im ersten Zugriff entstehen können. Damit wird zur Glaubwürdigkeit der Unternehmensgrundsätze beigetragen, ohne die eine Identifikation mit diesen nicht vorstellbar ist.[749]

---

[747] Vgl. zur Bedeutung der Wiederholung von Informationen bspw. Kroeber-Riel (1992), S. 125.
[748] Vgl. Wolff (1995), S. 142.
[749] Grundsätzlich hat dabei jedoch eine glaubhafte Absicht im Vordergrund zu stehen, die Beziehung mit den Mitgliedern der Organisation, hier insbesondere den Mittelmanagern, nach Möglichkeit aufrecht zu erhalten. Andernfalls kann kaum eine Wahrnehmung von Gerechtigkeit und Fürsorge der Organisation gegenüber ihren Mitarbeitern aufgebaut werden. Vgl. speziell zur Bedeutung der Gewährleistung nachhaltiger Arbeitsplatzsicherheit für den Aufbau affektiv basierten Commitments Begin (1997), S. 20, sowie Hall, Schneider (1972), S. 347. Vgl. zudem Mowday, Porter, Steers (1982), S. 215, die dabei auf die potentiell hohen Kosten von Grundsätzen verweisen, die auf eine grundsätzliche Fürsorge und Verantwortung gegenüber den Mitarbeitern ausgerichtet sind. Denn für den Fall, daß damit eine mehr oder weniger grundsätzliche Umgehung von Entlassungen verbunden ist, entstehen damit potentiell auch kostspielige Personalüberhänge. Wie oben jedoch dargelegt wurde, kann dem teilweise mit einer geeigneten Kommunikationsstrategie begegnet werden.

Damit wird deutlich, daß eine zielgruppenspezifische Kommunikation, unter Bezugnahme auf die konkrete Situation der Betroffenen, für die Vermittlung der Unternehmensgrundsätze und damit für ihre Auswirkung auf ein affektives Commitment der Mitarbeiter wesentlich ist. In Abbildung III-11 sind Möglichkeiten der Differenzierung der Zielgruppe "Mittelmanagement" exemplarisch dargestellt.

(c) Auswahl geeigneter Kommunikationswege: Zugleich ist die Auswahl bzw. Bereitstellung geeigneter Kommunikationswege zu beachten. Denn prinzipiell gilt, daß je leichter Informationen erreichbar gemacht werden, desto eher werden diese aufgenommen.[750] Da zudem eine häufige Wiederholung und Demonstration der relevanten Grundsätze deren gedankliche und emotionale Verankerung begünstigt, ist folglich eine relativ intensive und breit angelegte Kommunikation sinnvoll. Damit kann eine hohe interne Reichweite der Kommunikation der Unternehmensgrundsätze und damit deren Wirksamkeit für den Aufbau affektiven Commitments der Mitarbeiter erhöht werden.

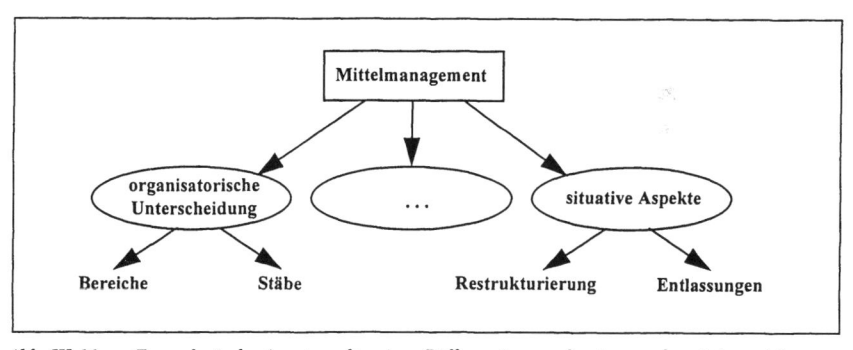

Abb. III-11: Exemplarische Ansatzpunkte einer Differenzierung der Ansprache mittlerer Manager

In Betracht zu ziehen sind dabei insbesondere intern fest verankerte und weitgehend beachtete *interne Medien* wie bspw. Betriebszeitschriften oder "schwarze Bretter".[751] Von Bedeutung, insbesondere für eine höhere Zielgruppendifferenzierbarkeit, ist zudem bspw. die Ausgabe von Broschüren[752] oder Merkblättern.[753]

---

[750] Vgl. hierzu analog Kroeber-Riel (1992), S. 262.
[751] Vgl. z.B. Armstrong (1993), S. 103, Foy (1994), S. 68 ff.
[752] Vgl. hierzu ausführlich Wolff (1995), S. 141.
[753] Bspw. gibt Ford seinen Mitarbeitern sogenannte "pocket cards" mit den grundlegenden Unternehmenswerten, vgl. Early (1991), S. 13.

Relevanz können jedoch auch *externe Medien*, wie Radio, Fernsehen und Zeitschriften besitzen, die allerdings wenig interne Zielgruppenspezifität ermöglichen. Damit wird primär auf einen Verstärkungseffekt über den sozialen, außerorganisatorischen Kontext der betroffenen Organisationsmitglieder abgezielt, der so in Diskussionen und Gesprächen über das Unternehmen und seine (positiven) Grundsätze einbezogen wird.

Neben dem Einsatz solcher Medien tritt *die Bedeutung von Veranstaltungen* des Unternehmens als überaus geeignetes Instrument zur Förderung der Involvierung und der Identifikation mit der Organisation in den Vordergrund. Hier sind bspw. explizite *Schulungen* zur Vermittlung der Unternehmensgrundsätze an neue Mitarbeiter zu beobachten.[754]

Im Vordergrund stehen jedoch auch Veranstaltungen wie *Betriebsfeiern*, in denen bspw. im Rahmen von Reden der Topmanager eine Symbolik um die Unternehmensgrundsätze geschaffen werden kann, die gewissermaßen als "Einschwörung" auf gemeinsame Grundsätze bezeichnet werden kann. Damit kann eine intensive Identifikation und Involvierung der Mitarbeiter in den organisatorischen Kontext herbeigeführt werden.[755] Dementsprechend findet die Funktion des Topmanagements bei der Etablierung von Unternehmensgrundsätzen in der Literatur einige Betonung.[756]

Insbesondere im Hinblick auf eine Etablierung des Grundsatzes der Mitarbeiterpartizipation sind darüber hinaus bilateral orientierte Veranstaltungen bedeutsam. Denkbar sind hier *formale Partizipationsprogramme mit Beteiligung des Topmanagements*, die Foren zur Vermittlung und Diskussion der Unternehmensgrundsätze bieten.[757] Diese stellen im Beispiel des Mittelmanagements aufgrund der gewandelten Informationsfunktion eine interessante Möglichkeit zu einer verstärkten Einbeziehung in die Gestaltung der Unternehmensstrategie dar. Im Vordergrund steht dabei der bilaterale Austausch mit Führungskräften, der aufgrund der persönlichen Kommunikationskomponente bei den Beteiligten sehr große Potentiale zur

---

[754] Dies wird etwa bei General Electrics bei neuen Mitarbeitern aller Hierarchiestufen durchgeführt, vgl. Wolff (1995), S. 141.

[755] Vgl. hierzu bspw. die Zitate der Rede von Jack Welch 1989, CEO von General Electric, bei Wolff (1995), S. 140 f. Effekte dieser Art werden durch die Überhöhung bestimmter Führungspersönlichkeiten intensiviert, bergen jedoch freilich auch die Gefahr einer erhöhten Abhängigkeit von einzelnen Managern.

[756] Vgl. bspw. Allinson (1995), S. 73, Javidan (1991), S. 29 f., 34. Vgl. zudem Kahle (1999), S. 12, der in einer Unterscheidung von Führungstypen darauf hinweist, daß die Charismatik von Führungspersönlichkeiten maßgeblich zur Akzeptanz der von ihnen kommunizierten Grundsätze beiträgt.

[757] Vgl. Arthur (1994), S. 672, der hier die Implementierung unternehmerischen Denkens bei den Mitarbeitern fokussiert.

Teil III: Instrumente eines Commitment-Managements 217

Förderung der Identifikation eröffnet.[758] Hinsichtlich einer glaubhaften Vermittlung des Grundsatzes der Partizipation ist diese Form von Veranstaltungen und Kommunikationsplattformen zielführend und somit geeignet, affektives Commitment zu fördern. In Abbildung III-12 sind möglich Kommunikationswege zur Verbreitung der deklaratorischen und prozeduralen Unternehmensgrundsätze dargestellt.

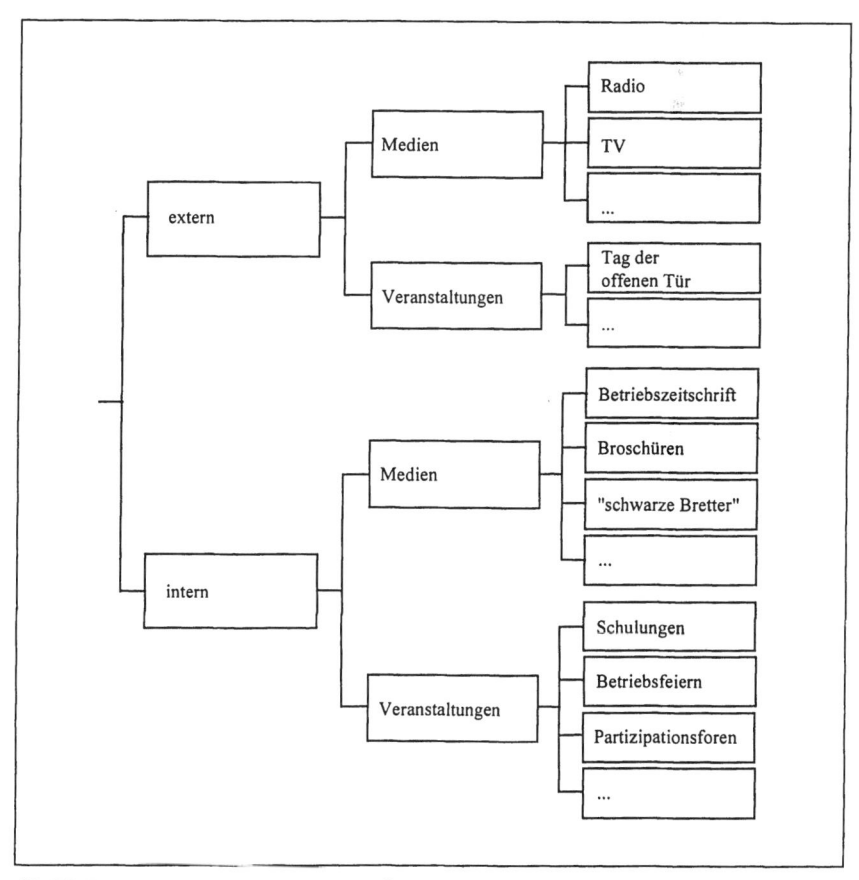

```
                        ┌─ Medien ──┬─ Radio
                        │           ├─ TV
          ┌─ extern ────┤           └─ ...
          │             │
          │             └─ Veranstaltungen ─┬─ Tag der offenen Tür
          │                                 └─ ...
──────────┤
          │             ┌─ Medien ──┬─ Betriebszeitschrift
          │             │           ├─ Broschüren
          │             │           ├─ "schwarze Bretter"
          └─ intern ────┤           └─ ...
                        │
                        └─ Veranstaltungen ─┬─ Schulungen
                                            ├─ Betriebsfeiern
                                            ├─ Partizipationsforen
                                            └─ ...
```

Abb. III-12:   *Kommunikationswege zur Verbreitung entwickelter Unternehmensgrundsätze*

Wie deutlich wird, verbinden sich mit der Gestaltung und Etablierung von Unternehmensgrundsätzen umfangreiche Möglichkeiten zur Förderung affektiven Commitments. Dabei ist

---

[758] Dies stellt ein zentrales Element der Mitarbeiterpartizipation dar, vgl. Geary (1994), S. 637.

eine konsequente Ausrichtung auf commitmentrelevante Grundsätze einerseits, und die Besonderheiten eines Unternehmens und seiner Mitarbeitergruppen andererseits, erforderlich. Um die Effizienz der Etablierung und damit der Förderung affektiven Commitments zu steigern, steht darüber hinaus eine geeignete Gestaltung der Kommunikation im Vordergrund.

III.2.2 Feedback-Gespräche zum Aufbau der normativen Commitmentkomponente

Die normative Commitmentkomponente wurde als psychologische Festlegung auf und Bindung an ein Unternehmen auf Basis einer subjektiv wahrgenommenen Verpflichtung gegenüber einem Unternehmen erläutert, die auf konkrete Vorleistungen des Unternehmens und soziale Normen zurückzuführen ist.[759] Wie weiter dargelegt wurde, resultieren zentrale Erklärungsvariablen dieser subjektiven, normativen Verpflichtung aus der Beziehung zwischen Vorgesetzten und Mitarbeitern.[760] Hier wurde eine bilaterale Kommunikation als wesentlich ermittelt, in deren Rahmen Mitarbeiter nicht nur ausreichend mit Informationen versorgt werden, sondern auch persönliche Wertschätzung vermittelt bekommen und Unterstützung erfahren. Darüber hinaus ist im Bereich des Mittelmanagements von einem individuellen Aushandlungsprozeß hinsichtlich der Festlegung der Rollenanforderungen auszugehen. Dieser findet mit den Vorgesetzten statt. Die Vermittlung klarer, konfliktfreier Rollenanforderungen, die als ein zentraler Einflußfaktor normativen Commitments eruiert wurde, ist daher ein weiterer, wesentlicher Aspekt im Rahmen der Vorgesetztenkommunikation.

Eine Möglichkeit zur Gestaltung einer Beziehung zwischen Vorgesetztem und Mitarbeiter, die intensive Möglichkeiten der bilateralen Kommunikation und der Klärung von Rollenerwartungen eröffnet, ist die Durchführung individueller Feedback-Gespräche.[761]

Im folgenden wird betrachtet, welche Charakteristika von Feedback-Gesprächen in besonderer Weise geeignet sind, normativ basiertes Commitment aufzubauen. Dabei wird gleich-

---

[759] Vgl. Abschnitt II.2.2.
[760] Vgl. Abschnitt II.3.3.
[761] Streng betrachtet müßte sich ein "Feed-Back" lediglich auf die Beurteilung vergangener Handlungen beziehen. Davon ausgehend werden jedoch in der Regel Überlegungen zur weiteren Entwicklung,

zeitig die spezifische Eignung zur Handhabung der Herausforderungen im Mittelmanagement sichtbar gemacht (1). In einem nächsten Schritt werden dann inhaltliche und prozessuale Aspekte der Gestaltung von Feedback-Gesprächen im Hinblick auf den Aufbau der normativen Commitmentkomponente betrachtet (2). Anschließend werden Möglichkeiten zum Aufbau normativen Commitments vor dem Hintergrund eines exemplarischen Ablaufs eines Feedback-Gesprächs gezeigt (3).

(1) Relevanz von Feedback-Gesprächen zum Aufbau normativen Commitments im Mittelmanagement

Unter einem Feedback-Gespräch wird im folgenden ein persönliches Gespräch zwischen einem Mitarbeiter und seinem Vorgesetzen verstanden, in dessen Rahmen ein Austausch über die vergangenen, gegenwärtigen und zukünftigen Rollenanforderungen erfolgt.[762] Dabei sollen konstruktiv erreichte Ziele und künftig erreichbare Ziele eruiert werden, mit dem Zweck des Aufbaus einer normativen Verpflichtung von Mitarbeitern, sich im Rahmen von Rollen- und Extra-Rollenverhalten für erreichbare, künftige Ziele zu engagieren. Hierfür gilt es, kooperativ geeignete Vorleistungen seitens der Organisation, insbesondere in Form von Ressourcen und konkreten Handlungsspielräumen, festzulegen. Hinsichtlich des Aufbaus von normativem Commitment sind insbesondere drei konkrete Merkmale eines Feedback-Gesprächs wesentlich, die im folgenden erläutert werden:

- Feedback-Gespräche sind *persönliche Gespräche* zwischen Vorgesetztem und Mitarbeiter, die als solche Zeit und Aufmerksamkeit eines Vorgesetzten beanspruchen. Damit ist diese Art der Kommunikation geeignet, Wertschätzung und individuelle Bedeutung zu vermitteln. Darüber hinaus kann das persönliche Gespräch zu einem Vertrauensverhältnis zwischen Vorgesetztem und Mitarbeiter beitragen, indem Verständnis für die gegenseitigen Positionen geschaffen wird. Dies trägt zu einer Intensivierung einer normativen Verpflichtung gegenüber dem Vorgesetzten und der Organisation bei.[763] Damit wird normatives Commitment gefördert.[764]

---

[762] insbesondere zu Möglichkeiten der Leistungsoptimierung eines Mitarbeiters, angestellt, vgl. bspw. Roebuck (1996), S. 329.
[763] Vgl. hierzu bspw. Lindena (1997), S. 714.
Damit wird fokal Commitment gegenüber dem Vorgesetzten geschaffen. Im Rahmen der Analyse des Bezugsobjekts von Commitment in Punkt II.2.(1) wurde diesbezüglich zwar eine Fokussierung auf die Organisation vorgenommen, gleichzeitig wurde jedoch gezeigt, daß die Fokussierung der Organisation als

- Ein zweites, relevantes Merkmal ist in dem *bilateralen Informationsaustausch* zwischen Vorgesetztem und Mitarbeiter zu sehen, der im Rahmen solcher Gespräche stattfindet. Denn zum einen trägt die kooperative Besprechung vergangener und künftiger Entwicklungen zum Eindruck persönlicher Achtung und Wertschätzung bei.[765] Zum anderen fördert ein gegenseitiger Informationsaustausch im Rahmen eines persönlichen Gesprächs den Abbau von Informationsasymmetrien und damit einen Aufbau realistischer Erwartungshaltungen auf beiden Seiten. Klare Vorstellungen über die Rollenanforderungen wurden als zentrale Voraussetzung normativen Commitments ermittelt.[766] Es ist daher davon auszugehen, daß gemeinsam und konstruktiv eruierte, realistische Erwartungshaltungen in hohem Maße geeignet sind, die Wahrnehmung einer normativen Verpflichtung zu deren Erfüllung zu induzieren.[767] Damit wird ein entscheidender Grundstein zur Akzeptanz der Ergebnisse des Gesprächs gelegt, ohne die eine subjektiv wahrgenommene Verpflichtung zu ihrer Respektierung kaum vorstellbar ist.

- Zugleich bieten solche Gespräche eine äußerst effektive Möglichkeit zur nachhaltigen Kommunikation von Vorleistungen (und ihres Wertes).[768] Die *Unterstützung* kann dabei nicht nur hinsichtlich der Zusage von materiellen Ressourcen bestehen, wie z.B. der Gewährung von Sach- und Finanzmitteln, sondern auch hinsichtlich der politischen Absicherung innerhalb des Unternehmens, bspw. indem ein vorgesetzter Topmanger seine "Machtpromotion" zusichert.

Bezugsobjekt mit einer Ausrichtung auf Commitmentobjekte auf tieferer Ebene einhergehen kann. Zentral ist dabei die Ausrichtung solcher "Sub-Commitments" auf die Belange der Gesamtorganisation.

[764] Vgl. Punkt II.2.3(1d).

[765] Hier wird zugleich erneut die Bedeutung der Partizipation als Determinante organisationalen Commitments deutlich, vgl. Abschnitt II.2.3(1a, d). Da diese vorrangig als Erklärungsvariable affektiven Commitments ermittelt wurde, kann hier von einem übergreifendem, commitmentförderndem Effekt ausgegangen werden.

[766] Vgl. Abschnitt II.3.2.

[767] Hier stellen freilich allgemeine soziale Normen, wie die Einhaltung von Versprechen, eine wesentliche Grundlage dar. In Anbetracht der Nicht-Anonymität der Situation kann von einer relativ hohen Gültigkeit solcher Normen ausgegangen werden. Vgl. hierzu Homann, Blome-Drees (1992), S. 29 ff., welche die Bedingung der Nicht-Anonymität für eine Kooperation am Fall des Gefangenendilemmas verdeutlichen.

[768] Vgl. zur besonderen Effektivität persönlicher Kommunikation analog Kroeber-Riel (1992), S. 264.

Damit werden die Potentiale individueller Feedback-Gespräche zum Aufbau der normativen Commitmentkomponente deutlich.[769] Denn im Rahmen von Feedback-Gesprächen bieten sich geeignete Möglichkeiten, die Erklärungsvariablen der Unterstützung und Kommunikation durch die Vorgesetzten sowie die Schaffung von Rollenklarheit, zu realisieren.

Die Durchführung solcher Gespräche eignet sich in besonderer Weise als Führungsinstrument für das mittlere Management. Denn Feedback-Ggespräche erfordern erstens individuell einen relativ hohen Aufwand, der insbesondere für diese Schlüsselbelegschaft gerechtfertigt ist. Zudem liegt angesichts der weiten Handlungsspielräume mittlerer Manager ein Bedarf zur Diskussion der weiteren Entwicklungsrichtung und der zur Verfügung gestellten Ressourcen vor. Es ist bspw. für Vorgesetzte und Mittelmanager sinnvoll, die Richtung der künftigen Programme und Maßnahmen abzustecken, die im Rahmen der Transformation politischer Vorgaben des Topmanagements entwickelt werden sollen. Dabei kann dem Mittelmanager ein Vertrauensvorschuß in seine Fähigkeiten und in sein Engagement vermittelt werden, der normatives Commitment erhöht.[770]

Es kann daher festgehalten werden, daß mit der Durchführung individueller Feedback-Gespräche eine normative Verpflichtung aufgebaut wird, die Anforderungen, die sich im Rahmen der individuellen Rolle, z.T. durchaus auch unvorhersehbar, entwickeln, zu erfüllen. Damit wird an der Steigerung der Einsatzbereitschaft zu Rollen- und Extra-Rollenverhalten angesetzt. Wie gezeigt wurde, stellt dies, angesichts komplexer Anforderungen und weiter Handlungsspielräume, eine zentrale Herausforderung eines Managements des mittleren Managements dar.

(2) Inhaltliche und prozessuale Aspekte

Wie deutlich wird, stellen individuelle Feedback-Gespräche eine Möglichkeit zum Aufbau der normativen Commitmentkomponente dar. Im folgenden werden daher entsprechende Gestaltungsmöglichkeiten untersucht. Hierfür werden zunächst zentrale, inhaltliche Aspekte betrachtet (a). Davon ausgehend werden in einem nächsten Schritt prozessuale Gesichtspunkte der Ausgestaltung von Feedback-Gesprächen analysiert (b).

---

[769] Feedback-Gespräche stehen dabei auch in Einklang mit dem "Commitmentparadigma" des High-Commitment-Managements, da sie eine Abkehr von fokal kontrollorientierten Leistungsbeurteilungen ermöglichen. Vgl. analog Fisher (1989), S. 33, sowie Wood (1996b), S. 515.

(a) Inhaltliche Aspekte der Steigerung normativen Commitments: Feedback ist als eine "(...) Rückinformation vom Empfänger zum Sender (...) " (Seiwert 1992, Sp. 1128) zu verstehen. Im Rahmen von Feedback-Gesprächen ist dabei erstens von einer Rückmeldung hinsichtlich vergangener Ergebnisse und Leistungen auszugehen (aa). Diese stellt zugleich die Grundlage für weiterführende "Rückinformationen" zur geplanten, zukünftigen Entwicklung der Rolle des betroffenen Mitarbeiters dar. Im vorliegenden Kontext wird diesbezüglich ein gegenseitiger Austausch über Vorstellungen hinsichtlich zukünftig erreichbarer Ergebnisse und Leistungen postuliert. Somit ergibt sich eine zweite Form der "Rückmeldung", die zudem auf die individuellen Vorstellungen eines Mitarbeiters hinsichtlich der Entwicklung seiner Rolle Bezug nimmt (ab).

(aa) Vergangenheitsorientierte inhaltliche Aspekte: Gegenstand der Rückmeldung über vergangenheitsorientierte Gesichtspunkte sind die *erbrachten Ergebnisse und Leistungen* eines Mitarbeiters. Zentral ist dabei die Ermittlung einer *realistischen Einschätzung* des Mitarbeiters. Denn diese stellt eine wesentliche Grundlage für die Akzeptanz der gegenseitigen Rückmeldungen dar. Die Akzeptanz der gegenseitigen Einschätzungen kann als Voraussetzung für den Aufbau einer normativen Verpflichtung gegenüber den daraus abgeleiteten Erwartungshaltungen gesehen werden. Denn die Entwicklung einer subjektiven, normativen Verpflichtung zur Erreichung unrealistisch wahrgenommener Erwartungen kann als wenig wahrscheinlich betrachtet werden.[770]

Im Zuge der Gewinnung einer realistischen Einschätzung der Ergebnisse und Leistungen sind daher auch *relativierende Komponenten* zu berücksichtigen. Hierfür sind insbesondere vier Aspekte heranzuziehen, die in Abbildung III-13 graphisch veranschaulicht sind:

- Der Mitarbeiter, dem Feedback gegeben wird, ist hinsichtlich seiner Fähigkeiten, Fertigkeiten und *Persönlichkeitscharakteristika* zu betrachten (s. Punkt 1 in Abb. III-13). Beispielsweise sind bei einer Erweiterung der Führungsverantwortung mittlerer Manager die sozialen Kompetenzen zu berücksichtigen oder die persönliche Belastbar-

---

[770] Vgl. Abschnitt II.3.3, zur Bedeutung der Vermittlung von Wertschätzung und Vertrauen im Rahmen bilateraler Vorgesetztenkommunikation zum Aufbau von normativem Commitment.
[771] Dabei eignet sich für den Bereich des mittleren Managements in besonderem Maße eine Orientierung an weit gefaßten, bereichsorientierten Zielen und Leistungskriterien. Dies wurde bei der Betrachtung der Kriteriengenerierung im Rahmen einer leistungsorientierten Bonusvergütung für das Mittelmanagement deutlich, vgl. Abschnitt III.1.1.

keit, die angesichts eines erweiterten Verantwortungsbereichs zusätzlich in Anspruch genommen wird.

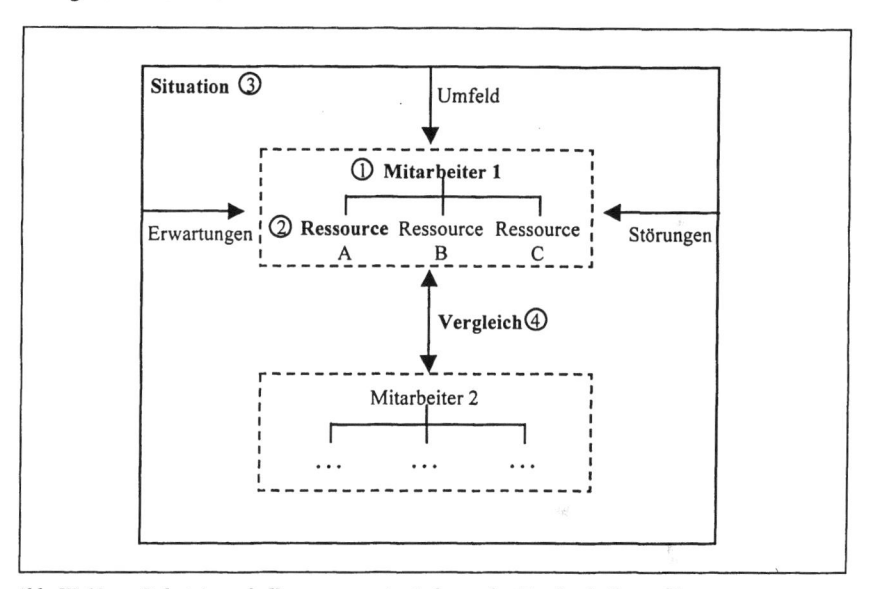

```
┌─────────────────────────────────────────────────────┐
│   Situation ③              Umfeld                   │
│                              │                       │
│                              ▼                       │
│              ┌───────────────────────────────┐      │
│              │      ① Mitarbeiter 1          │      │
│              │        ┌──────┼──────┐        │      │
│   Erwartungen│  ② Ressource Ressource Ressource │ Störungen │
│              │        A      B      C         │      │
│              └───────────────────────────────┘      │
│                              ▲                       │
│                              │                       │
│                        Vergleich ④                   │
│                              │                       │
│                              ▼                       │
│              ┌───────────────────────────────┐      │
│              │        Mitarbeiter 2          │      │
│              │   ┌──────┼──────┐             │      │
│              │   ...    ...    ...           │      │
│              └───────────────────────────────┘      │
└─────────────────────────────────────────────────────┘
```

Abb. III-13: Relativierende Komponenten im Rahmen des Feedback-Gesprächs

- Die erzielten Ergebnisse sind den *zur Verfügung gestandenen Ressourcen* und Handlungsspielräumen gegenüberzustellen (s. Punkt 2 in Abb. III-13). Zum Beispiel sind die Ergebnisse, die ein Mittelmanager erbracht hat, vor dem Hintergrund der zur Verfügung gestellten Humanressourcen in seinem Bereich zu bewerten.

- Einen weiteren, relativierenden Einfluß stellen die *konkreten, situativen Bedingungen* dar (s. Punkt 3 in Abb. III-13), unter denen die Ergebnisse und Leistungen erbracht wurden, bspw. unvorhersehbare *Störfaktoren*.[772]

- Darüberhinaus kann relativierend auf die Leistungen von *vergleichbaren Rollenträgern*, z.B. von Kollegen Bezug genommen (s. Punkt 4 in Abb. III-13). Das Anspruchsniveau der erwarteten Ergebnisse kann damit ein Stück weit präzisiert werden. Auf diese Weise wird ein Orientierungspunkt für die Inhalte normativen Commitments gegenüber der Organisation geschaffen, an dem Mitarbeiter ihr Engagement und ihre Leistung ausrich-

---

[772] Vgl. Gieseking, Sehnke, Roos (1998), S. 26 ff. sowie Punkt III.1.1.(1).

ten können, um konkret bspw. keine "geringwertigere" Leistung als vergleichbare Mitarbeiter bzw. Kollegen zu erbringen.

(ab) Zukunftsgerichtete inhaltliche Aspekte: Die Berücksichtigung relativierender Aspekte, wie sie soeben erläutert wurden, kann daher als inhaltliche Basis des normativen Commitmentaufbaus im Rahmen von Feedback-Gesprächen betrachtet werden: Sie stellt erstens die Grundlage für künftige Vorleistungen, in Form von Ressourcen und Handlungsspielräumen, dar. Zweitens ist die Berücksichtigung relativierender Aspekte der Beurteilung vergangener Leistung eine wichtige Basis für eine realitätsnahe Festlegung künftiger Rollenerwartungen, zu deren Erfüllung sich ein Mitarbeiter normativ committet. Im Hinblick auf eine Förderung der normativen Commitmentkomponente sind bei der Spezifizierung künftiger Rollenanforderungen und -erwartungen insbesondere die folgenden, beiden Aspekte hervorzuheben:

- Erstens sind die *Entwicklungsrichtung* sowie die *Grobziele* eines Mitarbeiters im organisatorischen Kontext festzulegen.[773] Somit wird ein Orientierungspunkt für das erwartete Leistungs- und Anspruchsniveau gegeben,[774] indem der Inhalt dessen, was Gegenstand der Erfüllung des normativen Commitments darstellen kann - bzw. soll - spezifiziert wird. Auf diese Weise wird wesentlich zur Klarheit und Konfliktfreiheit der Rolle beigetragen. Die Bestimmung der Entwicklungsrichtung und der Grobziele erfolgt dabei auf Grundlage der strategischen Zielsetzungen eines Unternehmens. Dabei wird eine Annäherung der gegenseitigen Vorstellungen über die - realen - organisatorischen Interessen und Ziele, hinsichtlich derer Commitment aufgebaut werden soll, gefördert. Diese Annäherung erfolgt im Bereich des Mittelmanagements - zumindest teilweise - bereits durch die Erweiterung der Informations- zur Beratungsfunktion, in deren

---

[773] Im Hinblick auf ein Zusammenwirken der Bereiche wurde das Gesamtunternehmen als übergreifendes Bezugsobjekt von Commitment erläutert. Daher ist hier eine Ausrichtung der Grobrichtung und Ziele für die Bereiche auf die Unternehmensstrategie vorzunehmen. Damit soll eine Einbindung der Bereiche in die Unternehmensstrategie erreicht werden und eigensinniges Verhalten der Mittelmanager im Rahmen der Teileinheiten reduziert werden.

[774] Vgl. hierzu auch Foy (1994), S. 145. Vgl. zudem Odiorne (1967), S. 88 f., da hier eine gewisse Parallelität zur Idee von Zielvereinbarungsgesprächen im Rahmen eines Management by Objectives deutlich wird. Auch hier wird über die Vorgabe von relativ globalen Zielen - alternativ zu expliziten Verhaltensvorgaben - die Umgehung unzweckmäßiger Eingrenzungen des Verhaltens angestrebt, um bspw. Verantwortungs- und Zuständigkeitslücken zu vermeiden. Durch die Festlegung relativ globaler Ziele wird dabei dennoch ein Orientierungspunkt für die individuelle Einschätzung eines angemessenen Leistungs- und Ergebnisniveaus gegeben. Damit wird die Induzierung einer individuellen Festlegung auf solche Orientierungspunkte gefördert. Odiorne (1984), S. 268 verweist diesbezüglich ebenfalls explizit auf die besondere Eignung dieser Vorgehensweise im Bereich des Managements von (Mittel-) Managern.

Teil III: Instrumente eines Commitment-Managements 225

Rahmen Grundlagen politischer Entscheidungen und damit zentrale Unternehmensziele, zwischen Top- und Mittelmanagment diskutiert werden.[775] Hiermit wird eine wesentliche Voraussetzung für ein adäquates Rollen- und Extra-Rollenverhalten auf Basis eines normativen Commitments geschaffen. Denn ohne eine Übereinstimmung hinsichtlich der strategischen Ziele und Interessen der Organisation kann kaum Engagement erwartet werden, das klar auf die Unternehmensziel ausgerichtet ist.[776]

- Ein weiterer wesentlicher inhaltlicher Aspekt betrifft die Festlegung der zur Verfügung gestellten *Ressourcen und Handlungsspielräume*.[777] Hiermit wird die spezifische Unterstützung verdeutlicht, die dem Mitarbeiter seitens des Unternehmens bei der Erfüllung seiner Rollenanforderungen gewährt wird. Wie dargelegt wurde, ist diese Unterstützung im Sinne von relevanten Vorleistungen der Organisation kommunizierbar, die geeignet sind, das Vertrauen gegenüber den Mitarbeitern zu bekräftigen und somit normatives Commitment aufzubauen.[778]

(b) Prozessuale Aspekte der Steigerung normativen Commitments durch Feedback-Gespräche: Wie im vorangehenden Punkt deutlich wird, gilt es, im Hinblick auf eine Förderung der normativen Commitmentkomponente im Rahmen von Feedback-Gesprächen, die Richtung und das Spektrum zukünftig erreichbarer Leistungen sowie die dafür bereitgestellten Ressourcen und Handlungsfreiräume festzulegen. Um dabei die Gestaltung entsprechender Gespräche konsequent an der Förderung normativen Commitments im Rahmen der Erreichung der abgesteckten Grobziele auszurichten, gilt es, auch prozessuale Aspekte zu berücksichtigen. Hervorzuheben sind dabei Gesichtspunkte der Institutionalisierung von Feedback-Gesprächen (ba) sowie Aspekte der Gesprächsgestaltung (bb).

---

[775] Vgl. Abschnitt I.2. Hier wird im Rahmen des Wandels der Rolle des mittleren Managements eine Erweiterung der Informationsfunktion auf eine Beteiligung am Strategiegeneseprozeß dargelegt.

[776] Dies kann teilweise auf die Inkommensurabilitäten der Kontexte von Vorgesetztem und Mitarbeitern zurückgeführt werden, vgl. hierzu analog Ringlstetter (1995), S. 66 f., der sich diesbezüglich mit der Inkommensurabilität organisatorischer Lebenswelten als Teilaspekt der Eigensinnproblematik auseinandersetzt. Vgl. zum Kontextbegriff zudem Kirsch (1992), S. 66 ff.

[777] Vgl. Foy (1994), S. 151, Lindena (1997), S. 714.

[778] Vgl. hierzu analog Odiorne (1967), S. 74, der betont, daß die Vorgabe weit gesteckter Ziele die Eignung und Fähigkeiten eines Mitarbeiters bzw. Managers - und damit das Vertrauen in einen Mitarbeiter – unterstreicht. Ein weiterer inhaltlicher Aspekt im Ranmen von Feedback-Gesprächen ist die Festlegung von Zeithorizonten, die jedoch im Hinblick auf die Förderung normativen Commitments als nachrangig betrachtet werden kann.

(ba) Institutionalisierung des Feedback-Prozesses: Grundsätzlich kann ein Feedback zu den Ergebnissen und Leistungen insbesondere im Kontext einer engen Beziehung zwischen Vorgesetztem und Mitarbeiter kontinuierlich gewährt werden.[779] Fokal wird jedoch *die regelmäßige und institutionalisierte Durchführung* von Feedback-Gesprächen betrachtet. Dies erhöht die Wahrnehmung eines gerechten, willkürfreien Umgangs, der sich entscheidend auf die Akzeptanz der Gesprächsvereinbarungen auswirkt. Deren Akzeptanz wurde als zentrale Voraussetzung für den Aufbau einer normativen Verpflichtung zur Erfüllung der entsprechenden Erwartungshaltungen ermittelt. Denn eine Übereinstimmung bzgl. der Rollenanforderungen ist grundlegende Voraussetzung dafür, daß die Wahrnehmung einer Verpflichtung gegenüber dem Unternehmen, zur Erfüllung der Rollenanforderungen entsteht.

Einflüsse auf die Akzeptanz können darüber hinaus von einer gewissen *Formalisierung des Gesprächsablaufs* ausgehen.[780] Eine Handhabungsmöglichkeit hierfür sind *Gesprächsleitfäden*, welche die wesentlichen Eckpunkte von Feedback-Gesprächen beinhalten.[781] Denn damit kann die wahrgenommene, interindividuelle Vergleichbarkeit von Feedback-Gesprächen und somit die Akzeptanz der Gespräche und der getroffenen Übereinkünfte positiv beeinflußt werden.

(bb) Aspekte des Feedback-Prozesses: Neben Aspekten der Institutionalisierung von Feedback-Gesprächen gilt es, eine geeignete Form für die Durchführung von Feedback-Gesprächen zu etablieren, um deren Wirkung auf eine Förderung der normativen Commitmentkomponente zu optimieren. Folgende Gestaltungselemente sind hierbei als zentral zu erachten:

- Eine geeignete Form der Gesprächsführung stellt ein *offener Dialog* dar, in dessen Rahmen eine Verhandlung über das weitere Vorgehen im Mittelpunkt steht.[782] Durch die partizipative Einbindung und Beteiligung am Entscheidungsprozeß über die künftige Entwicklung, bspw. des Bereichs eines Mittelmanagers, werden Wertschätzung und Vertrauen vermittelt. Diese wurden als wesentliche Einflußgrößen der normativen

---

[779] Vgl. Beer (1987), S. 293.
[780] Campbell, Campbell, Chia (1998), S. 329 ff. schlagen in diesem Zusammenhang zudem eine Komponente der Vorgesetztenbeurteilung vor, um eine Kontextannäherung zu intensivieren und Gesprächsbarrieren, die aus den divergierenden hierarchischen Stellungen resultieren können, zu reduzieren. Vgl. zudem Lindena (1997), S. 714.
[781] Vgl. Lindena (1997), S. 714.
[782] Vgl. hierzu etwa Foy (1994), S. 148.

Commitmentkomponente ermittelt.⁷⁸³ Wie bereits deutlich wurde, resultieren hieraus, neben einer direkten Beeinflussung normativen Commitments, gleichzeitig indirekte Einflüsse, die aus der Erhöhung der Akzeptanz bilateral verhandelter Inhalte herrühren. Sie bilden eine Grundlage für eine normative Verpflichtung auf die besprochenen Inhalte für zukünftige Leistungsentwicklungen.⁷⁸⁴

- Ein weiteres, wesentliches Element zur Gestaltung wirksamer Feedback-Gespräche ist in der Betonung eines *informalen Charakters* zu sehen. Denn eine strikte Orientierung an formalen Gesprächsleitfäden könnte konterkarrierende Effekte erzeugen, die den Eindruck einer "Pseudopartizipation" hervorrufen. Ein informaler Gesprächscharakter ist zudem zur Vermeidung künstlicher Gesprächsbarrieren und abwehrender Grundhaltungen bedeutsam.⁷⁸⁵ Damit werden wesentliche Voraussetzungen zur Akzeptanz der getroffenen Vereinbarungen geschaffen. Ein informaler Gesprächscharakter von Feedback-Gesprächen kann damit erheblich zur Förderung normativen Commitments beitragen, da dargelegt wurde, daß eine normative Verpflichtung im wesentlichen gegenüber Vereinbarungen aufgebaut werden kann, die einvernehmlich beschlossen und akzeptiert wurden.

- Die Gestaltung eines informalen, offenen Dialogs kann dabei an entsprechenden *Gesprächsregeln* orientiert werden, die auf eine Reduzierung von Abwehrreaktionen und die Aufrechterhaltung eines konstruktiven Dialogs abzielen.⁷⁸⁶ Hervorzuheben sind

---

[783] Vgl. hierzu auch Beer (1987), S. 292.

[784] Durch den Vereinbarungscharakter wird erneut die Ähnlichkeit zum Management by Objectives deutlich. Der Fokus des Management by Objectives ist dabei jedoch auf eine kaskadenartige Zieldifferenzierung und -delegation gerichtet, vgl. Odiorne (1967), S. 75 ff. Damit sollen klare Verantwortungs- und Aufgabenbereiche sowie Kontrollmöglichkeiten geschaffen werden, die ein effektives, zielorientiertes Management, systematisch ausgerichtet an den strategischen Unternehmenszielen, ermöglichen, vgl. Odiorne (1984), S. 268. Der kooperative Aushandlungsprozeß hat dabei - im Gegensatz zum vorliegenden Kontext des Commitment-Managements - nachgeordnete Bedeutung. Wohl auch vor diesem Hintergrund fokussiert sich das Management by Objectives in der Unternehmenspraxis teilweise auf die Zieldifferenzierung und deren Top Down Delegation, unter gewisser Vernachlässigung eines kooperativen, bilateralen Aushandlungsprozesses.

[785] Vgl. bspw. Beer (1987), S. 293 sowie Abschnitt III.3.3 in dem zur Gestaltung der Coachingbeziehung diesbezüglich eine ähnliche Regel aufgestellt wird, die allerdings dort mit der Förderung des Aufbaus von Humankapital zum Aufbau kalkulierten Commitments verknüpft wird.

[786] Vgl. den praxisorientierten Beitrag von Schreyögg, der für die professionelle Gestaltung der Rahmenbedingungen informaler, konsensorientierter Gespräche zwischen Vorgesetzten und Mitarbeitern weitreichende Regeln formuliert, die bis zur Spezifizierung optimaler Sitzanordnungen reicht, vgl. Schreyögg (1995), S. 216. Darüber hinaus werden diagnostische Zugänge zum Verständnis sprachlicher

hierbei exemplarisch das Zulassen, Bestärken und Initiieren freier Kommunikation des Mitarbeiters, verbunden mit aktivem Zuhören seitens des Vorgesetzten.[787] Von ebenso zentraler Bedeutung ist die Versachlichung und Eingrenzung potentieller Kritik auf konkrete Punkte.[788] Damit wird der Eindruck einer allgemeinen, personenorientierten Kritik vermieden, der zu gesprächsbeeinträchtigenden Abwehrreaktionen und zu einer Reduzierung der Akzeptanz getroffener Übereinkünfte führen kann.[789] Die Beachtung solcher Gesprächsregeln ist für die Wahrnehmung eines konstruktiven Feedback-Gesprächs sowie für eine kooperative Bestimmung klarer Erwartungen maßgeblich. Armstrong[790] verweist diesbezüglich auch auf die Bedeutung der Aussprache von Anerkennung im Rahmen der Rollenfestlegung. Damit kann die Bestimmung der Rollenerwartungen auch als Instrument zur Vermittlung von Wertschätzung herangezogen werden. Damit wird zusätzlich zur Induzierung einer normativen Verpflichtung zur Erfüllung der formulierten Erwartungen und folglich der normativen Commitmentkomponente beigetragen.

(3) **Exemplarischer Ablauf eines Feedback-Gesprächs**

Ausgehend von der Darstellung wesentlicher inhaltlicher und prozessualer Aspekte der Gestaltung von Feedback-Gesprächen wird im folgenden veranschaulichend der exemplarische Ablauf eines Feedback-Gesprächs im Hinblick auf die Förderung normativen Commitments untersucht.[791] Hierbei werden die Stufen des Feedbacks unter Berücksichtigung gesprächsvorbereitender Aspekte (a) und des Ablaufs des Feedbacks (b) betrachtet (vgl. Abb. III-14).

Kommunikation erörtert, die zur Optimierung der Verständigung und Akzeptanzgenese herangezogen werden können, vgl. Schreyögg (1995), S. 220 ff.

[787] Vgl. Beer (1987), S. 295, 297, sowie Abschnitt II.2.3.

[788] Beer (1987), S. 291 verweist in diesem Zusammenhang auf die Möglichkeit, konkrete Ergebnisse oder Verhaltensweisen herauszugreifen und anzusprechen.

[789] Vgl. Beer (1987), S. 291, 297, Campbell, Campbell, Chia (1998), S. 140, Foy (1994), S. 149.

[790] Vgl. Armstrong (1993), S. 103 f.

[791] Vgl. dazu Beer (1987), S. 291 ff., Lindena (1997), S. 714. Es kann sich zwar durchaus auch eine systematische ex post Kontrolle der Feedbackresultate im Hinblick auf eine Optimierung der Gesprächsgestaltung als sinnvoll erweisen. Angesichts der Fokussierung des Aufbaus normativen Commitments im Rahmen von Feedback-Gesprächen ist diese Thematik hier jedoch nicht zentral. Zudem ergibt sich angesichts des wiederkehrenden Charakters von Feedback-Gesprächen ohnehin ein gewisser Kontrollmechanismus.

```
Gesprächsvorbereitung

  (1) Abstimmung           (2) Inhaltliche Vorbereitung
    ■ Termin                 ■ Rollenanalyse
    ■ Ort                    ■ individuelle Vorüberlegung

Gesprächsablauf

  (3) Initiierung der   (4) Kooperative Ge-    (5) Gemeinsame
      Selbstbeurtei-        nerierung von Rol-     Fixierung der
      lung                  lenerwartungen         Ergebnisse
```

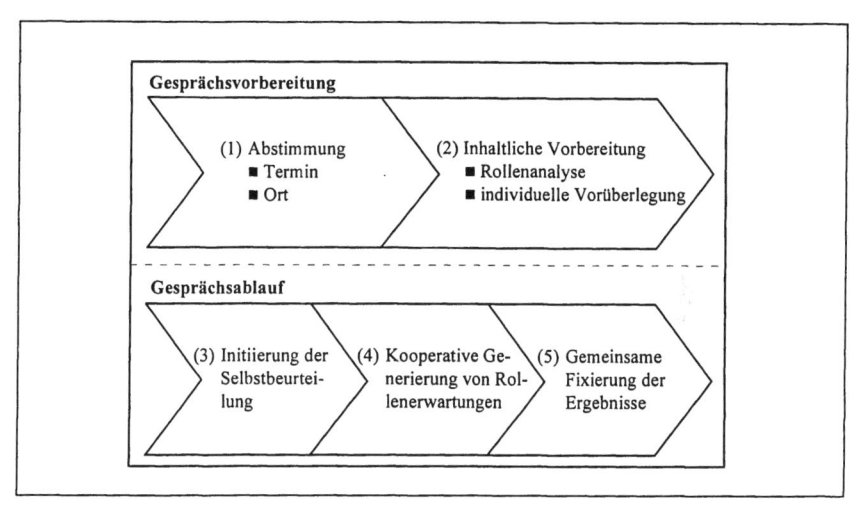

Abb. III-14:   *Zentrale Elemente der Vorbereitung und des Ablaufs eines Feedback-Gesprächs*

(a) Gesprächvorbereitung: Hinsichtlich der Vorbereitung individueller Feedback-Gespräche gilt es, zur Förderung der normativen Commitmentkomponente, insbesondere drei Ablaufelemente zu beachten, die an der Kommunikation von Rollenklarheit und Wertschätzung orientiert sind:

- Erstens ist eine kooperative und verbindliche Abstimmung des *Gesprächstermins* vorzunehmen. Dies ermöglicht zum einen eine Hervorhebung der Bedeutung des Gesprächs, auch seitens des Vorgesetzten, und damit die Kommunikation der Wertschätzung eines Mitarbeiters.[792] Zum anderen wird der Eindruck einer oktruierten Unterredung vermieden, der bereits ex ante Gesprächsbarrieren aufbauen könnte.

- Zweitens ist der *Ort des Gesprächs* zu bestimmen. Diesbezüglich wird auf die Eignung neutraler Orte zur Förderung eines informalen Charakters verwiesen.[793] Dies gilt ebenfalls einer Reduzierung künstlicher Gesprächsbarrieren, die einer Vermittlung von Wertschätzung und Vertrauensvorschüssen entgegenstehen.[794]

---

[792] Vgl. Beer (1987), S. 296.
[793] Vgl. Lindena (1997), S. 714, die als Negativbeispiel das Büro des Vorgesetzten, insbesondere vis à vis dessen Schreibtisch anführt. Diesbezüglich sind allerdings pragmatische Aspekte sowie Aspekte der Machbarkeit, bspw. in Ermangelung eines entsprechenden Besprechungsraums, zu berücksichtigen.
[794] Vgl. Lindena (1997), S. 14.

- Von zentraler Bedeutung ist drittens die eigentliche *Gesprächsvorbereitung*. Hier ist es zum einen von Bedeutung, vorab das Spektrum möglicher Rahmenbedingungen zu klären, das einem Mitarbeiter im Rahmen des Gesprächs eingeräumt werden kann.[795] Dies stellt eine grundlegende Voraussetzung für eine effektive Besprechung der zukünftigen Entwicklungsrichtung und damit der verbindlichen Gewährung von Vorleistungen, z.B. in Form von Handlungsspielräumen oder Ressourcen, dar. Dies ist eine Bedingung für den Aufbau realistischer Erwartungshaltungen im Rahmen eines Feedback-Gesprächs. Der Aufbau realistischer Erwartungshaltungen ist langfristig für die Vertrauensbildung und damit für die Möglichkeit seitens der Organisation bzw. eines konkreten Vorgesetzen, glaubhaft Vorleistungen zu kommunizieren und somit normatives Commitment zu fördern, unabdingbar. Ein zentraler Zugang zur Vorbereitung solcher Gespräche durch die Vorgesetzten ist das Heranziehen der Ergebnisse von Anforderungs- oder Rollenanalyse, die im Rahmen eines professionellen HRM bereitgestellt werden (sollten).[796] Darauf aufbauend können zugleich erste Überlegungen über die zu erwartenden Vorstellungen eines Mitarbeiters als Grundlage des Feedback-Gesprächs angestellt werden. Dadurch kann erstens im Gespräch der Eindruck individueller Beachtung und Wertschätzung intensiviert werden, indem eine intensive Vorbereitung und damit hohe Bedeutung des Gesprächs deutlich gemacht wird. Zweitens fördert die Vorbereitung eine klare Kommunikation des Machbaren, bspw. in Hinblick auf eine Bereitstellung von Ressourcen.

(b) Ablauf des Feedback-Gesprächs: Während des Feedback-Gesprächs sind drei grundlegende Stufen differenzierbar:

- Nach einer einführenden "Auflockerung" ist in einer ersten Gesprächsstufe eine Situationsanalyse seitens des Mitarbeiters anzuregen.[797] Damit werden die *Selbstbeurteilung* sowie die Äußerung Vorstellungen zur künftigen Entwicklungsrichtung

---

[795] Vgl. zur Vorbereitung entsprechender Gespräche auch Loebbert (1995), S. 29.
[796] Vgl. Huselid (1995), S. 646.
[797] Vgl. Beer (1987), S. 296.

initiiert.[798] Diese Vorgehensweise ist zum Aufbau eines offenen, informalen Dialogs geeignet, durch dessen partizipative Einbindung des betroffenen Mitarbeiters Abwehrreaktionen weitgehend vermieden werden, und Vertrauen und Wertschätzung vermittelbar sind. Dabei sind freilich durch eine subtile Gesprächsführung seitens des Vorgesetzten gegebenenfalls richtunggebende Anstöße zu leisten.

- Aufbauend auf der Situationsanalyse werden im Rahmen eines offenen Dialogs *kooperativ Vorschläge* zur weiteren Entwicklung und zur Bereitstellung geeigneter Ressourcen generiert.[799] Die gemeinsame Erarbeitung künftiger Rollenanforderungen bildet eine zentrale Grundlage zum Aufbau einer intensiv wahrgenommenen Verpflichtung, diese zu erfüllen.

- In einer dritten Gesprächsstufe wird eine *Zusammenfassung der Ergebnisse* vorgenommen.[800] Damit werden die selbstinitiierten Vorschläge und formulierten Grobziele fixiert. Dies bildet das Ergebnis des Feedback-Gesprächs, das einen wesentlichen Grundstein zu einer normativen Verpflichtung gegenüber den gemeinsam festgelegten Rollenanforderungen und Erwartungshaltungen bildet.

Es wird deutlich, daß im Rahmen von Feedback-Gesprächen erhebliche Potentiale zum Aufbau der normativen Commitmentkomponente zu sehen sind. Diese resultieren insbesondere aus dem partizipativen und offenen Dialogcharakter, durch den eine kooperative und damit hoch akzeptanz- und commitmentfähige Festlegung von Entwicklungsrichtungen, Grobzielen und bereitgestellten Ressourcen erreicht werden kann.

III.2.3 Coaching zum Aufbau der kalkulierten Commitmentkomponente

Im Zuge der Untersuchung der Einflußvariablen organisatorischen Commitments, die im Kontext der Führung auf Aktorenebene zu verorten sind, wurden insbesondere die individuelle Förderung sowie der Kommunikationsfluß zwischen Vorgesetzten und Mitarbeitern als maßgeblich ermittelt. Diese sind vor dem Hintergrund persönlicher Beziehungen

---

[798] Vgl. Beer (1987), S. 291, 296 f. Beer verweist für den Fall mangelnder Kooperation auf die Alternative der einseitigen Vorgabe von Handlungsmöglichkeiten, vgl. ebda., S. 291, 297. Diese ist jedoch in ihrer Wirkung auf die Förderung normativen Commitments weitaus weniger wirkungsvoll.

[799] Vgl. Beer (1987), S. 291, 297.

zwischen Vorgesetzten und Mitarbeitern zu sehen. Wie gezeigt wurde, ist deren Aufbau mit gewissen Investitionen, wie Zeit und Reflexion der Beziehung und ihrer Interaktionen verbunden, durch welche die individuellen Austrittsbarrieren aus einer Organisation erhöht werden. Dies gilt um so mehr, je stärker aus einer persönlichen Beziehung zwischen Vorgesetztem und Mitarbeiter eine individuelle Förderung resultiert. Dabei sind zwei Foki der Unterstützung zu differenzieren.[801] Zum einen kann Unterstützung im Rahmen der Erfüllung der individuellen Rollenerwartungen geleistet werden. Zum anderen kann eine Förderung beim Aufbau des individuellen Humankapitals gewährt werden. Letztere wurde als besonders intensiver Einfluß auf die Wahrnehmung individueller Vorteile und den Aufbau kalkulierten Commitments ermittelt.[802] Einen möglichen Zugang zum Management dieser Einflußfaktoren der Führung - auf Aktorenebene -, als Stellhebel eines Commitment-Managements stellt die Führungsmethode respektive das Führungsinstrument des Coaching dar.[803] Denn aufgrund einer Fokussierung persönlicher Unterstützung und Förderung im Rahmen der Coaching-Beziehung bieten sich hier relativ große Potentiale zum Aufbau kalkulierten Commitments.[804]

Im folgenden werden daher die Möglichkeiten zum Aufbau kalkulierten Commitments im Kontext der Führung exemplarisch anhand der Gestaltungsmöglichkeiten des Coaching analysiert. Dabei wird zunächst die Relevanz des Coaching zum Aufbau von kalkuliertem Commitment im mittleren Management betrachtet (1). In einem weiteren Schritt werden die Anforderungen beleuchtet, die an einen Coach zu stellen sind (2). Anschließend wird der Coaching-Prozeß einer genaueren Betrachtung unterzogen (3).

---

[800] Vgl. Foy (1994), S. 148 sowie auch Beer (1987), S. 297.
[801] Vgl. die Ausführungen in Abschnitt II.3.3(1) sowie Curry, Wakefiled (1986), S. 852, zur Relevanz der Unterstützung der Belange eines Mitarbeiters im Rahmen der Vorgesetztenbeziehung als Einfluß von Commitment.
[802] Vgl. hierzu bspw. Marr, Schmidt (1992), Sp. 1031 ff., die Aspekte der Humanvermögensrechnung respektive des Human Resource Accounting beleuchten. Dabei werden Bewertungsprinzipien vorgestellt, die sowohl auf individuelle Mitarbeiter - im vorliegenden Kontext mit dem Begriff des "Humankapitals" verbunden - als auch für das gesamte "Humanpotential" einer Organisation Anwendung finden.
[803] Vgl. hierzu etwa Waldroop, Butler (1997), S. 12, die Coaching als Führungsmethode bezeichnen. Coaching kann dabei jedoch gleichzeitig auch als Instrument der Führung betrachtet werden, vgl. bspw. Hauser (1993), S. 226.
[804] Auch hier ist jedoch nicht von einer ausschließlichen Wirkung auf die kalkulierte Commitmentkomponente auszugehen, da bspw. die gewährte Unterstützung durch den Vorgesetzten auch in positivem Zusammenhang zur affektiven Commitmentkomponente steht. Einen positiven Zusammenhang zwischen Methoden des Coaching und affektivem Commitment untersuchen bspw. Shore, Wayne (1993), S. 637 ff.

(1) Relevanz des Coaching für den Aufbau kalkulierten Commitments im Mittelmanagement

Der Begriff des Coaching findet seinen Ursprung im Bereich des Sport,[805] wo Coaching eine häufigere Anwendung findet als im Managementbereich.[806] Coaching, das als Form der Unterstützung und Förderung beschrieben wurde, steht dabei insbesondere auch in Zusammenhang mit mentalem Training, um bspw. einen Tennisspieler auf sein Match vorzubereiten.[807] Im Managementbereich ist ein zunehmendes Interesse an dieser Methode der Förderung von "Humanpotentialen" zu konstatieren.[808] Es ist auch Thema im Ansatz eines High-Commitment Managements, der bereits diskutiert wurde.[809] Dabei ist der Begriff gerade im Kontext des Humanressourcen-Managements relativ unscharf und wird teilweise synonym mit verwandten Instrumenten wie dem Mentoring verwendet.[810] Feedback-Gespräche stehen dem Coaching ebenfalls nahe, da individuell gewährte, konstruktive Kritik auch der Förderung des Aufbaus von Humankapital dienen und in das Coaching integriert werden kann. Das Instrument des Coaching bezieht sich jedoch auf die Gestaltung einer Beziehung zwischen Vorgesetzten und Mitarbeitern und wird im vorliegenden Kontext eines Commitment-Managements im Hinblick auf die Förderung von Mitarbeitern betrachtet. Dagegen sind Feedback-Gespräche abgrenzbare Ereignisse (Gespräche), die im Gegensatz zum Coaching primär auf die Vereinbarung von Leistungszielen gerichtet sind.[811] Im folgenden werden zentrale Merkmale des Coaching für den vorliegenden Kontext betrachtet.(a) Anschließend

---

[805] Vgl. z.B. Chrobok (1996), S. 124, Doppler (1992), S. 36, Eichhorn (1997), S. 78.
[806] Vgl. hierzu auch die Studie bei Eichhorn (1997), S. 78.
[807] Vgl. hierzu Eichhorn (1997), S. 77 f.
[808] Vgl. bspw. Hauser (1993), S. 224, Rosenstiel (1992), S. 236.
[809] Vgl. bspw. Fisher (1989), S. 33.
[810] Vgl. Doppler (1992), S. 38 sowie Neubeiser (1990), S. 58, die zudem u.a. auf die teilweise synonyme Verwendung und Ähnlichkeiten des Coaching-Begriffs mit der Supervision hinweist. Mentoring ist dagegen in der Regel im gesamten Humanressourcen-Bereich einsetzbar, während sich das Coaching in der Regel auf den Managementbereich beschränkt. Zudem findet im Mentoring üblicherweise eine Fokussierung auf konkrete Unterstützung im Rahmen der Tätigkeit statt, wogegen das Coaching weiterreichen kann, vgl. Gomez-Meja, Balkin, Cardy (1995), S. 218, 340. Diesbezüglich bestehen jedoch in der Literatur teilweise divergierende Auffassungen, vgl. bspw. zu einer weiteren Differenzierung von Coaching und Mentoring Mumford (1995), S. 100, 110 f., der allerdings im Coaching eine eher kurzfristig orientierte Form der Unterstützung sieht, sowie zu weiteren Abgrenzungen Schmitz (1993), S.123. Letzterer stellt zwar die Erfahrungsvermittlung als Fokus des Coaching heraus, sieht jedoch im Mentoring eine längerfristig orientierte Form der Förderung.
[811] Vgl. Abschnitt III.2.2.

wird die spezifische Relevanz des Coaching im Kontext eines Managements des mittleren Managements (b) und für den Aufbau kalkulierten Commitments aufgezeigt (c).

(a) Zentrale Merkmale des Coaching: Trotz der vielschichtigen Verwendung des Coachingbegriffs ergeben sich bei eingehender Betrachtung zentrale Charakteristika des Coaching, die spezifische Relevanz für den Aufbau kalkulierten Commitments besitzen. Coaching zeichnet sich insbesondere durch die *persönliche Beziehung* zwischen Coach und Coachee aus. In deren Rahmen wird der Coachee in seiner beruflichen Entwicklung begleitet und gefördert.[812] Zentral sind hierbei die Beratung und Unterstützung des Coachees bei beruflichen Herausforderungen. Wie im Zusammenhang mit der Untersuchung der Einflußvariablen organisationalen Commitments in Teil II deutlich wurde, ist der Aufbau einer entsprechenden Beziehung zum Vorgesetzten mit Investitionen des Mitarbeiters verbunden. Diese erhöhen die Austrittsbarrieren aus der Organisation. Damit entwickelt sich kalkuliertes Commitment.[813] Darüber hinaus verbindet sich mit dem Coaching ein *kontinuierlicher Beratungsprozeß*, der auf die berufliche Fortentwicklung und Verwirklichung persönlicher Erwartungen eines Mitarbeiters gerichtet ist.[814] Insbesondere unter Berücksichtigung der immer noch relativ geringen Verbreitung des Coaching entstehen damit nicht nur absolute, sondern auch relative Vorteile der Mitgliedschaft in einem Unternehmen, das eine entsprechende *Unterstützung* anbietet.[815] Damit intensiviert sich der Effekt des Coaching auf den Aufbau der kalkulierten Commitmentkomponente. Zusammenfassend werden für den vorliegenden Kontext folgende Merkmale des Coaching als zentral betrachtet:

- Coaching stellt einen kontinuierlichen Prozeß der individuellen Beratung von Mitarbeitern dar,
- der im Rahmen einer persönlichen, bilateralen Beziehung stattfindet,
- mit einer Ausrichtung auf die Unterstützung und Förderung des Coachees.

---

[812] Vgl. Egger-List, Egger-List (1999), S. 81, Gomez-Meja, Balkin, Cardy (1995), S. 341, Hauser (1993), S.225, Schreyögg (1995), S. 47, Stedniz (1993), S. 76.
[813] Vgl. Curry, Wakefield (1986), S. 852 sowie Abschnitt II.3.3.
[814] Vgl. Egger-List, Egger-List (1999), S. 81, Jahn (1991), S. 54, Hauser (1993), S. 224, Kuckelkorn (1999), S. 53.
[815] Vgl. zur Anwendung des Coaching - im deutschsprachigen Raum - Eichhorn (1997), S. 78.

Die Coachingbeziehung kann sowohl aufgrund der getätigten "Investitionen" eines Mitarbeiters in den Aufbau und die Intensivierung der Beziehung zum Coach, als auch wegen der kalkulierbaren Vorteile, die aus dieser resultieren, zur Entwicklung kalkulierten Commitments führen. Der Fokus des Coaching liegt auf der Unterstützung und Förderung etwa bei der Erfüllung der Rollenanforderungen,[816] wobei der Leistungsaspekt, im Gegensatz zum Feedback, in den Hintergrund tritt.[817] Bei der Unterstützung liegen dabei die zentralen Stellhebel des Aufbaus von Commitment auf Seiten des Unternehmens.

(b) Besondere Relevanz des Coaching für das Mittelmanagement: Die Charakteristika des Coaching implizieren auch seitens des Unternehmens einen relativ hohen Aufwand. Individuelles Coaching wird daher fokal im Managementbereich eingesetzt.[818] Es ist in besonderer Weise geeignet, zu einer Handhabung der spezifischen Herausforderungen im Mittelmanagement beizutragen. Denn wie deutlich wurde, sieht sich das mittlere Management angesichts des Wandels seiner Rolle *wachsenden Anforderungen* gegenüber. Deren Bewältigung kann im Rahmen des Coaching unterstützt werden.[819] Dies gewinnt insbesondere vor dem Hintergrund einer teilweise zunehmenden, internen Konkurrenzorientierung an Bedeutung, die speziell im Managementbereich individuelle *Hemmschwellen zur Nachfrage nach Rat und Unterstützung im organisationsinternen Umfeld* erhöhen können, um keine persönlichen Defizite offenzulegen.[820]

Von herausragender Bedeutung sind zudem die Möglichkeiten zu beurteilen, die das Coaching hinsichtlich der Handhabung von Problemen eröffnet, die aus dem *Plateauing* von Mittelmanagern resultieren. Plateauing resultiert angesichts der eingeschränkten Zahl an Topmanagementpositionen, so daß eine Weiterbeförderung in diese Hierarchieebene nur für einen geringen Teil des mittleren Managements möglich ist.[821] Damit befinden sich mittlere

---

[816] Vgl. zu dieser Einflußvariable kalkulierten Commitments Abschnitt II.3.4.
[817] Vgl. Hauser (1993), S. 225, sowie zum Aspekt des Lernens Egger-List, Egger-List (1999), 80, Loebbert (1995), S. 29. Dabei wird durch die Gewährung von beruflicher Förderung sowohl eine Intensivierung der Nutzung der bestehenden Potentiale intendiert als auch eine Entwicklung bestehender Potentiale, vgl. bspw. Metz, Knauth (1998), S. 436. Es liegt damit eine gewisse Überschneidung mit dem Aufgabenfeld der Humanressourcen-Entwicklung vor. Im vorliegenden Kontext steht dabei allerdings der Motivationsaspekt im Sinne einer Erhöhung der Einsatzbereitschaft und Bindung im Rahmen eines Commitment-Managements im Vordergrund.
[818] Vgl. Doppler (1992), S. 36, Gould (1997), S. 31, Neubeiser (1990), S. 53.
[819] Vgl. Doppler (1992), S. 36, Gould (1997), S. 33, Metz, Knauth (1998), S. 436.
[820] Vgl. hierzu Neubeiser (1990), S. 59.
[821] Vgl. zum Coaching für angehende Topmanagementpositionen bspw. Gould (1997).

Manager in einer Position, die eine weitere Beförderung unwahrscheinlich macht.[822] In dieser Situation besteht ein akutes Risiko der Reduktion von Einsatzbereitschaft sowie der Abwanderung.[823] Daraus resultiert eine erhöhte Notwendigkeit zur Bereitstellung von Alternativen zur Förderung respektive Aufrechterhaltung der Einsatzbereitschaft und Bindung dieser Mitarbeitergruppe, kurz: des Commitments. Dem kann durch eine individuelle, berufliche Betreuung und Unterstützung, wie sie das Coaching darstellt, begegnet werden. Hierbei tritt insbesondere die Bereitstellung von Möglichkeiten zum Aufbau des individuellen Humankapitals in den Vordergrund, was eine mögliche Alternative zu einer vertikalen Entwicklung darstellt.[824]

(c) Ausrichtung des Coaching auf die Erklärungsvariablen kalkulierten Commitments: Die Unterstützung beim Aufbau individuellen Humankapitals (ca) und bei der Erfüllung der individuellen Rollenanforderungen (cb) wurden als wesentliche Ansatzpunkte eines Coaching zur Förderung kalkulierten Commitments im Mittelmanagements dargestellt. Möglichkeiten zu ihrer Realisierung werden im folgenden im Hinblick auf ein Management von Humanressourcen im Mittelmanagement konkretisiert.

(ca) Aspekte der Unterstützung beim Aufbau individuellen Humankapitals: Wie bereits erläutert wurde, fördert die individuelle Unterstützung beim Aufbau von Humankapital kalkuliertes Commitment. Dabei stehen insbesondere Fähigkeiten und Fertigkeiten, die eine hohe Transferierbarkeit aufweisen, in positivem Zusammenhang zum Aufbau von Humankapital, da sie die individuell verfügbaren beruflichen Alternativen erhöhen.[825] Hierbei kann exemplarisch zwischen drei zentralen Aspekten differenziert werden: Konzeptioneller Kompetenz, kognitiver und mentaler Stärke sowie sozialer Kompetenz.

- Erstens steht der Aufbau einer *konzeptionellen Kompetenz* im Vordergrund, die sich auf die Erlernung einer flexiblen Nutzung und Verknüpfung von Denk- und Verhaltens-

---

[822] Vgl. zu dieser Charakterisierung des Plateauing Atwater et al. (1990), S. 288, sowie Gomez-Meja, Balkin, Cardy (1995), S. 345.
[823] Vgl. Gomez-Meja, Balkin, Cardy (1995), S. 345, Atwater et al. (1990), S. 288.
[824] Vgl. hierzu analog Sattelberger (1998), S. 32, der im Zusammenhang mit dem Schwinden einer "lebenslangen Laufbahn" in einer Organisation die Notwendigkeit für die Bereitstellung von Alternativen zur traditionellen, vertikal ausgerichteten Karriere aufzeigt. Dabei verweist er auf Möglichkeiten wie das Angebot von Lern- und Qualifizierungschancen.

mustern zur Steigerung der individuellen Problemlösungskompetenz richtet.[826] Hierbei werden kreatives und flexibles Problemlösungsdenken gefördert, das bspw. durch eine Erweiterung des Blickwinkels eines Problemkontexts oder den Transfer von Lösungsansätzen fremder Kontexte in den eigenen forciert werden kann.[827] Entsprechende Kompetenzen sind insbesondere im Hinblick auf die komplexen Rollenanforderungen des mittleren Managements wesentlich.[828] Damit wird ein hoch transferierbares "Asset" geschaffen, das für den "Wert" einer Humanressource beträchtliche Bedeutung hat.[829] Seine Förderung im Rahmen des Coaching ist daher geeignet, kalkuliertes Commitment aufzubauen.[830]

- Ein zweiter, nicht minder wesentlicher Aspekt kann in der Unterstützung beim Aufbau *kognitiver mentaler Stärke* gesehen werden.[831] Eine Vorstufe hierbei ist eine positive, wenngleich realistische Selbsteinschätzung.[832] Darauf aufbauend kann eine Stärkung der mentalen Verfassung vorgenommen werden. Ein wesentlicher Zugang liegt hier in der

---

[825] Bindung entsteht durch die Vorteile, die aus der Coachingbeziehung resultieren, solange der Aufbau von Humankapital gefördert wird. Verfügbare Alternativen sind dabei mit dem Coach freilich fokal im Unternehmen zu eruieren, um die Abwanderungsgefahr nicht zu erhöhen.

[826] Vgl. Kuckelkorn (1999), S. 53, Schreyögg (1995), S. 150 ff. Vgl. auch Stahl (1997), S. 267, der in diesem Zusammenhang den Terminus der "heuristischen" Kompetenz prägt, der im Sinne einer Problemlösungskompetenz zu verstehen ist. Deren Bedeutung wird bereits bei der Untersuchung des Rollenwandels des Mittelmanagements, fokal hinsichtlich der Transformationsfunktion, deutlich.

[827] Denkbare Ansatzpunkte sind hier bspw. die Durchführung funktions-, unternehmens- und branchenübergreifender Benchmarkings, durch die eine Erweiterung von Problemverständnis herbeigeführt werden kann. Im Vordergrund steht dabei im vorliegenden Kontext eine grundsätzliche Erweiterung des Blickwinkels in der Herangehensweise an Probleme. Vgl. zur Bedeutung der Problemlösungskompetenz, insbesondere im Managementbereich und deren Förderung im Rahmen des Coaching Neubeiser (1990), S. 56, Schreyögg (1995), S. 150 ff. Vgl. zudem zur Möglichkeit der Stärkung der Problemlösungskompetenz durch eine Erweiterung des Blickwinkels bei der Problembetrachtung Salzberg, Krobat-Zinn (1998), S. 165.

[828] Ein Kennzeichen flexibler Denkmuster ist bspw. die Verknüpfung hoher Konzentrationsfähigkeit und großer Offenheit gegenüber dem Umfeldgeschehen und die Fähigkeit einer raschen Umstellung, entsprechend den jeweiligen Situationsanforderungen. Vgl. Eichhorn (1997), S. 77.

[829] Vgl. zu transferierbaren Fähig- bzw. Fertigkeiten bspw. Friedman, Christensen, DeGroot (1998), S. 120.

[830] Dies gilt - wie auch bei den übrigen Formen des Kompetenzaufbaus - nur bis zu einem gewissen Grad der individuellen Professionalisierung, bei dem nur noch marginale Optimierungen erkennbar werden, so daß dann alternative Formen der Förderung generiert werden müssen.

[831] Vgl. hierzu Chrobok (1996), S. 124, sowie Eichhorn (1997), S. 77. Eichhorn betont die Bedeutung mentaler Stärke im Management auch unter Berücksichtigung der Psychotherapie und der Psychoneuroimmunologie, in deren Kontexten unter anderem der Zusammenhang zwischen mentaler und physischer Stärke aufgezeigt wird.

[832] Vgl. Neubeiser (1990), S. 53, 56.

Erlernung individueller Streßbehebung.[833] Diese ist in engem Zusammenhang mit der Selbstorganisationsfähigkeit - im Sinne eines "Selfcoaching" - und der individuellen Leistungsfähigkeit zu sehen.[834] Hierin liegt eine zentrale Managementqualifikation, mit der ein wesentlicher Beitrag zu einer positiven, beruflichen Entwicklung geleistet werden kann. Die intensive Förderung kognitiver und mentaler Stärke, im Sinne der Fähigkeit zu Selbstorganisation und -Selbstcoaching, trägt so zum Aufbau des individuellen Humankapitals bei. Damit wird die Entwicklung kalkulierten Commitments positiv beeinflußt.[835]

- Ein dritter Gesichtspunkt ist in dem Aufbau der zunehmend beachteten *"sozialen Kompetenzen"* zu sehen. Hier geht es bspw. um die Vermittlung von Kenntnissen zum Aufbau informeller Netzwerke[836] sowie um die Erlernung und Verstärkung konstruktiven Verhaltens. Diese Kompetenzen haben im Mittelmanagement aufgrund seiner umfangreichen sozialen Interaktionen mit Topmanagement, Mitarbeitern, Kollegen etc. hohe Bedeutung. Die soziale Kompetenz steht auch in Zusammenhang mit der zuvor erläuterten, mentalen Kompetenz. Denn diese stellt eine wesentliche Voraussetzung für einen professionellen und besonnenen Umgang mit dem sozialen, organisatorischen Kontext dar.

(cb) Aspekte einer Unterstützung bei der Erfüllung von Rollenanforderungen: Eine Unterstützung beim Aufbau von Humankapital hinsichtlich der erläuterten Kompetenzen ist nicht ohne Zusammenhang mit der Erfüllung, der für das Mittelmanagement charakteristischen Rollenanforderungen. Denn die Erweiterung der Kompetenzen verbessert zugleich die

---

[833] Vgl. Jahn (1991), S. 54, Neubeiser (1990), S. 56. Eine Streßreaktion ist dabei nach Brown (1998), S. 114 als "...geistige oder körperliche Antwort auf eine feindliche Situation ..." zu verstehen, die sich in einer klassischen Flucht-oder-Kampf-Reaktion äußert, vgl. ebda. S. 119. Deren bewußte Steuerung kann im Rahmen von verhaltenspsychologischen Methoden, die auf einer Verknüpfung von Medizin und Psychologie basieren, bspw. durch Meditation und Hypnose beeinflußt werden. Vgl. hierzu Brown (1998), S. 114 - 132, insbesondere S. 118 ff. Interessante Aspekte können hier auch aus der Psychoneuroimmunologie gewonnen werden, die den Zusammenhang geistiger Vorgänge (des zentralen Nervensystems) und vegetativer Prozesse analysiert und somit Anhaltspunkte zum Verständnis körperlicher und geistiger Symptome geben kann. Vgl. hierzu bspw. Varela (1998), S. 75 ff.

[834] Vgl. Neubeiser (1990), S. 53, Chrobok (1996), S. 124, und zum Begriff des "Self Coaching" Eichorn (1997), S. 77 f. sowie Drucker (1999), S. 64 ff., der die Bedeutung des Selbstcoaching insbesondere im Bereich von Managern und "knowledge workers" hervorhebt.

[835] Die Handhabung von Streßsituationen bedarf dabei spezifisch geschulter Berater, die gegebenenfalls extern hinzuzuziehen sind. Vgl. zu entsprechenden Methoden bspw. Salzberg, Krobat-Zinn (1998), S. 147 f.

Möglichkeiten, die gestellten Rollenanforderungen zu erfüllen. Die konkrete Unterstützung bei der Erfüllung der Rollenanforderungen ist dabei auf die *Bereitstellung der notwendigen, technischen Managementkompetenzen* zur Erfüllung der aufgabenspezifischen Anforderungen fokussiert.[837] Dies geschieht *durch* eine *kontinuierliche Unterstützung und Beratung* bei der Handhabung aktueller beruflicher Herausforderungen, bspw. in Form der Vermittlung tätigkeitsbezogenen Fachwissens[838] oder der Förderung der Kommunikationsfähigkeit im Umgang mit den unterschiedlichen internen Zielgruppen. Ein erfahrener Coach vermittelt seinem Coachee die besonderen Eigenheiten und Rituale anderer Unternehmensbereiche, um diesem die horizontale und vertikale Kommunikation im organisatorischen Umfeld zu erleichtern.

Hervorzuheben ist in diesem Kontext die *fortwährende Möglichkeit zur Diskussion und Anregung*. Diese zielen zum einen auf die Vermeidung von Demotivation, die aus einer Unterbrechung des Leistungsprozesses, aufgrund einer - kurzfristigen - Überforderung bei spezifischen Problemen, resultieren kann. Zum anderen bietet das Coaching Möglichkeiten zur kontinuierlichen Anregung und Intensivierung der Einsatzbereitschaft, bspw. auf Basis eines kreativitätsinitiierenden, gegenseitigen Austausches. Damit wird auf die *Begeisterung des Coachees* für neue Herausforderungen gezielt. Dieser Aspekt gewinnt angesichts der stark eingeschränkten Möglichkeiten der Beförderung im Mittelmangement zu dessen Motivation an Bedeutung.

Neben der Unterstützung der beruflichen Aktivitäten ist auch die *Beratung bei konkreten, sozialen Problemen* von Belang. In einem erweiterten Coachingverständnis kann sich diese auch auf konkrete Hilfestellung bei privaten Konflikten, z.B. zwischen Job und Familie erstrecken.[839] Hieraus kann eine intensive Nutzenwahrnehmung seitens des Coachees entstehen, die sich aufgrund der relativ geringen Verbreitung entsprechender Angebote nachhaltig auf die Entwicklung kalkulierten Commitments auswirken kann. Kritisch zu beurteilen ist hierbei jedoch die Möglichkeit des Aufbaus einer gewissen psychischen Abhängigkeit von der Person des Coachs. Diese kann sich - jenseits ethischer Gesichtspunkte - auch nachteilig auf die Förderung eigeninitiierten und eigenverantwortlichen Agierens, wie es insbesondere im Rahmen der anspruchsvollen, gewandelten Rolle des Mittelmangements erforderlich ist,

---

[836] Vgl. Schreyögg (1995), S. 152 ff.
[837] Vgl. Schreyögg (1995), S. 148 ff.
[838] Vgl. Chrobok (1996), S. 124.
[839] Vgl. Rosenstiel (1992), S. 236, Stednitz (1993), S. 76.

auswirken. Darüber hinaus ist zu berücksichtigen, daß von der Bereitstellung einer kontinuierlichen Beratungsinstitution, wie sie der Coach darstellt, potentielle, unerwünschte Signaleffekte auf das Umfeld ausgehen können. Hier gilt es insbesondere, einen Eindruck der Unselbständigkeit und Abhängigkeit des Coachees z.B. bei seinen Kollegen oder Mitarbeitern, zu vermeiden.[840]

(2)   **Anforderungen an den Coach**

Eine nachhaltige Unterstützung bei der Erfüllung der individuellen Rollenanforderung und einer als solchen wahrgenommenen Förderung des individuellen Aufbaus von Humankapital stellt Anforderungen an den Coach (b). Im folgenden wird dabei zunächst in einer Vorbemerkung die Eignung des Vorgesetzten als Coach betrachtet (a).

(a) Vorbemerkung zur Eignung des Vorgesetzten als Coach: Im vorliegenden Kontext wird die Person des Vorgesetzten als Coach beleuchtet. Dies ist zunächst darin begründet, daß die Beziehung zwischen Mitarbeitern und Vorgesetzten als fokale Erklärungsvariable im Kontext der Führung untersucht wurde.[841] Vorteile des Vorgesetzten als Coach sind darin zu sehen, daß dieser mit dem Kontext und den spezifischen Anforderungen des Coachees vertraut ist. Allerdings können sich hieraus auch Schwierigkeiten ergeben, wenn bspw. die Bereitschaft des Vorgesetzten zur individuellen Förderung der Mitarbeiter und zur Aneignung entsprechender Coachqualifikationen nicht in ausreichendem Maße gegeben sind bzw. honoriert werden.[842] Darüber hinaus können sich auch gerade aus der relativ großen Nähe etwa im Vergleich zu einem externen Coach Probleme aus einer mangelnden Neutralität ergeben. Dies kann sich insbesondere in der Diskreditierung der Rolle des Förderers und Unterstützers durch die gleichzeitige Rolle des vorgesetzten Beurteilers niederschlagen.[843]

Hier ist folglich ein Balanceakt erforderlich. Wie in Teil II bei der Untersuchung der Einflußvariablen organisationalen Commitments deutlich wird, steht der Aufbau organisationalen Commitments in Zusammenhang mit einer partizipativen und auf Unterstützung

---

[840]   Vgl. Chrobok (1996), S. 124.
[841]   Vgl. Punkt III.3.3(1).
[842]   Vgl. Kuckelkorn (1999), S. 53.
[843]   Kuckelkorn (1999), S. 53, formuliert dies anschaulich:"Im schlimmsten Fall werden die Mitarbeiter vermuten, daß die Führungskraft nur kräftig Kreide gefressen hat. Wenn der Mitarbeiter aber im schütteren Schafspelz schon den Wolf erkennt, wird er wohl kaum von seinem armen, kranken Groß-

ausgerichteten Form der Führung. Der Balanceakt zwischen Führung und Unterstützung gewinnt daher auch über das Coaching hinaus eine zentrale Bedeutung im Rahmen eines Commitment-Managements.

Eine interessante Möglichkeit, die auch in Ergänzung des Vorgesetzten als Coach vorstellbar ist, kann hierbei in der Nutzung älterer Mitarbeiter gesehen werden. Dies kann bspw. im Rahmen von Outplacementkonzepten verwirklicht werden.[844] Prinzipiell sind jedoch außer der Person des Vorgesetzten sowohl unternehmensexterne Personen, wie etwa spezialisierte Berater,[845] als auch andere Organisationsmitglieder denkbar. Die Auswahl eines geeigneten Coach gilt es jedoch im konkreten Fall situationsabhängig zu gestalten, unter Berücksichtigung des persönlichen Verhältnisses zwischen Coach und betroffenem Mitarbeiter.

(b) Anforderungen an den Coach: Hinsichtlich der Anforderungen an die Rolle des Coach kann zwischen Persönlichkeitscharakteristika, speziellen Fähigkeiten sowie konkreten Erfahrungen oder Kenntnissen differenziert werden. Zur Förderung kalkulierten Commitments sind *Persönlichkeitscharakteristika* wie bspw. Vertrauenswürdigkeit, Empathie und eine gewisse Selbstsicherheit von Belang, da sie die Qualität der Beziehung und damit auch deren wahrgenommenen Nutzen beeinflussen.[846] Von zentraler Bedeutung für den Aufbau kalkulierten Commitments sind jedoch die *Fähigkeiten und konkreten Kenntnisse* eines Coach, von denen der Coachee profitieren kann. Solche Fähigkeiten umfassen bspw. analytisches Denken, Kommunikationsfähigkeit und Einfühlungsvermögen in soziale und mikropolitische Situationen und Gefüge, die der Coachee entwickeln kann.[847] Maßgebliche *Erfahrungen* und Kenntnisse für ein Coaching von Mittelmanagern betreffen bspw. die eigenen Managementerfahrungen sowie auch psychologische und therapeutische Schulungen.[848] Sie sind maß-

---

mütterchen erzählen." Die Problematik, die hier aus der "Janusköpfigkeit" [Hauser, (1993), S. 233] des Coachs resultiert, ist offensichtlich.

[844] Vgl. Gomez-Meja, Balkin, Cardy (1995), S. 218. Von der Heranziehung interner Personen, zu denen eine Konkurrenzsituation besteht, wie dies etwa zwischen Kollegen vorherrschen kann, ist dabei abzusehen, vgl. Neubeiser (1990), S. 54.

[845] Vgl. Chrobok (1996), S. 124, Hauser (1993), S. 224.

[846] Vgl. hierzu Egger-List, Egger-List (1993), S. 81, Hauser (1993), S. 228, Jahn (1991), S. 56, Neubeiser (1990), S. 54, Waldoor, Butler (1997), S. 12. Hauser (1993), S. 228 nennt zudem eine positive Grundeinstellung, die sich auch auf den Umgang mit dem Coachee auswirkt, als bedeutende Eigenschaft eines Coachs.

[847] Vgl. zur Bedeutung bestimmter Fähigkeiten Dehner (1999), S. 45, Hauser (1993), S. 228, Hlawaty (1999), S. 52, Mumford (1995), S. 100 ff.

[848] Vgl. zur Bedeutung spezifischer Erfahrungen und Kenntnisse Egger-List, Egger-List (1993), S. 81, Hauser (1993), S. 224, Jahn (1991), S. 54, Neubeiser (1990), S. 59, Rosenstiel (1992), S. 236.

geblich für die Qualität der Förderung eines individuellen Aufbaus von Humankapital sowie für die Unterstützung bei der Erfüllung der Rollenanforderungen. Folglich ergeht aus diesen beiden Charakteristika des Coach ein entscheidender Einfluß auf den wahrgenommenen Wert, den die Bereitstellung eines Coach individuell erhält und somit auf die Entwicklung der kalkulierten Commitmentkomponente.

(3) Darstellung eines Coaching-Prozesses

Wie auch bei der Durchführung von Feedback-Gesprächen erweist sich eine Institutionalisierung des Coaching unter Gesichtspunkten der Vermittlung eines vergleichbaren, gerechten und professionellen Umgangs mit den Mitarbeitern als hilfreich. Denn erst damit kann eine Nutzenwahrnehmung bei den Mitarbeitern erzeugt werden.[849] Allerdings ist beim Coaching eine Eingrenzung der Institutionalisierung auf die Vermittlung der Coaching-Beziehung zweckmäßig. Denn eine institutionelle Regelung der Handhabung des Coaching-Prozesses selbst ist im Hinblick auf eine Erhaltung der Flexibilität der Beziehung kritisch zu betrachten, da sich eine informelle Gestaltung positiv auf die Effektivität der Beziehung auswirkt.[850] Um dabei dennoch eine gewisse Nachvollziehbarkeit und Vergleichbarkeit der gewährten Unterstützung zu ermöglichen, sind bspw. Beurteilungen durch die Mitarbeiter, geknüpft an die Möglichkeit zum Wechsel eines Coachs, denkbar. Damit kann eine ineffektive Coaching-Beziehung, die auf einen persönlichen "Misfit" zurückzuführen ist, erkannt und beendet werden.

Im Hinblick auf eine optimale Gestaltung des Coaching-Prozesses gilt es, grundlegende Anforderungen zu berücksichtigen (a). Darüber hinaus gilt es in einem weiteren Schritt, Überlegungen zum Ablauf von Coaching-Beziehungen anzustellen (b).

(a) Anforderungen an eine effektive Gestaltung von Coaching-Beziehungen: Ungeachtet des informalen Charakters der Ausgestaltung der Coaching-Beziehung gilt es, zur Optimierung

---

[849] Dies ist zum einen als die Erfüllung einer Nebenbedingung des Aufbaus der affektiven Commitmentkomponente zu betrachten, deren Entwicklung unter anderem von der wahrgenommenen Fairness im Umgang mit den Mitarbeitern seitens der Organisation abhängig ist. Dies wird sowohl auf Systemebene als auch auf Aktorenebene deutlich, vgl. hierzu Punkt II.2.3.(1a,d). Zum anderen steht die Institutionalisierung eines Managementinstruments mit dessen Professionalisierung in Zusammenhang, die im Hinblick auf die Effizienz der Förderung und Nutzung der Managementpotentiale als wesentlich betrachtet werden kann, vgl. auch Wakabayashi, Graen, Graen (1988), S. 226.

[850] Vgl. zur Auswirkung der Informalität der Gestaltung auf die Effektivität Gomez-Meja, Balkin, Cardy (1995), S. 218.

der Unterstützung und Förderung von Mitarbeitern, spezifische Gestaltungsanforderungen an den Coaching-Prozeß zu berücksichtigen, die auf die Steigerung der individuellen Nutzenwahrnehmung zielen. Damit wird der Aufbau kalkulierten Commitments intensiviert. Um eine geeignete Basis für eine effiziente Coaching-Beziehung zu schaffen, ist eine aktive Beteiligung des Coachees zu forcieren, um nachhaltige "Lernerfolge" und Entwicklungen zu ermöglichen. Die Nachhaltigkeit von Lernerfolgen steht dabei in Zusammenhang mit der positiven Verstärkung individueller Fähigkeiten und Leistungen. Zur Gewährleistung verstärkender, positiver Effekte des Coaching gilt es insbesondere folgende Aspekte zu beachten:

- Zur Eruierung des Leistungspotentials ist der Coachee zunächst in die Lage zu versetzen, möglichst ungestört, d.h. unter *aktivem und wertfreien Zuhören des Coach* seine beruflichen Interessen, Erlebnisse und Handlungsergebnisse zu kommunizieren.[851]

- Darauf aufbauend kann die Initiierung eigener Schlußfolgerungen und Vorschläge angeregt und verstärkt werden. Dies ist eine wesentliche Grundlage für die Stabilisierung und *Bekräftigung eigener Lernerfolge und Initiativen*. Denn im Gegensatz zu einseitig entwickelten Vorschläge seitens des Coachs, werden Lernerfolge auf diese Weise intensiviert.[852] Dies erfordert seitens des Coach eine Annäherung an die Perspektive des gecoachten Mitarbeiters,[853] im Sinne eines "Sich Hineinversetzens".

- Die Bekräftigung positiver Entwicklungen und Initiativen bedeutet zugleich, *Lösungen zu fokussieren; im Gegensatz zu einer Konzentration auf die Diskussion und Verinnerlichung von Problemen*. Dies schließt auch die Möglichkeit einer Umgehung bzw. Vertagung der Lösung unverhältnismäßig aufwendig handhabbarer Probleme ein.

- Um die Kontinuität einer positiven Fortentwicklung zu induzieren und Demotivation z.B. bei Mißerfolgen zu vermeiden, sind durch den Coach an geeigneter Stelle – gewissermaßen in Schlüsselmomenten der Coachingbeziehung - *initiative- und kreativi-*

---

[851] Vgl. Stednitz (1993), S. 76. Hier wird eine Ähnlichkeit zu den Gestaltungsanforderungen von Feedback-Gesprächen deutlich, vgl. auch Abschnitt III.2.2(2bb).

[852] Vgl. Eichhorn (1997), S. 77. Mit dem Begriff der Fertigkeit wird dabei der Aspekt des Erlernens fokussiert, während der Fähigkeitenbegriff eher potentialorientiert zu verstehen ist.

[853] Vgl. Pohlmann (1995), S. 38 f., sowie Friedman, Christensen, DeGroot (1998), S. 120, die diesbezüglich die Notwendigkeit einer Gesamtsicht des Mitarbeiters betonen, d.h. bspw. auch unter Einbezug privater Aspekte. Jahn (1991), S. 54 weist diesbezüglich auch auf die Bedeutung der Äußerung von Verständnis und Interesse seitens des Coachs hin.

tätsfördernde Anstöße zu leisten.[854] Solche Anstöße stellen einen entscheidenden Aspekt des Coaching-Prozesses und für die Entwicklung des Coachees dar.[855] Sie sind für die Aufrechterhaltung einer positiven, sich selbst verstärkenden Fortentwicklung des Coachees zentral[856] und beeinflussen damit wesentlich den individuellen Wert des Coaching. Hieraus kann ein intensiver Effekt auf die Errichtung von Austrittsbarrieren aus einem Unternehmen zur Entwicklung kalkulierten Commitments abgeleitet werden.

(b) Ablaufbezogene Aspekte der Coaching-Beziehung zur Förderung kalkulierten Commitments: Die Coaching-Beziehung ist aufgrund ihres informalen, fortlaufenden Charakters kaum mit einem starren Schema darstellbar. Dennoch kann die Gestaltung zentraler Eckpunkte, wie die Anbahnung der Beziehung, die Eruierung der Coachingsituation, die Generierung von Entwicklungsoptionen und eine darauf aufbauende Unterstützung und Förderung auf einer grundlegenden Ebene vorab bestimmt werden.

■ Eine geeignete Anbahnung der Coaching-Beziehung kann in einem "echten" *Coaching-Angebot* gesehen werden, d.h. es kann bspw. aufgrund mangelnden Vertrauens gegenüber der Person des Coach ohne berufliche Konsequenzen abgelehnt werden.[857] Denn eine positive Einstellung des Mitarbeiters sowohl gegenüber dem Instrument des Coaching als auch gegenüber dem Coach kann als unabdingbare Voraussetzung für eine Nutzenwahrnehmung seitens des Mitarbeiters betrachtet werden.[858] Ein solches Angebot bietet sich z.B. bei einem Stellenwechsel an.

---

[854] Vgl. Loebbert (1998), S. 29 und zur Konzeption der Schlüsselmomente in sozialen Beziehungen analog Stauss (1991), S. 345 ff., der im Kontext des Dienstleistungsmanagements argumentiert.

[855] Gomez-Meja, Balkin, Cardy (1995), S. 341, sprechen in diesem Zusammenhang von den "coachable moments". Diese sind bspw. analog zu den "moments of truth" im Dienstleistungsmanagement zu verstehen, die eine zentrale Schlüsselstellung zur Erzeugung einer Qualitätswahrnehmung intangibler Dienstleistungen innehaben, vgl. hierzu Stauss (1991), S. 345-366, insbesondere S. 348 ff., sowie S. 356 f. Hier stellt Stauss die Erhebung von Schlüsselmomenten anhand der Critical Incident Technique vor. Da das Coaching gewissermaßen eine interne Dienstleistung für Mitarbeiter darstellt, erscheint eine Übertragung in den Kontext der Mitarbeiterführung durchaus denkbar.

[856] Pohlmann (1995), S. 37, verdeutlicht die Bedeutung solcher Anregungen im Coaching diesbezüglich mit dem Zitat von Einstein: "Ein Problem kann man nicht mit der Art des Denkens lösen, die es geschaffen hat."

[857] Vgl. Hauser (1993), S. 229 f.

[858] Gomez-Meja, Balkin, Cardy (1995), S. 341, nennen als geeignete Anlässe zur Etablierung einer Coaching-Beziehung eine Veränderung der Rollenanforderungen, spezifische Probleme im Kontext der (alten) Rolle oder neue Interessen des Mitarbeiters etc.

- Als weitere wesentliche Grundlage der Coaching-Beziehung kann eine umfassende Eruierung der Coaching-Situation betrachtet werden.[859] Hierzu gehört erstens die *Klärung der gegenseitigen Erwartungshaltungen*, um keine Beeinträchtigung der Beziehung aufgrund vermeidbarer Enttäu-schungen zu erleiden.[860] Andernfalls besteht die Gefahr, daß persönliche Mißerfolge dem Coaching zugerechnet werden, was die Zielsetzung konterkarrieren würde. Darauf aufbauend sind im Rahmen einer gegenseitigen Klärung der Erwartungshaltungen zweitens die *individuellen Herausforderungen* der Rollenanforderungen des Coachees sowie dessen spezifische *Stärken und Schwächen* zu eruieren.[861] Idealerweise erfolgt dabei eine Annäherung der Eigen-Fremdbildbetrachtung des Coachees.[862] In der Hilfestellung zur Situationsbeurteilung ist dabei bereits eine Form der Unterstützung und Förderung zu sehen. Zugleich wird so ein Ausgangspunkt für den Aufbau kompatibler, realistischer Vorstellungen zur weiteren beruflichen Entwicklung des Coachees geschaffen. Dies stellt eine wesentliche Grundlage für die Generierung einer nachhaltigen Nutzenwahrnehmung seitens des gecoachten Mitarbeiters dar. Denn sowohl unrealistische als auch divergierende Vorstellungen bspw. über das Leistungs- und Beförderungspotential führen zu Unstimmigkeiten sowie letztlich zu Unzufriedenheit mit der Coachingbeziehung. Damit wird die intendierte Auswirkung auf eine Förderung kalkulierten Commitments beeinträchtigt.

- Auf dieser Basis können schließlich *konkrete Aktionen* zur Förderung des Aufbaus von Humankapital und zur Unterstützung der Erfüllung der Rollenanforderungen eingeleitet werden.[863]

Es wird deutlich, daß das Coaching im Kontext eines Commitment-Managements einen geeigneten Ansatzpunkt der Führung auf Aktorenebene darstellt, da hier wesentliche Möglichkeiten zum Aufbau der kalkulierten Commitmentkomponente eröffnet werden. Diese können,

---

[859] Vgl. Neubeiser (1990), S. 56.
[860] Vgl. hierzu Gomez-Meja, Balkin, Cardy (1995), S. 341, Hauser (1993), S. 231, Neubeiser (1990), S. 56, Stednitz (1993), S. 76 sowie die Ausführungen zur Erklärungsvariable der Rollenklarheit in Abschnitt II.3.2.
[861] Vgl. Schreyögg (1995), S. 54.
[862] Hauser (1993), S. 224 führt hier die Lösung von Wahrnehmungsblockaden als Herausforderung an.
[863] Vgl. konkret zu Aspekten und Möglichkeiten der Unterstützung im Rahmen des Coachings sowohl beim Aufbau von Humankapital als auch bei der Erfüllung der individuellen Rollenanforderungen, Punkt III.2.3(1c).

wie beispielhaft dargelegt wurde, im Rahmen einer geeigneten Gestaltung des Prozesses und der Inhalte des Coaching nutzbar gemacht werden.

III.3 Zwischenbilanz: Instrumente eines Commitment-Managements

In den vorangehenden Ausführungen des dritten Teils wurden auf Grundlage der differenzierten Komponenten des Commitments und ihrer zentralen Einflußvariablen Gestaltungsmöglichkeiten eines Commitment-Managements untersucht. Hierbei wurden im Rahmen der exemplarisch abgeleiteten Stellhebel der Vergütung [III.1] und Führung [III.2] Möglichkeiten aufgezeigt, wie die Instrumente eines Humanressourcen-Managements auf den Aufbau von Commitment ausgerichtet werden können. Zu diesem Zweck wurden Instrumente als Beispiele herangezogen, die aufgrund ihrer Charakteristika jeweils eine besondere Ausrichtung auf die untersuchten Erklärungsvariablen einer der drei unterschiedenen Commitmentkomponenten ermöglichen und damit eine spezifische Eignung zum Aufbau einer fokalen Commitmentkomponenten aufweisen. Es wurde dabei eingangs die grundsätzliche Eignung eines Commitmentaufbaus zur Handhabung der Herausforderungen eines Managements des Mittelmanagements erläutert. Jenseits einer somit resultierenden, grundsätzlichen Eignung von Instrumenten des Commitmentaufbaus wurde zur Veranschaulichung der Argumentation jeweils auf die spezifische Eignung der betrachteten Instrumente für den Kontext des Mittelmanagements eingegangen.

Im Rahmen der *Vergütung* wurde für den Aufbau affektiven Commitments [III.1.1] die Gestaltung einer Bonusvergütung untersucht. Denn affektives Commitment wurde als vorwiegend emotionale, positive Festlegung auf und Bindung an ein Unternehmen erläutert, deren maßgebliche vergütungsrelevante Einflußvariable in Aspekten der Vergütungsgerechtigkeit ermittelt wurde. Hierbei galt es, unterschiedliche Gesichtspunkte der Vergütungsgerechtigkeit zu berücksichtigen: Erstens die Vergleichbarkeit gegenüber Kollegen aber auch gegenüber vergleichbaren Mitarbeitern anderer Bereiche etc. und zweitens die Berücksichtigung situativer Faktoren, wie spezifische vorhersehbare oder unvorhersehbare Bedingungen der Leistungserstellung. Unter diesen Gesichtspunkten wurden inhaltlich das Merkmal der individuellen Zuordenbarkeit und formal die Merkmale der Nachvollziehbarkeit und der interindividuellen Vergleichbarkeit abgeleitet. Die Gestaltung der Bonusvergütung wurde unter Berücksichtigung dieser Merkmale diskutiert. Dabei konnten umfangreiche Möglichkeiten der Anpassung der Vergütung an die individuell zurechenbaren Leistungen und damit zum Aufbau affektiven Commitments ermittelt werden.

Für die normative Commitmentkomponente wurden, im Rahmen des Stellhebels der Vergütung, die Möglichkeiten einer "High Wage" Grundvergütung zum Aufbau einer normativen Verpflichtung des Mittelmanagements gegenüber einem Unternehmen dargelegt [III.1.2]. Diese zielt primär auf eine überdurchschnittliche Gewährung fixer und damit leistungsunabhängiger, ex ante gewährter Gehaltsbestandteile, in Relation zu relevanten externen Referenzgruppen. Dadurch werden dem Mittelmanagement Vertrauensvorschüsse und Wertschätzung vermittelt.

In Bezug auf die Förderung kalkulierten Commitments wurden schließlich Aktienoptionspläne als geeigneter Ansatzpunkt eruiert [III.1.3]. Die Chance zu hohen Gehaltssteigerungen und insbesondere die Möglichkeit zur Aufschiebung der Einkommenssteigerung in die Zukunft - nach Ausübung der Optionen - ermöglichen eine Vergütungsgestaltung, die an den Einflußvariablen kalkulierten Commitments ausgerichtet ist. Damit können intensive Effekte auf die Steigerung kalkulierten Commitments erzielt werden.

		Stellhebel eines Commitment-Managements	
		Vergütung	Führung
Commitment-Komponenten	Affektives Commitment	Bonusvergütung	Humanressourcen-orientierte Unternehmensgrundsätze
	Normatives Commitment	"High Wage"	Feedbackgespräche
	Kalkuliertes Commitment	Aktienoptionen	Coaching

Abb. III-15: Übersicht der untersuchten Instrumente eines Humanressourcen-Managements zum Aufbau von Commitment in Unternehmen

Hinsichtlich des Stellhebels der *Führung* wurde vor dem Hintergrund der Erklärungsvariablen zunächst zwischen einer System- und einer Aktorenebene unterschieden. Einflüsse, die aus den Unternehmensgrundsätzen resultieren, wurden dabei der Systemebene zugeordnet. Auf Aktorenebene der Führung wurden im Rahmen der Vorgesetztenbeziehung erstens individuelle Feedback-Gespräche betrachtet, in deren Rahmen der Aufbau von Commitment auf Basis einer normativen Verpflichtung untersucht wurde [III.2.2]. Zweitens wurden auf Aktorenebene der Führung Möglichkeiten des Coachings zum Aufbau der kalkulierten Commitmentkomponente betrachtet. Dabei lag ein zentraler Ansatzpunkt in der individuellen Unterstützung, um unter anderem durch die Bereitstellung individueller Möglichkeiten zum Aufbau von Humankapital hohe Anreize zu schaffen, die eine positive Abhebung von alternativen Unternehmen ermöglichen. Dadurch werden die Opportunitätskosten des Verlassens eines Unternehmens gesteigert und somit kalkuliertes Commitment erhöht. Vergleiche zu einer Gesamtübersicht der untersuchten Instrumente eines Humanressourcen-Managements im Hinblick auf ein Management von Commitment Abbildung III-15.

SCHLUßBETRACHTUNG: DARSTELLUNG DER ZENTRALEN ERGEBNISSE UND AUSBLICK

In den vorangehenden Ausführungen wurden die Möglichkeiten eines Commitment-Managements zur Handhabung zentraler Herausforderungen eines Humanressourcen-Managements für das Mittelmanagement untersucht. Die zentralen Ergebnisse werden nachfolgend zusammengefaßt (1). Anschließend wird ein knapper Ausblick zu möglichen weiterführenden Überlegungen eines Commitment-Managements in Unternehmen, auch jenseits des Mittelmanagements, vorgenommen (2).

(1) Zusammenfassung der zentralen Ergebnisse der Arbeit

Nachfolgend erfolgt eine knappe Rekapitulation der Ergebnisse und der Argumentationslinie der Arbeit. Die wesentlichen Kernpunkte sind zur Veranschaulichung in Abbildung S-1 dargestellt.

In Teil I wurden zunächst die *Herausforderungen* untersucht, die sich aus der aktuellen Situation des Mittelmanagements in Unternehmen für ein Humanressourcen-Management ergeben. Hierbei wurde unter Bezugnahme auf die zentralen Funktionen des Mittelmanagements, die dessen Rolle maßgeblich prägen, zunächst die "traditionelle" Rolle der mittleren Managementebene veranschaulicht. Davon ausgehend wurde ein *Wandel der Rolle des Mittelmanagements* aufgezeigt, der dessen zunehmende Bedeutung impliziert und eine *Einordnung des Mittelmanagements als neue Schlüsselbelegschaft* rechtfertigt. Denn im Verlauf dieses Wandels haben sich einerseits die Einflußpotentiale der mittleren Manager deutlich vergrößert, was sich sowohl in erweiterten Einflußmöglichkeiten auf die Unternehmensstrategien als auch in erweiterten, prinzipiell opportunistisch ausnutzbaren Handlungsspielräumen im Rahmen der Bereiche ausdrückt. Andererseits ist vor dem Hintergrund zunehmend generalisierbarer Anforderungen und damit transferierbarer Qualifikationen des Mittelmanagements eine wachsende Unabhängigkeit von spezifischen Unternehmen konstatiert worden.

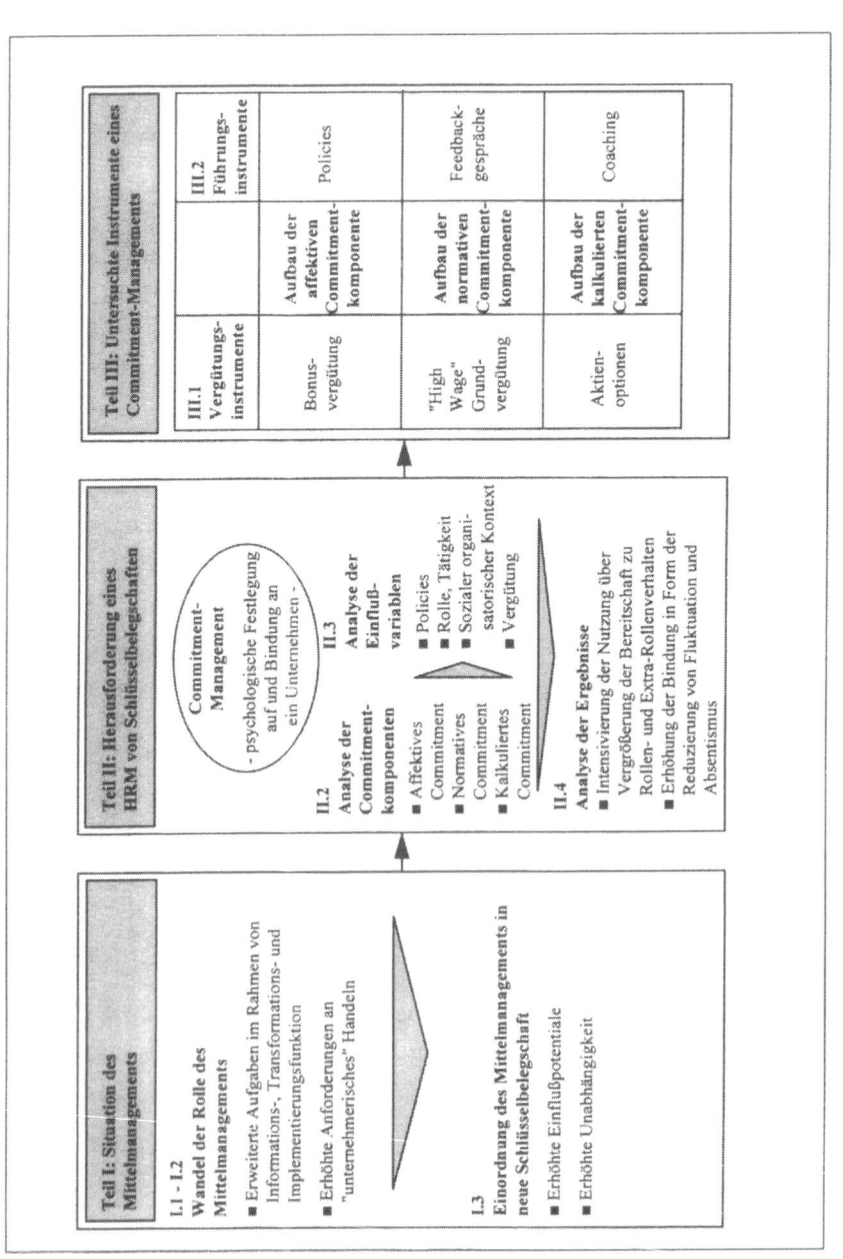

Schlußbetrachtung

Teil I: Situation des Mittelmanagements

I.1 - I.2
Wandel der Rolle des Mittelmanagements
- Erweiterte Aufgaben im Rahmen von Informations-, Transformations- und Implementierungsfunktion
- Erhöhte Anforderungen an "unternehmerisches" Handeln

I.3
Einordnung des Mittelmanagements in neue Schlüsselbelegschaft
- Erhöhte Einflußpotentiale
- Erhöhte Unabhängigkeit

Teil II: Herausforderung eines HRM von Schlüsselbelegschaften

Commitment-Management
- psychologische Festlegung auf und Bindung an ein Unternehmen

II.2
Analyse der Commitment-komponenten
- Affektives Commitment
- Normatives Commitment
- Kalkuliertes Commitment

II.3
Analyse der Einfluß-variablen
- Policies
- Rolle, Tätigkeit
- Sozialer organisatorischer Kontext
- Vergütung

II.4
Analyse der Ergebnisse
- Intensivierung der Nutzung über Vergrößerung der Bereitschaft zu Rollen- und Extra-Rollenverhalten
- Erhöhung der Bindung in Form der Reduzierung von Fluktuation und Absentismus

Teil III: Untersuchte Instrumente eines Commitment-Managements

	III.1 Vergütungs-instrumente	III.2 Führungs-instrumente
Aufbau der affektiven Commitment-komponente	Bonus-vergütung	Policies
Aufbau der normativen Commitment-komponente	"High Wage" Grund-vergütung	Feedback-gespräche
Aufbau der kalkulierten Commitment-komponente	Aktien-optionen	Coaching

Abb. S-1:   *Veranschaulichung der Argumentationslinie und Übersicht über zentrale Ergebnisse*

Dies führt, angesichts beträchtlicher Demotivationspotentiale, die aus einer Verletzlichkeit durch ein "Hineinregieren" des Topmanagements, aber auch aus Verunsicherungen z.B. durch organisatorische Veränderungen und großzahlige Entlassungen resultieren, zur Gefahr der Abwanderung von Schlüsselmitarbeitern. Deshalb wurden hier zentrale Herausforderungen eines Humanressourcen-Managements abgeleitet, die insbesondere in einer erhöhten *Bindung* und einer intensiven *Nutzung der Potentiale dieser Mitarbeitergruppe* begründet sind.

Angesichts der erweiterten Einflußpotentiale und der damit einhergehenden, prinzipiell opportunistisch ausnutzbaren Handlungsspielräume des mittleren Managements wurde hierfür die Unmöglichkeit einer expliziten Verhaltenssteuerung konstatiert. Gleichzeitig wurde die Notwendigkeit einer impliziten Verhaltenssteuerung erläutert. Eine *Möglichkeit* hierfür wurde im *Aufbau von Commitment* im Sinne einer psychologischen Festlegung auf und Bindung an ein Unternehmen dargelegt. Dieses ist auf die Erhöhung von Einsatzbereitschaft und Bindung ausgerichtet, die als Zugang zur Handhabung der aufgezeigten Herausforderungen eines Humanressourcen-Managements geeignet sind.

Ausgehend von dieser Problemstellung wurden in Teil II, *auf Basis einer grundlagentheoretischen Betrachtung von Commitment, Ansatzpunkte eines Commitment-Managements* eruiert. Hierbei wurden zunächst die vielfältigen und teilweise relativ eng fokussierten Konzeptualisierungen von Commitment in der Fachliteratur systematisiert. Vor diesem Hintergrund wurde ein *erweitertes Commitmentverständnis* entwickelt, das die unterschiedlichen untersuchten Perspektiven in ein integriertes Commitmentkonzept einbindet. Diesem Commitmentkonzept liegen drei Commitmentkomponenten zugrunde, die Commitment im Sinne einer psychologischen Festlegung auf und Bindung an ein Unternehmen auf unterschiedlicher Basis begründen. Hierbei wurde eine emotionale Komponente (affektive Commitmentkomponente), eine normenbasierte Komponente (normative -) und eine auf Kosten-Nutzenkalkulationen basierende Komponente (kalkulierte -) differenziert. Mit dieser Konzeption konnte zugleich der kritisierten Uneinigkeit in der Commitmentforschung über Inhalt, Erklärungsvariablen und Ergebnisse von Commitment ein Stück weit begegnet werden.[864] Metaphorisch veranschaulicht sind die drei unterschiedenen Komponenten als

---

[864] Vgl. zur Bemängelung der Uneinigkeit in der Commitmentforschung über die Bedeutung von Commitment, die seit den sechziger Jahre bis heute andauert, Allen, Meyer (1991), S. 67, Becker (1960), S. 33, Buchanan (1974), S. 533, Mowday, Steers, Porter (1982), S. 226, Meyer, Allen (1997), S. 10, Morris (1981), S. 514, O'Reilly, Chatman (1986), S. 493, Sheldon (1971), S 143, Wiener (1982), S. 418.

"Säulen" eines Commitment-Managements darstellbar. Sie repräsentieren einen mehrdimensionalen Zugang zu einer impliziten Verhaltenssteuerung, über den Aufbau von Emotionen, die Induzierung einer normativen Verpflichtung und die Bereitstellung von kalkulierbaren, relativen Vorteilen der Mitgliedschaft im Unternehmen (vgl. Abb. S-2).

Commitment-Management

- **Emotionen aufbauen**
  Management der affektiven Commitmentkomponente

- **Normative Verpflichtung aufbauen**
  Management der normativen Commitmentkomponente

- **Vorteile bieten**
  Management der kalkulierten Commitmentkomponente

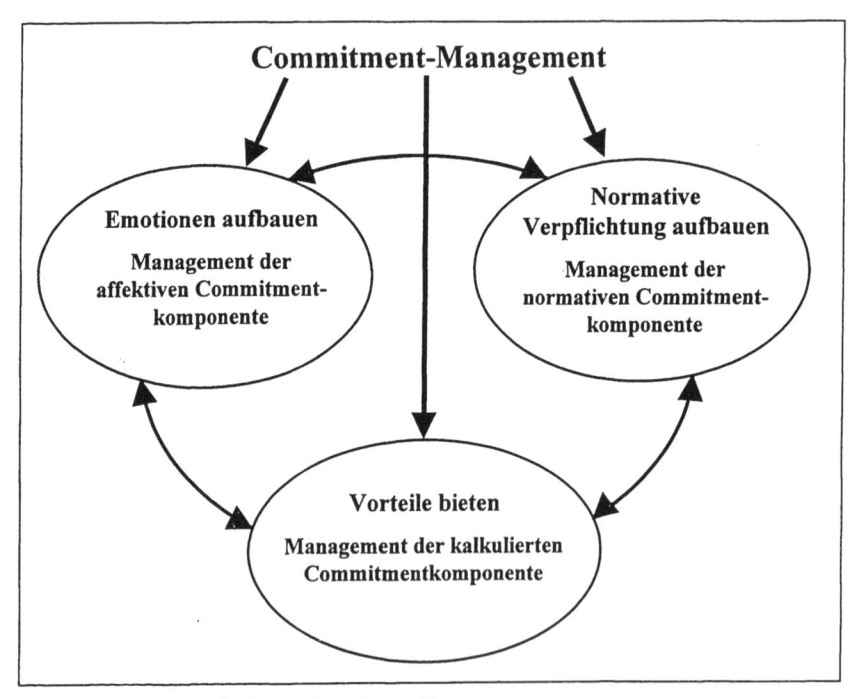

Abb. S-2: *"Drei Säulen" eines Commitment-Managements*

Aufbauend auf diesem Begriffsverständnis, dessen Implikationen für eine implizite Verhaltenssteuerung bereits intuitiv zugänglich sind, wurden unter Bezugnahme auf umfangreiche empirische Studien der Commitmentforschung zentrale *Erklärungsvariablen* von Commitment analysiert. Vor diesem Hintergrund wurde eine Unterscheidung der Erklärungsvariablen von Commitment nach der Unmittelbarkeit (bzw. Mittelbarkeit) ihrer Beeinflußbarkeit von Seiten einer Organisation, sowie nach ihrer Zuordenbarkeit in den Kontext eines Humanressourcen-Managements getroffen. Im Rahmen der Erklärungsvariablen von Commitment, die einem Management unmittelbar zugänglich sind und zudem unmittelbaren Humanressourcen-Bezug aufweisen, wurde in einem nächsten Schritt nach vier Kategorien von Einflußvariablen unterschieden: Humanressourcenrelevante Unternehmensgrundsätze, Tätigkeit und Rolle, sozialer, organisatorischer Kontext und Vergütung. Hierbei konnten nachhaltige Einflüsse auf die Entwicklung der Commitmentkomponenten festgehalten werden, die für den Aufbau von Commitment zentrale Ansatzpunkte darstellen. In einem weiteren Schritt wurden die *Ergebnisse von Commitment* untersucht. Diese ergaben erstens eine Steigerung des Engagements sowohl in Form einer zuverlässigen Erfüllung von Rollenanforderungen als auch in Form von Extra-Rollenverhalten. Das erhöhte Engagement wurde auf eine individuelle Erweiterung des Rollenverständnisses zurückgeführt, die mit Commitment einhergeht. Ein erweitertes Rollenverständnis ist für eine intensive Nutzung von Mitarbeiterpotentialen angesichts großer Handlungsspielräume entscheidend. Zweitens wurde eine Erhöhung der Bindung von Mitarbeitern festgestellt. Bindung wurde dabei nicht nur im Sinne einer Erhöhung der Bindungsdauer, basierend auf dem Wunsch, die Beschäftigung fortzusetzen, ermittelt, sondern auch im Sinne einer erhöhten Anwesenheit. Sie wurde als Bindung an das laufende Geschäftsgeschehen interpretiert.

Angesichts der Erklärungsvariablen und Ergebnisse von Commitment wurde erstens eine *Machbarkeit eines Commitment-Managements in Unternehmen* abgeleitet und zweitens eine *hohe Eignung zur Handhabung der Herausforderungen eines Humanressourcen-Managements von Schlüsselbelegschaften* nachgewiesen. Auf dieser Grundlage wurden in Teil III Möglichkeiten zur Realisierung eines Commitmentaufbaus und damit zur Handhabung der Herausforderungen eines Humanressourcen-Managements, wie sie für das mittlere Management ermittelt wurden, untersucht. Hierfür wurden zunächst aus den untersuchten Erklärungsvariablen Stellhebel eines Commitment-Managements abgeleitet. Zur Veranschaulichung von Möglichkeiten zum Aufbau von Commitment im Mittelmanagement wurden die *Stellhebel der Vergütung und der Führung* - abgeleitet aus den untersuchten Erklärungsvariablen - *exemplarisch* herangezogen. Im Rahmen dieser Stellhebel wurde dann *je Commitmentkomponente beispielhaft ein Instrument* eines Humanressourcen-Managements beleuchtet, um Möglichkeiten zu Förderung von Commitment im mittleren Management zu untersuchen. Die beispielhaft betrachteten Instrumente werden nachfolgend zusammenfassend dargestellt:

- Im Rahmen der Führung wurde vor dem Hintergrund der Erklärungsvariablen zunächst die *Gestaltung und Etablierung von Unternehmensgrundsätzen* zur Förderung der Identifikation und des Involvements und damit der affektiven Commitmentkomponente untersucht. Hier wurden wesentliche Möglichkeiten im Rahmen der Gestaltung und

Kommunikation von Grundsätzen sichtbar, die allerdings hinsichtlich ihrer Spezifität geringer zu beurteilen sind als die Führungsinstrumente auf Aktorenebene.

- Im Rahmen von *Feedback-Gesprächen* wurden weiter Möglichkeiten des individuellen Aufbaus einer normativen Verpflichtung zur Erfüllung kooperativ abgestimmter Rollenanforderungen dargestellt. Damit wird der Aufbau normativen Commitments gefördert. Die Initiierung einer Selbstbeurteilung sowie eigener Vorschläge der Mittelmanager zu künftig erreichbaren Leistungen und benötigten Ressourcen wurden dabei als wesentlich herausgearbeitet. Angesichts der Handlungsspielräume des Mittelmanagements und der hohen Bedeutung ihrer Nutzung im Sinne des Unternehmens wurde diese Vorgehensweise in Ermangelung der Möglichkeit expliziter Vorgaben und Kontrollen als ein geeigneter Zugang zu einer impliziten Verhaltenssteuerung ermittelt.

- Im Hinblick auf die Förderung kalkulierten Commitments wurde die Gestaltung einer *Coachingbeziehung* untersucht. Hier stand neben der Unterstützung bei der Erfüllung von Rollenanforderungen die individuelle Förderung von Humankapital im Vordergrund. Durch diese können relative Vorteile der Mitgliedschaft in Unternehmen erhöht und damit kalkuliertes Commitment gefördert werden. Dies ist in besonderem Maße für das Mittelmanagement entscheidend, erstens, um motivatorische Alternativen zu eingeschränkten Karrieremöglichkeiten zu bieten und zweitens, um Unterstützung angesichts teilweiser Verunsicherung und zunehmend komplexer Anforderungen zu gewähren.

- Im Rahmen der Vergütung wurde zunächst die *Bonusvergütung* zum Aufbau affektiven Commitments untersucht. Unter Bezugnahme auf die vergütungsrelevanten Erklärungsvariablen affektiven Commitments wurden auf Basis einer Ableitung operationalisierbarer Merkmale "gerechter" Vergütung als intensivster Einflußvariable affektiven Commitments Möglichkeiten zu deren Realisierung analysiert. Als zentral wurden hierbei das inhaltliche Merkmal der individuellen Zurechenbarkeit der Leistungsvergütung und die formalen Merkmale der individuellen Nachvollziehbarkeit und der interindividuellen Vergleichbarkeit hergeleitet. Dementsprechend wurde die Ausgestaltung der Kriterienfindung und des Vergütungsmodus an diesen Merkmalen "gerechter" Vergütung ausgerichtet.

Schlußbetrachtung 255

- Für den Aufbau von normativem Commitment wurde eine überdurchschnittliche Grundvergütung herangezogen. Diese *"High-Wage"* Strategie zielt auf eine Gewährung überdurchschnittlicher, fixer und damit leitstungsunabhängiger Gehaltsbestandteile ab. Bezugspunkte sind dabei externe, relevante Referenzgruppen, wie sie sich aus der Analyse des externen Arbeitsmarktes ergeben. Durch diese überdurchschnittliche Vergütung ist eine Vermittlung von Vertrauensvorschüssen und Wertschätzung seitens des Unternehmens kommunizierbar, durch die normatives Commitment aufgebaut wird.

- Zum Aufbau kalkulierten Commitments im Rahmen der Vergütung wurden schließlich *Aktienoptionspläne* als geeigneter Ansatzpunkt eruiert. Die Chance zu hohen Einkommenssteigerungen und insbesondere die Aufschiebung der Einkommenssteigerung in die Zukunft durch Sperrfristen ermöglichen eine Vergütungsgestaltung, die an den Einflußvariablen kalkulierten Commitments ausgerichtet ist. Damit können intensive Effekte auf die Steigerung kalkulierten Commitments erzielt werden.

Es sei abschließend angemerkt, daß sich die untersuchten Instrumente angesichts ihres divergierenden Charakters tendenziell eher auf System- oder Aktorenebene befinden und sich daher nach Individualisierbarkeit und Reichweite unterscheiden lassen (vgl. Abb. S-3).

Dieser Zusammenhang wurde für die dargestellten Führungsinstrumente expliziert. Im Rahmen der Vergütung ist aufgrund standardisierter Elemente und Vergütungsregeln tendenziell von einem Systemcharakter auszugehen, der die Individualisierbarkeit einschränkt. Die Bonusvergütung hebt sich hier ein Stück weit ab. Denn es wurde erläutert, daß hier bis zu einem gewissen Grad eine Individualisierung erfolgen kann, die sich auf einmalige Sonderleistungen bezieht, die im Rahmen der vorhandenen Leistungskriterien nicht darstellbar sind. Prinzipiell ist auch die Vergütung mit Aktienoptionen individuell variierbar, unter Berücksichtigung der bestehenden Restriktionen, wie z.B. zur Limitierung der insgesamt und individuell ausgebbaren Optionen. Dagegen ist eine "High-Wage"-Strategie auf die Höhe der Grundvergütung, in Relation zu relevanten Referenzgruppen gerichtet, so daß dieses Instrument einer Individualisierbarkeit schwer zugänglich ist.

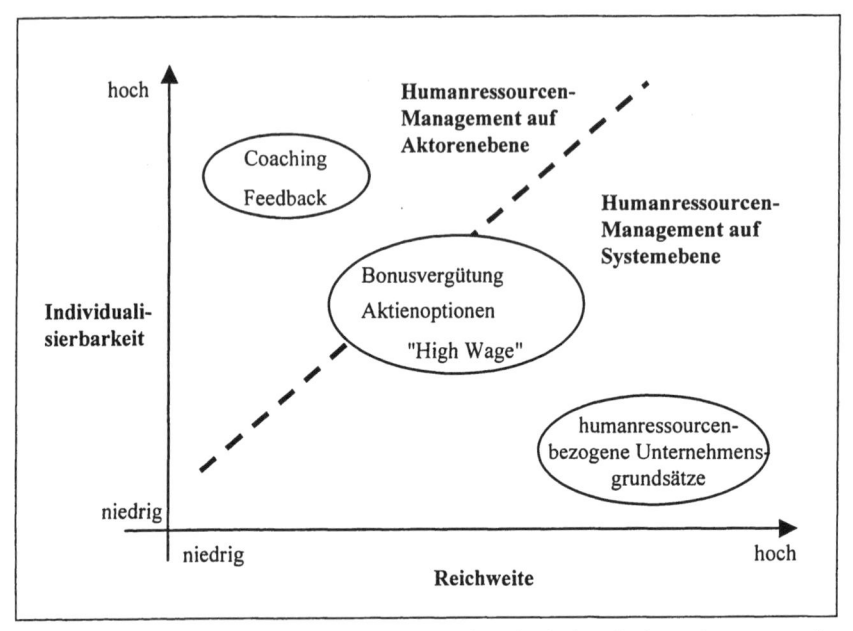

```
          hoch ▲
               │     ╭─────────╮  Humanressourcen-        ●
               │     │ Coaching │  Management auf       ╱
               │     │          │  Aktorenebene       ╱
               │     ╲ Feedback ╱                   ╱
               │      ╰────────╯              Humanressourcen-
               │                            ╱  Management auf
               │            ╭──────────────╮   Systemebene
               │            │ Bonusvergütung│╱
Individuali-   │            │ Aktienoptionen│
sierbarkeit    │         ╱  │  "High Wage"  │
               │       ╱    ╰──────────────╯
               │     ╱
               │   ╱                    ╭──────────────╮
               │ ╱                      │humanressourcen│
               │                        │bezogene Unternehmens│
               │                        │  grundsätze   │
               │                        ╰──────────────╯
        niedrig│
               └──────────────────────────────────────────▶
                 niedrig                              hoch
                              Reichweite
```

Abb. S-3:   *Trade-Off zwischen Reichweite und Individualisierbarkeit der untersuchten Instrumente im Commitment-Management*

(2) Ausblick

Abschließend werden einige weiterführende Überlegungen zu einem Commitment-Managementsystem (a) sowie zur Erweiterung eines Commitment-Managements auf Hierarchiestufen, die dem Mittelmanagement nachgeordnet sind (b), angestellt.

(a) Weiterführende Überlegungen zu einem Commitment-Managementsystem: Wie bereits erläutert wurde, erfordert der Aufbau von Commitment anhand der drei differenzierten Komponenten eine Berücksichtigung der Interdependenzen zwischen den Komponenten und ihren Erklärungsvariablen. In der vorliegenden Arbeit wurde zur Veranschaulichung der Möglichkeiten eines Commitment-Managements eine fokussierte Betrachtung einzelner, beispielhaft herangezogener Instrumente vorgenommen, wobei an gegebener Stelle auf Interdependenzen hingewiesen wurde.[865]

---

[865] Vgl. z.B. Abschnitt III.1.2, zur Gestaltung der "High Wage" Vergütung.

Im Hinblick auf eine Erweiterung zu einem integrierten Commitment-Managementsystem sind die angewandten Instrumente dementsprechend intensiv aufeinander abzustimmen, um konterkarrierende Effekte zu vermeiden. Beispielsweise wurden die hergeleiteten Merkmale "gerechter" Vergütung auch im Rahmen einer "High Wage" Grundvergütung und bei der Gestaltung von Aktienoptionen berücksichtigt.[866] Dabei wurde die Notwendigkeit einer Abstimmung der Relation der Vergütungsinstrumente betont. Darüber hinaus gilt es, eine Balance zwischen den gewählten Stellhebeln zu beachten. Denn bspw. besteht bei einer Überbetonung finanzieller Anreize die Gefahr der Korrumpierung einer emotionalen Zuwendung zu einem Unternehmen. Dementsprechend sind gleichzeitig zur Gewährung von Vergütungsanreizen bspw. intensive Einflüsse der Führung zu gestalten.[867] Damit wird die Notwendigkeit einer Abstimmung von Instrumenten im Hinblick auf den Aufbau eines Commitment-Managementsystem deutlich.

(b) Weiterführende Überlegungen zu einem Commitment-Management auch für dem Mittelmanagement nachgelagerte Mitarbeiterebenen: Im Rahmen der Untersuchung der Rolle des Mittelmanagements und ihres Wandels wurde, neben Informations- und Transformationsfunktion, die Bedeutung der Implementierungsfunktion dargelegt. In deren Rahmen nimmt die Führung der Mitarbeiter durch das Mittelmanagement eine bedeutende Stelle ein.[868] Zugleich wurde die Relevanz der Vorgesetztenbeziehung für den Aufbau von Commitment eingehend erläutert, so daß die Bedeutung des Mittelmanagements für das Commitment nachgeordneter Hierarchieebenen evident ist.

Es wurde argumentiert, daß ein Commitment-Management für das Management von Schlüsselmitarbeitern eine hohe Eignung aufweist, die mit dem Ausmaß der individuellen Einflußpotentiale und Handlungsspielräume von Mitarbeitern, bei schwindender Explizierbarkeit von Anforderungen und Kontrollmöglichkeiten, zunimmt. Für das Mittelmanagement wurde dabei die besondere Notwendigkeit einer impliziten Verhaltenssteuerung festgestellt und somit eine hohe Zweckmäßigkeit eines Commitment-Managements konstatiert. Diese wurde im Rahmen der vorliegenden Arbeit untersucht und veranschaulicht.

---

[866] Vgl. die Abschnitte III.1.2. und III.1.3.
[867] Vgl. hierzu Abschnitt III.2.
[868] Vgl. die Abschnitte I.1 und I.2 sowie Knebel (1987), S. 285 und Lepper (1985), S. 271.

Wenn auch in eingeschränktem Maße, so ist doch grundsätzlich auch auf nachgeordneten Hierarchiestufen ein eigenverantwortliches Engagement von Mitarbeitern im Rahmen von Rollen- und Extra-Rollenverhalten positiv zu beurteilen. Armstrong, postuliert diesbezüglich die Notwendigkeit eines

"(...) whole-hearted commitment of the workforce (...)".[869]

Weiterführende Überlegungen könnten sich daher auch mit der Bedeutung eines Commitment-Managements für dem Mittelmanagement nachgeordnete Hierarchiestufen auseinandersetzen. Angesichts eines zunehmenden Ausmaßes an Explizierung von Rollenanforderungen sowie einer Reduzierung von Autonomie und Arbeitsherausforderungen mit abnehmender Hierarchiestufe sind hierzu jedoch gesonderte Überlegungen anzustellen. Denn die in Teil II aufgeführten Instrumente sind fokal auf die Situation des Mittelmanagements zugeschnitten. Sie sind daher allenfalls bedingt und nur in Abwandlung für die Situation und Bedürfnisse nachgelagerter Hierarchiestufen geeignet. Nachfolgend sei daher, vor dem Hintergrund der vorangehenden Überlegungen zu einem Commitment-Management für das Mittelmanagement, beispielhaft auf zwei Aspekte eines Commitment-Managements für dem Mittelmanagement nachgelagerte Hierarchiestufen hingewiesen. Erstens die Modifikation von Instrumenten des Commitment-Mangements, wie sie in Teil III diskutiert wurden und zweitens die Ergänzung bzw. die Eruierung neuer Instrumente zum Aufbau von Commitment auf nachgelagerten Hierarchieebenen.

(ba) Modifizierte Instrumente zum Aufbau von Commitment auf nachgelagerten Hierarchiebenen, im Vergleich zum Mittelmanagement: Beim Aufbau von Commitment auf nachgeordneten Hierarchiestufen sind ähnliche, wenngleich modifizierte Instrumente einsetzbar. Zur Verdeutlichung sei je ein Beispiel der Führung und der Vergütung aufgeführt:

- Beim Aufbau einer *Coachingbeziehung* zur Förderung kalkulierten Commitments auf nachgelagerten Hierarchieebenen ist zunächst der individuelle Aufwand zu prüfen, um die Verhältnismäßigkeit in Bezug zur Bedeutung einer Stelle oder Funktion zu wahren. Hier könnte sich auf nachgeordneten Hierarchiestufen bspw. ein Gruppencoaching anbieten - im Gegensatz zum individuellen Coaching, wie es für das Mittelmanagement als zweckmäßig dargelegt wurde. Darüber hinaus ist eine stärkere Ausrichtung auf eine

---

[869] Armstrong, 1993, S. 99.

Unterstützung bei der Erfüllung der Rollenanforderungen notwendig, da die Erfüllung expliziter Vorgaben - im Gegensatz zur individuellen Ausgestaltung und Nutzung von Handlungsspielräumen im Mittelmangement - in den Vordergrund tritt. Angesichts der zunehmenden Explizierung von Anforderungen nimmt dagegen die Bedeutung (und Möglichkeit) der Vermittlung klarer, konfliktfreier Rollenerwartungen zu.

- Hinsichtlich der Gestaltung von *Vergütungsanreizen* sind die Möglichkeiten eingeschränkt. Bspw. können umfangreiche Aktienoptionspakete kaum einer breiten Mitarbeiterschicht zugänglich gemacht werden. Alternativen, die mit wesentlich geringeren Aufwendungen seitens des Unternehmens verbunden sind und dennoch relative Anreizüberlegungen der Mitarbeiter beeinflussen können, sind die Gewährung von Vergünstigungen wie z.B. vergünstigte Einkaufsmöglichkeiten und die Bereitstellung von Debutaten.

(bb) Andere Instrumente zum Aufbau von Commitment auf nachgelagerten Hierarchiebenen, relativ zu mittelmanagementrelevanten Instrumenten: Ein zweiter Aspekt der Induzierung von Commitment auf nachgelagerter Ebene betrifft grundsätzlich *andere als* die dargestellten, *mittelmanagementrelevanten Instrumente.* Hier ist die Bedeutung der Aufgabengestaltung hervorzuheben. Diesbezüglich wurden eine erhöhte Autonomie sowie individuelle Herausforderungen als Erklärungsvariablen von Commitment festgehalten. Diese Gesichtspunkte spielen im Hinblick auf nachgeordnete Hierarchiestufen eine größere Rolle als im Mittelmanagement. Denn es wurde dargelegt, daß dem Mittelmanagement angesichts seiner gewandelten Rolle erstens eine relativ große Autonomie - im Rahmen administrativer Entscheidungen - sowie relativ große Herausforderungen inhärent sind. Dies ist für nachgeordneter Ebenen in wesentlich geringerem Ausmaß der Fall. Folglich erhält dieser Aspekt eher für einen Aufbau von Commitment auf nachgelagerten Hierarchiestufen Bedeutung. Ein denkbarer Ansatz hierfür ist zum Beispiel eine Erweiterung von Aufgabenbereichen im Rahmen einer Einführung von Teamarbeit.[870] Gade, Wilkening schildern diesbezüglich "selbst-

---

[870] Vgl. Wellins, Byham, Dixon (1994), S. 294, die darauf hinweisen, daß die Einführung von Teamarbeit die Wahrnehmung des individuellen Beitrags im Unternehmen intensiviert aufgrund einer Erweiterung des Handlungsspektrums. Iin diesem Zusammenhang wird auch auf leistungssteigernde Auswirkungen hingewiesen. Vgl. zudem ausführlich zur Teamzusammenstellung und Etablierung von Regeln für Teams Armstrong (1993), S. 113 ff., sowie zu einem Unternehmensbeispiel S. 205 f.

steuernde Projektteams", in deren Rahmen Mitarbeitern neben einer Erweiterung des Tätigkeitsfeldes eine gewisse Autonomie gewährt wird.[871]

Es kann festgehalten werden, daß der Aufbau von Commiment Möglichkeiten für ein Management von Humanressourcen eröffnet, die sich in besonderem Maße für Schlüsselbelegschaften eignen, aber darüber hinaus in weiterführenden Überlegungen auch für eine intensive Nutzung von Mitarbeiterpotentialen auf nachgelagerten Hierarchiestufen näher zu untersuchen sind.

---

[871] Vgl. Gade, Wilkening (1996), S. 1088 f. Die Bedeutung einer Erweiterung von Autonomie und Herausforderung der Tätigkeit werden bei Ogilvie (1986), S. 348 als signifikante Einflüsse von Commitment dargestellt.

Anhang

Meßskalen von Commitment
(Zentrale Beispiele aus der Commitmentforschung)

Caldwell, D. F., Chatman, J. A., O'Reilly, C. A. (1990)

Varimax factor loadings for commitment dimensions (N=323)

	Varimax factor loadings	
Items	Normative Commitment	Instrumental Commitment
1. What this organization stands for is important to me.	.72	-.23
2. I talk up this organization to my friends as a great organization to work for.	.81	-.13
3. If the values of this organization were different, I would not be as attracted to this organization.	.63	.02
4. How hard I work for the organization is directly linked to how much I am rewarded.	.37	.57
5. In order for me to get rewarded, it is necessary to express the right attitude.	.06	.68
6. Since joyning this organization, my personal values and those of the organization have become more similar.	.72	.19
7. My private views of the organization are different from those I express publicly.	-.44	.50
8. The reason I prefer this organization to others is because of what it stands for, that is, its values.	.82	.05
9. My attachment to this organization is primarily based on the similarity of my values and those represented by the organization.	.83	.01
10. Unless I'm rewarded for it in some way, I see no reason to expend extra effort on behalf of this organization.	-.32	.66
11. I am proud to tell others that I am part of this organization.	.80	-.10
12. I feel a sense of 'ownership' for this organization rather than being just an employee.	.68	-.28
Percentage of variance explained	42	13

Mowday, R. T., Steers, R. M., Porter, L. W. (1979)

1. I am willing to put in a great deal of effort beyond that normally expected in order to help this organization being successfull.
2. I talk up this organization to my friends as a great organization to work for.
3. I feel very little loyalty to this organization.(R)
4. I would accept almost any type of job assignment in order to keep working for this organization.
5. I find that my values and the organization's values are very similar.
6. I am proud to tell others that I am part of this organization.
7. I could just as well be working for a different organization as the type of work was similar. (R)
8. This organization really inspires the very best in me in the way of job performance.
9. It would take very little change in my present circumstances to cause me to leave this organization. (R)
10. I am extremely glad that I chose this organization to work for over others I was considering at the time I joined.
11. There's not to much to be gained by sticking with this organization indefinitely. (R)
12. Often, I find it difficult to agree with this organization's policies on important matters relating to its employees. (R)
13. I really care about the fate of this organization.
14. For me this is the best of all organizations for which to work.
15. Deciding to work for this organization was a definite mistake on my part. (R)

Responses to each item are measured on a 7-point scale with scale points anchors labeled: (1) strongly disagree; (2) moderately disagree; (3) slightly disagree; (4) neither disagree nor agree; (5) slightly agree; (6) moderately agree; (7) strongly agree. An "R" denotes a negatively phrase and reverse scored items.

Sheldon, M. E.; 1971

In the near future I would most like:
1. To make a major contribution to one of the laboratory's projects. (Endorsement)
2. To publish a paper in the leading journal of my profession even though the topic might be of minor interest to the laboratory. (Nonendorsement)

As far as you know what are your career plans?
1. I plan to stay here permanently, if possible. (Endorsement)
2. I plan to stay for the time being but to move somewhere else eventually. (Nonendorsement)

Assuming that a neutral attitude is represented by 4, what position on this scale most nearly reflects your overall general feeling about laboratory?

1	2	3	4	5	6	7
Best lab.		Average lab.		Worst Lab.		

(1 and 2 are endorsement.)

Hrebiniak, L., Alutto, J. (1972)

Assume you were offered a position as a teacher (nurse), but with another employing organization. Would you leave your present organization under any of the following conditions? (Please indicate what you would do by placing a check mark in th appropriate space.)

		Yes Definitely	Uncertain	No Definitely Not
(1)	With no increase in pay.	_____	_____	_____
(2)	With a slight increase in pay.	_____	_____	_____
(3)	With a large increase in pay.	_____	_____	_____
(4)	With no more freedom to be professionaly creative.	_____	_____	_____
(5)	With slightly more freedom to be professionaly creative.	_____	_____	_____
(6)	With much more freedom to be professionaly creative.	_____	_____	_____
(7)	With no more status.	_____	_____	_____
(8)	With slightly more status.	_____	_____	_____
(9)	With much more status.	_____	_____	_____
(10)	To work with people who are no friendlier.	_____	_____	_____
(11)	To work with people who are a little friendlier,	_____	_____	_____
(12)	To work with people who are much friendlier.	_____	_____	_____

Meyer, J., Allen, N. (1997)

Affective Commitment Scale Items

1. I would be very happy to spend the rest of my career in this organization.
2. I enjoy discussing my organization with people outside it.[a]
3. I really feel as if the organization's problems are my own.
4. I think I could easily become as attached to another organization as I am to this one. (R)[a]
5. I do not feel like "part of the family" at my organization. (R)
6. I do not feel "emotionally attached" to this organization. (R)
7. This organization has a great deal of personal meaning for me.
8. I do not feel a strong sense of belonging to my organization. (R)

Normative Commitment Scale Items (Original)

1. I think that people these days move from company to company too often.
2. I do not believe that a person must always be loyal to his or her organization. (R)
3. Jumping from organization to organization does not seem at all unethical too me. (R)
4. One of the major reasons I continue to work for this organization is that I believe loyalty is important and therefore feel a sense of moral obligation to remain.
5. If I got another offer for a better job elsewhere, I would not feel it was right to leave my organization.
6. I was thought to believe in the value of remaining loyal to one organization.
7. Things were better in the days when people stayed with one organization for most of their careers.
8. I do not think that wanting to be a "company man" or "company women" is sensible anymore. (R)

Normative Commitment Scale Items (Revised)

1. I do not feel any obligation to remain with my current employer. (R)
2. Even if it were to my advantage, I do not feel it would be right to leave my organization now.
3. I would feel guilty if I left my organization now.
4. This organization deserves my loyalty.
5. I would not leave my organization right now because I have a sense of obligation to the people in it.
6. I owe a great deal to my organization.

Continuance Commitment Scale Items

1. I am not afraid of what might happen if I quit my job without having another one lined up. (R)[a]
2. It would be very hard for me to leave my organization right now, even if I wanted to.
3. Too much of my life would be disrupted if I decided I wanted to leave my organization right now.
4. It wouldn't be too costly for me to leave my organization in the near future. (R)[a]
5. Right now, staying with the organization is a matter of necessity as much as desire.
6. I believe that I have too few options to consider leaving this organization.
7. One of the few negative consequences of leaving this organization would be the scarcity of available alternatives.
8. One of the major reasons I continue to work for this organization is that leaving would require considerable personal sacrifice; another organization may not match the overall benefits I have here.
9. If I had not already put so much of myself into this organization, I might consider working elsewhere.[b]

Responses to each item are made on a 7-point scale with anchors labeled (1) strongly disagree and (7) strongly agree. R indicates a reverse-keyed item (scoring is reversed). The original scales comprise 8 items each. (Allen & Meyer, 1990a); the revised scales each comprise 6 items (Meyer et al., 1993): For administration, items from the three scales are mixed to form a 24- (original) or 18- (revised) items series.
  a items include in the original but not in the revised scales.
  b items include in the revised Continuance Commitment Scale only.

LITERATURVERZEICHNIS

Abegglen, J. (1958), The Japanese Factory, New York 1958

Adams, J. (1963), Wage Inequity, Productivity and Work Quality, in: Industrial Relations, Vol. 3/ 1963, S. 9 - 16

Adler, N. (1983), A Typology of Management Studies Involving Culture, in: Journal of International Business Studies, Vol. 13, No. 3/ 1983, S. 29 - 47

Allen, N. J., Meyer, J. P. (1990), The Measurement and Antecedents of Affective, Continuance, and Normative Commitment to the Organization, in: Journal of Occupational Psychology, Vol. 63/ 1990, S. 1 - 18

Allen, N. J., Meyer, J. P. (1991), A Three Component Conceptualization of Organizational Commitment, in: Human Resource Management Review, Vol. 1, No. 1/ 1991, S. 61 - 89

Allen, N. J., Meyer, J. P. (1993), Organizational Commitment: Evidence of Career Stage Effects?, in: Journal of Business Research, Vol. 26/ 1993, S. 49 - 61

Allen, N. J., Meyer, J. P. (1996), Affective, Continuance, and Normative Commitment to the Organization: An Examination of Construct Validity, in: Journal of Vocational Behavior, Vol. 49/ 1996, S. 252 - 276

Allen, N. J., Meyer, J. P., Gellatly, I. (1990), Affective and Continuance Commitment to the Organization: Evaluation of Measures and Analysis fo Concurrent and Time-Lagged Relations, in: Journal of Applied Psychology, Vol. 75, No. 6/ 1990, S. 710 - 720

Allerbeck, M. (1985), Neue Office-Technologien verändern Arbeitsstrukturen -Projektbericht, in: Pullig, Schäkel, Scholz (Hrsg., 1985), S. 298 - 319

Allinson, R. E. (1995), A Call for Ethically-Centered Management, in: Academy of Management Executive, Vol. 9, No. 1/ 1995, S. 73

Angle, H.L., Sz Lawson, M.B. (1994), Organizational Commitment and Employee's Performance Ratings: Both Type of Commitment and Type of Performance Count, in: Psychological Reports, Vol. 75/ 1994, S. 1539 - 1551

Ansoff, H. (1972), The Concept of Strategic Management, in: Jounal of Business Policy, Vol. 4/ 1972, S. 2 - 7

Armstrong, M. (1993), Human Resource Management, Strategy and Action, London 1993

Arthur, J. (1994), Effects of Human Resource Systems on Manufacturing Performance and Turnover, in: Academy of Management Journal, Vol. 37, No 3/ 1994, S. 670 - 687

Aryee, S. (1991), Creating a Committed Workforce: Linking Socialization Practices to Business Strategy, in : Asia Pacific Resource Management, Autumn 1991

Ashford, S., Lee, C., Bobko, P. (1989), Content, Causes, and Consequences of Job Insecurity: Theory-Based Measure and Substantive Test, in: Academy of Management Journal, Vol. 32/ 1989, S. 803 - 829

Ashforth, B., Saks, A. (1996), Socialization Tactics: Longitudinal Effects on Newcomer Adjustment, in: Academy of Management Journal, Vol. 39/ 1996, S. 149 - 178

Atwater, D. M., Bres III, E. S., Nelson, J. A. , Niehaus, R. J. (1990), Stabilizing the Mid-Career Workforce in an Organization in Transition, in: Niehaus, Price (Hrsg., 1990), S. 287 - 300

Baker, G. P., Jensen, M. C., Murphy, K. J. (1988), Compensation and Incentives: Practices versus Theory, in: Journal of Finance, Vol. 43, No. 3/ 1988, S. 593 - 616

Balkin, D. B., Gomez-Meja, L. R. (1987), New Perspectives on Compensation, Englewood Cliffs, NJ 1987

Bannock, G., Baxter, R., Davis, E. (1987), Dictionary of Economics, London 1987

Barkema, H. G. (1997), Managerial Compensation, Strategy and Firm Performance, in: International Journal of Industrial Organization, Vol. 15, No. 4/ 1997, S. 413 - 416 (Special Issue)

Barkema, H. G., Gomez-Meja, L. R. (1998), Managerial Compensation and Firm Performance: A General Research Framework, in: Academy of Management Journal, Vol. 41, No. 2/ 1998, S. 135 - 145

Bartlett, C., Goshal, S. (1992), Transnational Management, Boston, Mass. 1992

Bateman, T. S., Strasser, S. (1984), A Longitudinal Analysis of the Antecedents of Organizational Commitment, in: Academy of Management Journal, Vol. 24, No. 1/ 1984, S. 95 - 112

Baumgartner, H. (1992), Anforderungen an die Gestaltung eines mehrdimensionalen strategischen Anreiz- und Belohnungssystems für Führungskräfte, Zürich 1992

Becker, F. G. (1990), Anreizsysteme für Führungskräfte, Stuttgart 1990

Becker, H. (1960), Notes on the Concept of Commitment, in: American Journal of Sociology, Vol. 66/ 1960, S. 32 – 40

Beer, M. (1987), Performance Appraisal, in: Lorsch, J. W. (Hrsg. 1987), Handbook of Organizational Behavior, Englewood, NJ 1987

Beer, M., Spector, B., Lawrence, P., Mills, D., Walton, R. (1984), Managing Human Assets, New York 1984

Beer, M., Spector, B., Lawrence, P., Mills, D. (1985), Human Resource Management: A General Manager's Perspective, New York 1985

Begin, J. (1997), Dynamic Human Resource Systems - Cross-National Comparisons, Berlin 1997

Bento, R. F., White, L. F. (1998), Participants' Values and Incentive Plans, in: Human Resource Management, Vol. 37, No. 1/ 1998, S. 47 - 59

Beyer, J. (1990), The Twin Dilemmas of Commitment and Coherence Posed by High Technology, in: Gomez-Mejia, Lawless (Hrsg., 1990), S. 19 - 36

Bisani, F. (1995), Personalwesen und Personalführung, Der State of the Art der betrieblichen Personalarbeit, Göttingen 1995

Blake, R., Mouton, J. (1980), Verhaltenspsychologie im Betrieb, Das neue Grid-Managment Konzept, Düsseldorf 1980

Blau, G., Boal, K. (1989), Using Job Involvement and Organizational Commitment Interactively to Predict Turnover, in: Journal of Management, Vol. 15/ 1989, S. 115 - 127

Bleicher, K. (1985), Zur Strategischen Ausgestaltung von Anreizsystemen für die Führungsgruppe in Unternehmungen, in: Zeitschrift für Organisation,Vol. 54, Nr.1/ 1985, S. 21 - 27

Bleicher, K. (1991), Das Konzept Integriertes Management, Das St.Galler Management-Konzept, Frankfurt a.M. 1991

Block, P. (1989), The Empowered Manager, San Francisco 1989

Blood, M., R. (1969), Work Values and Job Satisfaction, in: Journal of Applied Psychology, Vol.53/ 1969, S. 456 - 459

Bloom, M., Milkovich, G. T. (1998), Relationships Among Risk, Incentive Pay, and Organizational Performance, in: Academy of Management Journal, Vol. 41, No. 3/ 1998, S. 283 - 297

Bröcker, H. (1991), Managementkarrieren in Europa - Eine vergleichende Analyse der Merkmale, Mobilitätsprofile und kohortenspezifischen Verlaufsmuster der Karrieren europäischer Führungskräfte, Stuttgart 1991

Brown, D. (1998), Biologische Grundlagen - Der Streß, das Trauma und der Körper, in: Goleman (Hrsg., 1998), S. 114 - 132

Brown, M. (1997), Performance Pay Choices: Evidence from Certified Agreements, in: Journal of Industrial Relations, Vol. 39, No. 3/ 1997, S. 349 - 368

Brown, W., Walsh, J. (1994), Managing Pay in Britain, in: Sisson, K., Personnel Management, S. 437 - 464, Padstow, Cornwall 1994

Bruhn, M., Stauss, B. (Hrsg., 1991), Dienstleistungsqualität, Wiesbaden 1991

Bruhn, M. (1992), Integrierte Unternehmenskommunikation, Anastzpunkte für eine strategische und operative Umstezung integrierter Kommunikationsarbeit, Stuttgart 1992

Buchanan, B. II (1974), Building Organizational Commitment: The Socialization of managers in work organizations, in: Administrative Science Quarterly, Vol. 19/ 1974, S. 533 - 546

Budde, J., Wielenberg, S. (1997), Rank-Order-Tournaments als Entlohnungsschemata, in: Zeitschrift für betriebswirtschaftliche Forschung Vol. 49/ 1997

Bühner, R. (1994), Personalmanagement, Landsberg a.L 1994.

Burgelman, R. A. (1984), Managing the internal corporate venturing process, in: Sloan Management Review, Vol. 25, No. 2/ 1984, S. 34 - 48

Burgelman, R. A. (1984 b), Designs for Corporate Entrepreneurship in Established Firms, in: California Management Review, Vol. 26, No.3/ 1984, S. 154 - 166

Burgelman, R. A., Maidique, M., Wheelwright, S. (1996), Strategic Management of Technology and Innovation, Chicago 1996

Butler, J., Ferris, G., Napier, N. (1991), Strategy and Human Resources Management, Cincinnati, Ohio 1991

Buttler, F., Bellmann, L. (1992), Arbeitsmarkt, in: Gaugler, E., Weber, W. (Hrsg., 1992), Handwörterbuch des Personalwesens, Sp. 159 - 169

Cable, J., Wilson, N. (1990), Profit Sharing and Productivity: Some Further Evidence, in: Economic Journal, Vol. 100/ 1990, S. 550 - 555

Caldwell, D., Chatman, J., O'Reilly, C. (1990), Building Organizational Commitment: A Multifirm Study, in: Journal of Occupational Psychology, Vol. 63, S. 245 - 261

Caldwell, D., O'Reilly, C. (1980), Job Choice: The Impact of Intrinsic and Extrinsic Factors on Subsequent Satisfaction and Commitment, in: Journal of Applied Psychology, Vol. 65, No. 5/ 1980, S. 559 - 565

Campbell, D. J., Campbell, K. M., Chia, h. (1998), Merit Pay, Performance Appraisal, and Individual Motivation: An Analysis and Altetnative, in: Human Resource Management, Vol. 37, No. 2/ 1998, S. 131 - 146

Carrell, M. R., Elbert, N. F., Hatfield, R. D. (1995), Human Resource Management: Global Strategies for Managing a Diverse Workforce, Englewood Cliffs, NJ 1995

Cassier, S. (1962), Wer bestimmt die Geschäftspolitik in Großunternehmen- Das Verhältnis zwischen Kapitaleigentum und Entscheidungsmacht, Frankfurt a.M. 1962

Cauwnbergh, A., Cool v., K. (1982), Strategic Management in a New Framework, in: Strategic Management Journal, Vol. 3/ 1982, S. 245 - 265

Chambers, E., Foulon, M., Handfield-Jones, H., Hankin, S., Michaels III., E. (1998), The War for Talent, in: McKinsey Quarterly, Vol.3/ 1998, S. 44 - 57

Chatman, J., O'Reilly, C. (1986), Organizational Commitment and Psychological Attachment: The Effects of Compliance, Identification, and Internalization on Prosocial Behavior, in: Journal of Applied Psychology, Vol. 71, No. 3/ 1986, S. 492 - 499

Cherrington, D. J. (1994), Organizational Behavior, The Management of Individual and Organizational Performance, Boston, Mass. 1994

Colarelli, S., Dean, R., Konstans, C. (1987), Comparative Effects of Personal and Situational Influences on Job Outcomes of New Professionals, in: Jounal of Applied Psychology, Vol. 66/ 1987, S. 716 - 721

Conrad, C. (1985), Book Review: A Passion for Excellence, The Leadership Difference, in: Administrative Scinece Quarterly, Vol. 30, No. 3/ 1985, S. 426 - 428

Conrad, P. (1988), Involvement-Forschung, Berlin 1988

Cumming, A., Oldham, G. R. (1998), Wo Kreativität am Besten gedeiht, in: Harvard Business Manager, Vol.4/ 1998, S. 32 - 43

Curry, J., Mueller, C., Price, J., Wakefield, D. (1986), On the Causal Ordering of Job Satisfaction and Organizational Commitment, in: Academy of Management Journal, Vol. 29, No. 4/ 1986, S. 847-858

Darden, W., Hampton, R., Howell, R. (1989), Career versus Organizational Commitment: Antecedents and Consequences of Retail Salespeoples' Commitment, in: Journal of Retailing, Vol. 65/ 1989, S. 80 - 106

Day, N., Huselid, M. (1991), Organizational Commitment, Job Involvement, and Turnover: A Substanitve and Methodological Analysis, in: Journal of Applied Psychology, Vol. 76, No. 3/ 1991, S. 380-391

Deal, T. Kennedy, A.; (1990), Corporate cultures , the rites and rituals of corporate life, Reading, Mass. u.a. 1990

DeCotiis, T., Summers, T. (1987), A Path Analysis of a Model of the Antecedents and Consequences of Organizational Commitment, in: Human Relations, Vol. 40, No. 7/ 1987, S. 445 - 470

Dehner, U. (1999), Vom Spielführer zum Coach, in: Manager Seminare, Heft 34, S. 43 – 50/ 1999

Dickenberger, D., Gniech, G., Grabitz, H-J. (1993), Die Theorie der psychologischen Reaktanz, in: Frey, Irle (Hrsg., 1993), S. 243 - 274

Donaldson, L. (1985), Entrepreneurship applied to middle management: a caution, in: Journal of General Management, Vol. 10, No. 4/ 1985, S. 5 - 20

Doppler, K. (1992), Was und Wie ein Coach wirklich sein sollte, in: Gablers Magazin, Vol. 4/ 1992, S. 36 - 41

Dopson, S., Stewart, R. (1990), What is happening to middle management?, in: British Journal of Management, Vol. 1/ 1990, S. 3 - 16

Dubin, R., Goldman, D. R. (1972), Central Life Interests of American Middle Managers and Specialists, in: Journal of Vocational Behavior, Vol. 2/ 1972, S. 133 - 141

Dunette, M.D., Hough, L. M. (Hrsg., 1991), Handbook of Industrial and Organizational Pschology, Vol. 2, Palo Alto, CA. 1991

Dunham, R., Grube, J., Castaneda, M. (1994) Organizational Commitment: The Utility of an Integrative Definition, in: Journal of Applied Psychology, Vol. 79/ 1994, S. 370 - 380

Drucker, P. F. (1988), The Coming of the new Organization, in: Harvard Business Review, Vol. 66, No. 1/ 1988, S. 45 - 53

Drucker, P. F. (1999), Managing One Self, in: Harvard Business Review, March-April 1999, S. 64 - 75

Drumm, H. (1995), Personalwirtschaftslehre, Berlin 1995

Drumm, H. (1996), Das Paradigma der Neuen Dezentralisation, in: Die Betriebswirtschaft, Vol. 56, Nr. 1/ 1996, S.7 - 20

Dunette, M., Hough, L. (Hrsg., 1991), Handbook of Industrial and Organizational Psychology, Palo Alto, CA. 1991

Early, V. (1991), Empowering Organizations, in: Executive Excellence, Vol. 8, No. 2/, Feb. 1991

Eberwein, W., Tholen, J. (1990), Managermentalität: Industrielle Unternehmensleitung als Beruf und Politik, Frankfurt a.M. 1990

Edelstein, C.M. (1981), Long Term Incentives for Management, Part 4: Restricted Stock, in: Compensation Review, Vol. 1/ 1991, S. 30 - 40

Egger-List, M., Egger-List, P. (1993), Mit Management-Coaching zur lernenden Organisation, in: Management Zeitschrift, Vol. 62, Nr. 6/ 1993, S. 79 - 82

Ehrenberg, R. G. (1990), Do Compensation Policies Matter?, in: Industrial and Labor Relations Review, Vol. 43/ 1990 (Special Issue)

Eichhorn, C. (1997), Mentale Stärke für souveränes Agieren, in: io Management, Nr. 1/2 1997

Einecke, H. (1999), Optionen gesellen sich zu Belegschaftsaktien, in: Süddeutsche Zeitung vom 07.04.1999, S. 25/ 1999

Einem v., C. (1998) Rechtliche und Steuerliche Aspekte bei der Mitarbeiterbeteiligung durch Stock Options, unveröffentlichtes Papier für das FNT-Forum "Stock Options" vom 16.02.1998

Eisenberger, R., Fasolo, P., Davis-LaMastro, V. (1990), Perceived Organizational Support and Employee Diligence, Commitment, and Innovation, in: Journal of Applied Psychology, Vol. 75/ 1980, S. 51 - 59

Eisenberger, R., Huntington, R., Hutchison, S., Sowa, D. (1986), Perceived Organizational Support, in: Journal of Applied Psychology, Vol. 71/ 1986, S. 500 - 507

Eisenhardt, K. (1989), Agency Theory: An Assessment and Review, in: Academy of Management Review, Vol. 14/ 1989, S. 57-74

Eitner, B. (1983), Die Mobililtät des Mittleren Managers im Warenhaus, Bochum 1983

Ellig, B. (1982), Executive Compensation - A Total Pay Perspective, New York 1982

Esser, D., Donk v., P. (1991), Human Resources and Strategy, The Relationship between Middle Management and Strategy Formulation, in: Die Unternehmung, Vol. 457/ 1991, Nr.4

Etten, J., Trachte, A. (1993), Vergütung 1993, Band II Geschäftsführer, Gummersbach, unveröffentlichte Studie 1993

Etzioni, A. (1973), Soziologie der Organisationen, München 1973

Etzioni, A. (1975), A Comparative Analysis of Complex Organizations, (erste Ausgabe von 1961), New York 1975

Eyer, E. (1998), Vergütung von Teamarbeit in Dienstleistungsunternehmen, in: Personalführung, Vol. 4/ 1998, S. 34 - 37

Fallgatter, M. (1995),Grenzen der Schlankheit: Lean Management braucht Organizational Slack, in: Zeitschrift für Organisation 4/ 1995, S. 215 - 220

Farrell, D., Rusbult, C. E. (1981), Exchange Variables as Predictors of Job Satisfaction, Job Commitment, and Turnover: The Impact of Rewards, Costs, Alternatives, and Investments, in: Organizational Behavior and Human Performance, Vol. 27/ 1981, S. 78 - 95

Fayol, H. (1959) General and industrial management, London, im Original: Fayol, H. (1916), Administration industrielle et générale, Paris 1959

Festinger, L. (1970), A Theory of Cognitive Dissonance, Stanford, CA. 1970

Fiedler - Winter, R. (1999), Stock Option - Pläne im Kommen, in: Personalwirtschaft, Vol. 1/ 1999, S. 42 - 44

Fischer, G., Risch, S. (1994), Mittelmanagement, Unter Beschuß, in: Manager Magazin, Nr. 8/ 1994, S. 112 - 130

Fisher, K. (1989), Managing in the High-Commitment Workplace, in: Organizational Dynam0ics, Vol. 17/ 1989, S. 31 - 50

Floyd, S., Wooldridge, B. (1992) Middle Management Involvement in Strategy and Its Association with Strategic Type: A Research Note, in: Strategic Management Journal, Vol. 13/ 1992, S. 153 – 167 (Special Summer Issue)

Fombrun, C., Tichy, N., Devanna, M (Hrsg., 1984), Human Resource Management, New York 1984

Foote, N. (1951), Identification as the Basis for a Theory of Motivation, in: American Sociological Review, Vol. 16/ 1951, S. 14 - 22

Ford, M. (1992), Motivating Humans, London 1992

Foy, N. (1994), Empowering People at Work, Hampshire 1994

Freud, A. (1984), Das Ich und die Abwehrmechanismen, Frankfurt (erstmals 1936 erschienen) 1984

Frey, D., Irle, M. (Hrsg., 1993), Theorien der Sozialpsychologie, I: Kognitive Theorien, Bern 1993

Friedman, S., Christensen, P., DeGroot, J. (1998), Work and Life: The End of the Zero-Sum Game, in: Harvard Business Manager, 11/ 12 1998

Frost, C. F., Wakeley, J. H., Ruh, R. A. (1974), The Scanlon Plan for Organization Development: Identity, Participation, and Equity, Michigan 1974

Fuchs, J. (1998), Die Neue Art Karriere im Schlanken Unternehmen, in:Harvard Business Manager, Vol. 4/ 1998, S. 83 - 91

Fulop, L. (1991), Middle Managers: Victims or Vanguards of the Entrepreneurial Movement?, in: Journal of Management Studies, Vol. 28, No. 1 /1991

Gade, T., Wilkening, O. S. (1996), Selbststeuernde Projektteams unterstützen, in: Personalführung, Vol. 12/ 1996, S. 1088 - 1093

Garen, J. (1998), Self - Employment, Pay Systems, and the Theory of the Firm: An Empirical Analysis, in: Journal of Economic Behavior & Organization, Vol. 36/ 1989, S. 257 - 274

Garnjost, P., Wächter, H. (1996), Human Resouce-Management - Herkunft und Bedeutung, in: Die Betriebswritschaft, Vol. 6/ 1996, S. 791 - 808

Gauch, P. (1991), Von den wesentlichen Vertragspunkten, in: Recht 9, Heft 2/ 1991, S. 45 - 52

Gaugler, E., Weber, W. (Hrsg., 1992), Handwörterbuch des Personalwesens, Stuttgart 1992

Gaugler, E., Wiltz, S. (1993), Personalwesen im europäischen Vergleich (The Pricie Waterhouse Cranfield Project) Ergebnisbericht 1992

Geary, J. (1994), Task Participation: Employees'Participation Enabled or Constrained?, in: Sisson (Hrsg., 1994), S. 634 - 661

Gerlach, K., Lorenz, W. (1992), Arbeitsmarkttheorie/ -ökonomie, in: Gaugler (Hrsg., 1992), Sp. 169 - 179

Gieseking, O., Sehnke, E., Roos, J. (1998), Leistungs- und Erfolgsorientierte Vergütung von Team- und Gruppenarbeit, in: Personalführung, Vol. 4/ 1998, S. 22 - 32

Goleman, D. (1999), EQ - Der Erfolgsquotient, München 1999

Goleman, D. (Hrsg., 1998), Healing Emotions. Conversations with the Dalai Lama on Mindfulness, Emotions and Health, dt. Erstausgabe 1998, München 1998

Gomez-Mejía, L., Lawless, M. (Hrsg., 1990), Organizational Issues in High Technology Management, Greenwich, Ct. 1990

Gomez-Mejía, L., Balkin, D., Cardy, R. (1995), Managing Human Resources, Englewood Cliffs, NJ 1995

Goold, M., Campbell, A., Alexander, M. (1994), Corporate Level Strategy, Creating Value in the Multibusiness Company, New York 1994

Gould, D. (1997), Developing Directions through Personal Coaching, in: Long Range Planing, Vol. 30, No. 1/ 1997, S. 29 - 37

Gouldner, H. (1959), Dimensions of Organizational Commitment, in: Administrative Science Quaterly, Vol. 4/ 1959, S. 468-487

Graen, G. (1969), Instrumentality Theory of Work Motivation: Some Experimental Results and Suggested Modifications, in: Journal of Applied Psychology, Vol. 53/ 1969, S. 1 - 21

Graham-Moore, B., Roos, T. L. (Hrsg., 1991), Gainsharing: Plans for Improving Performance, Washington 1991

Graham-Moore, B., Roos, T. L. (1991), Understanding Gainsharing, in: Graham-Moore, Roos (Hrsg., 1991), S. 3 – 18

Green, F., Hatch, E. (1990), Involvement and Commitment in the Workplace: A New Ethic Evolving, in: Society for Advancement of Management, Vol. 55, No. 4/ 1990, S. 8-12

Gregersen, H. B. (1993), Multiple Commitments at Work and Extrarole Behavior During Three Strages of Orgeanizational Tenure, in: Journal of Business Research, Vol. 26/ 1993, S. 31 - 47

Guest, R. (1986), Management Imperatives for the year 2000, in: California Management Review, Vol. 28, No. 4/ 1986, S. 62 - 70

Guest, R. (1989), Personnel and Human Resource Management: Can you tell the Difference?, in: Personnel Management, Vol. 21, No.1/ 1989, S. 48 - 51

Guest, R. (1991), Personnel Management: The End of Orthodoxy, in: British Journal of Industrial Relations, Vol. 29, No. 2/ 1991, S. 149 - 175

Guest, D. (1997), Human Resource Management and Performance: A Review and Research Agenda, in: International Journal of Human Resource Management, Vol. 8, No. 3/ 1997, S. 263 - 276

Hagen, E. (1964), On the Theory of Social Change, London 1964

Hahn, D., Willers, H. G. (1986), Unternehmensplanung und Führungskräftevergütung, in: Hahn, Taylor (Hrsg., 1986), S. 391 - 400

Hahn, D., Taylor, B. (Hrsg., 1986), Strategische Unternehmensplanung, Heidelberg 1986

Hall, D. T., Schneider, B. (1972), Correlations of Organizational Identification, in: Administrative Science Quaterly, Vol. 17/ 1972, S. 340-350

Hall, D. T., Schneider, B., Nygren, H. T. (1970), Personal factors in organizational identification, in: Administrative Science Quarterly, Vol. 15/ 1970, S. 176- 190

Hammer, M., Champy, J., (1994), Business Reengineering - Die Radikalkur für das Unternehmen, 2. Aufl., Frankfurt a. M. 1994

Hanser, P. (1993), Die Stunde des Mittel-Managements, in: Absatzwirtschaft, Vol. 1/ 1993, S. 62 - 64

Harkins, P. J. (1998), Learn how to Recognize the Satisfiers and Dissatisfiers that Reveal whether you'll keep or loose your most valuable human assets, in: Workforce, October 1998, S. 75 - 78

Hauser, E. (1993), Coaching von Mitarbeitern, in: Rosenstiel, Regnet, Domsch (Hrsg., 1993), S. 223 - 235

Heckhausen, H. (1985), Achievement Motivation in Perspevtive, Orlando, Fl 1985.

Heinen, E. (Hrsg., 1991), Industriebetriebslehre, Entscheidungen im Industriebetrieb, Wiesbaden 1991

Heigl C., Scholand, M. (1999), Innovative Konzepte in Deutschen Aktiengesellschaften, in: Personalwirtschaft, Vol. 1/ 1999, S. 28 - 33

Henderson, R. I. (1989), Compensation Management, Englewood Cliffs, NJ 1989

Hendry, C. (1995), Human Resource Management, A Strategic Approach to Employment, Oxford 1995

Heneman, R. L., Ledford, G. E. (1998), Competency Pay for Professionals and Managers in Business: A Review and Implications for Teachers, in: Journal of Personnel Evaluation in Education, Vol. 12, No. 2/ 1998, S. 103 - 121

Hentze, J. (1991), Personalwirtschaftslehre, Band 2, Bern 1991

Hentze, J. (1994), Personalwirtschaftslehre, Band 1, Bern 1994

Hill, C., Jones, G. (1992), Strategic Management - an integrated approach, Boston, Mass 1992.

Hiltrop, J.-M., (1996), The Impact of Human Resource Management on Organizational Performance, in: European Management Journal, Vol. 14, No. 6/ 1996, S. 628 - 637

Hlawaty, A. C. (1999), Was halten sie von coachenden Führungskräften?, in: Manager Seminare, Heft 34/ 1999, S. 52

Hodgetts, R. (1985), Management: International Edition, New York 1985

Höhn, R. (1983), Die innere Kündigung in Unternehmen, Bad Harzburg, 1983

Hofstede, G. (1980), Cultures Consequences: International Differences in Work-Related Values, Beverly Hills, CA. 1980

Homann, K., Blome-Drees, F. (1992), Wirtschafts- und Unternehmensethik, Göttingen 1992

Hopfl, H. (1992), The Making of the Corporate Acolyte: Some Thougths on Charismatic Leadership and the Reality of Organizational Commitment, in: Journal of Management Studies, Vol. 29, No. 1/ 1992 S. 23 - 33

Hören v., M. (1997a), Managementvergütung 1996 - Ergebnisse einer Unternehmensbefragung, in: Personal,Vol. 49, Nr. 1/ 1997, S. 4 - 10

Hören v., M. (1997b), Aktuelle Tendenzen der Führungskräftevergütung, in: Personalführung, Vol. 4/ 1997, S. 302 - 307

Hornby, A. S., Cowie, A. P., Gimson, A. C. (1974), Oxford Advanced Learner's Dictionary of Current English, Oxford 1974

Horton, T. R., Reid, P. C. (1991), What Fate for Middle Managers?, in: Management Review, Vol. 80, No. 1/ 1991, S. 22 - 23

Horton, T., Reid, P. (1991), What Fate for Middle Managers? in: Management Review, Vol. 80, No. 1/ 1991, S. 22 - 23

House, R. (1967), Management Development: Design, Evaluation, and Implementation, Michigan 1967

Hrebiniak, L. G., Alutto, J. A. (1972), Personal and Role-Related Factors in the Development of Organizational Commitment, in: Administrative Science Quaterly, Vol. 17/ 1972, S. 555-572

Hulin, C. (1991), Adaption, Persistence, and Commitment in Organizations, in: Dunette, Hough (Hrsg., 1991), S 445 - 505

Hull, J. C. (1992), Options, Futures and Other Derivative Securities, Upper Saddle River, NJ 1992

Hunter, R. (1974), The Act of Personal Commitment: An Interdisciplinary, Heuristic Inquiry Formulating a Psychological Theory and Theological Interpretation of Personal Committing Acts, Based Principally on Psychoanalytic Theory and The Theology of Wolfhart Pannenberg, Princeton 1974

Huselid, M. (1995), The Impact of Human Resource Management Practices on Turnover, Productivity, and Corporate Financial Performance, in: Academy of Management Journal, Vol. 38, No. 3/ 1995, S. 635 - 672

Huselid, M., Day, N. (1991), Organizational Commitment, Job Involvement, and Turnover: A Substantative and Methodological Analysis, in: Journal of Applied Psychology, Vol. 76, No. 3/ 1991, S. 380 - 391

Isele, S. (1991), Managerleistung messen - beurteilen - honorieren, aus der Reihe Mitteilungen aus dem Handelswissenschaftlichen Seminar der Universität Zürich, hrsg. von Käfer, K., Weilenmann, P., Hässig, K., Bd. 169, Zürich 1991

Jackson, D., Humble, J. (1994), Middle Managers: New Purpose, New Directions, in: Journal of Management Development, Vol. 13, No. 3/ 1994, S. 15 - 21

Jahn, H. (1991), Was ist Coaching?, in: io Management Zeitschrift, Vol. 60, Nr. 4/ 1991, S. 54 - 56

Javidan, M. (1991), Leading a High-Commitment High-Performance Organization, in: Long Range Planning, Vol. 24, No. 2/ 1991, S. 28 - 36.

Kahle, E. (1999), Vertrauen als Voraussetzung für bestimmte Formen organisatorischen Wandels, Workshop der Kommission der Organisation im Verband der Hochschullehrer für Betriebswirtschaft e.V., 26 - 27. 02. 1999

Kanter, R. M. (1968), Commitment and Social Organiziation: A Study of Commitment Mechanisms in Utopian Communities, in: American Sociological Review, Vol. 33/ 1968, S. 499 - 517

Kanter, R. M. (1983), The Change Masters, Innovation for Productivity in American Corporations, New York 1983

Kappler, E., Rehkugler, H. (1991), Konstitutive Entscheidungen, in: Heinen (Hrsg., 1991), S. 73 - 240

Kau, W. M., Leverenz, N. (1998), Mitarbeiterbeteiligung und leistungsgerechte Vergütung durch Aktien - Options - Pläne, in: Betriebs - Berater, Vol. 53, Nr. 45/ 1998, S. 2269 - 2276

Kessler, I., Purcell, J. (1991), Performance Related Pay: Objecitves and Application, in: Human Resource Management Journal, Vol. 2, No. 3/ 1991, S. 16 - 23

Kidron, A. (1978), Work Values and Organizational Commitment, in: Academy of Management Journal, Vol. 21, No. 2/ 1978, S. 239-247

Kieser, A., Walgenbach, P. (1993), Arbeitsaktivitäten mittlerer Manager in Deutschland und Großbritannien - Ein empirischer Vergleich, in: ZEW Wirtschaftsanalysen, Nr. 1/ 1993, S. 516 - 533

Kieser, A., Walgenbach, P. (1995), Mittlere Manager in Deutschland und Großbritannien, in: Schreyögg, G. , Sydrow, J. (Hrsg.), Managementforschung, Vol. 5/ 1995, S. 259 - 309, Berlin

Kiesler, C. (1971), The Psychology of Commitment: Experiments linking Behavior to Belief, New York 1971

Kim, W., Mauborgne, R. (1993), Procedural Justice, Attitudes, and Subsidiary Top Management Compliance with Multinationals' Corporate Strategic Decisions, in: Academy of Management Journal, Vol. 36/ 1993, S. 502 - 526

Kim, W., Mauborgne, R. (1998), Procedural Justice, Strategic Decision Making, and the Knowledge Economy, in: Strategic Management Journal, Vol. 19/ 1998, S. 323 - 338

Kirsch, A. (1995), Strategien der Selektion und Sozialisation von Führungsnachwuchs, Wiesbaden 1995

Kirsch, W. (1975), Planung, München 1975

Kirsch, W. (1989), Planung - Kapitel einer Einführung, in: Kirsch, Maaßen, (Hrsg., 1989), S. 23 - 126

Kirsch, W. (1990), Unternehmenspolitik und strategische Unternehmensführung, München 1990

Kirsch, W. (Hrsg., 1991), Beiträge zum Management Strategischer Programme, München 1991

Kirsch, W. (1992), Kommunikatives Handeln, Autopoiese, Rationalität: Sondierung zu einer evolutionären Führungslehre, München 1992

Kirsch, W. (1997), Betriebswirtschaftslehre, Eine Annäherung aus der Perspektive der Unternehmensführung, München 1997

Kirsch, W. (1997 b), Kommunikatives Handeln, Autopoiese, Rationalität, Kritische Aneignungen im Hinblick auf eine evolutionäre Organisationstheorie, München 1997

Kirsch, W., Maaßen, H. (Hrsg., 1989), Managementsysteme: Planung und Kontrolle, München 1989

Klein, K. J. (1987), Employee Stock Ownership and Employee Attitudes: A Test of Three Models, in: Journal of Applied Psychology, Vol. 72/ 1987, S: 329 - 332

Klimecki, R., Gmür, M. (1998), Personalmanagement, Stuttgart 1998

Knebel, H. (1987), Macht das Mittelmanagement stark?, in: Personal, Vol. 7/ 1987, S. 283 - 285

Kniehl A. T. (1997), Motivation und Volition in Organisationen, Wiesbaden 1997

Knoll, L. (1998), Besteuerung von Stock Options - Anmerkungen zu einer juristischen Frontlinie im ökonomischen Niemandsland, in: Steuer und Wirtschaft, Vol/ 1998. 2, S. 133 - 137

Knoll, L. (1999), Anmerkungen zum impliziten Verwässerungseffekt virtueller Optionsprogramme, in: Journal für Betriebswirtschaft, Vol. 1, 1999, S. 4 - 11

Koch, T. (1990), Mitarbeiter - Kapitalbeteiligung in den USA, in: io Management Zeitschrift, Vol. 59, Nr. 9/ 1990

Konovsky, M. A., Cropanzano, R. (1991), Perceived Fairness and Employee Drug Testing as a Predictor of Employee Attitudes and Job Performance, in: Journal of Applied Psychology, Vol. 76/ 1991, S. 698 - 707

Koopman, P. (1991), Between Control and Commitment: Management and Change as the Art of Balancing, in: Leadership and Organization Development Journal, Vol. 12, No. 5/ 1991, S. 3 - 7

Kopper, H. (1998), Wie der AR-Vorsitzende die Managementvergütung ändern will, in: Manager Magazin, Vol. 11/ 1998, S. 83

Kraus, D., Patrick, S. (1974), How to Pay Multinationally, in: McKinsey Quaterly, Autum 1974, S. 2 - 17

Kroeber-Riel, W. (1992), Konsumentenverhalten, München 1992

Krüger, W. (1995), Flache Organisation - Niedrige Motivation, in: Personalführung, Vol. 7/ 1995, S. 580 - 583

Krüpper, M. (1998), Wertorientierte Vergütungspolitik, in: Personalwirtschaft, Vol. 8/ 1998, S. 64

Kuckelkorn, T. (1999), Was halten sie von coachenden Führungskräften?, in: Manager Seminare, Heft 34/ 1999, S. 53

Kuhn, D.S. (1970), The Structure of Scientific Revolutions, Chicago

Kuhn, R. L. (Hrsg., 1990), Investing and Risk Management, Volume 1 of the Library of Investment Banking, Homewood, Ill. 1990

Kuhn, R. L., Geis, G. T. (1990), Organizational Commitment: Linking Personal Meaning and Company Mission, in: Kuhn (Hrsg., 1990), S. 207 - 232.

Kutschker, M. (Hrsg., 1999), Perspektiven der internationalen Wirtschaft, Wiesbaden 1999

Lafont, J., Tirole, J. (1990), Adverse Selection and Renegotiation in Procurement, in: Review of Economic Studies, Vol. 57/ 1990, S. 597 - 623

Laing, D., Weir, C. (1998), The Determination of Top Executive Pay: Importance of Human Capital Factors, in: Journal of General Management, Vol. 23, No. 4/ 1998, Summer, S. 51 - 61

Lang, J. M. (1998), Leistungsvergütung bei Gruppenarbeit - was leisten Gainsharing-Systeme, in: Personalführung, Vol. 4/ 1998, S. 42 - 48

Lapper, M. (1985), Die Zukunft der Mittleren Leitungsebene, in: Verwaltungsführung, Personal, Organisation, Vol. 6/ 1985, S. 270 - 276

Lattmann, C., Probst, G. J., Tapernoux, F. (Hrsg., 1992), Die Förderung der Leistungsbereitschaft des Mitarbeiters als Aufgabe der Unternehmensführung, Heidelberg 1992

Lawler, E. E. (1986), High Involvement Management, San Francisco, CA. 1986

Lawler, E. E. (1992), The Ultimate Advantage, San Francisco, CA. 1992

Lawler, E. E. (1987), The Design of Effective Reward Systems, in: Lorsch, J. W. (Hrsg. 1987), Handbook of OrgLawrenceanizational Behavior, Englewood, NJ 1987

Lawler, E., E. (1988), Pay for Performanc: Making it Work, in: Personnel, Oct. 1988, S. 68 -71

Lawrence, P. R. (1985), The History of Human Resource Management in American Industry, in: Walton, Lawrence (Hrsg., 1985), S. 15 - 34

Lee, S. (1971), An Empirical Analysis of Organizational Identifation, in: Academy of Management Journal, Vol. 14/ 1971, S. 213 - 226

Legge, K. (1994), Managing Culture: Fact or Fiction, in: Sisson (Hrsg., 1994), S. 397 - 436

Lehmann, D. (1987), Führen und Vergüten, in: Personalführung, Vol. 10/ 1987, S. 703 - 705

Lepper, M. (1985) Die Zukunft des mittleren Leitungsebene, in: Verwaltungsführung, Organisation, Personal, Vol. 6/ 1985, S. 270 - 276

Lersch, P. (1956), Aufbau der Person, München 1956

Levinson, R. (1986), Making the most of Entrepreneurial Management: Decentralizing America's Corporations, Amacom, American Management Association 1986

Lewicki, R., Mcallister, D., Bies, R. (1998), Trust and Distrust: New Relationships and Realities, in: Academy of Management Review, Vol. 23, No. 3/ 1998, S. 438 - 458

Lie, H.-H. (1995), Partizipation in Unternehmen, Analyse der Partizipation und ihr Beitrag zur Problemlösung industrieller Arbeitsbeziehungen am Beispiel Koreas, Bayreuth 1995

Liebel, H., Oechsler, W. (1994), Handbuch Human Resource Management, Wiesbaden 1994

Lindena, B. (1997), Leistungsanreize durch variables Vergütungssystem, in: Die Bank, 12/97

Locke, E. A., Latham, G. P. (1990) A Theory of Goal Setting and Task Performance, Engelwood Cliffs, NJ 1990

Lodahl, T. M., Kejner, M. (1965), The Definition and Measurement of Job Invovlement, in: Journal of Applied Psychology, Vol. 49/ 1965, S. 24 - 33

Loebbert, M. (1995), Coaching für Führungskräfte, in: Der Organisator, Vol. 3/ 1995, S. 28 - 29

Luhmann, N. (1995), Kunst und Gesellschaft, München 1995

Lundy, O., Cowling, A. (1996), Strategic Human Resource Management, London (u.a.) 1996

Luthans, F., McCaul, H., Dodd, N. (1985), Organizational Commitment: A comparison of American, Japanese, and Corean employees, in: Academy of Management Journal, Vol. 28/ 1985, S.213 - 219

MacDuffie, J. P.(1995), Human Resource Bundles and Manufacturing Performance: Organizational Logic and Flexible Production Systems in the World Auto Industry, in: Industrial and Labor Relations Review, Vol. 48, No. 2/ 1995, S. 197 - 221

Macharzina, K., Engelhard, H. (1982), Mittleres Management und Strategische Unternehmenssteuerung, in: Journal für Betriebswirtschaft, Vol. 32/ 1982, S. 165 - 179

Main, B., O'Reilly, C., Wade, J. (1993), Top Executive Pay: Tournament or Teamwork?, in: Journal of Labor Economics, Vol. 11, No. 4/ 1993, S. 610 - 620

Marr, R., Schmidt, H. (1992), Humanvermögensrechnung, in: Gaugler (Hrsg., 1992), Sp. 1031 - 1042

Marsden, D., Richardson, R. (1994), Performing for Pay? The Effects of "Merit Pay" on Motivation in a Public Service, in: British Journal of Industrial Relations, Vol. 32, No. 2/ 1994, S. 219 - 242

Marsh, R. M., Mannari, H. (1971), Lifetime Commitment in Japan: Roles, Norms and Values, in: American Journal of Sociology, Vol. 76/ 1971, S. 795 - 812

Marsh, R. M., Mannari, H. (1977), Organizational Commitment and Turnover: A Prediction Study, in: Administrative Science Quaterly, Vol. 22/ 1977, S. 57-75

Maslow, A. (1954), Motivation and Personality, New York 1954

Mathieu, J. E., Farr, J. L. (1991), Further Evidence for the Discriminant Validity of Measures of Organizational Commitment, Job Involvement, and Job Satisfaction, in: Journal of Applied Psychology, Vol 76/ 1991, S. 127 - 133

Mathieu, J. E., Zajac, D. (1990), A Review and Meta-Analysis of the Antecedents, Correlations and Consequences of Organizational Commitment, in: Psychological Bulletin, Vol. 108, No. 2/ 1990, S. 171-194

Mayer, R. C., Schoorman, F. D. (1992), Predicting Participation and Production Outcomes Through a Two-Dimensional Model of Organizational Commitment, in: Academy of Management Journal, Vol. 35, No. 3/ 1992, S. 671-684

McClelland, D. (1961), The Achieving Society, New York 1961

McClelland, D. (1965), Toward a Theory of Motive Acquisition, in: American Pychologist, Vol.. 20/ 1965, S. 321 - 333

McClelland, D. (1987), Human Motivation, Cambridge, Mass 1987.

McGee, G. W., Ford, R. C. (1987), Two (or more?) Dimensions of Organizational Commitment: Reexamination, in: Journal of Applied Psychology, Vol. 72, No. 4/ 1987, S. 638-642

McGregor, D. (1960), The Human Side of Enterprise, New York 1960

McMillan, L. G. (1986), Options as a Strategic Investment, New York. 1986

McNeil, I. (1974), The Many Futures of Contract, in: Southern Californian Law Review, Vol.. 47/ 1974, S. 691 - 816

Meyer, J. P., Allen, N. J. (1984), Testing the "Side-Bet Theory" of Organizational Commitment: Some Methodological Considerations, in: Journal of Applied Psychology, Vol. 69, No. 3/ 1984, S. 372 - 378

Meyer, J. P., Allen, N. J. (1991), A Three Component Conceptualization of Organizational Commitment, in: Human Resource Management Review, Vol.1, No. 1/ 1991, S. 61 - 89

Meyer, J. P., Allen, N. J. (1997), Commitment in the Workplace, Theory, Research and Application, Thousand Oaks, CA. 1997

Meyer, J. P., Allen, N. J., Gellatly, I. R. (1990), Affective and Continuance Commitment to the Organization: Evaluation of Measures and Analysis of Concurrent and Time Lagged-Relations, in: Journal of Applied Psychology, Vol 75, No 6/ 1990, S. 710 - 720

Meyer, J. P., Allen, N. J., Smith, C. A. (1993), Commitment to Organizations and Occupations: Extension and Test of a Three Component Conceptualization, in: Journal of Applied Psychology, Vol. 78/ 1993, S. 538 - 551.

Meyer, J. P., Paunonen, S. V., Gellatly, I. R., Goffin, R. D., Jackson, D. N. (1989), Organizational Commitment and Job Performance: It's the nature of Commitment that Counts, in: Journal of Applied Psychology, Vol. 74, No. 1/ 1989, S. 152 - 156

Metz, F., Knauth, P. (1998), Benchmarking Führungskräfteentwicklung, in: Personal, Vol. 9/ 1998, S. 436 - 442

Milgrom, P., Roberts, J. (1992), Economics, Organization and Management, Englewood Cliffs, NJ 1992

Miller, A., Dess, G. (1992), Strategic Management, New York 1992

Miner, J. (1982), Theories of Organizational Structure and Process, New York 1982

Minkes, A. (1987), The Entrepreneurial Manager, Decisions, Goals and Business Ideas, Harmondsworth 1987

Mintzberg, H. (1973), The nature of managerial work, New York 1973

Mintzberg, H. (1975), The manager's job: folklore and fact, in: Harvard Business Review, July-August, 1975

Mintzberg, H. (1979), The structure of organizations, Englewood Cliffs, NJ 1979

Mintzberg, H. (1990), The Manager's Job: Folklore and Fact, in: Harvard Business Review, March-April, 1990

Mintzberg, H. (1992), Die Mintzberg Struktur, Landsberg a.L. 1992

Mintzberg, H. (1994), The Rise and Fall of Strategic Planning, Reconceiving Roles for Planning, Plans, Planners, New York 1994

Mishra, K. E., Spreitzer, G. M., Mishra, A. K. (1998), Preserving Employee Morale during Downsizing, in: Sloan Management Review, Winter 1998

Mitrenga, B. (1985), Einführung neuer Office-Technologien - Gefahr oder Chance für das mittlere Management? in: Pullig, Schäkel, Scholz. (Hrsg., 1985), S. S. 283 -297

Moore, B. E., Ross, T. L. (1978), The Scanlon Way to Improve Productivity, New York 1978

Moorman, R., Blakely, G., Niehoff, B. (1998), Does Perceived Organizational Support Mediate the Relationship between Procedural Justice and Organisational Citizenship Behavior?, in: Academy of Management Journal, Vol. 41, No. 3/ 1998, S. 351 - 357

Moormann, R., Niehoff, B., Organ, D. (1993), Treating Employees Fairly and Organizational Citizenship Behavior: Sorting the Effects of Job Satisfaction, Organizational Commitment, and Procedural Justice, in: Employee Responsibilities and Rights Journal, Vol. 6/ 1993, S. 209 - 225

Morris, J., Sherman, J. (1981), Generalizability of an Organizational Commitment Model, in: Academy of Management Journal, Vol. 24, No. 3/ 1981, S. 512-526

Morris, T., Lydka, H., O'Creevey, M. (1993), Can Commitment be Managed? A Longitudinal Analysis of Employee Commitment and Human Resource Policies, in: Human Resource Management Journal, Vol. 3, No. 3/ 1993, S. 21 - 42

Morrison, E. (1994), Role Definitions and Organizational Citizenship Behavior: The Importance of the Employee's Perspective, in: Academy of Managment Journal, Vol. 37, No. 6/ 1994, S. 1543 - 1567

Morrow, P. (1983), Concept Redundancy in Organizational Research: The Case of Work Commitment, in: Academy of Management Review, Vol. 8, No. 3/ 1983, S. 486 - 500

Moser, K. (1996 a), Commitment in Organisationen, Bern 1996

Moser, K. (1996 b), Commitment in Organisationen, Kongreßbericht der Universität Gießen, Fachbereich 06 Psychologie 1996

Mowday, R. T., Steers, R. M., Porter, L. W. (1979), The Measurement of Organizational Commitment, in: Journal of Vocational Behavior, Vol. 74/ 1979, S. 224-247

Mowday, R. T., Porter, L. W., Steers, R. M. (1982), Employee-Organization Linkage: The Psychology of Commitment, Absenteeism, Turnover, New York 1982

Mumford, A. (1995), How Managers Can Develop Managers, Hampshire 1995

Neubeiser, M.-L. (1990), Management-Coaching: der Neue Weg zum Manager von Morgen, in: GDI - Impuls, Vol. 8, Nr. 3/ 1990, S. 53 - 67

Nerdinger, F. W. (1995), Motivation und Handeln in Organisationen: Eine Einführung, u.a. Stuttgart 1995

Niehaus, R. J., Price, K. F. (Hrsg., 1990), Human Resource Strategies for Organiziations in Transition, Proceedings of the Third Research Symposium of the Human Resource Planning Society, New York 1990

Oberlandesgericht Stuttgart (1998), Zulässige Ermächtigung des Vorstands zur Ausgabe von Aktienoptionen an Führungskräfte, Urteil vom 12.8.1998, in: Der Betrieb, Heft 35/ 1998, S. 1757 - 1760

O'Dell, C. S. (1981), Gainsharing: Involvement, Incentives, and Productivity, New York 1981

Odiorne, G. S. (1967), Management By Objectives, München 1967

Odiorne, G. S. (1984), Strategic Management of Human Resources, A Portfolio Approach, San Francisco, CA. 1984

Ogilvie, J. (1986), The Role of Human Resource Management Practices in Predicting Organizational Commitment, in: Group and Organization Studies, Vol. 11, No. 4/ 1986, S. 335 - 359

Olesch, G. (1998), Variable Entgeltsysteme für Unterschiedliche Mitarbeitergruppen, in: Personal, Vol. 2/ 1998, S. 70 - 75

O'Reilly, C. A., Caldwell, D. F. (1980), Job Choice: The Impact of Intrinsic Factors on Subsequent Satisfaction and Commitment, in: Journal of Applied Psychology, Vol. 65/ 1980, S. 559 - 565

O'Reilly, C. A., Chatman, J. A. (1986), Organizational Commitment and Psychological Attachment: The Effects of Compliance, Identification and Internalization on Prosocial Behavior, in: Journal of Applied Psychology, Vol. 71/ 1986, S. 492 - 499

Oswald, S., Mossholder, K., Harris, S. (1994), Vision Salience and Strategic Involvement: Implications for Psychological Attachment to Organization and Job, in: Strategic Management Journal, Vol. 15/ 1994, S. 477 - 489

O.V. (1993), Hay Gehaltsvergleich Deutschland, unveröffentlichte Studie

O.V. (1999), Bertelsmann schickt Pixelpark an die Börse, in: Süddeutsche Zeitung vom 24./25.04.1999, S. 28

Organ, D., Ryan, K. (1995), A Meta-Analytic Review of Attitudinal and Dispositional Predictors of Organizational Citizenship Behavior, in: Personnel Psychology, Vol. 48/ 1995, S. 775 - 802

Patchen, M. (1970), Participation, Achievement, and Involvement on the Job, Englewood Cliffs, NJ 1970

Pavlov, J. (1927), Conditioned Reflexes, London 1927

Peace, W. (1987), I thought I knew what good Management was, in: McKinsey Quarterly, Spring, S. 25 – 38/ 1987

Pedell, B. (i.V.), Commitment, Theoretische Fundierung von Selbstbindung als Wettbewerbsstrategie

Peridon, L., Steiner (1993), M. (1993), Finanzwirtschaft der Unternehmung, München 1993

Peters, T., Austin, N. (1985), A Passion for Excellence, London 1985

Peters, T. J., Waterman, R. H. (1982), In Search of Excellence, New York 1982

Pfeffer, J.(1994), Competitive Advantage through People, Unleashing the Power of the Workforce, Boston, Mass. 1994

Peffer, J. (1995), Producing Sustainable Competitive Advantage through the Effective Management of People, in: Academy of Management Executive, Vol. 9, No. 1/ 1995, S. 55 - 72

Pfeffer, J. (1998), Sechs Gefährliche Legenden über Arbeitsentgelte, in: Harvard Business Manager, Vol. 6/ 1998, S. 41 - 50

Pinchot, G. (1985), Intrapreneurship, New York 1985

Poensgen, O. H. (1982), Der Weg in den Vorstand, Die Charakteristika der Vorstandsmitglieder der Aktiengesellschaften der Verarbeitenden Gewerbes, in: Die Betriebswirtschaft, Vol. 42/ 1982, S. 3 - 35

Pohlmann, W. (1995), Lösungen anpeilen, in: Gablers Magazin, Vol. 2/ 1995, S. 37 - 39

Poole, M. (1990), Editorial: HRM in an International Perspective, in: International Journal of Human Resource Management, Vol. 1, No. 1/ 1990, S. 1 - 15

Porter, L. W., Lawler, E. (1968), Managerial Attitudes and Performance, Homewood, Ill. 1968

Porter, L. W., Steers, R. M., Mowday, R. T., Boulian, P. V. (1974), Organizational Commitment, Job Satisfaction, and Turnover among Psychiatric Technicians, in: Journal of Applied Psychology, Vol. 15/ 1974, S. 603 - 609

Porter, M. (1983), Cases in Competitive Strategy, New York 1983

Porter, M. (1992 a), Wettbewerbsstrategie, Methoden zur Analyse von Branchen und Konkurrenten, Frankfurt 1992

Porter, M. (1992 b), Wettbewerbsvorteile, Spitzenleistungen erreichen und behaupten, Frankfurt 1992

Porter, M. (1993), Nationale Wettbewerbsvorteile, München 1993

Price, K. F. (1990), Declining Employee Commitment: What it means, Why it is happening, What we can do about it, in: Niehaus, R. J., Price K. F. (Hrsg., 1990), S. 183 - 199

proJob-Infothek: USA Exklusiv - Stock Options für die Belegschaft, http://www.projob.de/projob/info/archiv/info_berichte0498-1.htm

Pullig, K., K., Schäkel, U., Scholz, J. (Hrsg., 1985), Leistungsträger in der Krise?, Die Zukunft des mittleren Managements, Hamburg 1985

Pümpin, C., Prange, J. (1991), Management der Unternehmensentwicklung, Phasengerechte Führung und der Umgang mit Krisen, Frankfurt a.M. 1991

Purcell, J. (1991), The Rediscovery of the Management Prerogative, The Management of Labour Relations in the 1980s', in: Oxford Review of Economic Policy, Vol. 7, No.1/ 1991, S. 33 - 43

Randall, D. M. (1993), Cross-Cultural Research on Organizational Commitment: A Review and Application of Hofstede's Value Survey Module, in: Journal of Business Research Vol. 26/ 1993, S. 91 - 110

Randall, D. M., Fedor, D., Longenecker, C. (1990), The Behavioral Expression of Organizational Commitment, in: Journal of Vocational Behavior, Vol. 36/ 1990, S. 210 - 224

Reich, R. B. (1987), Entrepreneurship Reconsidererd: The Team as a Hero?, in: Harvard Business Review, Vol. 65, No. 3/ 1987, S. 77 - 83

Reichers, A. E. (1985), A Review and Reconceptualization of Organizational Commitment, in: Academy of Management Review, Vol. 10/ 1985, S. 465 - 476

Reichers, A. E. (1986), Conflict and Organizational Commitment, in: Journal of Applied Psychology, Vol. 71, No. 3/ 1986, S. 508 - 514

Rieker, J. (1994), Ohne Gewähr, in: Manager Magazin, Heft 8/ 1994, S. 119 - 121

Riekhof, H.-C. (1986), Kreative Köpfe, Mentoren und Innovationsmanager, in: Harvard Business Manager, Vol. 2/ 1986, S. 11 - 14

Ringlstetter, M. (1995), Konzernentwicklung, Rahmenkonzepte zu Strategien, Strukturen und Systemen, München 1995

Ringlstetter, M. (1997), Organisation von Unternehmen und Unternehmensverbindungen, Einführung in die Gestaltung der Organisationsstruktur, München 1997

Ringlstetter, M. (1998), Zukünftige Leitlinien der Personalentwicklung. Führungskräfte als Unternehmer an der eigenen Humanressource, unveröffentlichtes Arbeitspapier, Ingolstadt 1998

Ringlstetter, M., Kniehl, A. (1995), Professionalisierung als Leitidee eines Humanressourcen-Managements, in: Wächter, Metz (Hrsg., 1995), S. 139 -161

Ringlstetter, M., Gauger, J. L. (1999), Internationales Humanressourcen-Management, Eine Systematisierung der spezifischen Herausforderungen eines Internationalen Humanressourcen-Managements und Ansatzpunkte zu ihrer Handhabung, in: Kutschker (Hrsg., 1999), S. 127 - 164

Ritzer, G., Trice, H. (1969), An Empirical Study of Howard Becker's Side-Bet Theory, in: Social Forces, Vol. 47/ 1969, S. 475 - 479

Roebuck, C. (1996), Constructive Feedback: Key to higher Performance and Commitment, in: Long Range Planning, Vol. 29, No. 3/ 1996, S. 328 - 336

Romzek, B. S. (1989), Personal Consequences of Employee Commitment, in: Academy of Management Journal, Vol. 32, No.3/ 1989, S. 649 - 661

Rose, A. (Hrsg., 1962), Human Behavior and Social Process, London 1962

Rosenstiel v., L. (1992), Grundlagen der Organisationspsychologie, Stuttgart 1992

Rosenstiel v., L., Regnet, E., Domsch, M. (Hrsg., 1993), Führung von Mitarbeitern, Stuttgart 1992

Ross, A. O. (1987), The Scientific Study of Complex Human Behavior, New York 1987

Rotter, J., (1966), Generalized Expectancies for Internal versus External Control of Reinforcements, Psychological Monograph, Vol. 609/ 1966

Rousseau, D. (1995), Psychological Contracts in Organizations, Understanding Written and Unwritten Agreements, Thousand Ouks, CA. 1995

Rousson, M. (1992), Die Bedeutung finanzieller Anreize zur Förderung der Leistungsbereitschaft von Mitarbeitern, in: Lattmann, Probst, Tapernoux, (Hrsg., 1992), S. 302 - 319

Rusbult, C. E., Farrell, D. (1983), A Longitudinal Test of the Investment Model: The Impact on Job Satisfaction, Job Commitment, and Turnover of Variations in Rewards, Cost, Alternatives, and Investments, in: Journal of Applied Psychology, Vol. 68/ 1983, S. 429 - 438

Salancik, G. (1977a), Commitment and the Control of Organizational Behavior and Belief, in: Staw, Salancik (Hrsg., 1977), S. 1 - 54

Salancik, G. (1977b), Commitment is too easy!, in: Organizational Dynamics, Summer 1997, S. 62 - 80

Salter, M., S. (1972), What is "fair" pay?, in: Harvard Business Review, Vol. 50, May - June 1972, S. 6 - 13, 144 - 146

Salzberg, S., Krobat-Zinn, J (1998), Neue Wege der Medizin - Achtsamkeit als Medikament, in: Goleman (Hrsg., 1998), S. 134 - 181

Sanchez, J. I., Korbin, W. P., Viscarra, D. M. (1995), Corporate Support in the Aftermath of a Natural Disaster: Effects on Employee Strains, in: Academy of Management Journal, Vol. 38/ 1995, S. 504 - 521

SAP (1999), Das Mitarbeiterbonusprogramm STAR, www.sap-ag.de/ germany/ investor/ ir_star.htm

Saron, C., Davidson, R. J. (1998), Teil II: Biologische Grundlagen: Das Gehirn und die Gefühle, in: Goleman (Hrsg., 1998), S. 88 - 113

Sattelberger, T. (1998), Mentale Grenzen in fluiden Organisationen, in: Gablers Magazin, Vol. 2/ 1998, S. 30 - 33

Schaefer, K. (1997), Entlohnung von Führungskräften mit Aktienoptionen, in: Selected Papers of the Symposium on Operations Research (SOR'97), Berlin 1997, Operations Research Proceedings, S. 408 - 413

Schirmer, F. (1987), Funktionswandel im Mittleren Management, in: Die Unternehmung, Vol. 41, Nr. 5/ 1987, S. 353-364

Schirmer, F., Staehle, W. (1990), Untere und mittlere Manager als Adressaten und Akteure des Human Resource Managements (HRM), in: Die Betriebswirtschaft, Vol. 50, Nr. 6/ 1990, S. 707 - 720

Schmidt, M. (1998), Stock Options aus Rechtlicher Sicht, in: Personal, Vol. 2/ 1998, S. 76- 79

Schmitz, G. (1993), Aktive, strategisch orientierte Personalentwicklung - Qualifizierung von Führungskräften zur Integration in die strategische Unternehmensführung, Köln 1993

Scholl, R. (1981), Differentiating Organizational Commitment from Expectancy as a Motivating Force, in: Academy of Management Review, Vol. 6, No. 4/ 1981, S. 589-599

Scholz, C. (1994), Personalmanagement, München 1994

Schreyögg, A. (1995), Coaching, Eine Einführung für Praxis und Ausbildung, Frankfurt a.M. 1995

Schwarz, G. C., Michel, J. (1998), Aktienoptionspläne: Reformvorhaben in Deutschland - Erfahrungsvorsprung in Frankreich, in: Betriebs - Berater, Vol. 53, Nr. 10/ 1998, S. 489 - 494

Schwetz, R. (1987), Neue Kommunikationstechnik, Herausforderung und Zukunft des mittleren Managements, in: Datenverarbeitung, Steuer, Wirtschaft, Recht, Vol. 2/ 1987, S. 23 - 28

Seiwert, L. J. (1992), Kommunikation im Betrieb, in: Gaugler (Hrsg., 1992), Sp. 1126 – 1139/ 1992

Sheppard, B. H., Sherman, D. M. (1998), The Grammers of Trust: A Model and General Implications, in: Academy of Management Review, Vol. 23, No. 3/ 1998, S. 422 - 437

Sheldon, M. (1971), Investments and Involvements as Mechanisms Producing Commitment to the Organization, in: Administrative Scienece Quaterly, Vol. 2/ 1971, S. 143-150

Shore, L. M., Wayne, S. J. (1993), Commitment and Employee Behavior: Comparison of Affective and Continuance Commitment with Perceived Organizational Support, in: Journal of Applied Psychology, Vol. 76/ 1993, S. 637 – 643

Sisson, K. (1990), Introducing the Human Resource Management Journal, in: Human Resource Management, Vol. 1, No. 1/ 1990, S. 1-11

Sisson, K. (Hrsg., 1994), Personnel Management, A Comprehensive Guide to Theory and Practice in Britain, Padstow, Cornwall 1994

Skinner, B. F. (1966), Science and Human Behavior, New York 1966

Skinner, B. F. (1971), Beyond Freedom and Dignity, New York 1971

Somers, M.J. (1995), Organizational Commitment, Turnover, and Absenteism: An Examination of Direct and Interaction Effects, in: Journal of Organizational Behavior, Vol. 16/ 1995, S. 49 - 58

Staehle, W., (1992), Funktionen des Managements, Eine Einführung in einzelwirt-schaftliche und gesamtgesellschaftliche Probleme der Unternehmensführung, Bern 1992

Stahl, H. (1997), Die vernachlässigten Komptenzen des mittleren Managements, in: Zeitschrift Führung und Organisation,Vol. 5/ 1997

Staudacher, V.,Stedtnitz, U. (1993), Management-Coaching - Werden auch Schweizer Führungskräfte die Chance nutzen?, in: io Management Zeitschrift, Vol. 62, Nr. 6/ 1993, S. 75 - 78

Stauss, B. (1991), "Augenblicke der Wahrheit" in der Dienstleistungsqualität: Ihre Relevanz und ihre Messung mit Hilfe der Kontaktpunkt-Analyse, in: Bruhn, M., Stauss, B. (Hrsg.., 1991), S. 345 – 366

Staw, B., Salancik, G. (Hrsg., 1977), New Directions in Organizational Behavior, Chicago 1977

Steers, R. (1977), Antecedents and Outcomes of Organizational Commitment, in: Administrative Science Quaterly, Vol. 22/ 1977, S. 46-56

Steidinger, G. (1990), Die Rolle des mittleren Management wandelt sich, in: io Management Zeitschrift, Vol 59; Nr. 3/ 1990, S. 35 - 38

Steidl, B. (1998), Synergiemanagement im Konzern, Wiesbaden, 1998

Steinle, C. (1992), Führungsstil, in: Gaugler, E., Weber, W. (Hrsg., 1992), Sp. 966 - 980

Steinle, C., Ahlers, F., Riechmann, C. (1999), Management by Commitment - Möglichkeiten und Grenzen einer "selbstverpflichtenden" Führung von Mitarbeitern, in: Zeitschrift für Personalforschung, Jg. 13, H. 3/ 1999, S. 221 - 245

Stevens, J., Beyer, J., Trice, H. (1978), Assessing Personal, Role, and Organizational Predictors of Managerial Commitment, in: Academy of Management Journal, Vol. 21/ 1978, S. 380 - 396

Stewart, R. (1967), Managers and their Jobs, A Study of the Similarities and Differences in the Way Managers Spend their Time, London 1967

Stewart, R. (1976), Contrasts in Management - A Study or different types of manager's job: Their demands and choices, Maidenhead, Birkshire 1976

Stewart, R. (1982), Choices of the Manager, Englewood Cliffs, NJ 1982

Stewart, R. (1987), Middle managers: Their jobs and behavior, in: Lorsch, (Hrsg., 1987), S. 385-391

Storey, J. (Hrsg., 1989), New Perspectives on Human Resource Management, London 1989

Taylor, F., W. (1913), Die Grundsätze wissenschaftlicher Betriebsführung, München 1913

Thakur, M. (1987), Identifying Rewards for Strategic Thinking - A Survey of CEOs and Middle Managers, in: Personnel Review, Vol. 16, No. 3/ 1987, S. 29- 33

Thakur, M. (1998), Involving Middle Managers in Strategy Making, in: Long Range Planning, Vol. 31, No. 5/ 1998, S. 732 - 741

Theuvsen, L. (1996), Business Reengineering: Möglichkeit und Grenzen einer prozeßorientierten Organisationsgestaltung, in: Schmalenbachs Zeitschrift für betriebswirtschaftliche Forschung, Vol. 48/ 1996, S. 65 - 81

Thierry, H. (1986), Rewarding Participation, in: Betriebswirtschaftlich Forschung und Praxis, Vol. 1/ 1986, S. 2 - 67

Thorndike, E. L. (1898), Animal Intelligence, Psychological Review Monograph Supplement, 2, Vol. 4/ 1898, whole No. 8

Tichy, N. M., Fombrun, C. J., Devanna, M. A. (1982), Strategic Human Resource Management, in: Sloan Management Review, Vol. 23, No. 2/ 1982, S. 47 - 60

Tilgman, T. S., Knight, K. L. (1998), Paying People in Crisis Economies, in: Journal of Business Strategy, March/April 1998, S. 34 - 37

Torrington, D., Weightman, (1987), Middle Management Work, in: Journal of General Management, Vol. 74/ 1987, S, 75 - 89

Torrington, D. (1989), Human Resource Management and the Personnel Function, in: Storey (Hrsg., 1989), S. 56-66.

Torrington, D., Weightman, J., Johns, K. (1989), Effective Management. People and Organization, New York 1989

Trachte, A. (1991), Gigantische Gefälle, in: Die Wirtschaftswoche,Heft 29/ 1991, S. 60 - 61

Trux, W., Kirsch, W., Ringlstetter, M., Knyphausen, D.z. (1991), Die Evolution des Strategischen Managements, in: Kirsch (Hrsg., 1991), S. 713-763

Tubbs, M. (1994), Commitment and the Role of Ability in Motivation: Comment on Wrght, O'Leary-Kelly, Cortina, Klein, and Hollenbeck (1994), in: Journal of Applied Psychology, Vol. 79, No. 6/ 1994, S. 804 - 811

Turner, R. (1962), Role-Process versus Conformity, in: Rose, A. (Hrsg., 1962), S. 20-40

Ulrich, H. (1974), Das St.Galler Management-Modell, Bern 1974

Uyterhoeven, H. (1989), General Managers in the Middle, in: Harvard Business Review, Vol. 67, No. 2/ 1998, S. 136 - 145

Varela, F. (1998), Biologische Grundlagen - Das Ich des Körpers, in: Goleman (Hrsg., 1998), S. 66 - 87

Vontobel, J. (1970), Leistungsbedürfnis und soziale Umwelt, Bern 1970

Vroom, V. (1964), Work and Motivation, New York 1964

Waadts, M., Bruns, G., Fakler, O. (1995), w&v Gehaltsreport 1995, München 1995

Wächter, H., Metz, T. (Hrsg., 1995), Professionalisierte Personalarbeit? Perspektiven der Professionalsierung des Personalwesens, München 1995

Wagenhofer, A. (1996), Anreizsysteme in Agency-Modellen mit mehreren aktionen, in: Die Betriebswirtschaft, Vol. 56, Nr. 2/ 1996, S. 155 - 102

Wahn, J. (1993), Organizational Dependance and the Likelyhood of Complying with Organizational Pressures to Behave Unethically, in: Journal of Business Ethics, Vol. 12/ 1993, S. 245 - 151

Wakabayashi, M., Graen, G., Graen, M. (1988), Japanese Management Progress: Mobility into Middle Management, in: Journal of Applied Psychology, Vol. 73, No 2/ 1988. 2, S. 217 - 227

Waldroop, J., Butler, T. (1997), Der Vorgesetzte als Coach, in: Harvard Business Manager, Vol. 2/ 1997, S. 9 - 17

Walgenbach, P. (1994) Mittleres Management, Aufgaben, Funktionen, Arbeitsverhalten, Wiesbaden 1994

Walgenbach, P., Kieser, A. (1995), Mittlere Manager in Deutschland und Großbrintannien, in: Managementforschung, Vol.5/ 1995, S. 259 - 309

Walter, B. (1995), Partizipation: Möglichkeiten und Grenzen eines Führungsprinzips, in: Die Personalvertretung, Vol. 2/ 1995, S. 64 - 71

Walton, R. E. (1985 a), From Control to Commitment in the Workplace, in: Harvard Business Review, Vol. 63/ 1985, S. 77 - 84

Walton, R. E. (1985 b), Toward a Strategy of Eliciting Employee Commitment Based on Policies of Mutuality, in: Walton, Lawrence, (Hrsg., 1985), S. 35 - 68

Walton, R. E., Lawrence, P. R. (Hrsg., 1985), Human Resource Management - Trends & Challenges, Boston, Mass. 1985

Wattenhofer, H. (1996), Das mittlere Kader - Ein wenig beachteter Forschungsgegenstand, in: Die Unternehmung, Vol. 2/ 1996, S. 117 - 135

Weber, W. (1996), Fundierung der Personalwirtschaftslehre durch Theorien menschlichen Verhaltens, in: Weber (Hrsg., 1996), S. 279 - 296

Weber, W. (Hrsg., 1996), Grundlagen der Personalwirtschaft, Theorien und Konzepte, Wiesbaden, 1996

Wellins, R., Byham, W., Dixon, G. (1994), Inside Teams, How 20 World Class Organizations are Winning Through Teamwork, San Francisco 1994

Wetli, P. (1994), It Starts at the Top - But Doesn't End There, in: America's Network, Special Supplement, S. 24, 29/ 1994

Whitener, E., Walz, P. (1993), Exchange Theory Determinants of Affective and Continuance Commitment, and Turnover, in: Journal of Vocational Behavior, Vol. 42/ 1993, S. 265 - 281

Wiener, Y. (1982), Commitment in Organizations: A Normative View, in: Academy of Management Journal, Vol. 72, No. 3/ 1982, S. 418-428

Williams, M. (1994), Sharing the Gains of Improved Performance, in: Personnel Review, Vol. 23/ 1994, S. 47 - 58

Willis, R. (1987), What's Happening to America's Middle Managers?, in: Management Review, Jan. 1987, S. 24 – 33

Winter, S. (1997), Möglichkeiten der Gestaltung von Anreizsystemen für Führungskräfte, in: Die Betriebswirtschaft, Vol. 57, Nr. 5/ 1997, S. 615 - 629

Winter-Ebner, R., Zweimüller, J. (1997), Intra-Firm Wage Dispersion and Firm Performance, in: Human Resources, Discussion Series, Discussion Paper No.1621, April 1997

Wiswede, G. (1977), Rollentheorie, Stuttgart 1997

Withfield, K., Poole, M. (1997), Organizing Employment for Higher Performance: Theories, Evidence and Policy, in: Organization Studies, Vol. 18, Nr. 5/ 1997, S. 745 - 764 Witte, E., Bronner, R. (1974), Die Leitenden Angestellten, Eine empirische Untersuchung, München 1974

Witte, E., Kallmann, A., Sachs, G. (1981), Führungskräfte in der Wirtschaft, Eine empirische Analyse ihrer Situation und ihrer Erwartungen, Stuttgart 1981

Wöhe, G. (1993), Einführung in die Allgemeine Betriebswirtschaftslehre, München 1993

Wolff, B. (1995), Organisation durch Verträge, Wiesbaden 1995

Wood, S. (1996 a), High Commitment Management and Payment Systems, in: Journal of Management Studies, Vol. 33, No. 1/ 1996, S. 52-77

Wood, S. (1996 b), How Different Are Human Resource Practices in Japanese "Transplants" in the United Kingdom?, in: Industrial Relations, Vol. 35, No. 4/ 1996, S. 511 - 525

Wood, S., Menezes de, L. (1998), High Commitment Management in the U.K.: Evidence from the Workplace Industrial Relations Survey, in: Human Realtions, April 1998, S. 485-515

Wooldridge, B., Floyd, S. (1990), The Strategy Process, Middle Management Involvement and Organizational Performance, in: Strategic Management Journal, Vol. 11/ 1990, S. 231 - 241

Wright, P., McMahan, G., McWilliam, A. (1994), Human Resources and Sustained Competitive Advantage: A Resource Based Perspective, in: International Journal of Human Resource Management, Vol. 5, No. 2/ 1994, S. 301 - 609

Wright, P., O'Leary-Kelly, A., Cortina, J., Klein, H., Hollenbeck, J. (1994), On the Meaning and Measurement of Goal Commitment, in: Journal of Applied Psychology, Vol. 79/ 1994, S. 795 - 803

Wunderer, R. (1970), Zur Mitbestimmung der Führungskräfte unter Aspketen der Managementlehre, in: Der Betrieb, 51/52, 1970, S. 2241 - 2444

Wunderer, R., Mittmann, J., (1995), Identifikationspolitik, Einbindung des Mitarbeiters in den unternehmerischen Wertschöpfungsprozeß, Stuttgart 1995

Young, C. (1998), Trends in Executive Compensation, in: Journal of Business Strategy, March/April 1998, S. 21 - 24

Zander, E. (1997), Entgeltgestaltung im Wandel, in: Personal, Vol .1/ 1997, S. 24 -27

Zimbardo, P. (1995), Psychologie, Berlin u.a. 1995

Zimmermann, K., Campana, L., Schott, E. (1998), Leistungs- und Prämiensysteme für Projektteams, in: Personalwirtschaft, Vol. 5/ 1998, S.51 - 54

SCHLAGWORTVERZEICHNIS

—A—

Absentismus, freiwillige Fehlzeiten 138
Aktienoptionsvergütung 189–204
- Anmerkungen zur deutschen Rechtsprechung 197
- Attraktivität der ausgegebenen Optionen 200
- Ausübungsmodalitäten 198
- flankierende Maßnahmen 203
- Gestaltungsdimensionen von Aktienoptionsplänen 196
- Gestaltungsmöglichkeiten 197
- Grundlagen 191
- Typen von Aktienoptionen 194
- Zuteilungsbeschränkung 202
Arbeitssegmentierung 17
Autarkie 24
Autorisierungsrechte 21

—B—

Bindungsdauer 136
Bonusvergütung 154–76
  Gestaltung des Modus 164
  Kriterienfindung 156
  Öffentlichkeitsarbeit als flankierende Maßnahme 173

—C—

Coaching 237–52
- Coaching Prozeß 248
- Commitment Relevanz 239
- Person des Coach 246
Commitment 57
- affektives 84
- Begriff 80
- Einstellungs-, Verhaltenscommitment 77
- Ergebnisse
  Nutzung und Bindung von
    Humanressourcenpotentialen 129–39
- Erklärungsvariablen

Policies, Tätigkeit und Rolle, sozialer organisatorischer Kontext, Vergütung 105–29
- kalkuliertes 99
- normatives 93
- Objekte 67
- psychologische Grundlage 141
- Schulen, rational, irrational 72
Commitmentkonzepte
- affektive Basis 93
- kalkulierte Basis 104
- normative Basis 98
Commitment-Management 11; 54; 57
Commitment-Skalen
- Hrebiniak, Alutto 271
- OCQ, nach Mowday, Steers, Porter 75; 269
- Sheldon 270
- Caldwell, Chatman, O'Reilly 268
- Meyer, Allen 272
committere 6

—D—

Dispostion 10
Domäne 48

—E—

Emotionale Produktdifferenzierung 218
Entscheidungen 22
- administrative 22
- operative 22
- politische 22
Entscheidungsautonomie 21
Entscheidungssystem 22
Erwartungshaltungen, generalisierte 73
Extra-Rollenverhalten 134

—F—

Feedbackgespräch 223–37
- Ablauf 234

- inhaltliche und prozessuale Aspekte 227
- Relevanz 224

Feedback-Gespräche 223
- Prozessuale Aspekte 231

Fluktuation 136

Führungsinstrumente, Überblick 206

—G—

Gefangenendilemma 94

Gehaltshöhe 17

General Electrics, Policies 212

Grundsätze siehe Policies

—H—

Harvard-Ansatz 59

High 176–89

High Commitment 2; 178

High Involvement 2

High Wage
  Modus 184

High-Wage 176
- Vergütungsstruktur 180

Hilfsstäbe 21

Humanressourcen 9

Humanressourcen-Management 9; 45; 146
- Begriff 146
- Bezugsrahmen 146
- Herausforderungen 51
- Nutzung und Bindung von Humanressoucenpotentialen 52
- Paradigmenwechsel 58

Humanressourcenportfolio 51

Humanressourcenpotenial, HR-Potential 11

—I—

Identifikation 8

Identifikationspotentiale 213

Incentice Stock Option Plans 196

information overload 215

Informationsasymmetrien 4

Instrumente eines Commitment-Managements 145–254

Integrität 212

Involvement 8

—K—

Karriere 71

Kernbotschaften 215

Kollegen, Einflüsse durch 125

KonTraG 197

Kosten-Nutzenkalkulation, individuelle 99

—L—

Lebenswelt, originär, derivativ 68–69

Lenkung
- pretiale -, normative -, Zwang 65

Lower Management 20

Loyalität 2; 8

—M—

Managementforschung 16

Michigan-Ansatz 59

MitBestG 18

Mittelmanagement 16
- Abwanderungsgefahr 47
- Begriff 16–24
- Einflußpotentiale 46
- Funktionen 26
- Gewohnheitsmitarbeiter 51
- Handlungsspielräume 46
- Humanressourcenportfolio 50
- Implementierungsfunktion 27
- Informationsfunktion 26
- Randbelegschaft 51
- Schlüsselbelegschaft 45
- Spezialisten 51
- traditionellen Rolle 28
- Transformationsfunktion 27
- Unabhängigkeit von Unternehmen 47
- Wandel der Rolle 31
- wertschaffende Generalisten 51

Motivation 9

Schlagwortverzeichnis

—N—

Non Qualified Stock Option Plans 195

—O—

Organisationen 65
- koerzive 65
- normative 66
- utilitaristische 65

Orientierungsmöglichkeiten 213

—P—

Paradigma, Paradigmenwechsel 58
Policies 108–13; 207
- Beispiel General Electrics 212
- Bestimmung von Kernbotschaften 215
- deklaratorische 211
- Emotionalität der Ansprache 218
- Gestaltungsanforderungen 209
- inhaltliche Ausgestaltung 208
- Kommunikationswege 220
- Konsistenz und Kontinuität 217
- prozedurale 213
- prozessuale Aspekte 215
- Systematisierung von Unternehmensgrundsätzen 215

Portfolio der Humanressourcen 51
Psychologische Verträge 1

—Q—

Qualified Stock Option Plans 196
Qualifikationsniveau 18

—R—

Rolle 15
Rollenverhalten 131
Rucker-Kennzahl, Rucker-Plan 165

—S—

Schlüsselbotschaften 215

side bet-, Nebenwettenansatz nach Becker 73
Stock Options *siehe* Aktienoptionsvergütung
Sunk Costs 100

—T—

Team 267
Teams 71
Technostruktur 21
Topmanagement 19
- Einfluß 21

—U—

Unternehmensgrundsätze, humanressourcen relevante *siehe* Policies

—V—

Vergütungsgerechtigkeit 127; 155
- formale Merkmale 156
- inhaltiches Merkmal 155
Vergütungsinstrumente, Überblick 153
Vertragsarten 4
- ökonomische, juristische 4
Vertragstheeorie, mikroökonomische 4

—W—

Wertgefüge, bestehendes 210
Wiedererkennungs-, Wiederholungseffekte der Kommunikation 216

—Z—

Zentralfunktionen 21
Ziele 5
Zufriedenheit 8

Der deutsche Universitäts-Verlag
Ein Unternehmen der Fachverlagsgruppe BertelsmannSpringer

Der Deutsche Universitäts-Verlag wurde 1968 gegründet und 1988 durch die Wissenschaftsverlage Dr. Th. Gabler Verlag, Verlag Vieweg und Westdeutscher Verlag, aktiviert. Der DUV bietet hervorragenden jüngeren Wissenschaftlern ein Forum, die Ergebnisse ihrer Arbeit der interessierten Fachöffentlichkeit vorzustellen. Das Programm steht vor allem solchen Arbeiten offen, deren Qualität durch eine sehr gute Note ausgewiesen ist. Jedes Manuskript wird vom Verlag zusätzlich auf seine Vermarktungschancen hin überprüft.

Durch die umfassenden Vertriebs- und Marketingaktivitäten, die in enger Kooperation mit den Schwesterverlagen Gabler, Vieweg und Westdeutscher Verlag erfolgen, erreichen wir die breite Information aller Fachinstitute, -bibliotheken, -zeitschriften und den interessierten Praktiker. Den Autoren bieten wir dabei günstige Konditionen, die jeweils individuell vertraglich vereinbart werden.

Der DUV publiziert ein wissenschaftliches Monographienprogramm in den Fachdisziplinen

Wirtschaftswissenschaft
Informatik
Kognitionswissenschaft
Sozialwissenschaft

Psychologie
Literaturwissenschaft
Sprachwissenschaft

www.duv.de
Änderungen vorbehalten.
Stand: 1.7.2000

Abraham-Lincoln-Str. 46
65189 Wiesbaden

Printed in Poland
by Amazon Fulfillment
Poland Sp. z o.o., Wrocław